"十四五"高等职业教育城市轨道交通运营管理专业系列教材

“十四五”高等职业教育城市轨道交通运营管理专业系列教材

城市轨道交通应急处置

姜　雯　马　骞◎主　编

曹　恒　王晓蒙　李俊娴◎副主编

禹　翔　汤军红◎主　审

CHENGSHI GUIDAO JIAOTONG YINGJI CHUZHI

中国铁道出版社有限公司

CHINA RAILWAY PUBLISHING HOUSE CO., LTD.

内 容 简 介

本书紧密结合当前城市轨道交通行业的发展现状及趋势,根据城市轨道交通运营企业岗位技能的需求,和高等职业教育城市轨道交通运营管理专业教学标准组织教材内容,并进行了项目化设计,开发了典型工作任务,以突出职业教育的特点。内容包括走近城市轨道交通突发事件、车站突发事件应急处置、信号设备故障应急处置、城市轨道交通火灾应急处置、恶劣天气与自然灾害应急处置、社会安全与公共卫生突发事件应急处置、智慧地铁突发事件应急处置七个项目。

本书层次清晰、详略得当,采用活页式教材编写方式,理实一体分层设计,每个任务均配有技能训练工单,读者可使用训练工单结合理论知识进行实操训练。为方便教学,本书还配有电子课件、巩固与练习等资源,以及二维码形式的数字化教学资源、在线精品课等。

本书适合作为高等职业教育城市轨道交通运营管理、城市轨道车辆应用技术、城市轨道交通通信信号技术、城市轨道交通机电技术等专业的核心课程教材,也可作为轨道交通行业从业人员的参考书和培训用书。

图书在版编目(CIP)数据

城市轨道交通应急处置 / 姜雯, 马骞主编. -- 北京 : 中国铁道出版社有限公司, 2025. 7. --(“十四五”高等职业教育城市轨道交通运营管理专业系列教材).

ISBN 978-7-113-32164-2

Ⅰ. U239.5

中国国家版本馆 CIP 数据核字第 2025X9B013 号

书　　名: 城市轨道交通应急处置

作　　者: 姜　雯　马　骞

策　　划: 侯　驰　　**编辑部电话:**(010)83527746

责任编辑: 李中宝　许　璐

封面设计: 刘　颖

责任校对: 苗　丹

责任印制: 赵星辰

出版发行: 中国铁道出版社有限公司(100054,北京市西城区右安门西街8号)

网　　址: https://www.tdpress.com/51eds

印　　刷: 天津嘉恒印务有限公司

版　　次: 2025年7月第1版　2025年7月第1次印刷

开　　本: 787 mm×1 092 mm 1/16　**印张:** 20　**字数:** 649千

书　　号: ISBN 978-7-113-32164-2

定　　价: 68.00元

前 言

当前，我国城市轨道交通发展迅速，城市轨道交通行业迎来前所未有的发展机遇。中国城市轨道交通协会信息显示，截至2024年底，31个省（自治区、直辖市）和新疆生产建设兵团共有58个城市开通运营城市轨道交通线路361条，运营里程超过1.2万km。在大力建设发展城市轨道交通的今天，增强防范运营突发事件意识，科学、有序、高效地应对和预防各类城轨运营突发事件不仅是夯实轨道交通安全的基础，更体现了人民至上、生命至上的理念。因此，在高等职业教育城市轨道交通相关专业，应急处置一直处于专业核心课的地位。

本书基于城市轨道交通运营企业岗位技能，依照高等职业教育城市轨道交通运营管理专业教学标准，对接全国职业院校世界技能大赛智慧城轨赛项的内容，结合1+X证书考核标准，进行了项目化设计，开发典型工作任务，以突出职业教育的特点。本书紧密结合行业发展的新知识、新技术、新方法、新工艺，融入课程思政，重点对城市轨道交通车站设备、信号系统、火灾、恶劣天气等突发情况的应急处置进行了详细介绍，以满足城市轨道交通运营企业对高素质、高技能人才的迫切需求。

本书的主要特色如下：

1. 落实立德树人根本任务

本书坚持以习近平新时代中国特色社会主义思想为引领，增强职业教育城市轨道交通类教材建设的思想性、科学性、时代性，启发学生在模拟应急处置的过程中种下信念的种子，坚持底线思维、固本培元、铸魂育人，提升学生的安全生产意识及应急处置能力，培养德厚技精的高素质技术技能人才。

2. 聚焦学生发展，突出职业教育的特点

本书是新型活页式教材，强调实用性、实践技能及职业导向，紧密贴合职业教育的教学原则及职业院校学生的成长规律。每个典型工作任务通过“任务导入”“任务描述”来明确学习目标，利用“知识准备”“技能训练”开展理论学习、实操训练，通过活页式工单记录学习过程，通过“任务评价”检验学习效果，通过康奈尔笔记法设计“任务总结”，并在“拓展提升”中贯穿课程思政、行业新技术、行业法律法规等内容。激励学生主动探索学习，优化教学效果。

3. 配套数字化资源，满足线上学习需求

本书配套数字化教学资源，可通过扫描二维码观看视频。学习者也可直接访问智慧树平台，进入“城市轨道交通应急处置”（姜雯老师主讲）课程参与线上学习。

本书由陕西交通职业技术学院姜雯、马骞任主编，陕西交通职业技术学院曹恒、王晓蒙、李俊娴任副主编，段立正、郭彦云、马娜、蔡昱、姜燕燕参与编写。全书由姜雯统稿，由陕西交通职业技术学院禹翔、中铁十五局集团轨道交通运营公司汤军红主审。具体编写分工如下：项目一、项目二、项目三的任务二、任务三由姜雯编写；项目三的任务一由马骞与成都众合数智轨道科技有限公司段立正编写；项目三的任务四、任务五由曹恒编写；项目四的任务一由北京铁路电气化学校郭彦云与北京交通运输职业学院马娜编写；项目四的任务二、任务三、任务四、项目五由李俊娴编写；项目六、项目七的任务一由王晓蒙编写；项目七的任务二由陕西铁路工程职业技术学院蔡昱与西安市轨道交通集团有限公司运营分公司姜燕燕编写。

本书在编写过程中参考了大量资料，除列出的参考文献外，还引用了一些网络上的资料及论文资料，在此一并向相关作者表示诚挚的谢意。由于编者水平有限，书中难免存在疏漏和不足之处，恳请广大读者批评指正。

编　者

2025 年 2 月

目录

视频资源索引表

序号	名称	二维码	页码	序号	名称	二维码	页码
1	城市轨道交通车站应急设备		4	12	ATS 接收控制权操作		121
2	城市轨道交通列车应急设备		4	13	ATS 站中控转换操作		121
3	城市轨道交通应急预案编制		20	14	ATS 站台颜色表示和操作		121
4	正线作业标准化用语		29	15	ATS 道岔表示与操作		128
5	车辆段作业标准化用语		30	16	站控模式下的列车进路办理		128
6	站台单道滑动门关门故障应急处置		40	17	手摇道岔		130
7	站台门夹人夹物应急处置		52	18	ATS 计轴区段颜色显示		138
8	TVM 发卡模块卡票情况下的处置		95	19	ATS 排列进路		152
9	TVM 发卡模块故障票箱空情况下的处置		96	20	ATS 自动折返操作		156
10	上岗确认 ATS 系统工作站状态		118	21	城市轨道交通主要消防设施设备		179
11	ATS 道岔线段图形的颜色表示		118	22	火灾自动报警系统简介		187

项目一

走近城市轨道交通突发事件

任务一 认识城市轨道交通突发事件

学习目标

知识目标

1. 熟悉城市轨道交通突发事件定义及特征；
2. 熟悉城市轨道交通突发事件分类及分级；
3. 掌握突发事件的成因及影响因素。

能力目标

1. 能判断突发事件的类型及级别；
2. 能够说明突发事件的基本特征及成因；
3. 能识别城市轨道交通运营安全的影响因素。

素质目标

1. 培养全局意识、预防意识及岗位安全意识；
2. 提高综合运用的能力及解决问题的能力。

任务导入

某日7:47，某地铁列车进站乘降完毕后，列车关门。这时，一名携带大件行李的乘客冲了过来，无视红灯闪烁警示，不顾“嘀嘀”关门提示声，强行扒开已关闭一半的站台门。站台门弹开后，列车门已正常关闭，但该乘客一直堵在站台门口，站台门反复弹开3次，致使站台门防夹功能启动，处于常开状态。这时，正在车尾部接发列车的站务员迅速赶往现场，将乘客和行李拽了出来，并报告车控室，手动将站台门调至手动状态进行关闭，通知列车发车，此时列车已延误50 s。

（根据网络资料整理）

思考：

1. 你知道哪些城市轨道交通突发事件？举例说明。
2. 你认为城市轨道交通突发事件与哪些因素有关？

任务描述

在城市轨道交通运营日常工作中，可能会遇到各类突发事件，要求各岗位工作人员快速反应、合理处置，最大限度地减轻事件产生的影响，保障乘客的生命财产安全及企业的正常生产运营。为此，要求必须掌握城市轨道交通突发事件的定义、分类及分级等内容，能正确地分析突发事件的成因，并分析其影响因素。通过对城市轨道交通突发事件的认知，主要培养学生的全局意识、预防意识，以及岗位安全意识，提升学生分析问题、解决问题及综合运用的能力。

知识准备

一、城市轨道交通突发事件的概念及特征

（一）城市轨道交通突发事件的概念

安全生产事故通常是指在运营生产过程中，因违反规章制度、违反劳动纪律、违反作业纪律或技术要求，或因人员技能不高、设备技术状态不良及其他原因，造成人员伤亡、设备损坏、影响正常生产作业或危及安全生产的事件。

城市轨道交通突发事件是指城市轨道交通运营管辖范围内突然发生，造成或者可能造成人身伤害、设备损失、影响正常运营、企业形象受损或乘客财产损失、健康严重损害的须立即处理的事件。

（二）城市轨道交通突发事件的特征

城市轨道交通因为其自身半封闭的空间特点、公共场所属性、人员和设备密集特性，所发生的突发事件具有突发性、公共性、危害性、不确定性、紧迫性和社会性等特征。

1. 突发性

突发性是指城市轨道交通突发事件通过偶然的契机，以偶然的形式突然发生，没有预警，处置难度大。

2. 公共性

城市轨道交通突发事件的公共性首先体现在该类事件涉及公共利益，即对公共财产、公共安全和公共秩序产生影响。

3. 危害性

不论什么性质和规模的突发事件，都必然在不同程度上给国家政治、经济、文化等方面造成损失和破坏，给乘客带来生命、财产或精神上的损失和损害。因此，城市轨道交通运营企业处置突发事件的最基本的原则就是力求在可能的范围内，最大限度地控制突发事件的发生、发展，并且将其损害降至最低。

4. 不确定性

不确定性除了指城市轨道交通突发事件的发生不确定或具有突发性外，主要指突发事件的发展不确定，以及突发事件的后果和其严重程度不确定。因此，如何应对城市轨道交通突发事件的不确定性已经成为城市轨道交通运营企业目前极为重视的一个方面。

5. 紧迫性

紧迫性是指城市轨道交通突发事件所反映的问题极端重要，关系到个人、组织或社会的安危，须紧急采取特别、及时、有效的处置措施。所以，在突发事件中，时间非常紧迫，对时间

的把握在很大程度上决定了突发事件处置的有效性。

6. 社会性

突发事件的发生一方面会对社会和经济造成一定的损失，另一方面往往会对社会系统的法律法规、技术规范、经验认识、行为准则等产生影响，从而推动社会和轨道交通行业基本架构的发展。

二、城市轨道交通突发事件分类及分级

（一）城市轨道交通突发事件分类

城市轨道交通突发事件分为四类：自然灾害、事故灾难、公共卫生事件和社会安全事件。

1. 自然灾害

自然灾害主要包括强台风、强降雨、地震等造成或可能造成城市轨道交通浸水、脱轨或倾覆等严重影响轨道交通正常运营的灾害事件。

2. 事故灾难

事故灾难主要包括火灾、爆炸、列车脱轨、列车冲突、列车颠覆、接触网断线、大面积停电、城市轨道交通构筑物坍塌等。

3. 公共卫生事件

公共卫生事件主要包括重大恶性传染病疫情、食品安全与职业危害事件等造成或可能造成乘客等社会公众健康严重损害的事件。

4. 社会安全事件

社会安全事件主要包括突发性大客流、重大刑事案件（炸弹恐吓、毒气、劫持）、有毒化学物质泄漏、放射性物质扩散等。

（二）城市轨道交通突发事件的分级

按照社会危害程度、影响范围等因素，运营突发事件分为特别重大、重大、较大和一般四个等级。

1. 特别重大运营突发事件

特别重大运营突发事件指造成 30 人以上死亡，或者 100 人以上重伤，或者直接经济损失 1 亿元以上的突发事件。

2. 重大运营突发事件

重大运营突发事件指造成 10 人以上 30 人以下死亡，或者 50 人以上 100 人以下重伤，或者直接经济损失 5 000 万元以上 1 亿元以下，或者连续中断行车 24 h 以上的突发事件。

3. 较大运营突发事件

较大运营突发事件指造成 3 人以上 10 人以下死亡，或者 10 人以上 50 人以下重伤，或者直接经济损失 1 000 万元以上 5 000 万元以下，或者连续中断行车 6 h 以上 24 h 以下的突发事件。

4. 一般运营突发事件

一般运营突发事件指造成 3 人以下死亡，或者 10 人以下重伤，或者直接经济损失 50 万元以上 1 000 万元以下，或者连续中断行车 2 h 以上 6 h 以下的突发事件。

三、突发事件影响因素

城市轨道交通系统是一个在时间、空间上分布很广的开放的动态系统，城市轨道交通运营安全影响因素错综复杂、涉及面广。概括来说，城市轨道交通系统的运营安全受四方面因素的

影响，即人员因素、设备因素、环境因素和管理因素，见表1-1-1。

表1-1-1　突发事件影响因素分析

影响因素	危险对象	危　险　源
人员因素	工作人员	人是城市轨道交通运营安全的主要控制因素，工作人员的不安全行为（违章指挥、违章操作）、安全观念、安全法规知识、处理意外情况的能力、心理素质等都可能导致各类安全事故的发生
	乘客	乘客的安全意识淡薄、安全知识欠缺等，可能导致各类安全事故的发生
设备因素	车辆	车辆系统的重大危险源有转向设备故障、制动系统故障、风源系统故障、电气控制系统故障等，可能造成列车脱轨、倾覆、冲突或列车火灾事故，并可能引发拥挤踩踏等次生灾害
	线路系统	线路系统的重大危险源有轨道断裂、胀轨变形、道岔伤损、道床病害等，可能造成列车延误、限速、停运等，严重时可能引起列车脱轨、倾覆、冲突等事故
	供电系统	供电系统的重大危险源有牵引供电、动力供电系统故障，可能造成大面积停电、运营中断、火灾等
	机电系统	机电系统的重大危险源有AFC系统、垂直电梯、自动扶梯、站台门故障等，可能造成人身伤害事故或踩踏事故；通风系统、照明系统、给排水系统故障等，可能导致空气质量差、办公及服务区域光照度低、轨行区积水等影响运营服务的事件
	通信信号及监控系统	通信信号系统的重大危险源有轨旁列车自动防护（ATP）设备故障或车载信号设备故障、转辙机故障、信号联锁故障、调度指挥系统中断等，火灾报警系统（FAS）、气体灭火系统应急情况下的不动作、误动作等，可能造成列车冲突、运营指挥失控、运营秩序混乱或影响、延误应急救援等
环境因素	自然环境	自然环境方面的重大危险源有洪水、地震、大雾、暴雨、冰雹、雷击等，可能导致基础设施破坏、列车停运、车站关闭、设备损坏、人员伤亡等
	运营环境	运营环境方面的危险源是指城市轨道交通车辆和车站空间相对封闭、人员密集、流动性大，发生各类突发事件时，事态扩散速度快、危险程度高、人员疏散困难、现场控制难度大等
	社会环境	社会环境方面的重大危险源有乘客候车和乘车的不安全行为、人为破坏和恐怖袭击等，可能导致运营设备损坏、运营中断及乘客伤亡等
管理因素	管理水平	管理方面的危险源是指违章指挥、违章操作、违反劳动纪律等，可能影响运营及人员、设备、设施各方面的安全

视频　城市轨道交通车站应急设备

视频　城市轨道交通列车应急设备

技能训练

以小组为单位，对照本任务的案例导入，完成事故案例处理规划，分析事故的影响因素，并提出预防措施，尝试分岗位进行事故分析。将分析过程记录在写实表中。

一、人员分工

按照本任务的要求，每5～6人分成一个小组，设置组长1名、记录员1名。组长主要负责任务的实施，确保全员参与。记录员负责文案记录工作，记录每位组员的参与情况。

小组分工表

班　级		事故案例	
组　别		日　期	
岗　位	姓　名	任 务 分 工	
组　长			
记录员			
组　员			

二、任务实施

事故处理规划写实表

组　别		小组成员		
班　级		事故案例	完成时间	
序　号	作 业 项 目	技 能 要 求	完成情况	写实记录
1	小组角色分工	小组人员角色设置合理，分工明确	□已完成 □未完成	
2	事故处理规划	程序得当，没有常识性错误，未造成二次伤害	□已完成 □未完成	
3	影响因素分析	影响因素分析全面，能识别危险源	□已完成 □未完成	
4	提出预防措施	预防措施具有可行性，从多角度全面地提出预防措施	□已完成 □未完成	
5	事故分析	事故原因分析合理，总结的特点清楚	□已完成 □未完成	
6	小组总结	明确认识城市轨道交通突发事件所造成的伤害，重视并能有预防意识	□已完成 □未完成	
职 业 素 养				
序　号	素 质 要 求		完成情况	写实记录
1	是否具有良好的服务意识及沟通表达能力		□是　□否	
2	是否具备良好的安全意识及责任意识		□是　□否	
3	是否具有全局意识及综合能力		□是　□否	
4	是否符合“7S”管理规定，整理工作区域		□是　□否	
备　注	根据任务要求，每完成一项且能标准作业，则在□内打“√”，否则打“×”。将未完成的内容在写实记录栏标注，方便查缺补漏			

任务评价

任务一　认识城市轨道交通突发事件								
姓名：______　学号：______　小组：______								
过程评价（60分）								
评价依据			评分标准	评价主体				
				自评	互评	师评	1+X考评员	企业导师
知识（A）	1	能描述城市轨道交通突发事件定义及特征	5					
	2	能熟知城市轨道交通突发事件分类及分级	7					
	3	能知晓突发事件的成因及影响因素	8					
能力（B）	1	能判断突发事件的类型及级别	7					
	2	能够说明突发事件的基本特征及成因	8					
	3	能识别城市轨道交通运营安全的影响因素	15					
素养（C）	1	有全局意识、预防意识及岗位安全意识	5					
	2	有综合运用能力及解决问题的能力	5					
过程评价 $=A+B+C$								
结果评价（30分）								
结果评价 = 本任务测试题得分								
增值评价 E（10分）								
本任务基础值赋分为10分								
本任务总评成绩								
总评 = 过程评价 + 结果评价 + 增值评价								

任务总结

主题：	
要点栏	笔记栏
总结栏	

拓展提升

延伸阅读

2024年全国“安全生产月”活动主题为“人人讲安全、个个会应急——畅通生命通道”

2024年5月31日，国务院安委会办公室、应急管理部在京举行第23个全国“安全生产月”活动启动仪式。2024年6月的“安全生产月”活动主题为“人人讲安全、个个会应急——畅通生命通道”，主要针对生产经营场所占用、堵塞、封闭疏散通道和安全出口等突出问题，聚焦“畅通生命通道”开展相关系列活动。活动将通过深入宣传贯彻习近平总书记关于安全生产重要论述，推动树牢安全发展理念；进行多元化广泛传播，扩大“畅通生命通道”的宣传面、影响力。

巩固与练习

1. 不定项选择题

（1）突发事件具有（　　）、紧迫性和社会性等特征。

A. 突发性　　B. 公共性　　C. 危害性　　D. 不确定性

（2）城市轨道交通突发事件分为（　　）。

A. 自然灾害　　B. 事故灾难　　C. 公共卫生事件　　D. 社会安全事件

（3）按照社会危害程度、影响范围等因素，运营突发事件分为（　　）。

A. 特别重大　　B. 重大　　C. 较大　　D. 一般

2. 判断题

（1）通风系统、照明系统、给排水系统故障等危险源属于环境因素。（　　）

（2）供电系统的重大危险源有牵引供电、接触轨、动力供电系统故障，可能造成大面积停电、运营中断、火灾等。（　　）

3. 简答题

（1）简述城市轨道交通运营安全的影响因素。

（2）城市轨道交通突发事件如何分类分级？

任务二　认知城市轨道交通突发事件应急组织

学习目标

知识目标

1. 熟悉城市轨道交通突发事件应急组织机构；
2. 熟悉城市轨道交通突发事件应急组织机构的职责；
3. 掌握突发事件处理的原则及通用流程。

能力目标

1. 能够运用应急处置原则处理突发事件；

2. 能叙述城市轨道交通突发事件应急组织机构及其职责。

素质目标

1. 培养全局意识，提高综合运用的能力；
2. 提高认识问题、分析问题、解决问题的能力。

任务导入

某日7点15分左右，某地铁车厢内乘客充电宝突然冒烟，如图1-2-1所示。在乘客协助下，车站及时应急处置，列车恢复运行，期间没有人员受伤。安全提醒：请乘客地铁出行过程中，保管好随身携带的手机、充电宝等电子设备，一旦发现有冒烟、自燃等异常现象，请立刻联系工作人员寻求帮助。安全出行，从我做起。

（根据网络资料整理）

图1-2-1　某地铁车厢充电宝冒烟

请思考：

1. 说一说，面对突发事件，各岗位如何进行职责分工？
2. 你都知道哪些城市轨道交通的应急组织机构？

任务描述

为了科学、有序、高效应对城市轨道交通突发事件，最大限度减少人员伤亡和财产损失，维护社会正常秩序，国家、省、运营企业均明确了应急组织机构及其职责。本任务中，通过熟悉城市轨道交通突发事件应急组织机构，了解各岗位及其职责，牢记突发事件应急处置的原则，根据突发事件的通用流程，完成应急处置工作。通过认知突发事件应急组织机构，培养学生在工作中的全局意识、较强的分析问题能力、良好的心理素质及过硬的业务水平。

知识准备

一、突发事件应急组织机构类型

根据城市轨道交通线网化的特点，某城市轨道交通企业应急组织机构分为3个级别设置，分别是总公司层级应急组织机构、线网层级应急组织机构和各线路层级应急组织机构，见表1-2-1。各应急组织机构根据所处层级不同，其分工各不相同。

表1-2-1　各类应急组织机构

应急组织机构	管理范围	管理职责
线路层级应急组织机构	负责本条线路的紧急事件的处理	（1）负责本条线路的突发事件接报，并向线网指挥中心上报； （2）协调本线路控制中心的应急资源和救援力量，进行应急抢险； （3）负责向全公司各级应急组织通报现场救援情况
线网层级应急组织机构	地铁运营范围内全线网内的严重突发事件	（1）负责接报并处理由线路控制中心上报的重大突发事件，对于特别重大的突发事件应向总公司应急组织上报； （2）负责协调各线路的应急人员、应急资源进行救援； （3）负责监督各线路应急组织的救援工作

续表

应急组织机构	管理范围	管 理 职 责
总公司层级应急组织机构	总公司内所有应急资源的调配，包括新线建设业务、地铁运营业务	（1）负责制定公司层级应急制度应急预案，指导下级应急组织机构制定相关应急处置程序； （2）负责接报并处理由下级应急组织上报的地铁建设和运营的重大突发事件，协调总公司内部应急资源进行合理的救援； （3）负责与政府、社会救援力量联系

城市轨道交通运营企业应急组织机构应按照以属地为主，分工协作、应急处置与日常建设相结合的原则建立，在应急处置过程中实现统一指挥、分级负责、科学决策，保证事故灾难信息的及时准确传递、事故快速有效处置，同时还要做到既保证常备不懈，又降低运行成本。目前应急组织机构设置主要有以下几类：

（1）层级型：由城市轨道交通运营企业主要负责人为总负责人，组建公司、部门两级应急系统。公司级包括企业主要负责人、分管安全生产的负责人及安全、保卫、调度、设备、信息管理、对外联络、卫生、物资保障、环保等部门的负责人；建立二级部门应急机构，并延伸至基层班组。

（2）联动型：由城市轨道交通运营企业主要负责人为总负责人，将运营中产生的所有行车、设备、消防、治安等安全信息上报城市轨道交通控制中心，城市轨道交通控制中心组成联动中心，统一指挥相关部门处置各类安全减灾及应急工作。

（3）专职型：城市轨道交通运营企业建立应急救援管理指挥专门机构和专业应急救援队伍，内设信息管理、应急管理（抢险、指挥）、重大危险源管理三个职能部门，负责城市轨道交通安全生产的信息接收、汇总、上报、发布，重大事故隐患排查，应急预案编制管理，应急培训，预案演练，救援物资管理，抢险指挥，重大危险源建档、管理，专家库管理，查处谎报、瞒报案件等工作，使应急救援工作贯穿安全生产事故的事前预防、事中应急、事后管理，形成安全生产应急救援工作的一条较为完整的工作链和较完备的工作体制、机制。

城市轨道交通运营企业可根据自身的发展规模、线路长度、员工素质等情况选择适合自身的安全应急管理体系和机构。某城市轨道交通运营企业突发事件应急组织指挥体系结构如图 1-2-2 所示。

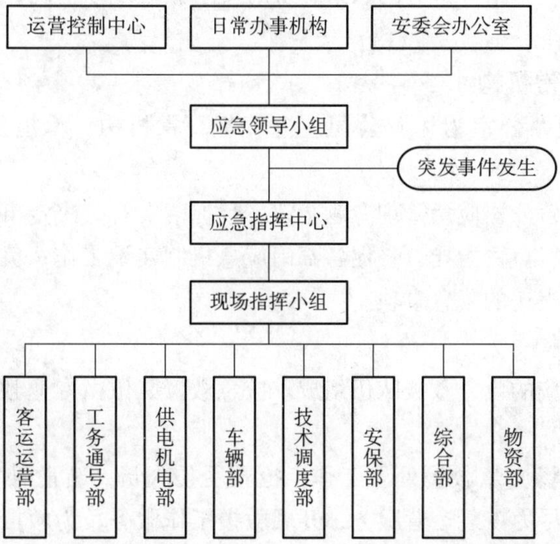

图 1-2-2　某城市轨道交通运营企业突发事件应急组织机构

二、突发事件应急组织机构主要职责

应急组织机构由应急指挥机构、应急管理日常机构、现场处置机构组成。

（一）应急指挥机构

应急指挥机构由应急领导小组、应急指挥中心、现场指挥小组三部分组成。其中，应急领导小组是运营公司突发事件应急救援工作的全面领导、指挥和决策机构；应急指挥中心为应急领导小组的辅助机构；现场指挥小组为现场应急指挥机构。

1. 应急领导小组

运营公司成立应急领导小组，统一指挥地铁运营突发事件的应急处置工作，应急领导小组的主要领导及成员如下：总指挥为运营公司总经理；副总指挥为运营公司分管安全的领导及其他领导；成员为运营公司各部门负责人。

主要职责：负责统一指挥、协调城市轨道交通运营突发事件应急救援工作；参与配合城市轨道交通企业、行政主管部门及上级部门牵头组织的城市轨道交通运营突发事件的应急救援工作。

2. 应急指挥中心

应急指挥中心设在运营控制中心（operation control center，OCC），应急指挥中心成员如下：指挥为分管调度部副总经理；副指挥为调度部经理；成员为调度部副经理、OCC 负责人。

主要职责：负责突发事件信息的收集、传达、汇报工作；负责突发事件应急响应的启动和结束工作；负责运营公司范围内各项应急救援工作的协调；在应急领导小组的领导下负责应急响应期间的应急指挥工作；负责对接城市轨道交通公安指挥中心，及时传达运营突发事件有关信息，开展应急联动处置工作；按照相关规定及时联系公安消防、公交、医疗等社会救援力量参与城市轨道交通应急救援，有效统筹和管理运营公司内部及社会的应急资源。

3. 现场指挥小组

现场指挥小组由现场指挥和专业救援队伍负责人组成。现场指挥原则上由到达现场职位最高的领导担任，或由现场处置相关专业的部门负责人担任，各专业救援队伍和前期处置负责人为工作人员。必要时，由应急领导小组指定现场指挥。

主要职责：加强与应急指挥中心的联系，及时反馈救援现场情况，负责救援现场的指挥协调工作。

（二）应急管理日常机构

运营公司应急管理办公室为运营公司应急管理日常机构，承担公司日常应急管理相关工作。

主要职责：组织运营公司应急管理专题会议，督促落实有关决定事项；负责运营公司突发事件应急预案体系建设；负责指导、督促各部门应急机制建设工作；负责接收和办理向上级应急机构、外部接口单位报送的紧急事项。

（三）现场处置机构

现场处置机构由相应的应急救援队伍组成。应急救援队伍由专业救援队伍、后勤保障队伍和外部救援队伍组成。

主要职责：负责现场应急救援处置工作，抢救受伤人员，疏散乘客，处置突发事件的设施、设备、系统故障，尽力恢复运营服务；开展救援工作服务，为救援工作提供支持；做好应急终止前期各项工作。

1. 专业救援队伍

专业救援队伍由车辆救援队伍、客运调度救援队伍、供电机电救援队伍、工务通号救援队伍等组成。

各部门应急救援队伍在应急领导小组统一指挥下，负责本部门的各项应急准备工作，并根据专业成立相应的专业救援队伍，实施具体的救援行动。组长负责具体的应急救援指挥工作，副组长在各自分管范围内协助组长工作。突发事件发生后，根据应急领导小组的决策意见，开展各项具体救援工作。

2. 后勤保障队伍

后勤保障队伍由综合部、党群工作部、人力资源部、财务部、物资部以及其他部门可调动的救援力量组成。根据职能分工不同，负责应急救援过程中相应后勤保障工作。如开展现场秩序维护工作，协助有关救援事宜，做好应急救援物资、装备的管理工作，落实应急抢险救援工作资金保障，负责突发事件处置期间的交通、饮食等后勤保障工作。

3. 外部救援队伍

外部救援队伍主要是能为运营突发事件应急响应提供救援支持的外部单位，如铁路部门、公安部门、公交公司、电力公司、自来水公司、燃气公司、给排水公司等社会单位。另外，要加强与社会力量沟通协调，建立与持有救援机械设备、装备（如起重机、挖掘机、轨道起复设备等）等有关单位和个人的联络机制。

三、突发事件应急处置原则与通用流程

（一）突发事件应急处置原则

处理突发事件应遵循“预防为主、以人为本、反应迅速、先通后复”的原则。

1. 预防为主

建立健全综合信息支持体系，准确预测、预警，采取防范措施，防止突发事件发生，对已经发生的事件尽可能避免扩大影响。

2. 以人为本

抢险工作应坚持“先救人，后救物；先全面，后局部”的原则，优先组织人员疏散、伤员抢救，同时兼顾设备和环境保护，将损失降到最低。

3. 反应迅速

建立“高度集中、统一指挥、逐级负责”的应急指挥体系，做到“早发现、早报告、早控制”。

4. 先通后复

发生突发事件后，在确保安全的前提下，尽快恢复正常运营。

（二）突发事件应急处置通用流程

突发事件应急处置通用流程分为四个阶段：信息接报、前期处置、现场处置、应急终止。

1. 信息接报

（1）突发事件初期由OCC值班主任负责总体指挥，OCC值班主任任命属地车务人员［值班站长（简称值站）、车厂调度员等］为事故处理主任，负责现场初期应急处置，收集现场最新的详细情况。同时，OCC向现场工班人员发布抢修令，设备抢修负责人到达现场开展抢险工作。

（2）作为行车组织及信息收发单元，OCC在收到事故处理主任汇报现场信息后，应及时调整行车组织方案和按规定发布相关信息。

（3）抢险负责人全面负责设备故障处理，在故障处理的前期需要对故障的影响、预计处理时间进行预判，并报OCC和事故处理主任。

（4）事故处理主任负责现场的抢险组织及客运组织等工作，随着现场情况的不断变化，及时将节点性的信息及行车组织建议汇报给OCC。

（5）OCC根据现场信息进行判断，如果事件影响已达到响应条件，立即启动相应等级应急响应。

2. 前期处置

（1）事故处理主任的任命

突发事件初期由OCC值班主任负责总体指挥，OCC值班主任任命属地车务人员为事故处理主任后，事故处理主任携带手持无线台前往现场，通过手持无线电台及时将故障或险情信息通报OCC，OCC及时发布故障或险情信息，并负责整体把控抢险现场的组织安排工作。

（2）设备抢险负责人的任命

OCC值班主任发布抢险指令，原则上设备故障类抢险由专业抢险人员担任设备抢险负责人；负责故障点的抢险处置，通报现场情况、抢险进度与方案。

（3）指挥权变更及交接

事故处理主任、设备抢险负责人的变更遵循高一层级接替低一层级的原则，低层级人员将先期的现场处置情况做好交接。同时将人员变更信息通报OCC（设备抢险负责人变更还需要通报部门调度），OCC发布人员变更信息（姓名、电话、专业）。

高层级的事故处理主任或设备抢险负责人与低层级人员进行交接后，担任新的事故处理主任或设备抢险负责人；低层级人员负责协助高层级人员开展后续处置工作。

为保证应急抢险组织的连贯性，避免人员频繁更替造成信息偏差等问题，在现场指挥部成立前，事故处理主任、设备抢险负责人原则上最多变更一次。

（4）前期应急指挥

设备抢险负责人到达现场后，开展前期抢修工作，并及时将现场信息报告OCC。OCC根据现场反馈信息和抢险需求，负责本线的应急指挥决策、行车组织、信息发布和资源调配。

3. 现场处置

（1）启动响应。当发生突发事件需要抢险时，由OCC发布启动相应应急响应指令，通知相关层级人员赶赴现场，须明确现场集结地点。

（2）人员集结和报到。当OCC发布应急响应指令时，由指定人员到达现场担任现场总指挥，各单位支援人员到达现场后向本单位的抢险负责人报到并集中待命，听从抢险负责人安排。

（3）现场指挥部运作。为确保现场指挥部的完整性和统一性，各抢险负责人到达现场后，围绕现场总指挥的要求开展工作。现场总指挥及抢险组组长指定专人传令，完成现场指挥部与抢险现场内、外的信息传递任务。

①现场勘察。现场总指挥召集各抢险负责人及相关专业负责人听取事故处理主任对事发现场及先期处置情况的介绍，并进行事发现场勘察，了解事故经过、影响。

②制定抢险方案。抢险组组长根据现场勘察结果，制定抢险方案及抢险保障措施，经现场总指挥同意后组织实施，各抢险负责人接到抢险指令后负责落实抢险方案及保障措施。

③组织实施抢险。抢险的组织以抢险组组长为主，抢险组组长基于抢险方案安排各专业抢险负责人落实、细化抢险方案和安全措施，各专业抢险负责人直接由抢险组组长领导。在抢险过程中，各专业抢险负责人必须随时、及时地将抢险情况向抢险组组长报告，抢险组组长负责向现场总指挥报告。

(4) 信息传递及指令下达

主要抢险指挥人员（现场总指挥、抢险领导小组组长等）设置传令官一职，协助进行信息通报、沟通协调及指令下达工作。各小组有最新情况时，立刻报告现场总指挥或其传令人员，并通过信息汇报渠道来汇报各小组情况。抢险组负责向现场总指挥报告现场抢险情况及进度，接收现场总指挥的指令。

4. 应急终止

在确保安全的前提下，按照“先通后复”的原则恢复通车。现场总指挥接到抢险保障组组长抢险结束报告和恢复通车的信息（包括列车运行限制条件）后，通知安全技术保障组会同抢险组对轨行区进行最后的安全检查和确认。经安全检查确认具备行车条件和人员出清后，由抢险组组长向总指挥或传令人员报告（需明确相关列车运行要求，如是否限速等）。现场总指挥向 OCC 下达恢复行车的指令和相关行车要求。OCC 对外发布运营恢复信息。

技能训练

以小组为单位，调研某一城市轨道交通企业的应急组织机构的组成，了解城市轨道交通突发事件应急组织机构及相关人员在应急处置工作中的分工及岗位职责，并以思维导图的形式梳理突发事件应急处置原则与通用流程。

一、人员分工

按照本任务的要求，每 5 ~ 6 人分成一个小组，设置组长 1 名，记录员 1 名。组长主要负责任务的实施，确保全员参与。记录员负责文案记录工作，记录每位组员的参与情况。

小组分工表

班　级		调研企业	
组　别		日　期	
岗　位	姓　名	任务分工	
组　长			
记录员			
组　员			

二、调研过程

根据任务要求，调研某一城市轨道交通企业的应急组织机构的组成，各岗位分工及岗位职责，并将调研过程记录在写实表中。

调研某一城市轨道交通企业的应急组织机构过程写实表

组　别		小组成员			
班　级		调研企业		完成时间	
绘制调研企业的组织机构图					

调研岗位	工作地点	岗 位 职 责	完成情况	写实记录
			□已完成 □未完成	
			□已完成 □未完成	
			□已完成 □未完成	
			□已完成 □未完成	
			□已完成 □未完成	

职 业 素 养			
序　号	素 质 要 求	完成情况	写实记录
1	是否具有团队合作的精神	□是　□否	
2	是否具备良好的服务意识及沟通表达能力	□是　□否	
3	是否具备良好的职业素养	□是　□否	
4	是否具有认知和分析问题的能力	□是　□否	
5	是否具有全局意识及综合能力	□是　□否	
6	是否符合“7S”管理规定，整理工作区域	□是　□否	
备　注	根据任务要求，每完成一项且能标准作业，则在□内打“√”，否则打“×”。将未完成的内容在写实记录栏标注，方便查缺补漏		

三、梳理应急处置流程

根据任务要求，以思维导图的形式梳理突发事件应急处置原则与通用流程，并将思维导图绘制在写实表中。

梳理突发事件应急处置原则与通用流程写实表

组　别		小组成员			
班　级		调研企业		完成时间	
分析突发事件应急处置原则					
绘制突发事件应急处置通用流程的思维导图					

职业素养			
序　号	素 质 要 求	完成情况	写实记录
1	是否具有全局意识以及预防意识	□是　□否	
2	是否具有总结及综合能力	□是　□否	
3	是否具备良好的职业素养	□是　□否	
4	是否符合“7S”管理规定，整理工作区域	□是　□否	
备　注	根据任务要求，每完成一项且能标准作业，则在□内打“√”，否则打“×”。将未完成的内容在写实记录栏标注，方便查缺补漏		

任务评价

任务二　认知城市轨道交通突发事件应急组织								
姓名：________			学号：________			小组：________		
过程评价（60 分）								
评 价 依 据			评分标准	评 价 主 体				
				自评	互评	师评	1 + X 考评员	企业导师
知识（A）	1	能描述城市轨道交通突发事件应急组织机构	5					
	2	能分清城市轨道交通突发事件应急组织机构各岗位职责	7					
	3	能知晓突发事件处理的原则及通用流程	8					
能力（B）	1	能运用应急处置原则处理突发事件	7					
	2	能完成城市轨道交通突发事件应急组织机构及其职责的调研	8					
	3	能绘制出应急处置的思维导图	15					
素养（C）	1	有岗位责任意识，团队协作能力强	5					
	2	有预防意识、全局意识，综合能力强	5					
过程评价 = $A + B + C$								
结果评价（30 分）								
结果评价 = 本任务测试题得分								
增值评价 E（10 分）								
增量 =（过程评价 + 结果评价）本任务 -（过程评价 + 结果评价）前任务 增值评价 E：$E = 10$（增量≥20 分）；$E = 8$（增量 = 10 ~ 19 分）； $E = 6$（增量 = 5 ~ 9 分）；$E = 4$（增量 <5 分）								
本任务总评成绩								
总评 = 过程评价 + 结果评价 + 增值评价								

任务总结

主题：	
要点栏	笔记栏
总结栏	

拓展提升

新 技 术

地铁“黑科技”赋能“无碍”出行

2024 年 5 月 19 日是第 34 个“全国助残日”，主题是“科技助残，共享美好生活”。无锡地铁始终秉承“温情锡铁，贴心相伴”的服务理念，致力于优化特殊人群的出行体验，并陆续推出了一些科技助残举措。

AI 智慧车站：智慧车站系统可以通过视频 AI 识别乘坐轮椅的乘客和行动不便的特殊乘客，并将现场画面推送至智慧大屏，方便车站工作人员快速锁定需要帮扶的乘客，有针对性地开展爱心帮扶，为特殊乘客出行加一道保障。

无障碍智慧客服：集运营、客服于一体的“全场景智能语音客服中心”为乘客提供集语音咨询、语音购票、自助票务处理、远程音视频在线求助等“一条龙”自助服务。

无障碍电梯：车站出入口和站厅、站台均设有无障碍电梯，有需要的乘客可根据导向标识的指引，前往使用。

盲道、盲文：各车站从出入口到站台一路设有盲道，引导视障乘客顺利乘车；在无障碍电梯按钮、楼梯扶手的起始及转弯处均设有盲文提示，方便盲人乘客出行。

轮椅斜坡板：以确保乘坐轮椅乘客在通过“站台与列车缝隙”时出行更为顺畅。

（根据网络资料整理）

巩固与练习

1. 不定项选择题

（1）以下属于突发事件应急处置原则的是（　　）。

A. 预防为主　　B. 以人为本　　C. 反应迅速　　D. 先通后复

（2）突发事件在应急处置程序上，主要步骤是（　　）。

A. 信息接报　　B. 前期处置　　C. 现场处置　　D. 应急终止

（3）应急组织机构由（　　）组成。

A. 应急指挥机构　　B. 应急管理日常机构

C. 事故车站　　D. 现场处置机构

2. 判断题

（1）当发生突发事件需要抢险时，由 OCC 发布启动相应应急响应指令，通知相关层级人员赶赴现场，须明确现场集结地点。（　　）

（2）现场处置机构由相应的应急救援队伍组成。应急救援队伍由专业救援队伍、后勤保障队伍和外部救援队伍组成。（　　）

3. 简答题

（1）简述突发事件的应急处置通用流程。

（2）简述突发事件应急组织机构的管理职责。

任务三 突发事件应急预案与应急演练

学习目标

知识目标

1. 熟悉突发事件应急预案的定义与分类；
2. 熟悉应急预案的基本内容与基本结构；
3. 掌握应急预案的演练及方案实施。

能力目标

1. 会编写城市轨道交通应急预案；
2. 能够运用应急预案开展突发事件应急演练。

素质目标

1. 培养全局意识、预防意识及安全生产意识；
2. 培养认识与分析问题的能力，树立创新思维。

任务导入

地铁深埋地下、环境封闭，一旦发生火灾该如何应对？为强化轨道交通线路换乘站应急响应处置，提升检验人员、装备、物资的协同处置水平，增强轨道交通突发事件应急管理水平和处置能力，7 月 27 日，某地铁站举行轨道交通运营突发事件综合应急演练，如图 1-3-1 所示。

图 1-3-1　地铁应急演练

本次演练模拟某地铁站站台中央“出现”火源，烟雾开始“弥漫”。值班站长迅速到达现场，发现火势较大，立即通知站台工作人员疏散乘客，并向地铁 6 号线 OCC 行调进行报告，车站按程序启动应急疏散处理，包括调动列车运行指令，列车不停站通过；拨打 119 报警、地铁公安电话和 120 急救热线、启动应急公交接驳等。搜救组搜救被困人员，各小组根据战斗部署各司其职，处置过程有条不紊，在最短的时间内控制住了火情，保证了乘客的安全。

（根据网络资料整理）

请思考：

1. 你认为应急预案有什么作用？

2. 你知道哪些应急演练的方式？

任务描述

为了科学、高效地预防和应对运营突发事件，城市轨道交通运营企业都制定了突发情况下的应急处置预案，并有计划地组织学习、演练，从而提高工作人员的核心职业能力。本任务要求学生熟悉应急预案的定义、分类，熟知应急预案的基本内容与基本结构，逐渐学会编写城市轨道交通应急预案，并能够运用应急预案开展突发事件应急演练。主要培养学生的全局意识、预防意识，以及安全生产意识，通过积极发现工作盲区，为应急工作提出合理化建议，减少或预防事故，树立创新思维，提升学生认知与分析问题的能力。

知识准备

一、应急预案的定义与分类

（一）应急预案的定义

应急预案是应急救援准备工作的核心内容。应急预案又称应急计划，是为保证在可能发生的重大事故（件）或灾害中迅速、有序、高效地开展应急救援行动、降低事故损失而预先制定的有关计划或方案。它是在辨识和评估潜在的重大危险事故类型、发生的可能性及发生过程、事故后果及影响程度的基础上，对应急机构、人员、技术、装备、设施（备）、行动方案以及救援行动的指挥与协调等方面预先作出的具体安排，它明确了在事前、事中、事后，谁负责做什么、何时做以及相应的策略和资源准备等。

（二）应急预案的分类

应急预案按照突发事件的不同可以分为三种：故障应急预案、事故应急预案、突发事件应急预案。应急预案的分类如图 1-3-2 所示。

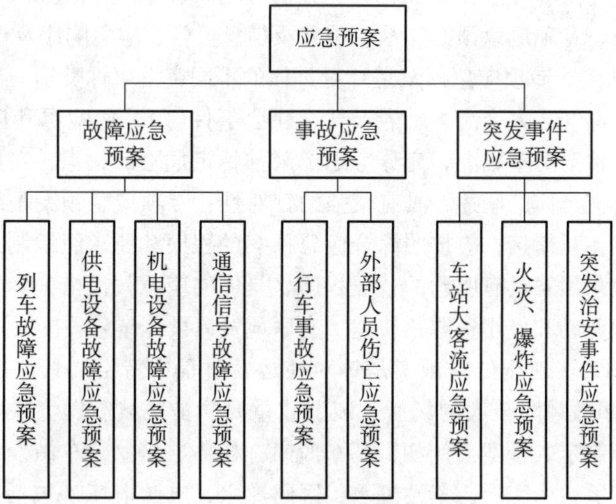

图 1-3-2　应急预案的分类

二、应急预案的基本内容与基本结构

（一）应急预案的基本内容

城市轨道交通运营企业一般根据《中华人民共和国安全生产法》《城市轨道交通运营管理规定》《国家城市轨道交通运营突发事件应急预案》《国家突发公共事件总体应急预案》等相关法律法规，结合本单位的具体情况制定应急救援预案。其具体内容包括以下几个方面：

（1）运营单位抢险指挥领导小组的组成和人员职责，抢险指挥领导小组应负责抢险救援的组织、指挥、决策，并指挥各部门实施各自的应急预案，尽快恢复运营秩序。

视频

城市轨道交通应急预案编制

（2）抢险信息的报告程序，应该遵循迅速、准确、客观和逐级报告的原则。

（3）现场处置过程中各部门的组织原则及相关职责。

（4）不同事故情况下的抢险救援策略和人员疏散方案。

（5）提供救援人员、通信、物资、医疗救护和生活保障。

应急救援预案编制完成后，应尽快让工作人员熟悉和演练，通过演练验证应急预案的合理性，发现与实际不符合的情况应该及时修订和完善。

（二）应急预案的基本结构

城市轨道交通系统中可能发生的重大事故（件）是多种多样的，在制定预案时，应该全面考虑，从而形成完整的应急救援预案文件体系。城市轨道交通系统救援体系的总体目标是：控制事态发展、保障生命财产安全、恢复正常运营。

1. 应急预案的层次

城市轨道交通应急救援预案按照预案的适用对象范围来分，可分为综合应急预案、专项应急预案和现场处置预案，以保证预案文件体系的层次清晰和开放性。

（1）综合应急预案。综合应急预案是企业的总体预案，以集中指挥与应急支援为主，侧重于应急救援活动的组织协调，从总体上阐述事故的应急方针、政策，明确城市轨道交通企业应急组织结构及相关应急职责、应急行动、措施和保障等基本要求和程序，通过综合应急预案可以清晰地了解企业应急管理体系的概况，是应对各类突发事件的综合性文件。运营单位综合应急预案应与政府层面的专项应急预案相衔接，总体阐述本单位运营突发事件的应急工作原则、应急组织机构及职责、专项应急预案体系、预警及信息报告、应急响应及保障措施等内容。

（2）专项应急预案。专项应急预案是针对具体的不同突发事件类别（如大面积停电、列车停运、火灾、爆炸、毒气、大客流、恶劣天气、社会事件等）、危险源和应急保障而制定的计划或方案，是在综合预案的基础上，充分考虑了某种特定危险的特点，对应急的形势、组织机构、应急活动等进行更具体的阐述，具有较强的针对性；专项应急预案是综合应急预案的组成部分，要与综合预案相互衔接，应按照综合应急预案的程序和要求组织制定，并作为综合应急预案的附件。专项应急预案具有明确的救援程序、具体的应急救援措施和社会应急联动协作机制以达到最大限度地调动和使用资源，快速、有序地发挥最佳应急救援效果。

（3）现场处置预案。现场处置预案是针对在运营过程中特定的具体场所（即以现场为目标），通常是该类型事故风险较大的场所、装置或重要防护区域等发生或可能发生的各种不同的具体事故或险情所制定的预案。例如，列车脱轨、碰撞、挤岔，车站及线路设备故障，车站火灾，列车火灾，隧道结构变形，车站进水，区间渗水，电源损坏（包括电器设备故障产生的短路过热），车站乘客受伤或死亡，信号设备故障，恶劣天气损害，特种设备故障等。

2. 应急预案的文件体系

从广义上来说，应急预案是一个由各级预案构成的文件体系，它不仅包括应急预案本身，也包括针对某个特定的应急任务或功能所制定的工作程序等。一个完整应急预案的文件体系应包括预案、程序、指导书和记录，是一个四级文件体系。

各预案的内容在详略程度和侧重点上会有所不同，但可以采用相似的结构。例如，基于应急任务或功能的“1 +4”预案编制基本结构如下：

应急预案 = 基本预案 +（应急功能附件 + 特殊风险预案 + 标准操作程序 + 支持附件）

（1）基本预案：该项应急预案的总体描述。主要阐述要解决的紧急情况、应急组织体系、应急方针、应急资源、应急总体思路。明确各应急组织在应急准备和应急活动中的职责以及应急预案的演练和管理等规定。

（2）应急功能附件：针对在各类重大事故应急救援中通常要采取的一系列基本应急行动和任务而编制的计划，包括指挥、控制、警报、通信、人群疏散、人群安置、医疗等。明确每一应急功能针对的形势、目标、负责机构、支持机构、任务要求、应急准备和操作程序等。

（3）特殊风险预案：针对每一种可能发生的重大风险事故，明确其相应的主要责任部门、有关支持部门及其相应的职责，为该类专项预案的制定提出的特殊要求和指导意见。

（4）标准操作程序：规定在应急预案中没有给出的每一任务的实施细节，各个应急部门必须制定相应的标准操作程序，为组织或个人提供履行应急预案中规定的职责和任务时所需的详细指导。

（5）支持附件：应急救援有关支持保障系统的描述和相关附图表。例如，城市轨道交通系统主要危险有害因素登记表、重大事故影响范围预测分析图、应急机构及人员通信联络方式表、消防设施分布图、疏散线路图、媒体联络方式表、相关医疗单位分布图、交通管制范围图等。

三、应急预案的演练与实施

（一）应急预案演练的形式

1. 按组织形式划分

（1）桌面演练：指参演人员利用地图、沙盘、流程图、计算机模拟、视频会议等辅助手段，针对事先假定的演练情景，讨论和推演应急决策及现场处置的过程，从而促进相关人员掌握应急救援预案中所规定的职责和程序，提高指挥决策和协同配合能力。桌面演练通常在室内完成。

（2）实战演练：是指参演人员利用应急处置涉及的设备和物资，针对事先设置的突发事件情景及其后续的发展情景，通过实际决策、行动和操作，完成真实应急响应的过程，从而检验和提高相关人员的临场组织指挥、队伍调动、应急处置技能和后勤保障等应急能力。实战演练通常要在特定场所完成，如图 1-3-3 所示。

图 1-3-3　实战演练

2. 按内容划分

（1）单项演练：指涉及应急预案中特定应急响应功能或现场处置方案中一系列应急响应功能的演练活动。注重针对一个或少数几个参与单位（岗位）的特定环节和功能进行检验。

（2）综合演练：指涉及应急救援预案中多项或全部应急响应功能的演练活动。注重对多个环节和功能进行检验，特别是对不同单位之间应急机制和联合应对能力的检验。

3. 按目的与作用划分

（1）检验性演练：指为检验应急救援预案的可行性、应急准备的充分性、应急机制的协调性及相关人员的应急处置能力而组织的演练。

（2）示范性演练：指为向观摩人员展示应急能力或提供示范教学，严格按照应急救援预案规定开展的表演性演练。

（3）研究性演练：指为研究和解决突发事件应急处置的重点、难点问题，试验新方案、新技术、新装备而组织的演练。

不同类型的演练相互组合，可以形成单项桌面演练、综合桌面演练、单项实战演练、综合实战演练、示范性单项演练、示范性综合演练等。

（二）应急预案演练的方案与实施

1. 应急演练方案框架

为保证演练活动的顺利开展，城市轨道交通运营企业编制的各种应急救援预案的演练方案都有一套科学实用的框架和模式，这样才能顺利完成演练活动。

城市轨道交通运营企业在反复组织演练活动的过程中一般都会凝练出相对固定的特有的模式，也就是说，会形成具备一定共性的演练方案框架，构成方案内容的骨架，为演练程序动作提供支撑。

演练方案框架一般涵盖：演练的具体目的，演练类型、规模与响应级别，假设演练背景和模拟突发事件及其演练时间，演练组织分工及参演人员的构成及其职责，演练准备与演练过程、演练步骤，演练检查清单或演练执行效果评估清单，演练记录与总结表格，相关说明，等等。

2. 应急演练主要内容

演练方案的内容是成功进行演练的关键，内容的缺陷或偏差会导致演练组织者设置的目的不能顺利实现，因此，演练方案的内容设置至关重要。演练方案应主要包括以下内容：

（1）演练的目的。在应急管理体系中应急救援预案的类别、级别是不同的，城市轨道交通运营企业建立了综合应急预案、专项应急预案以及现场处置预案。进行演练时，一并将所有预案一起实施是不可能的，只能选择其中一两项来实施，每个项目的演练都有不同的目的。因此演练方案首先要规定某项演练的具体目的，为演练活动明确总体目标。

（2）演练类型、规模与响应级别。

①要明确演练类型，演练活动应遵循由简及繁、循序渐进的方式。从桌面演练开始，逐步推进为全面演练；由口述场景演练开始，逐步推进为动作行动演练。

②要明确演练规模与响应级别。城市轨道交通运营企业制定的预案，都规定了发生突发事件后应急响应级别，级别越高则影响范围越大，演练规模也就越大。在演练方案中，应当明确是单部门参演还是多部门参演；演练是否需要上级或外部给予响应或支持。例如，火灾事故应急救援演练实战过程中，是否需要单位外部的消防资源给予响应配合，应在方案中明

确说明。

（3）演练背景、模拟突发事件及其演练时间。

为保障演练的真实性和实效性，演练方案都需要假设一个演练背景。背景中一般会介绍演练的地点、时间、组织部门、参演设备、突发事件设置方法、启动何种应急程序等一系列演练的基本内容。

在确定演练的具体时间时，首先应充分考虑各类参演人员、参加演练的时段不影响正常城市轨道交通运营工作，其次应尽量避免过多干扰居民生活、社会道路交通。演练方案中明确演练启动时间是必需的要素，但是在演练前应当对参与演练的行动人员保密，以利于真实地反映应急行动人员的应急处置能力。

（4）参演人员的构成、功能及职责。为了达到演练的目的，在演练活动中需要各类参演人员，即应急行动人员、演练进程控制人员、评价人员、模拟人员、观摩人员等的协调、配合，只有这样才能完成预案的规定程序或动作。参演人员必须对演练进程和关键动作进行记录，才能得出对预案文本和演练行动的评价结论。另外，在演练方案中应明确各参演人员的类别、数量及其职责。

（5）演练的准备与演练过程。由于在应急救援预案中，一般只对应急措施进行了规定，而没有对潜在的场景进行详细描述，因此演练设计人员在策划演练过程时，还应设想事发具体部位、破坏程度、伤亡情况、人员受困情况等场景，并设计编排何时推出场景以及场景出现的顺序，以便训练并检验应急行动人员的临场处置能力。最后，还可以通过应急行动人员对模拟场景的处置状况，检验应急救援预案是否存在缺陷。

3. 应急演练组织实施

为达到满意的应急效果，进行应急演练十分重要。演练活动是应急救援预案从文本走向实战的桥梁，不仅能够检验预案编制的科学性、实用性和有效性，也为城市轨道交通运营企业不断完善应急救援预案、提高应急救援预案的可靠性，提供了最佳途径。模拟演练并不是简单地将预案中的程序或措施通过口头或行动表现出来，而是假设城市轨道交通某项事故或事件场景出现后，应急人员如何科学、有序、高效地处置突发危害，降低损失。

4. 应急演练评估总结

应急演练结束后应对演练的效果给出评价，并提交演练报告，形成评估报告。详细说明演练中存在的问题，按照对应急救援工作的影响程度，可以将演练中发现的问题分为改进项、不足项、整改项。针对暴露出的问题，从完善预案、修订制度、加强培训等方面制定整改措施，明确整改责任，限期全部整改，从而确保预案的高效性，避免预案不完善而导致事态扩大化。

演练报告还需要进行归档管理，如总部、二级/基层单位应建立预案演练档案，档案至少包含演练内容、存在问题和整改完成情况等。

技能训练

以小组为单位，对照本任务的案例导入，完成应急预案的编制，并分层次完成桌面演练及实战演练。将预案编制的过程、模拟演练的过程记录在写实表中。

一、人员分工

按照本任务的要求，每5～6人分成一个小组，设置组长1名，记录员1名。组长主要负责任务的实施，确保全员参与。记录员负责文案记录工作，记录每位组员的参与情况。

小组分工表

班 级		事故案例	
组 别		日 期	
岗 位	姓 名	任 务 分 工	
组 长			
记录员			
组 员			

二、任务实施

编写应急预案过程写实表

组 别		小组成员		
班 级		事故案例	完成时间	
序 号	作 业 项 目	技 能 要 求	完成情况	写实记录
1	确定应急预案的类型	正确进行应急预案的分类，确定预案类型	□已完成 □未完成	
2	确定应急预案的层次	正确进行划分应急预案的层次，为编写预案做准备	□已完成 □未完成	
3	确定应急预案的结构	设计预案编制的基本结构，结构完整，可操作性强	□已完成 □未完成	
4	结构模块内容填写与修改	明确各结构作用，完成预案的编制，对实施内容进行核对和修改	□已完成 □未完成	
5	检查、优化预案	根据应急救援体系中的主要应急机制检查、优化预案	□已完成 □未完成	
6	小组总结	认识城市轨道交通突发事件所造成的伤害，重视并能有预防意识	□已完成 □未完成	
职 业 素 养				
序 号	素 质 要 求		完成情况	写实记录
1	是否具备认知和分析问题的能力		□是 □否	
2	是否具备良好的安全意识及责任意识		□是 □否	
3	是否具有全局意识以及预防意识		□是 □否	
4	是否符合“7S”管理规定，整理工作区域		□是 □否	
备 注	根据任务要求，每完成一项且能标准作业，则在□内打“√”，否则打“×”。将未完成的内容在写实记录栏标注，方便查缺补漏			

应急演练写实表

组　别		小组成员			
班　级		事故案例		完成时间	
序　号	作 业 项 目	技 能 要 求		完成情况	写实记录
1	明确演练的目的	规定了项目的演练目的，演练目的明确，为演练活动的总体目标		□已完成 □未完成	
2	明确演练的类型、规模与响应级别	明确演练类型为桌面演练和实战演练，明确具体的规模，响应级别及影响范围		□已完成 □未完成	
3	明确演练背景、模拟突发事件及其演练时间	假设的演练背景合理，能体现真实性，明确演练时间		□已完成 □未完成	
4	参演人员的构成、功能及职责	按演练的类型和目的，对小组人员按岗位角色进行分工，人员分配合理，职责明确		□已完成 □未完成	
5	演练的准备与演练过程	演练设计合理，方案没有存在缺陷，演练备品齐全		□已完成 □未完成	
6	结构模块内容填写与修改	明确各结构作用，完成预案的编制，对实施内容进行核对和修改		□已完成 □未完成	
7	应急演练组织实施	分别完成桌面演练和实战演练		□已完成 □未完成	
8	评价总结	针对演练过程中存在的问题，写出整改措施		□已完成 □未完成	
职 业 素 养					
序　号	素 质 要 求			完成情况	写实记录
1	是否具备团队协作的能力			□是　□否	
2	是否具备良好的岗位责任感			□是　□否	
3	是否具有全局意识以及预防意识			□是　□否	
4	是否具有良好的心理素质			□是　□否	
5	是否符合“7S”管理规定，整理工作区域			□是　□否	
备　注	根据任务要求，每完成一项且能标准作业，则在□内打“√”，否则打“×”。将未完成的内容在写实记录栏标注，方便查缺补漏				

任务评价

任务三　突发事件应急预案与应急演练								
姓名：________　学号：________　小组：________								
过程评价（60 分）								
评 价 依 据			评分标准	评 价 主 体				
				自评	互评	师评	1+X 考评员	企业导师
知识（A）	1	能熟知突发事件应急预案的定义与分类	4					
	2	能描述应急预案的基本内容与基本结构	8					
	3	能知晓应急预案的演练及方案实施过程	8					

<table>
<tr><td rowspan="2">能力（B）</td><td>1</td><td>会编写城市轨道交通应急预案</td><td>15</td><td></td><td></td><td></td><td></td><td></td></tr>
<tr><td>2</td><td>能够运用应急预案开展突发事件应急演练</td><td>15</td><td></td><td></td><td></td><td></td><td></td></tr>
<tr><td rowspan="2">素养（C）</td><td>1</td><td>有全局意识、预防意识及安全生产意识</td><td>5</td><td></td><td></td><td></td><td></td><td></td></tr>
<tr><td>2</td><td>有综合运用能力及解决问题的能力</td><td>5</td><td></td><td></td><td></td><td></td><td></td></tr>
<tr><td colspan="9">过程评价 = A + B + C</td></tr>
<tr><td colspan="9">结果评价（30 分）</td></tr>
<tr><td colspan="9">结果评价 = 本任务测试题得分</td></tr>
<tr><td colspan="9">增值评价 E（10 分）</td></tr>
<tr><td colspan="9">增量 =（过程评价 + 结果评价）本任务 -（过程评价 + 结果评价）前任务
增值评价 E：E = 10（增量≥20 分）；E = 8（增量 = 10 ~ 19 分）；
E = 6（增量 = 5 ~ 9 分）；E = 4（增量 < 5 分）</td></tr>
<tr><td colspan="9">本任务总评成绩</td></tr>
<tr><td colspan="9">总评 = 过程评价 + 结果评价 + 增值评价</td></tr>
</table>

任务总结

<table>
<tr><td colspan="2">主题：</td></tr>
<tr><td>要点栏</td><td>笔记栏</td></tr>
<tr><td colspan="2">总结栏</td></tr>
</table>

拓展提升

延伸阅读

应急响应分级

根据运营突发事件的严重程度和发展态势，将应急响应设定为Ⅰ级、Ⅱ级、Ⅲ级、Ⅳ级四个等级。初判发生特别重大、重大运营突发事件时，分别启动Ⅰ级、Ⅱ级应急响应，由事发地省级人民政府负责应对工作；初判发生较大、一般运营突发事件时，分别启动Ⅲ级、Ⅳ

级应急响应，由事发地城市人民政府负责应对工作。对跨城市运营的城市轨道交通线路，有关城市人民政府在建立跨区域运营突发事件应急合作机制时应明确各级应急响应的责任主体。

对需要国家层面协调处置的运营突发事件，由有关省级人民政府向国务院或由有关省级城市轨道交通运营主管部门向交通运输部提出请求。

运营突发事件发生在易造成重大影响的地区或重要时段时，可适当提高响应级别。应急响应启动后，可视事件造成损失情况及其发展趋势调整响应级别，避免响应不足或响应过度。

（根据网络资料整理）

巩固与练习

1. 不定项选择题

（1）应急预案按照突发事件的不同可以分为（　　）。

A. 故障应急预案　B. 事故应急预案　C. 突发事件应急预案　D. 综合应急预案

（2）应急预案演练按组织形式划分为（　　）。

A. 单项演练　B. 示范性演练　C. 桌面演练　D. 实战演练

（3）城市轨道交通应急救援预案按照预案的适用对象范围来分，可分为（　　）。

A. 故障应急预案　B. 综合应急预案　C. 专项应急预案　D. 现场处置预案

2. 判断题

（1）为保障演练的真实性和实效性，演练方案不用假设演练背景，可随机演练。（　　）

（2）应急演练结束后应对演练的效果给出评价，并提交演练报告，形成评估报告。（　　）

（3）研究性演练指为研究和解决突发事件应急处置的重点、难点问题试验新方案、新技术新装备而组织的演练。（　　）

（4）城市轨道交通系统救援体系的总体目标是：控制事态发展、保障生命财产安全、恢复正常运营。（　　）

（5）应急预案又称应急计划，是为保证在可能发生的重大事故（件）或灾害中迅速、有序、高效地开展应急救援行动、降低事故损失而预先制定的有关计划或方案。（　　）

3. 简答题

（1）应急演练方案框架一般包括什么？

（2）请说明预案编制的基本结构。

任务四 认知信息汇报与传递

学习目标

知识目标

1. 熟悉突发事件信息汇报遵循的原则；
2. 熟悉突发事件信息汇报的内容及类型；
3. 掌握突发事件信息汇报的程序。

能力目标

1. 能及时、准确地进行信息汇报与传递；
2. 会用标准化用语进行信息汇报。

素质目标

1. 提高岗位责任的认知、快速反应能力及沟通能力；
2. 培养全局意识、团队协作的能力。

任务导入

某日8时10分左右，某地铁站在上下客结束出站时，第5节车厢一扇车门紧急拉手突然被激活，触发列车停车。为此，司机第一时间从车头驾驶室穿过4节车厢，至现场处置。由于正值早高峰，车厢内较为拥挤，司机于8时15分左右到达该扇车门位置，手动复位紧急拉手后列车于8时18分左右重新启动。

过程中，司机通过周围人员了解到，当时车内有一名乘客擅自拉下车门紧急拉手，激活紧急停车，导致全列车迫停站台。

事发后，运营方立即采取应急处置措施：一是对受影响的车站采取临时限流管控措施，确保乘候车安全；二是利用终点站的折返线组织列车调整，确保车站运营不受影响；三是通过站/车广播、PIS显示屏、官网、微博、App等渠道广而告之，发布运营影响信息。

事件处置期间，虽客流量很大（图1-4-1），但现场乘客高度配合，地铁运营总体有序，客运组织安全可控。该地铁公司将继续加强运营突发事件的应急管理，尽最大努力保障地铁运营和乘客出行安全。

图1-4-1　车站客流

（根据网络资料整理）

请思考：

1. 遇到突发事件时，你认为各岗位之间汇报的重要性是什么？
2. 信息汇报时，你认为都应该报告哪些内容？

任务描述

本任务中，城轨运营工作人员需要有全局意识，面对突发事件能迅速反应，及时、准确地进行信息汇报。根据信息汇报的原则，按照信息汇报的内容和程序，分岗位进行突发事件信息汇报，并按标准用语进行模拟演练。突发事件信息汇报工作需要有全局意识、较强的分析问题的能力、良好的心理素质及过硬的业务水平。

知识准备

一、突发事件信息汇报的原则

城市轨道交通运营线路及车站发生突发事件后的信息汇报，是减少各类损失、降低事故影响、缩短救援时间的重要环节，各岗位均要高度重视。

城轨运营突发事件信息报告的基本原则是：及时、准确、完整。任何工作人员发现或者接到突发事件的信息，均要立即执行相应的信息汇报流程，不得迟报、漏报、谎报、瞒报。

具体原则如下：

（1）迅速准确、简单明了、逐级上报；

（2）企业内部及协作单位并举；

（3）控制中心负责信息的收集和传递。区间发生突发事件时，由司机立即报告行车调度员（简称“行调”）。车站或基地发生突发事件时，由车站行车值班员（简称“行值”）或信号楼调度员立即报告行调。

（4）发生人员伤亡、火灾、爆炸、毒气袭击等事故，需要报告“119”火警、“120”急救中心或城市轨道交通公安分局时，由现场负责人或目击者在第一时间直接报告；如果无法直接报告，则应遵循尽快报告的原则，向就近的车站或控制中心（信号楼调度员）或上级报告，再报告“119”火警、“120”急救中心或城市轨道交通公安分局。

（5）发现运营突发情况或接到外部突发事件信息，车站根据其可能影响运营的程度，依据职责分工，分析其发生、发展的趋势和危害程度，及时向控制中心提出应急处置建议；调动车站应急抢险人员及设备，启动相关专项预案和现场处置方案；及时向控制中心反馈现场处置情况。

二、突发事件信息汇报的内容

城市轨道交通突发事件信息汇报过程中，除了要遵循信息汇报原则外，还要确保信息汇报内容的客观性、真实性，突发事件信息汇报主要内容如下：

（1）报告人姓名、职务和单位（部门、车间、室）；

（2）事件发生类别、时间（时、分）、地点（站、厂、区间、线别、百米标、股道、车次号车厢号、楼名、楼层、房号等）；

（3）事件发生概况、原因（若能初步判断）及影响运营程度；

（4）人员伤亡情况、设施设备损坏情况；

（5）已采取的措施，请求支援事项；

（6）任何需要的援助（包括救援、救护、支援）；

（7）其他必需说明的内容及要求。

视频

正线作业标准化用语

以车站发生火灾为例，行车值班员收到现场人员或FAS报火警，立即通知值班站长或就近岗位人员1 min内至现场确认，出现下列情况之一，立即报“119”：

（1）现场发生爆炸事件；

（2）现场有明火，经采取初步灭火措施无效，火势不可控时；

（3）现场有烟，经采取措施，仍有扩大蔓延趋势时；

（4）车站结合商业场所出现火情时；

（5）车站周边发生火灾或出现天然气等易燃易爆气体泄漏至车站时。

> “119”报警内容参考模板：
>
> “您好，××地铁××站地下负二层站台发生火灾，火势较大并伴有浓烟，初步确定由乘客携带汽油导致火灾，暂无人员伤亡，车站位置在××路与××路交叉口，消防车届时停至十字交叉口西北角车站A口，到时有车站人员接应，报警人×××（姓名），电话×××，手机号码×××。”

三、突发事件信息类型

按照其影响程度的大小，信息通常可分为A、B两类：

A类信息内容包括：

（1）各类事故；

（2）火灾、爆炸、毒气突发事件；

（3）气体灭火系统误喷；

（4）人员伤亡事故；

（5）设施设备被盗、损坏事件；

（6）行车设备故障；

（7）改变闭塞方式；

（8）微机联锁局域操作员工作站（local operater workstation，LOW）报警（A类）；

（9）车站停电、漏水、水管爆裂情况；

（10）施工人员不服从车站管理事件；

（11）施工人员未按规定时间销点；

（12）线路积水或人员、异物侵限事件；

（13）设施设备故障并影响生产运作的事件；

（14）其他有必要上报的事件。

B类信息内容包括：

（1）LOW报警（B类）；

（2）行车设备故障修复；

（3）设施设备故障，不影响生产运作的情况；

（4）其他有必要上报的事件。

•视 频

车辆段作业标准化用语

四、突发事件信息汇报的程序

由于各城市轨道交通企业的管理模式有所不同，所以信息汇报的途径和流程，以及信息汇报的具体要求不尽相同。在学习中，请结合不同城市的实际情况加以区分和理解。以下仅以某个城市轨道交通企业的具体要求加以介绍。

城市轨道交通运营突发事件发生后，若为乘客发现，第一时间告知就近的工作人员，工作人员查看情况或自行发现后，应迅速报告给车站控制室，车站控制室根据情况分别向控制中心、应急处置机构、外部支援等部门进行汇报，以便高效、迅速地处置突发事件。突发事件发生后，应按规定流程进行信息汇报，车站发生突发情况时的信息汇报流程如图 1-4-2 所示。

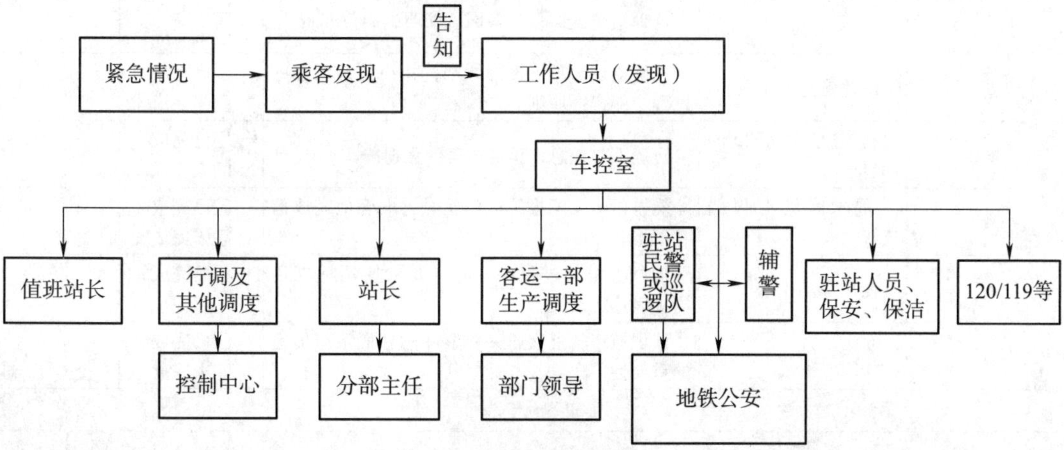

图 1-4-2　信息汇报流程图

技能训练

以小组为单位，对照本任务的案例导入，结合信息汇报的原则，按照信息汇报的内容和程序，分岗位完成突发事件信息汇报，并按标准用语进行模拟演练。将信息汇报过程及模拟演练的过程记录在写实表中。

一、人员分工

按照本任务的要求，每 5 ~ 6 人分成一个小组，设置组长 1 名，记录员 1 名。组长主要负责任务的实施，确保全员参与。记录员负责文案记录工作，记录每位组员的参与情况。

小组分工表

班　级		事故案例	
组　别		日　期	
岗　位	姓　名	任 务 分 工	
组　长			
记录员			
组　员			

二、任务实施

信息汇报过程写实表

组　别		小组成员			
班　级		事故案例		完成时间	
序　号	作业项目	技能要求		完成情况	写实记录
1	完成岗位分配	合理地分配岗位，各岗位能明确岗位职责		□已完成 □未完成	
2	叙述信息汇报原则	正确描述信息汇报的原则，并在信息汇报的过程中能遵循原则		□已完成 □未完成	
3	确定信息汇报的内容	正确汇总信息汇报的内容，无遗漏		□已完成 □未完成	
4	完成信息汇报的流程	能根据信息汇报的程序及时、准确地完成信息汇报		□已完成 □未完成	
5	使用标准用语	信息汇报的过程中，能按要求使用标准用语，表达无歧义		□已完成 □未完成	
6	小组总结	认识城市轨道交通突发事件信息汇报与传递的重要性		□已完成 □未完成	
职业素养					
序　号	素质要求			完成情况	写实记录
1	是否具备团队协作的能力			□是　□否	
2	是否具备良好的沟通表达能力			□是　□否	
3	是否具有全局意识以及岗位责任意识			□是　□否	
4	是否符合“7S”管理规定，整理工作区域			□是　□否	
备　注	根据任务要求，每完成一项且能标准作业，则在□内打“√”，否则打“×”。将未完成的内容在写实记录栏标注，方便查缺补漏				

任务评价

任务四　认知信息汇报与传递								
姓名：________　　学号：________　　小组：________								
过程评价（60分）								
评价依据			评分标准	评价主体				
				自评	互评	师评	1+X考评员	企业导师
知识（A）	1	说出突发事件信息汇报遵循的原则	4					
	2	描述突发事件信息汇报的内容及类型	6					
	3	总结出突发事件信息汇报的程序	10					
能力（B）	1	能及时、准确地进行信息汇报与传递	15					
	2	会用标准化用语进行信息汇报	15					
素养（C）	1	有岗位责任意识，反应及时、表达准确	5					
	2	有全局意识、团队协作的能力	5					
过程评价 $=A+B+C$								

结果评价（30 分）
结果评价 = 本任务测试题得分
增值评价 *E*（10 分）
增量 =（过程评价 + 结果评价）本任务 −（过程评价 + 结果评价）前任务 增值评价 *E*：*E* = 10（增量≥20 分）；*E* = 8（增量 = 10 ~ 19 分）； *E* = 6（增量 = 5 ~ 9 分）；*E* = 4（增量 <5 分）
本任务总评成绩
总评 = 过程评价 + 结果评价 + 增值评价

任务总结

主题：	
要点栏	笔记栏
总结栏	

拓展提升

劳模故事

徐旺明：用坚守和专注守护地铁的“中枢神经”

信号系统承担着列车自动运行、行车调度指挥等任务，是保证列车安全运行、提高运输效率的核心系统，为保障信号设备稳定运行，必须仔细检查设备各项指标，反复进行试验。精检慎修，匠心为用。徐旺明从事轨道交通信号系统检修工作已有十几个年头，十几年来，他始终深耕在维保一线，用自己的坚守和专注守护着信号系统运行的安全稳定。徐旺明告诉记者，如今，自己当选为湖北省劳动模范，在感到无比荣光的同时，也深感责任重大。“未来，我将立足工作岗位，积极主动创新检修模式，以更加积极有为的态度守护好地铁中枢神经，保障地铁运营安全、正点，为广大市民乘客绿色公共交通出行提供便捷、舒适环境。”徐旺明表示。

巩固与练习

1. 不定项选择题

（1）按照其影响程度的大小，信息通常可分为A、B两类，以下属于B类信息内容的是（　　）。

A. 行车设备故障修复

B. 设施设备故障，不影响生产运作的情况

C. 火灾、爆炸、毒气突发事件

D. 人员伤亡事故

（2）按照其影响程度的大小，信息通常可分为A、B两类，以下属于A类信息内容的是（　　）。

A. 行车设备故障修复

B. 设施设备故障，不影响生产运作的情况

C. 火灾、爆炸、毒气突发事件

D. 人员伤亡事故

2. 判断题

（1）任何工作人员发现或者接到突发事件的信息，均要立即执行相应的信息汇报流程，不得迟报、漏报、谎报、瞒报。（　　）

（2）城轨运营突发事件信息报告的基本原则是：及时、准确、完整。（　　）

（3）城市轨道交通突发事件信息通报过程中，除了要遵循信息汇报原则外，还要确保信息汇报内容的客观性、真实性。（　　）

3. 简答题

（1）简述突发事件信息类型。

（2）简述突发事件信息汇报的程序。

项目二

车站突发事件应急处置

任务一 站台门故障应急处置

学习目标

知识目标

1. 熟悉站台门系统控制的优先级；

2. 掌握站台门系统综合后备盘（integrated backup panel，IBP，又称紧急控制盘）、站台门就地控制盘（platform screen door local control panel，PSL）、就地控制盒（local control box，LCB）的使用方法与使用时机；

3. 掌握站台门不同故障情况下的应急处置流程。

能力目标

1. 能手动操作滑动门、应急门、端门；

2. 会正确操作综合后备盘、站台门就地控制盘、就地控制盒；

3. 能够分岗位模拟站台门故障情况下的应急处置流程及各岗位职责。

素质目标

1. 培养岗位责任意识及应变能力；

2. 培养团队协作的能力及全局意识。

任务导入

7 时 54 分，某地铁官方微博发布消息称，2 号线因站台门故障，某区段列车限速运行，发车班次间隔延长，预计晚点 15 min 以上，请乘客及时调整出行路径，以免耽误行程。

8 时 01 分，某地铁官方微博发布致歉信。随后更新信息：目前，1 号线因站台门故障，沿线车站将根据现场客流情况启动限流措施，给您带来不便敬请谅解。

8 时 42 分，某地铁官方微博再次更新信息：目前，2 号线因站台门故障仍在积极处置中，2 号线部分车站现已启动四长联动措施。请乘客听从现场工作人员指挥，给您出行带来不便，敬请谅解。

（根据网络资料整理）

请思考：

1. 如何提前预防站台门故障？

2. 你知道哪些应对站台门故障的措施和方法？

任务描述

本任务中，站务岗位群工作人员需要协作配合，完成所在站台门故障的应急处置工作。通过了解站台门的结构、控制方式，分析导致站台门故障的各种情况，根据岗位作业流程和岗位职责，选择合理的应急设施，组织站台门故障的应急处置。站台门故障应急处置工作需要有全局意识、良好的心理素质，具备较强的岗位责任意识及职业素养。

知识准备

一、站台门系统概述

（一）定义与分类

站台门是一个集建筑、机械、电子、信号、控制、装饰等学科于一体的综合性门系统，设置于地铁或轻轨车站站台的边缘。该门系统在整个站台长度上将站台区域与轨道区域分隔开。列车进出站，站台门系统随着列车车门的开闭而自动同步开闭。

站台门主要有屏蔽式、全高式和半高式三种。

1. 屏蔽式站台门系统

屏蔽式站台门系统是一道自上而下的全封闭玻璃隔断墙，沿着车站全站台边缘设置，把站台区域与列车区域分隔开。其主要的功能和特点如下：

（1）可防止乘客拥挤或意外掉下站台，保证乘客的安全；

（2）提供良好的空气密封性，减少空调的能量消耗，降低运营成本；

（3）提供站台声音阻隔，降低车辆噪声和站台上的活塞风效应，为乘客构造一个舒适、安全、美观的候车环境；

（4）门运动动能的设计及防挤压模式能够保证乘客不被夹伤；

（5）采用直流无刷电机驱动，实现无级调速，传动方式采用丝杆或齿形带形式，门运动平稳；

（6）防滑门槛可以防止乘客跌倒；

门体采用钢化玻璃和发纹不锈钢包边框架（或铝合金框架），门扇刚度好。

2. 全高式站台门系统

与屏蔽式站台门系统相比较，两者的结构基本相同，只是全高式站台门系统的上部不封闭，门体的下部可以根据需要设置通风口。其主要的功能和特点如下：

（1）除不能实现站台与轨道区间的密封隔离以外，全高式站台门系统和屏蔽式站台门系统具有相同的优点；

（2）可比较容易地升级为屏蔽式站台门系统。

3. 半高式站台门系统

半高式站台门的高度一般为 1.2 ~ 1.7 m，安装在站台边缘，将站台区域与轨道区域分隔开，主要目的是提高安全性。与前两种站台门相比，其主要的功能和特点如下：

（1）可防止乘客拥挤或意外掉下站台和跳轨自杀，保证乘客的安全；

（2）安装简单快捷，与土建接口较少；

（3）造价低；

（4）建设周期短。

（二）结构

站台门系统一般由机械和电气两大部分构成。机械部分主要包括门机驱动系统和门体结构；电气部分包括电源系统、控制系统及监视系统。

1. 门机驱动系统

门机驱动系统主要由驱动电机、传动装置和锁紧装置三部分组成，其中传动装置常见的有皮带传动和丝杆螺母传动两种形式，如图 2-1-1 所示，后者因工作可靠性高和低噪声等优点逐渐被广泛使用。

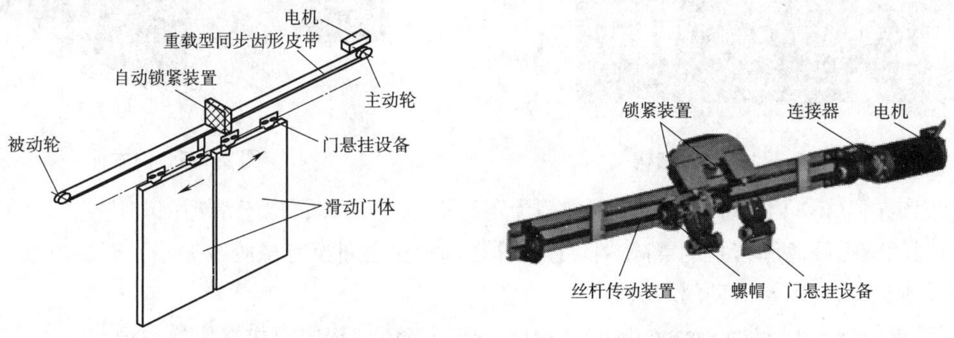

（a）皮带传动　　（b）丝杆螺母传动

图 2-1-1　传动装置

2. 门体结构

门体主要由顶箱、门状态指示灯、立柱、门本体、踢脚板、门槛等部分组成，如图 2-1-2 所示。

（1）顶箱。在顶箱上方，有一个用于照明的设备为灯带。灯带可以帮助乘客更好地识别顶箱表面的内容。全高站台门的顶箱上方一般装有照明灯带，而半高站台门没有。灯带照明由车站环境与设备监控系统（building automatic system，BAS）自动控制，站务人员不需要进行开关灯带的操作。顶箱上可装一些导向标志，但其主要功能是对内部零件进行密封保护，并采用防电磁干扰措施。从材料选择和密封设计上讲，顶箱既能减震，又能有效屏蔽外界的电磁干扰。

（2）门状态指示灯。门状态指示灯点亮，表示站台门处于打开状态；熄灭表示站台门处于关闭状态；闪烁表示站台门处于隔离状态。

（3）立柱。立柱以及下面的底座是主要承重结构，底座通过绝缘件与站台板进行螺栓连接，既保证牢固可靠，又保证站台门系统与站台板地面绝缘隔离。

（4）门本体。门本体是站台门机械结构中最重要的组成部分。按照结构和功能不同，门本体可分为滑动门、固定门、应急门和端门四类，如图 2-1-3 所示。

①滑动门（automatic sliding door，ASD）。滑动门的数量应与列车一侧客室门数量一致，位置对应。滑动门为中分双开式门，关闭时作为车站站台公共区域与隧道区域的屏障，打开时为乘客提供上下列车的通道，也可以作为在车站隧道区域发生火灾或列车故障时乘客的疏散通道。

滑动门一般设有障碍物检测装置，其能检测到的障碍物一般至少为 5 mm（厚）×40 mm（宽）的物体。

当滑动门关门受阻时，门操作机构能通过探测器检测到有障碍物存在时立即释放关门力，停顿 2 s 后，门全开，然后再次关门，若重复三次仍不能关闭，滑动门全开并进行报警，等待工作人员处理。

图 2-1-2　站台门结构

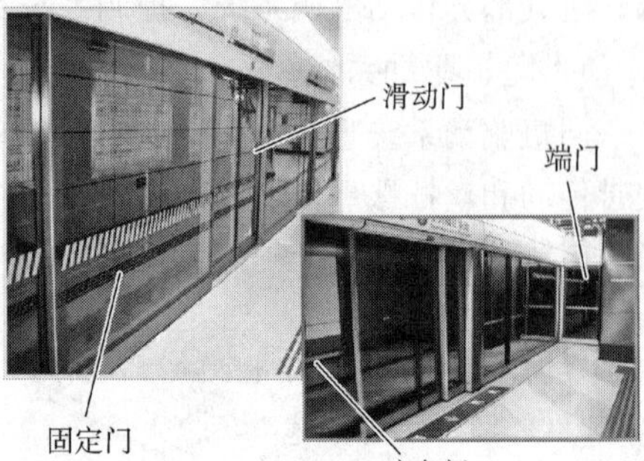

图 2-1-3　门本体

②固定门（fixed panel，FIX）。固定门为不可开启的门体，位于滑动门与应急门之间，是站台与区间隧道隔离和密封的屏障，固定门门框与立柱之间设有橡胶减振垫，安装方便，可拆卸更换，固定门高度与滑动门一致。

③应急门（emergency escape door，EED）。在门本体结构中应设置应急疏散门，不带动力，每节车厢至少对应一扇应急门，在紧急情况下乘客能在轨行区侧手动打开逃生。

④端门（maintenance signal distributor，MSD）。端门主要用于车站工作人员在站台和轨道之间的进出通道，同时兼顾紧急情况下疏散乘客的要求，端门有门锁装置，在紧急情况下允许手动打开，即车站工作人员可在站台侧用“通用”钥匙、乘客在轨道侧推压开门推杆将门打开，端门向站台侧旋转90°平开。

（5）踢脚板。踢脚板采用的是不锈钢材料，主要用来提高站台门的强度，防止乘客有意或无意地踢脏或踢碎门体玻璃。

（6）门槛。门槛采用铝合金材料，表面作防滑处理，它位于所有滑动门的下端，这些地方是乘客最有可能踏过的区域，避免乘客经过时发生不必要的摔倒，同时其与站台板进行绝缘固定，防止乘客触电。

（三）站台门控制方式

站台门的控制系统主要由中央接口盘（platform screen door control，PSC）、就地控制盘（PSL）、远程监视设备（PSA）、门控单元（drive control unit，DCU）、通信截止及通信接口等设备组成。一般除线路两端车站之外，每车站均设有一套中央接口盘控制站台两侧所有的站台门，并且每侧站台门都由一套独立的逻辑控制子系统组成，确保一侧站台门的故障不影响另一侧站台门的正常运行。站台门每套子系统包括控制单元、PSL、控制回路及就地控制盒 LCB 等，以确保某一道门的故障不影响同侧其他门的正常运行。

中央接口盘（PSC）及监控主机一般设在车站站台门设备室内，站台门操作指示盘、紧急操作盘设在车站总控室，就地控制盘一般安装在非公共区域与轨形方向平行的设备房墙壁上，另外在站台监控亭里设有站台门状态报警盘。

站台门控制系统一般具有系统级控制、站台级控制、手动级控制三级控制方式。其中，以手动级控制为最高优先级，系统级控制为最低优先级。

手动级控制通过每个门单元的就地控制盒（LCB）来进行开关门操作或者由工作人员通过三角钥匙进行开关门操作。站台级控制则由两侧站台的就地控制盘（PSL）或者通过 IBP 盘上的站台门开关对站台门施行紧急控制。系统级控制是由信号系统通过 PSC 控制站台门。

1. 系统级控制

在正常情况下，站台门的开关均由信号系统通过 PSC 来控制。

2. 站台级控制

（1）PSL 控制。PSL 控制是由列车司机或站务人员在站台就地控制盘上对滑动门进行开/关门的控制。当信号系统故障、信号系统与中央控制盘开/关门指令界面故障时，列车司机或站务人员可在就地控制盘上进行开门、关门操作，实现站台门的 PSL 控制操作，如图 2-1-4 所示。

①开门操作：列车司机或站务人员将 PSL 开/关门钥匙开关转到开门位发出开门指令，滑动门开始打开，中央控制盘面板、就地控制盘、IBP 盘、整合屏上的所有“关闭锁紧”状态指示熄灭。滑动门完全打开后，PSC 面板“开门指示”状态指示灯点亮。

②关门操作：列车司机或站务人员将 PSL 开/关门钥匙开关转到关门位发出关门指令，滑动门开始关闭，当站台门全部关闭且锁紧后，PSC 面板、PSL 盘、IBP 盘所有“关闭锁紧”状态指示灯点亮。

③门关闭后无法发车：当滑动门全部关闭后，所有“关闭锁紧”信号丢失或信号系统无法确认站台门是否锁闭而不能发车时，列车司机或站务人员在就地控制盘上对“互锁解除”开关进行互锁解除操作，“互锁解除”状态指示灯点亮，发车离站。

（2）IBP 盘控制。IBP 盘控制是以每侧站台门为独立的控制对象，紧急情况下（如火灾），在车站控制室操作 IBP 盘上的开门按钮，打开滑动门，滑动门完全打开后，PSC 面板、PSL 盘、IBP 盘上的开门指示灯亮。本命令属于紧急状态下的紧急开门命令，优先级高于 PSL 控制和系统级控制，如图 2-1-5 所示。

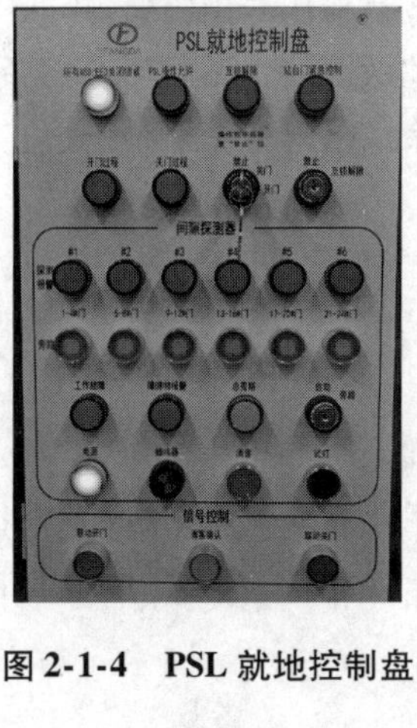

图 2-1-4　PSL 就地控制盘

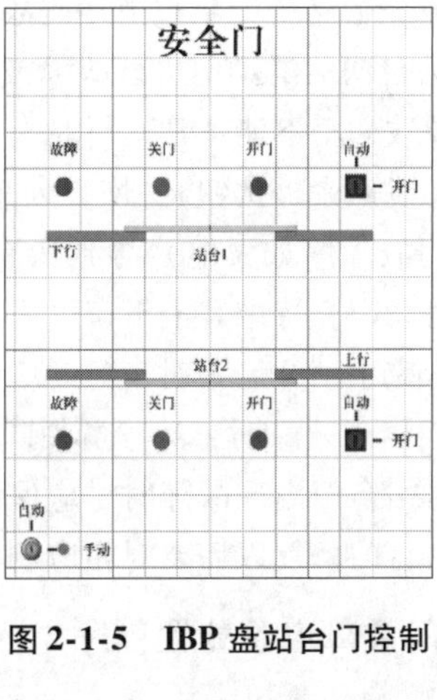

图 2-1-5　IBP 盘站台门控制

在 IBP 盘上设置有开门按钮、关门按钮、开门状态指示灯、关门状态指示灯等。开门、关门状态指示灯能实时反映门状态，显示功能与 PSL 的状态指示灯一致。

3. 手动级控制

手动级控制是指站台工作人员或乘客对站台门进行的手动操作。当系统电源或个别站台门操作机构发生故障时，站台工作人员可在站台侧用钥匙打开站台门，或者乘客在轨道侧操作站台门开门把手打开站台门。此时，PSC 面板、PSL 盘、IBP 盘、整合屏上的所有“关闭锁紧”状态指示灯熄灭。

在维修测试情况下，单扇门就地操作是由维护维保人员使用就地控制盒 LCB，如图 2-1-6

所示，对单道站台门进行操作，LCB 一般设在站台门门框的右下角。

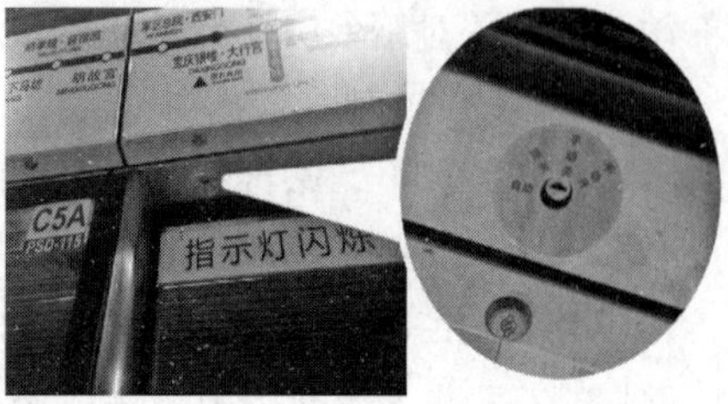

图 2-1-6　LCB 就地控制盒

（1）隔离状态：当转换开关处于“隔离”位置时，单道滑动门单元与系统隔离，不执行信号系统、就地控制盘或综合后备盘的控制命令，且不影响整个系统的正常工作，便于检修。在此模式下，该滑动门的安全回路不被旁路。

（2）自动状态：当转换开关处于“自动”位置时，允许门控单元接收中央控制盘的开门/关门命令。

（3）“关门”和“开关”位：当开关处于“关门”或“开门”位置时，不执行来自中央控制盘的命令，该滑动门的安全回路被旁路，不影响地铁的正常运营。

二、站台门故障应急处置原则及方法

（一）站台门故障应急处置原则

（1）发生站台门故障时，要按照“先通后复”的原则进行处理。

（2）原则上站台门故障时的状态确认和应急处置由车站负责。

（3）运营时段站台门发生故障时，车站要及时做好广播工作，引导乘客上下车。

（二）站台门故障应急处置方法

发生站台门故障时，在确保站台安全的情况下，乘客上下车应急处置优先，故障对信号系统的影响应急处置其次，站台门本体故障应急处置再次。各部门及下属单位协调配合，按照各自职责开展应急抢险工作，同时及时做好信息报送工作。

（1）单个或少数站台门出现滑动门故障时，需由站务员使用专用钥匙进行应急处置。

（2）较多站台门的滑动门出现故障或站台门检测回路故障时，影响站台门系统与信号系统的互锁关系，导致列车不能正常运行时，用专用钥匙切除站台门与信号系统的互锁关系（即在 PSL 上激活“互锁解除”按钮），恢复列车运行。

（3）站台门故障（如失电）导致所有滑动门不能开关时，需由（站台）站务员使用专用钥匙逐个开关滑动门，待乘客上下车（一般称为就地级操作）。为节约时间并方便乘客上下车，保证每节车至少应手动开启两对车门对应的站台门。

（4）站台门出现故障时，站务员须同时做好乘客广播及引导工作，让乘客从正常的站台门上下车。当多对站台门出现故障时，应保证没有连续不能开启或关闭的滑动门出现，以免影响乘客上下车。站台门修复以后要对相应侧的站台门进行一次开关门试验，确认故障排除。

三、站台门故障应急处置程序

视 频

站台单道滑动门关门故障应急处置

站台门门故障分多种情况，比如，两道及以下/三道及以上站台门不能开门、两道及以下/三道及以上站台门不能关门、整侧站台门不能开门、整侧站台门不能关门、安全回路故障（列车未收到站台门“关闭且锁紧信号”故障）、门玻璃破裂或破碎（端门门玻璃破裂或破碎、应急门/固定门/滑动门门玻璃破裂或破碎）等。

不同地铁运营公司对站台门故障的应急处置有所不同，下面以某地铁运营公司为例，重点讨论两道及以下/三道及以上站台门不能开门、两道及以下/三道及以上站台门不能关门、整侧站台门不能开门、整侧站台门不能关门情况下的应急处置流程。具体处理流程如图 2-1-7 ~ 图 2-1-10 所示。

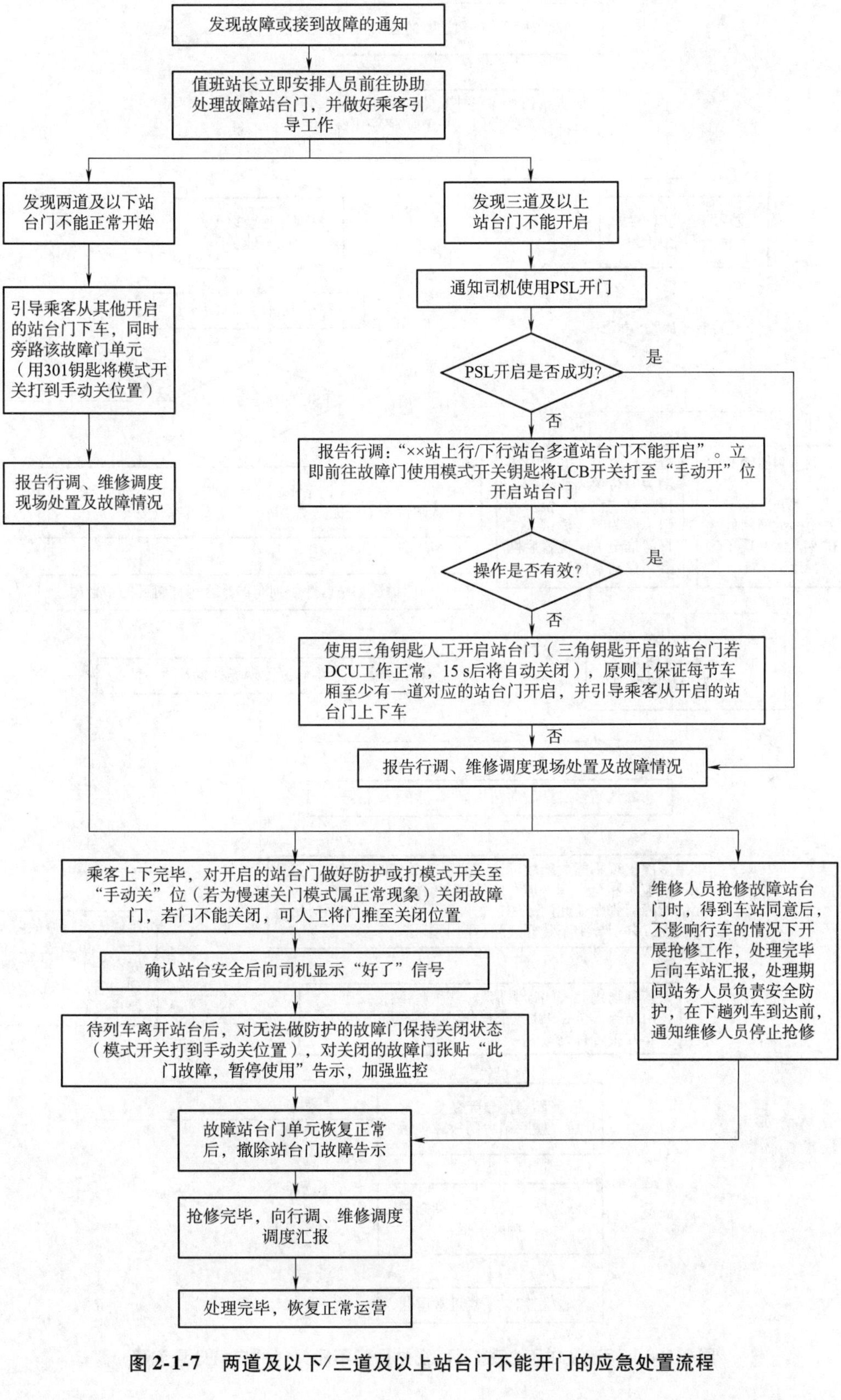

图 2-1-7　两道及以下/三道及以上站台门不能开门的应急处置流程

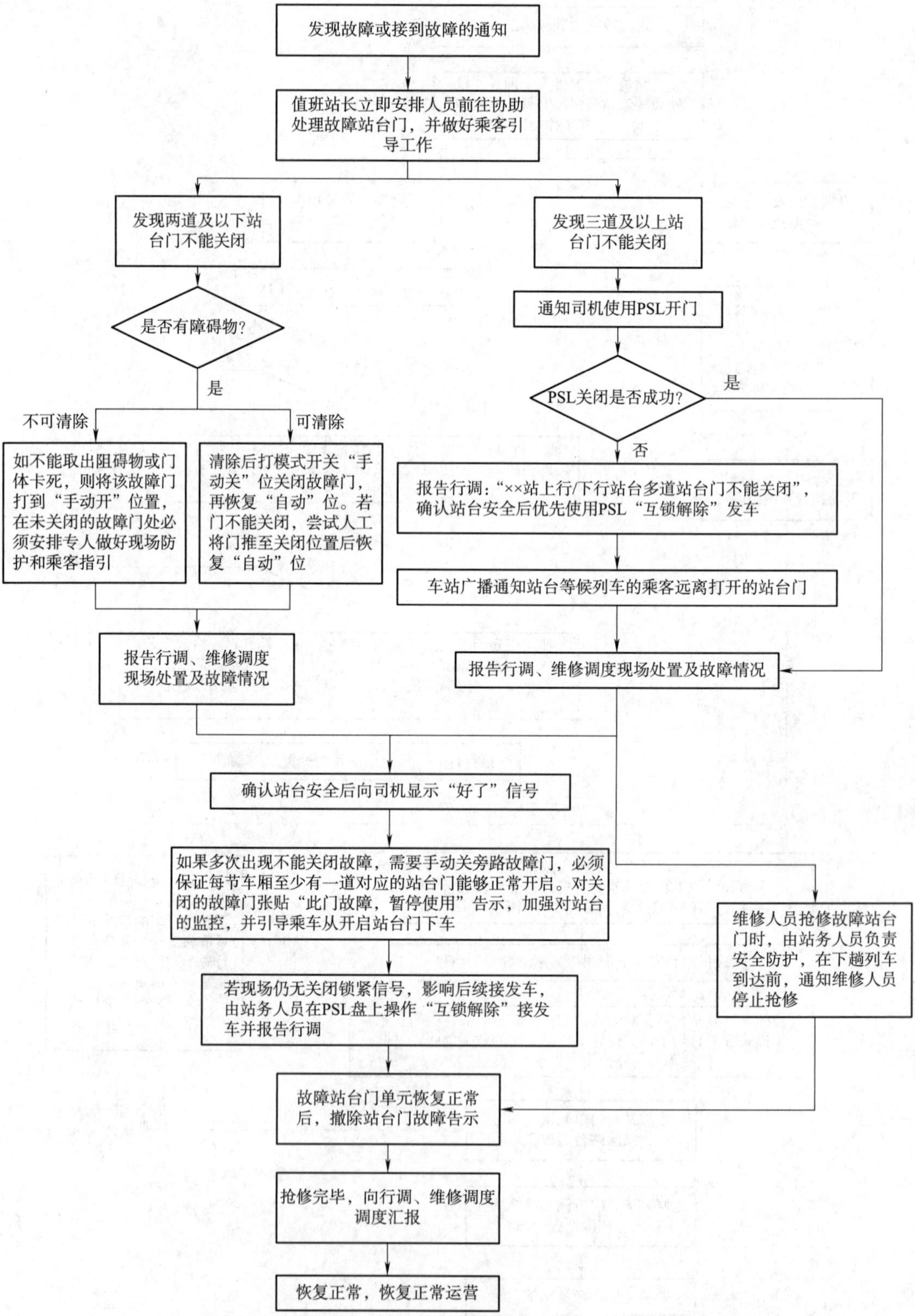

图 2-1-8　两道及以下/三道及以上站台门不能关门的应急处置流程

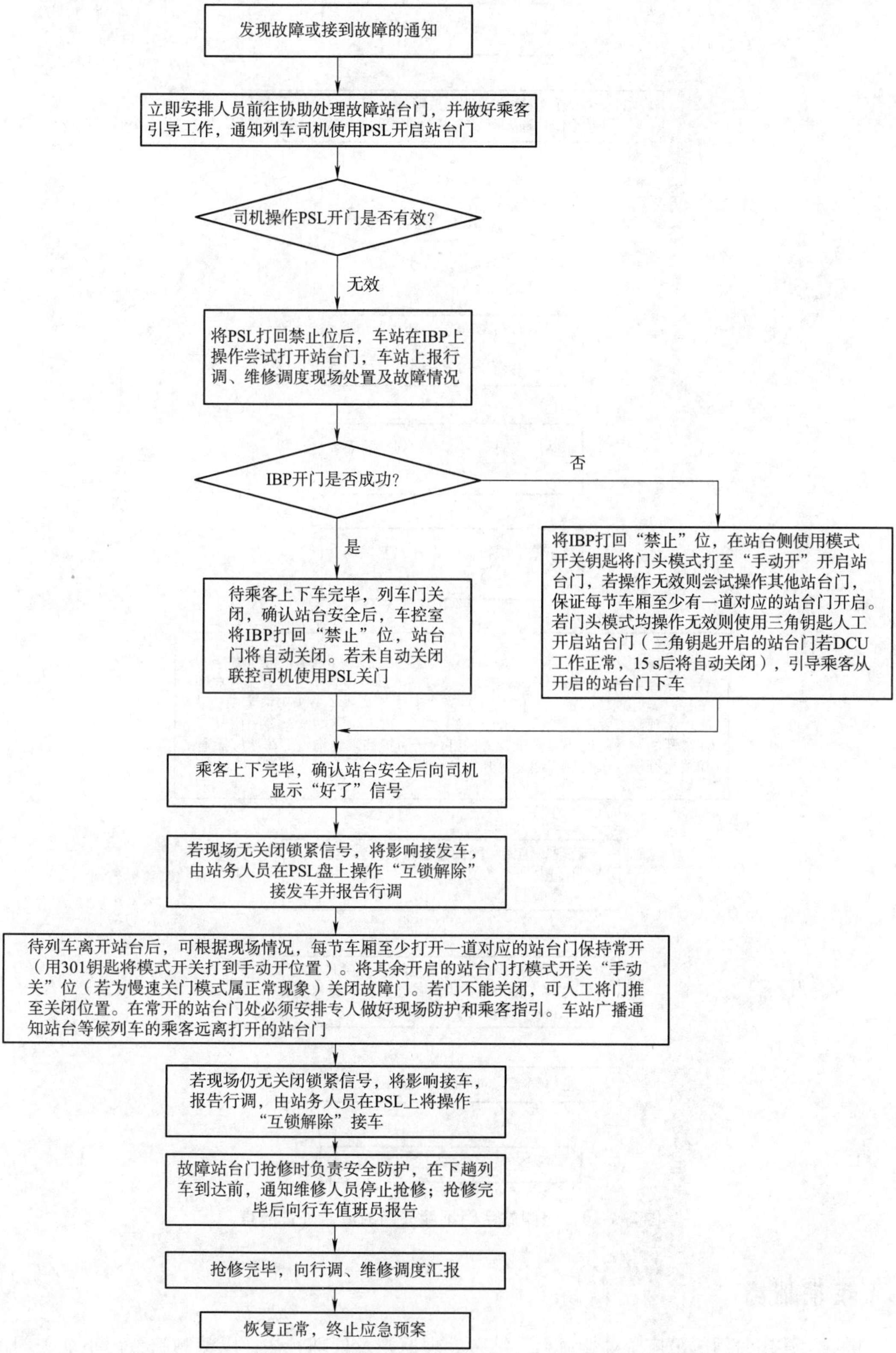

图 2-1-9　整侧站台门不能开门的应急处置流程

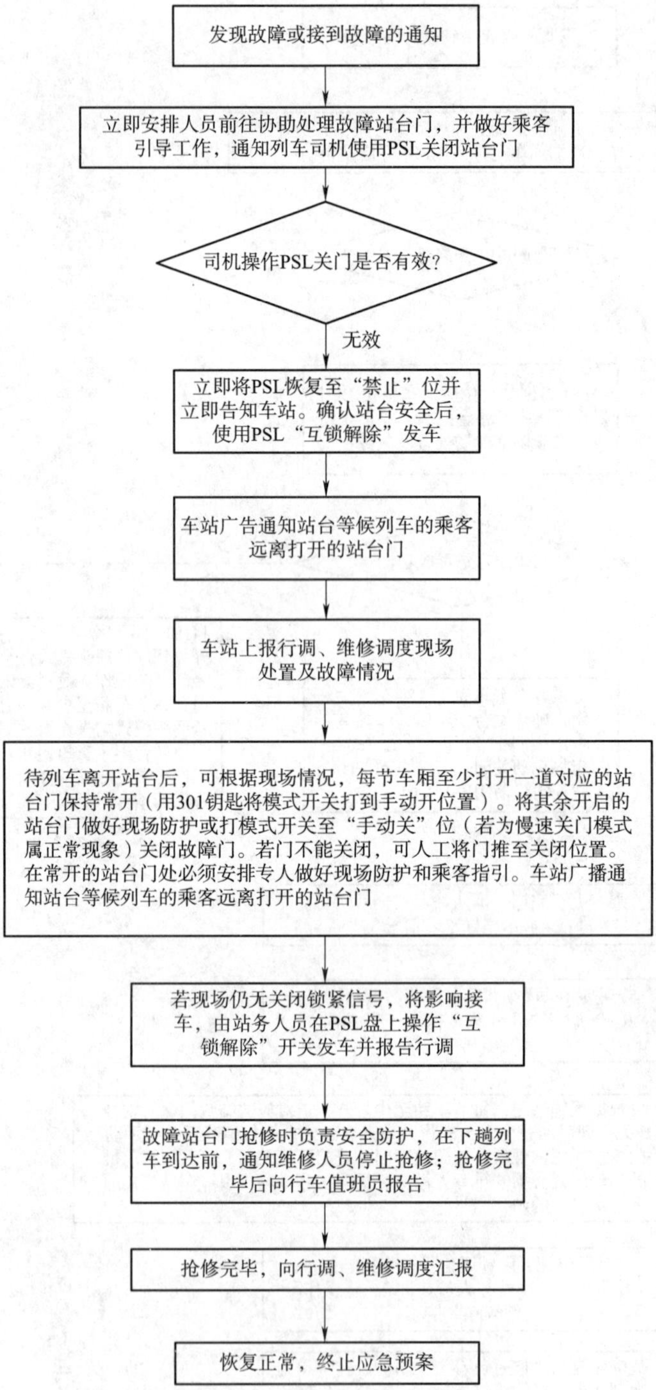

图 2-1-10　整侧站台门不能关门的应急处置流程

技能训练

根据上述站台门故障应急处置流程，结合处理原则及处理方法，以整侧站台门不能关门的情况为例，完成站台门故障应急处置的情景模拟演练。

一、人员分工

按照本任务涉及的岗位，设置行车调度员、值班站长、行车值班员、客运值班员、站务员、司机、其他人员等岗位。每7人分成一个小组，按照突发站台门故障应急处置流程完成模拟演练。

小组分工表

班　级		车站名称	
组　别		日　期	
岗　位	姓　名	任 务 分 工	
行车调度员			
值班站长			
行车值班员			
客运值班员			
站务员			
司　机			
其他人员			

二、设施及备品

城市轨道交通车站实训室、多媒体教学设备等设施及隔离栏杆（铁马）、手持广播、对讲机、PSL就地控制盘、LCB就地控制盒、301钥匙等备品。

清点备品表

清点所要使用的设备、工具、材料				
车站名称：		组别：		时间：
序号	名　称	数量（个）	设备状态	清　点
1	隔离栏杆（铁马）	若干	□完好 □不能使用	□已清点
2	手持广播	根据模拟人数确定	□完好 □不能使用	□已清点
3	对讲机	根据模拟人数确定	□完好 □不能使用	□已清点
4	PSL就地控制盘	2	□完好 □不能使用	□已清点
5	LCB就地控制盒	6	□完好 □不能使用	□已清点
6	301钥匙	6	□完好 □不能使用	□已清点
备注	检查备品的数量及备品状态，每完成一项且结果正常，则在□内打“√”，否则打“×”。			

三、演练过程

根据任务要求，按城市轨道交通车站站台门故障的应急处置程序完成模拟并记录演练过程。

站台门故障应急处置演练过程写实表

组　别		小组成员		
班　级		车站名称	演练时长	
步骤一：信息接报				
任　务	岗　位	技 能 要 求	完成情况记录	
发现故障或接到故障的通知后，立即	司机	发现站台门故障，报运营控制中心（OCC）	□表述准确完整 □表述含糊不清 □未完成	
	站务员	发现站台门故障，报行车值班员	□表述准确完整 □表述含糊不清 □未完成	
	行车值班员	通知站台岗处理	□表述准确完整 □表述含糊不清 □未完成	
		报告值班站长、OCC 行调	□表述准确完整 □表述含糊不清 □未完成	
步骤二：前期处置				
任　务	岗　位	技 能 要 求	完成情况	写实记录
安排人员前往协助处理故障站台门，并做好乘客引导工作	值班站长	启动突发站台门故障应急预案	□已完成 □未完成	
		安排人员前往协助处理故障站台门	□已完成 □未完成	
		安排人员做好乘客引导工作	□已完成 □未完成	
	客运值班员	做好备品准备（故障告示、铁马、手提广播等）	□已完成 □未完成	
步骤三：现场处置				
任　务	岗　位	技 能 要 求	完成情况	写实记录
正确处理站台门故障，操作 PSL 就地控制盘发车	值班站长	到达现场组织处理	□已完成 □未完成	
		安排客运值班员做好乘客引导工作	□已完成 □未完成	
	行车调度员	听取车站汇报，关注该站情况	□已完成 □未完成	
	行车值班员	广播通知站台等候列车的乘客远离打开的站台门	□已完成 □未完成	
		上报行调、维修调度现场处置及故障情况	□已完成 □未完成	
	客运值班员	做好引导乘客工作	□已完成 □未完成	
		加强站台巡视	□已完成 □未完成	

正确处理站台门故障，操作PSL就地控制盘发车	站务员	每节车厢至少打开一道对应的站台门保持常开	□已完成 □未完成	
		将其余开启的站台门做好现场防护或打模式开关至“手动关”位	□已完成 □未完成	
		故障站台门抢修时负责安全防护，在下趟列车到达前，通知维修人员停止抢修	□已完成 □未完成	
		加强站台巡视，做好人员疏导	□已完成 □未完成	
	司机	立即将PSL恢复至“禁止”位并立即告知车站	□已完成 □未完成	
		确认站台安全后，使用PSL“互锁解除”发车	□已完成 □未完成	
	其他	加强现场引导，协助做好人员疏导	□已完成 □未完成	
步骤四：应急终止				
任　务	岗　位	技 能 要 求	完成情况	写实记录
车站恢复正常时，要及时向OCC汇报，申请恢复正常运行，并撤除应急设备	值班站长	通知各岗位终止应急预案	□已完成 □未完成	
	行车值班员	抢修完毕，向行调、维修调度汇报	□已完成 □未完成	
	行车调度员	同意恢复正常运营	□已完成 □未完成	
	客运值班员	撤除应急设备，恢复正常运营	□已完成 □未完成	
	站务员	撤除应急设备，恢复正常运营	□已完成 □未完成	
	其他	撤除应急设备，恢复正常运营	□已完成 □未完成	

职 业 素 养			
序　号	素 质 要 求	完成情况	写实记录
1	是否处理程序得当，避免常识性错误	□是　□否	
2	是否具备良好的服务意识及沟通表达能力	□是　□否	
3	是否做好乘客疏散和解释工作，安抚乘客情绪	□是　□否	
4	是否清楚认识城市轨道交通突发事件所造成的危害，重视突发事件并有预防意识	□是　□否	
5	是否符合“7S”管理规定，整理工作区域，备品恢复原位	□是　□否	
备　注	根据站台门故障应急处置的流程，每完成一项且能标准作业，则在□内打“√”，否则打“×”。将未完成的流程在写实记录栏标注，方便查缺补漏		

任务评价

任务一　站台门故障应急处置								
姓名：________　学号：________　小组：________								
过程评价（60 分）								
评价依据			评分标准	评价主体				
				自评	互评	师评	1 + X 考评员	企业导师
知识（*A*）	1	理解站台门系统控制的优先级	5					
	2	掌握站台门系统综合后备盘（IBP，也称为紧急控制盘）、站台门就地控制盘（PSL）、就地控制盒（LCB）的使用方法与使用时机	7					
	3	掌握站台门不同故障情况下的应急处置流程	8					
能力（*B*）	1	能操作滑动门、应急门、端门等	10					
	2	会正确操作综合后备盘（IBP）、站台门就地控制盘（PSL）、就地控制盒（LCB）	5					
	3	分岗位模拟站台门故障情况下的应急处置流程及各岗位职责	15					
素养（*C*）	1	有岗位责任意识及应变能力	5					
	2	有团队协作的能力及全局意识	5					
过程评价 = $A + B + C$								
结果评价（30 分）								
结果评价 = 本任务测试题得分								
增值评价 E（10 分）								
本任务基础值赋分为 10 分								
本任务总评成绩								
总评 = 过程评价 + 结果评价 + 增值评价								

任务总结

主题：	
要点栏	笔记栏
总结栏	

拓展提升

劳模故事

胡芳铁：埋守城市地下工程的诊疗师

近年来，杭州地铁的快速发展，多个线路的全面开花，让杭州地铁开进了“多、快、好、省”的新时代。有这样一个人，怀匠心、践匠行，不断攻克技术难关，自主研发杭州地铁首套集成的站台门电控系统，积极参与亚运会保障工作。他就是第五届杭州工匠，杭州地铁运营有限公司胡芳铁工作室负责人胡芳铁。

对于站台门，虽然胡芳铁刚开始一无所知，但根据以往解析陌生设备的经验，他从查资料、看图纸、分析基础原理做起，和同事们一起集中攻关了三个多月，深入分析控制逻辑，终于摸透站台门控制原理、设计出了 PEDC 自动后备控制系统方案，并完成最后的编程调试。现如今，这套后备控制系统的功能已经嵌入原生 PEDC 中，形成了杭州地铁自主研发、自主集成的自研站台门电控系统。整个系统运行更稳定，降低了运营成本，并先后在朝阳站、下宁桥站投入使用。创新并不是一句口号，而是要实实在在解决问题。2018 年，胡芳铁工作室成立。“日日行，不怕千万里；常常做，不怕千万事。”

在胡芳铁的带领下，经过几年的发展，工作室从组建之初的 6 人，扩展到现在的 20 人，其中有很多 90 后，甚至 00 后。通过项目共享，技术传承，每个成员都在快速成长为独当一面的技术能手。

（根据网络资料整理）

巩固与练习

1. 不定项选择题

（1）站台门的控制系统一般分为（　　）。

A. 系统级　　B. 手动级　　C. 站台级　　D. 操作级

（2）以下属于站台门本体的是（　　）。

A. 滑动门　　B. 应急门　　C. 固定门　　D. 端门

2. 判断题

（1）发生站台门故障时，要按照“先通后复”的原则进行处理。（　　）

（2）站台门的控制系统主要由中央接口盘（PSC）、就地控制盘（PSL）、远程监视设备（PSA）、门控单元（DCU）、通信截止及通信接口等设备组成。（　　）

（3）PSL 控制是由列车司机或站务人员在站台就地控制盘上对滑动门进行开/关门的控制。（　　）

3. 简答题

（1）简述整侧站台门不能开门故障的应急处置流程。

（2）简述站台门故障的应急处置方法。

任务二 车门或站台门夹人夹物应急处置

学习目标

知识目标

1. 掌握站台侧车门或站台门夹人夹物事件处理流程；
2. 掌握非站台侧车门夹人夹物事件处理流程；
3. 掌握站台门与车门间空隙滞留乘客或异物事件处理流程。

能力目标

1. 能完成站台侧车门或站台门夹人夹物事件处理应急演练；
2. 能完成非站台侧车门夹人夹物事件处理应急演练；
3. 能完成站台门与车门间空隙滞留乘客或异物事件处理应急演练。

素质目标

1. 培养应变能力及规范操作的习惯；
2. 培养团队协作的能力及全局意识。

任务导入

11 月 9 日晚，某地铁 3 号线，列车即将结束停靠，当时车厢黄灯已经亮起，有位乘客急匆匆进入车厢。后来，乘客安全离开，留下了一只鞋子被夹在站台门上。

当时，车站里有四名候车乘客围住了这只鞋子，引起站台岗工作人员的注意。工作人员走过去，看到了这一幕。“是一只灰色的男士休闲鞋，比较小，而且轻薄，不需要打开站台门，我们工作人员轻轻一拉，就把鞋子拉出来了。”车站站长说。

平日里被地铁门或站台门夹得最多的是衣服和包包，地铁车门和站台门都有防夹功能，当感应到有大件物品被夹时，门就会自动弹开。不过，像比较薄的衣服、包包的一角等这种小一点的物件，地铁车门和站台门就比较难感应出来。这只鞋子之所以被夹，工作人员估计是当时乘客进入车厢速度比较快，且这只鞋子又比较轻薄。

（根据网络资料整理）

请思考：

1. 你认为可以通过哪些方式宣传文明乘车？
2. 你知道哪些应对车门或站台门夹人夹物的措施和方法？

任务描述

本任务中，站务岗位群工作人员需要协作配合，完成车门或站台门夹人夹物的应急处置工作。通过了解站台侧车门或站台门夹人夹物事件处理流程、非站台侧车门夹人夹物事件处理流程、站台门与车门间空隙滞留乘客或异物事件处理流程，根据岗位作业流程和岗位职责，选择合理的应急设施，组织车门或站台门夹人夹物的应急处置。车门或站台门夹人夹物应急处置工作需要具备较强的应变能力及岗位责任意识，以及良好的职业素养。

知识准备

一、认识车门或站台门夹人夹物事件

（一）定义

车门或站台门夹人夹物事件是指在城市轨道交通线路列车到站进行乘降作业过程中，发生站台侧列车车门、站台门夹人夹物，非站台侧车门夹人夹物，车门与站台门之间空隙处有人（物）滞留，危及人身安全和行车安全的事件。

（二）原因

车门或站台门夹人夹物事件主要有以下两种原因：

1. 设备故障

由于设备故障，导致车门或站台门夹人夹物，此时，站务员需要第一时间到对应位置进行处置，保证乘客人身安全，保证列车正常发车。

2. 人为原因

由于乘客自身原因，在乘降的过程中抢上抢下，发生意外情况，同样，站务员需要第一时间到对应位置进行处置，保证乘客人身安全。根据乘客身体情况，车站要第一时间对乘客进行救助，按照客伤流程进行处理，采取相应应急措施。

二、车门或站台门夹人夹物应急处置原则及方法

（一）车门或站台门夹人夹物应急处置原则

车站人员在处理车门/站台门夹人夹物过程中，首先保证自身及被夹人员人身安全，处理被夹物品时在保证安全的前提下“先通后复”，现场处置完毕后报行车调度员。

（1）以人为本，减少影响。要把确保乘客安全和正常运营作为应急处置的出发点，最大限度避免乘客伤亡并减少对正线运营的影响。

（2）快速反应，协同配合。发生车门/站台门夹人夹物时，现场人员应快速作出反应、做好站车联控、密切配合，共同做好应急处置工作。

（3）当车门/站台门夹人时，按照“一按、二呼、三处置”，即第一时间按压紧急停车按钮、呼叫司机及车控室、现场处置程序执行。

（4）当车门/站台门夹物时，现场作业人员判断是否影响行车并按照对应的处置程序执行。

（5）发生车门、站台门间滞留乘客或夹人时，车站当班值班站长应第一时间到达现场担任事故处理现场负责人，统筹负责现场的应急处置工作。

（二）车门或站台门夹人夹物应急处置方法

（1）（站台）站务员在列车办理乘降作业时，应及时引导乘客上下，避免乘客冲门并认真观察车门、站台门开闭情况，若发现列车车门/站台门发生夹人夹物或列车车门与站台门之间缝隙有人（物）滞留，应立即按压紧急停车按钮并保持3 s以上，同时向行车值班员报告情况。

（2）对于无人值守的站台，应加强卡控，同时行车值班员应通过闭路电视监控系统（closed-circuit television，CCTV）和综合监控系统对无人值守站台进行监控，若发现车门/站台门夹人夹物或有人（物）滞留车门与站台门之间，应立即按压车控室紧急停车按钮并通知值班站长前往现场处理。

（3）列车在站台办理乘客乘降作业时，若列车司机发现列车车门夹人夹物，应按压“再开

闭”按钮，“再开闭”操作无效时重新开关车门 1 次；若列车司机发现站台门夹人夹物或有人（物）滞留车门与站台门之间时，应重新开关车门和站台门。

（4）若运行中列车司机获知车内夹人夹物信息，应立即报告行调，根据现场情况尽量运行至前方车站进行处理。

三、车门或站台门夹人夹物应急处置各岗位职责

以某地铁运营公司为例，车门或站台门夹人夹物应急处置各岗位职责见表 2-2-1。

表 2-2-1　车门或站台门夹人夹物应急处置各岗位职责

岗位名称	岗 位 职 责
站务员	（1）若发现列车车门/站台门夹人夹物且没有自动弹开释放，立即就近按动紧急停车按钮（在去按压紧急停车按钮的途中，可向司机显示停车手信号）。 （2）在赶赴现场查看的同时将情况报告车控室。 （3）将人或物撤出后，向车控室报告，并向司机显示“好了”信号（值班站长到场后，协助调查处理）
行车值班员	（1）发现异常或接到报告后，通知值班站长前往处理，并向行调汇报。 （2）通过 CCTV 观察现场情况。 （3）需要时，通知地铁公安到现场协调处理。 （4）接到人或物撤出通知后，取消紧急停车，并向行车调度员汇报
值班站长	（1）赶赴现场处理，调查事件原因。 （2）如发生客伤事故，按客伤处理程序办理。 （3）如是乘客抢上抢下造成事故，寻找目击证人，并记录详细资料。 （4）事件处理完毕后，将有关情况汇报行调
司机	（1）接到报告或观察到夹人夹物及站台人员显示停车手信号后，应重新打开车门和站台门，待人和物撤离后，再关闭车门和站台门。 （2）当司机发现而站务员未发现夹人夹物时，应通过端墙直线电话通知车控室。 （3）接收到站务员“好了”信号后，关闭车门和站台门，确认车门、站台门无夹人夹物及车门和站台门之间空隙无人或物滞留。 （4）凭行调指令动车
行车调度员	（1）接到报告后，了解现场情况，必要时指示有关人员按规章处理，监控事件处理经过和结果，提醒相关人员防止夹人夹物情况下动车。 （2）接到事件处理完毕报告后，指令司机动车

四、车门或站台门夹人夹物应急处置程序

（一）站台侧车门或站台门夹人夹物事件

•视 频

站台门夹人夹物应急处置

（1）发现或接报车门、站台门夹人、夹物影响人身或行车安全后，车站按下列程序执行：一按（按压紧急停车按钮）、二呼（通知司机勿动车、报车控室、车控室报行调）、三处置（赶赴现场就地处理，或协助司机处理）。紧急停车按钮如图 2-2-1 所示。

图 2-2-1　紧急停车按钮

（2）站台门夹人、夹物时由站务人员就地打开站台门或根据实际情况通知司机打开整侧站台门处理，车门夹人、夹物时协助司机处理。发生此类事件后，需告知行调异物类型、对应的具体站台门或车门、是否影响行车、车站能否现场处置等关键信息。

（3）处理完毕后，车控室报告行调，经行调同意后取消紧停。确认站台安全后，站务人员向司机显示“好了”信号，列车进入区间司机无法看到时使用对讲机联系司机。

（4）若站台门夹人、夹物列车未进站，站台门夹人、夹物存在侵限，影响行车时，站务人员立即按压紧停按钮，并报告车控室，车控室立即报告行调。

（二）非站台侧车门夹人夹物事件

（1）接报或发现非站台侧车门夹人、夹物，站台侧车门未关时，车站按以下程序执行：一按（按压紧急停车按钮）、二呼（通知司机勿动车、报车控室、车控室报行调）、三确认（进入客室查看非站台侧车门状态）。

（2）司机已知非站台侧车门夹人、夹物，且列车在站停车后，车站向行调申请取消紧停。

（3）站务人员确认夹人、夹物具体车门、车厢后，向车控室报告；通知司机夹人、夹物具体车门、车厢，协助司机处理，防止人员、物品掉落轨行区。

（4）行值接到有关非站台侧车门夹人、夹物通知后，报告行调，通知站务人员现场确认；查明夹人夹物具体车门、车厢后报告行调，由行调通知司机进行处置；如不能在本站处理，及时联系行调，并转告前方站。

（5）车站接报非站台侧车门夹人、夹物，遇站台侧车门站台门已关或列车已动车时（含车站按压紧停按钮后站台侧车门站台门已关情况），立即报告车控室转交前方站处理。

（6）车站视情安排站务人员跟车查找具体夹人夹物车门、车厢。

（三）站台门与车门间空隙滞留乘客或异物

（1）发现或接报站台门与车门间空隙滞留乘客、异物，车站按以下步骤执行：一按（按压紧急停车按钮）、二呼（通知司机勿动车、报车控室、车控室报行调）、三处置（赶赴现场就地处理，或协助司机处理）。

（2）站务人员立即前往现场处理，就地打开站台门或根据实际情况通知司机打开整侧站台门或车门处理。若按压紧急停车按钮前列车已动车，就地打开站台门或根据实际情况要求司机打开单个车门处理。

（3）处理完毕后，车控室报告行调，经行调同意后取消紧急停车。确认站台安全后，站务人员向司机显示“好了”信号。

延伸阅读

揭秘全自动运行线路的“间隙探测神器”

间隙探测系统作用于列车和站台门之间的缝隙，系统工作时，会由4束不可见光组成检测区域，利用光束遮挡报警的方式探测区域内有无障碍物，最终的探测结果会汇成一个信号接入站台门安全回路，决定列车是否可以安全发车。

当站台门处于开启状态时，探测系统将停止工作，并与站台门系统联锁信号断开，列车正常进行乘降工作。简单来讲，就是当站台门打开、乘客正常上下车时，探测系统将停止工作，这样就不会把上下车的乘客误当作“障碍物”检测出来，影响正常发车。

当系统收到站台门关闭且锁紧信号、达到预定探测时间后，探测系统开始工作。如果没有探测到障碍物，探测系统会传输给站台门系统安全信号，列车能够安全驶离；如果探测系统检测到障碍物，探测系统与站台门系统联锁的安全继电器信号保持断开，“报警”指示灯会被点亮，并伴有蜂鸣器报警，车站工作人员会立即现场处理，确认安全后，列车才会发车。

以某地铁5号线高架站为例，每侧站台会设置一组间隙探测系统，可探测整侧间隙（地下站每侧站台设置3组，每组探测10扇滑动门），一组间隙探测系统中主要包含有一个红外激光发射机（TX），一个红外激光接收机（RX）。

当站台门关闭且锁紧并达到预定探测时间时，TX开始不间断向RX发射四束红外激光，此过程持续大约12 s，其中任何一个光束被遮挡后，系统都会发出报警信号，达到预定探测时间后会自动停止探测。

间隙探测系统与信号系统相连接，若探测未通过，即检测出列车与站台门间有异物，列车无法发车；若检测通过，列车才可以安全发车。

（根据网络资料整理）

技能训练

根据上述车门或站台门夹人夹物应急处置流程，结合处理原则及处理方法，以站台门与车门间空隙滞留乘客或异物事件的情况为例，完成应急处置的情景模拟演练。

一、人员分工

按照本任务涉及的岗位，设置行车调度员、值班站长、行车值班员、站务员、司机等岗位。每5人分成一个小组，按照站台门与车门间空隙滞留乘客或异物应急处置流程完成模拟演练。

小组分工表

班　级		车站名称	
组　别		日　期	
岗　位	姓　名	任务分工	
行车调度员			
值班站长			
行车值班员			
站务员			
司　机			

二、设施及备品

城市轨道交通车站实训室、多媒体教学设备等设施及紧急停车按钮、对讲机、PSL就地控制盘、LCB就地控制盒、301钥匙等备品。

清点备品表

清点所要使用的设备、工具、材料				
车站名称：		组别：		时间：
序号	名　称	数量（个）	设备状态	清　点
1	紧急停车按钮	1	□完好 □不能使用	□已清点
2	对讲机	根据模拟人数确定	□完好 □不能使用	□已清点

3	PSL 就地控制盘	2	□完好 □不能使用	□已清点
4	LCB 就地控制盒	6	□完好 □不能使用	□已清点
5	301 钥匙	6	□完好 □不能使用	□已清点
备注	检查备品的数量及备品状态，每完成一项且结果正常，则在□内打“√”，否则打“×”			

三、演练过程

根据任务要求，按站台门与车门间空隙滞留乘客或异物的应急处置程序完成模拟并记录演练过程。

站台门与车门间空隙滞留乘客或异物应急处置演练过程写实表

组 别		小组成员			
班 级		车站名称		演练时长	
步骤一：信息接报					
任 务	岗 位	技 能 要 求		完成情况记录	
发现站台侧车门或站台门夹人夹物，立即按压紧急停车按钮	本步骤由司机或站务员发现，模拟时选择下列一个岗位即可				
	司机	发现站台侧车门或站台门夹人夹物		□表述准确完整 □表述含糊不清 □未完成	
		若司机发现而站务员未发现夹人夹物时，应通过端墙直线电话通知车控室		□表述准确完整 □表述含糊不清 □未完成	
	站务员	发现站台侧车门或站台门夹人夹物		□表述准确完整 □表述含糊不清 □未完成	
		立即按压紧急停车按钮		□表述准确完整 □表述含糊不清 □未完成	
		向司机显示停车手信号		□表述准确完整 □表述含糊不清 □未完成	
步骤二：前期处置					
任 务	岗 位	技 能 要 求		完成情况	写实记录
将现场情况立即汇报上一级，并组织其他乘客不要围观	站务员	将情况报告车控室		□已完成 □未完成	
	行车值班员	将情况报告行车调度员、值班站长		□已完成 □未完成	
		通过 CCTV 观察现场情况		□已完成 □未完成	

将现场情况立即汇报上一级，并组织其他乘客不要围观	行车值班员	必要时联系地铁公安	□已完成 □未完成	
		将案件信息汇报行调，异物类型、对应的具体站台门或车门、是否影响行车、车站能否现场处置等	□已完成 □未完成	
	值班站长	赶赴现场，查看情况	□已完成 □未完成	
步骤三：现场处置				
任　务	岗　位	技能要求	完成情况	写实记录
正确处理车门或站台门夹人夹物，操作 LCB、或 PSL 就地控制盘，撤出被夹乘客或物品	值班站长	到达现场组织处理	□已完成 □未完成	
		安排客运值班员组织好乘客引导工作	□已完成 □未完成	
		需要取证时，安排客运值班员挽留证人	□已完成 □未完成	
	站务员	根据指示，就地打开站台门	□已完成 □未完成	
		撤出被夹乘客或物品	□已完成 □未完成	
		向行车值班员汇报现场情况	□已完成 □未完成	
	司机	必要时，利用就地控制盘操作整侧站台门	□已完成 □未完成	
	行车值班员	广播通知站台等候列车的乘客远离夹人夹物的站台门	□已完成 □未完成	
		上报行调现场处置及故障情况	□已完成 □未完成	
	行车调度员	听取车站汇报，关注该站情况	□已完成 □未完成	
			□已完成 □未完成	
步骤四：应急终止				
任　务	岗　位	技能要求	完成情况	写实记录
汇报处置情况，列车动车，恢复正常运营	行车值班员	向行调汇报	□已完成 □未完成	
	行车调度员	同意司机动车	□已完成 □未完成	
	站务员	向司机显示“好了”信号	□已完成 □未完成	
	司机	确保安全后，动车	□已完成 □未完成	
	值班站长	通知各岗位终止应急预案	□已完成 □未完成	

职业素养			
序　号	素质要求	完成情况	写实记录
1	是否处理程序得当，避免常识性错误	□是　□否	
2	是否具备良好的服务意识及沟通表达能力	□是　□否	
3	是否做好乘客疏散和解释工作，安抚乘客情绪	□是　□否	
4	是否清楚认识城市轨道交通突发事件所造成的危害，重视突发事件并有预防意识	□是　□否	
5	是否符合“7S”管理规定，整理工作区域，备品恢复原位	□是　□否	
备　注	根据站台门夹人夹物应急处置的流程，每完成一项且能标准作业，则在□内打“√”，否则打“×”。将未完成的流程在写实记录栏标注，方便查缺补漏		

任务评价

任务二　车门或站台门夹人夹物应急处置								
姓名：________　学号：________　小组：________								
过程评价（60分）								
评价依据			评分标准	评价主体				
				自评	互评	师评	1+X考评员	企业导师
知识（A）	1	掌握站台侧车门或站台门夹人夹物事件处理流程	5					
	2	掌握非站台侧车门夹人夹物事件处理流程	7					
	3	掌握站台门与车门间空隙滞留乘客或异物事件处理流程	8					
能力（B）	1	能完成站台侧车门或站台门夹人夹物事件处理应急演练	10					
	2	能完成非站台侧车门夹人夹物事件处理应急演练	5					
	3	能完成站台门与车门间空隙滞留乘客或异物事件处理应急演练	15					
素养（C）	1	有应变能力及规范操作的习惯	5					
	2	有团队协作的能力及全局意识	5					
过程评价 $=A+B+C$								
结果评价（30分）								
结果评价＝本任务测试题得分								
增值评价 E（10分）								
增量＝（过程评价＋结果评价）本任务－（过程评价＋结果评价）前任务 增值评价 E：$E=10$（增量≥20分）；$E=8$（增量＝10～19分）； $E=6$（增量＝5～9分）；$E=4$（增量<5分）								
本任务总评成绩								
总评＝过程评价＋结果评价＋增值评价								

任务总结

主题：	
要点栏	笔记栏
总结栏	

拓展提升

劳模故事

轨道青年谱写新时代青春华章

崔贺，现任天津轨道交通运营集团调度指挥中心行车调度。他专业技能过硬，任职期间圆满处理各类突发事件50余次、保障12万列次列车安全运营。他曾先后荣获天津市“海河工匠杯”职工职业技能大赛第一名、第十四届全国交通运输行业“大象科技杯”城市轨道交通行车调度员（职工组）职业技能大赛全国总决赛第一名。

在工作中，他凭借扎实的业务基础和丰富的工作经验，总结出一套“行车组织工作法”，进一步缩短了行车处置时间，提升了行车处置安全效率，促进部门行车业务水平整体提升。作为工匠培育工作组组长，他带领团队建立调度工匠人才选拔、评价、培养、激励机制，通过“师带徒”的方式全力、全面、全周期培养造就一批技能精湛、德才兼备的高技能人才，为实现天津轨道交通事业高质量发展做出了积极贡献。

（根据网络资料整理）

巩固与练习

1. 不定项选择题

（1）站台门与车门间空隙滞留乘客或异物时按照下面（　　）步骤应急处置。

A. 一呼　　B. 二报　　C. 三处置　　D. 四操作

（2）车门或站台门夹人夹物事件的主要原因有（　　）。

A. 设备故障　　B. 人为原因　　C. 环境因素　　D. 管理因素

2. 判断题

（1）处理完毕后，车控室报告行调，经行调同意后取消紧停。（　　）

（2）发生车门/站台门夹人夹物时，现场人员应快速作出反应、做好站车联控、密切配合，共同做好应急处置工作。（　　）

3. 简答题

（1）简述门或站台门夹人夹物事件应急处置各岗位职责。

（2）简述站台门与车门间空隙滞留乘客或异物的应急处置程序。

任务三　自动扶梯故障应急处置

学习目标

知识目标

1. 熟悉自动扶梯不同故障的风险点、诱发因素及后果；
2. 熟悉自动扶梯故障应急处置原则与方法；
3. 掌握自动扶梯故障应急处置流程。

能力目标

1. 能总结出自动扶梯故障应急处置各岗位职责；
2. 会分析自动扶梯不同故障的风险点、诱发因素及后果；
3. 能配合各岗位完成自动扶梯故障应急处置流程的模拟演练。

素质目标

1. 强化安全意识，培养岗位责任心；
2. 培养预防意识，提升各岗位协作能力。

任务导入

9月24日9时左右，某地铁线路某站7号出入口一向上自动扶梯在运行过程中梯级变形（图2-3-1），自动扶梯立刻启动保护性停机，无乘客受伤。车站已通知维修单位检修。目前该自动扶梯已停用，乘客可通过其他出入口自动扶梯进出站。安全乘梯提示：乘坐自动扶梯请紧握扶手，如遇突发电梯故障请及时按压紧急停梯按钮。

（根据网络资料整理）

图2-3-1　自动扶梯故障

请思考：

1. 你认为造成自动扶梯故障的原因有哪些？
2. 遇到自动扶梯故障时，你知道哪些自救的方法？

任务描述

本任务中，站务岗位群工作人员需要协作配合，完成所在车站自动扶梯故障应急处置工作。通过了解自动扶梯不同故障的风险点、诱发因素及后果，分析自动扶梯故障应急处置原则与方法，根据岗位职责，完成自动扶梯故障应急处置流程。自动扶梯故障应急处置工作需要有安全意识，具备较强的岗位责任意识及职业素养。

知识准备

一、认识自动扶梯故障

作为城市轨道交通车站内集散乘客的主要运输工具，自动扶梯每天担负着运送大量乘客的任务，对客流的及时疏散起到了至关重要的作用。在自动扶梯使用过程中，设备自身或外在因素可能导致故障而造成人员伤亡、财产损失的事故时有发生，例如，踏板伤人、轴承损坏导致溜梯、急停伤人等。自动扶梯不同故障情况下的风险点判断、诱发因素及产生的后果均不一样，见表2-3-1，自动扶梯与楼梯板交叉剪刀口“小心碰头”告示牌如图2-3-2所示。乘梯安全提示如图2-3-3所示。

表2-3-1　自动扶梯不同故障的风险点、诱发因素及后果

风　险　点	诱 发 因 素	后果（可能导致的事故）
踏板变形、翘起、脱落、塌陷、卷缠等	踏板质量不合格、老化等	乘客伤亡
轴承损坏、连接螺栓断裂、驱动链条脱落	相关产品质量不合格、疲劳损坏等	逆行、溜梯、人员伤亡等
失速运行	安全开关、制动器、附加制动器等失效等	乘客挤伤、踩踏、摔伤等
梳齿与踏板齿槽、围裙板与梳齿板、扶手带空槽等间隙部位夹持乘客	相关间隙过大、安全保护开关失效等	乘客受伤等
自动扶梯与楼梯板交叉或扶手交叉设置时剪刀口空间、自动扶梯扶手带转向端入口处与地板形成的空间等夹持乘客	剪刀口“小心碰头”告示牌脱落、人员长期蹲靠与扶手带转向端入口处与地板形成的狭小空间	乘客受伤等
急停伤人	制动距离过短，急停时引发乘客恐慌等	乘客踩踏、摔伤等

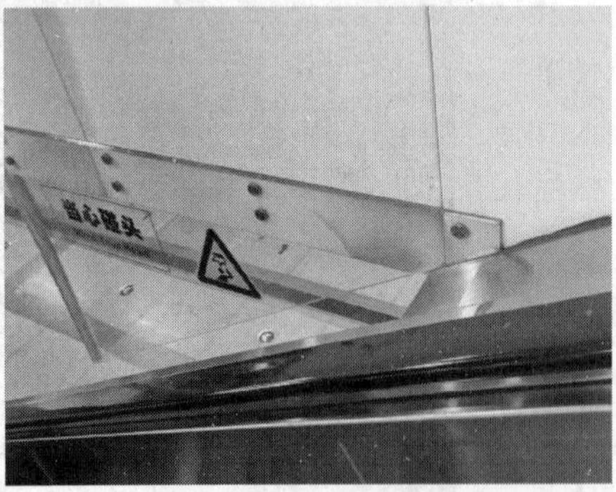

图2-3-2　剪刀口“小心碰头”告示牌

图2-3-3　乘梯安全提示

延伸阅读

遇扶梯事故牢记“按、呼、护”

按：紧急制动按钮

紧急制动按钮通常设在手扶电梯的两端，常位于踏板附近、扶手侧下方等处，部分长距

离扶梯也会在中段设置，通常为一个红色（偶见黄色）的圆形按钮。

呼：大声呼救同时谨防摔倒

如果衣物、鞋跟、手提袋等物品被夹要大声呼救，让靠近紧急按钮处的人按下紧急按钮，扶梯会缓冲几十厘米后自动停下。

如果无法第一时间按下停止按钮，大声呼救的同时，紧紧抓住扶手，抬起脚，这样人就会随着扶梯的护栏移动，以免摔倒。

护：摔倒时保护头部

摔倒时尽量卷成球状，双手交叉放在颈部、后脑部，双臂护住太阳穴，以防叠压对自己造成致命伤害。

二、自动扶梯故障应急处置原则与方法

（一）自动扶梯故障处理原则

（1）以第一时间解救乘客为主，防止事态进一步扩大。

（2）做好隔离防护措施后，组织专业人员尽快查明故障原因，恢复设备运行，保证车站正常客运组织。

（3）各部门及下属单位协调配合，按照各自职责开展应急抢险工作，同时做好信息报送工作。

（4）报质量监管部门现场查验设备状况。

（二）自动扶梯事故应急处置方法

车站的站务人员发现设备故障后，立即对设备做好安全防护，禁止乘客进入。维修人员接到故障通知后，30 min 内赶到现场，并利用专用工具、器具对故障进行判断并对设备进行全面检查。当维修人员自身无法处理故障，需要技术人员处理时，技术人员接到通知后应在 1 h 内赶到现场协助处理。故障处理完毕，维修人员汇报部门调度员消除故障后，填写故障处理记录。重大设备故障由技术人员进行分析并提供故障分析报告，以避免今后出现同类故障，同时制定故障处理程序。将故障分析报告存入资料档案。乘梯安全须知如图 2-3-4 所示，急停按钮如图 2-3-5 所示。

图 2-3-4　乘梯安全须知

图 2-3-5　急停按钮

1. 突然停梯的应急处置

操作人员应做好记录，切断自动扶梯的控制电源，检查停梯原因。

2. 异常现象的应急处置

当发现自动扶梯在运行过程中有异常声响、异味、不正常震动和摩擦，梯级或踏板有较大跳动，扶手装置及围裙板有“麻电”感觉现象时，应立即按下急停按钮，使自动扶梯停止运行，并立即通知专业维修人员进行检修，如按下急停按钮仍无法停止运行，应切断供电总电源开关。

3. 无法启动的应急处置

应先检查电源的供电情况，如无问题但仍无法启动，应暂时停用，进行检修后再投入使用。

4. 制动距离过长的应急处置

自动扶梯紧急停止时制动距离过长，须及时检查自动扶梯制动器的抱闸间隙、制动器表面油污及磨损情况。

5. 自动扶梯装置夹入异物的应急处置

发现自动扶梯的出入口或自动扶梯与扶手装置之间夹入异物时，不能等待扶梯的安全保护装置起作用，而应立即按下急停按钮或切断自动扶梯电源开关。

根据夹入异物的情况，对异物进行取出处理，如能顺利取出，对扶手带装置、安全保护开关等有关部位进行检查，确认正常后，重新启动自动扶梯。

如果异物不能顺利取出，须打开驱动机房进行手动盘车，取出异物。如果手动盘车仍不能取出异物，则应请求技术支持，尽快采取可行措施取出异物。

6. 梳齿板夹入异物的应急处置

当发现梳齿板有异物卡住时，应立即按下紧急停止按钮或切断总电源开关，使扶梯停止运行。

根据夹入异物的情况，借助有关工具取出异物。如果异物能顺利取出，对梳齿板安全保护开关等有关部位进行检查，确认正常后重新启动自动扶梯。

如果异物不能取出，应打开驱动机房进行手动盘车。如果手动盘车仍不能取出异物，应请求技术支持，尽快采取可行措施取出异物。

延伸阅读

自动扶梯检修注意事项

（1）运营时间内自动扶梯停用时，用铁马把自动扶梯上、下端围起进行防护。

（2）重新开启自动扶梯时，应检查自动扶梯是否有异常（尤其是上部及下部），执行开关自动扶梯规范程序。

（3）进行自动扶梯维修作业前，值班站长必须到现场确认自动扶梯上、下端均用专业防护工具（黄色防护屏风）隔离，发现违规作业，没有设置规定防护的，应立即制止，并报环调。同时车站在自动扶梯上、下端加设铁马防护。

（4）在自动扶梯维修作业期间，车站也需要做好客流引导工作，避免乘客误乘正在进行维修作业的自动扶梯。

（5）若需要开启自动扶梯盖板施工，车站还必须要求维修人员安排人员在开启的自动扶梯盖板附近做好引导，车站值班站长在作业期间至少巡视检查该作业一次，检查防护设置和维修人员引导情况，发现施工作业过程中缺乏人员互控，维修人员未安排人员引导的，应立即制止施工，并报环调。

（三）自动扶梯客伤事件应急处置方法

若发生自动扶梯客伤事件，车站的站务人员应立即按动红色急停按钮，使自动扶梯停止运行，尽快将伤员送到医院，并对设备做好安全防护，保护现场。部门主管和分管领导接到通知后，尽快赶到现场指挥。维修人员应立即利用专用工具、器具对故障进行判断及对设备进行全面检查。本着“四不放过”（事故原因没有查清不放过，事故责任者没有严肃处理不放过，广大职工没有受到教育不放过，防范措施没有落实不放过）的原则，将故障完全查清楚及处理完毕后再将设备恢复运行。事后，对故障进行分析总结，避免类似事件发生，同时制定故障处理程序，将故障分析报告存入资料档案。

三、自动扶梯故障应急处置各岗位职责

自动扶梯故障应急处置各岗位职责见表 2-3-2。

表 2-3-2　自动扶梯故障应急处置各岗位职责

岗位名称	岗 位 职 责
现场（或首先赶到的）工作人员	（1）接收到自动扶梯发生人员伤亡事故的信息后，立即到现场处理。 （2）大声通知乘客“紧急停梯，请抓住扶手”后，按下紧急停止按钮。 （3）请现场的其他乘客协助救助当事人，将当事人平抬出扶梯，并请求至少两名目击者作证人。 （4）报告车控室。 （5）将目击证人移交给客运值班员处理。 （6）协助值班站长处理
值班站长	（1）担任事故处理主任，负责现场事故的处理，协调各岗位工作。 （2）确认当事人的伤势情况，对其进行紧急救助（简单的包扎等），用担架将其送到出口外等候救护车。 （3）组织进行物证、人证的取证工作
行车值班员	（1）通知值班站长、客运值班员到现场处理，安排人员到现场维持秩序，封锁现场。 （2）报告行调、维修调度员（简称“维调”）、城市轨道交通公安、120（视现场情况而定）。 （3）暂停自动扶梯的使用，并做好防护，未得到事故处理负责人的允许，严禁任何人动用该自动扶梯
客运值班员	（1）到现场负责专项跟进取证工作，并将目击证人带到会议室书写目击经过。 （2）必须请目击证人写下个人的真实资料并作好保管。 （3）引导乘客，避免乘坐故障自动扶梯

技能训练

根据上述自动扶梯故障应急处置流程，结合各岗位职责，以急停伤人故障为例，完成自动扶梯故障应急处置的情景模拟演练。

一、人员分工

按照本任务涉及的岗位，设置值班站长、行车值班员、客运值班员、站务员、其他人员等岗位。每 5 人分成一个小组，按照自动扶梯故障应急处置流程完成模拟演练。

小组分工表

班　级		车站名称	
组　别		日　期	
岗　位	姓　名	任务分工	
值班站长			
行车值班员			
客运值班员			
站务员			
其他人员			

二、设施及备品

城市轨道交通车站实训室、多媒体教学设备等设施及临时导向标志、警戒线、隔离栏杆（铁马）、手持广播、对讲机等备品。

清点备品表

清点所要使用的设备、工具、材料				
车站名称：		组别：		时间：
序号	名　称	数量（个）	设备状态	清　点
1	临时导向标志	根据出入口数量确定	□完好 □不能使用	□已清点
2	警戒线	2	□完好 □不能使用	□已清点
3	隔离栏杆（铁马）	若干	□完好 □不能使用	□已清点
4	手持广播	2	□完好 □不能使用	□已清点
5	对讲机	4	□完好 □不能使用	□已清点
备注	检查备品的数量及备品状态，每完成一项且结果正常，则在□内打“√”，否则打“×”			

三、演练过程

根据任务要求，按城市轨道交通自动扶梯故障的应急处置程序完成模拟并记录演练过程。

自动扶梯故障应急处置演练过程写实表

组　别		小组成员		
班　级		车站名称	演练时长	
步骤一：信息接报				
任　务	岗　位	技能要求	完成情况记录	
分析和汇报自动扶梯故障的原因、导致的后果等	现场（或首先赶到的）工作人员	描述了事件发生的时间、地点	□表述准确完整 □表述含糊不清 □未完成	
		描述了形成原因、已采取的措施	□表述准确完整 □表述含糊不清 □未完成	

分析和汇报自动扶梯故障的原因、导致的后果等	现场（或首先赶到的）工作人员	描述了人员伤亡、设备损坏等情况	□表述准确完整 □表述含糊不清 □未完成	
		说明了报告人单位、姓名、岗位	□表述准确完整 □表述含糊不清 □未完成	
		汇报了认为有必要报告的其他情况	□表述准确完整 □表述含糊不清 □未完成	
步骤二：前期处置				
任　务	岗　位	技 能 要 求	完成情况	写实记录
根据车站应急方案要求，及时赶赴现场，确认受伤人员，各岗位职责明确、任务分工合理	值班站长	确认当事人的伤势情况	□已完成 □未完成	
		安排各岗位应急处置工作	□已完成 □未完成	
	客运值班员	做好备品准备（铁马、手提广播等）	□已完成 □未完成	
	行车值班员	安排人员到现场维持秩序	□已完成 □未完成	
步骤三：现场处置				
任　务	岗　位	技 能 要 求	完成情况	写实记录
根据自动扶梯故障应急处置的原则，按照应急处置程序，各岗位配合完成现场处置，救助受伤人员，必要时及时送医，做好其他乘客的引导工作	值班站长	根据当事人的伤势安排人员紧急救助	□已完成 □未完成	
		必要时安排行值拨打 120	□已完成 □未完成	
	行车调度员	听取车站汇报，关注该站客流情况	□已完成 □未完成	
	行车值班员	报告行调、维修调度员（简称“维调”）、城市轨道交通公安、120（视现场情况而定）	□已完成 □未完成	
		暂停自动扶梯的使用，并做好防护	□已完成 □未完成	
	客运值班员	安排站务员引导乘客，避免乘坐故障自动扶梯	□已完成 □未完成	
	站务员	用铁马做好故障扶梯的防护工作，做好人员引导工作	□已完成 □未完成	
步骤四：应急终止				
任　务	岗　位	技 能 要 求	完成情况	写实记录
自动扶梯故障修复正常时，要及时向 OCC 汇报，并撤除应急设备，恢复正常运营	值班站长	通知行车值班员向 OCC 汇报，设备恢复正常	□已完成 □未完成	
	行车值班员	向 OCC 汇报设备恢复正常运营	□已完成 □未完成	

自动扶梯故障修复正常时，要及时向OCC汇报，并撤除应急设备，恢复正常运营	行车调度员	同意恢复正常运营	□已完成 □未完成	
	客运值班员	组织撤除铁马、警戒线等物品	□已完成 □未完成	
	站务员	撤除应急设备，恢复正常运营	□已完成 □未完成	
职业素养				
序　号	素质要求		完成情况	写实记录
1	是否处理程序得当，避免常识性错误		□是　□否	
2	是否具备良好的服务意识及沟通表达能力		□是　□否	
3	是否做好乘客疏散和解释工作，安抚乘客情绪		□是　□否	
4	是否清楚认识城市轨道交通突发事件所造成的危害，重视突发事件并有预防意识		□是　□否	
5	是否符合“7S”管理规定，整理工作区域，备品恢复原位		□是　□否	
备　注	根据自动扶梯故障应急处置的流程，每完成一项且能标准作业，则在□内打“√”，否则打“×”。将未完成的流程在写实记录栏标注，方便查缺补漏			

任务评价

任务三　自动扶梯故障应急处置								
姓名：________			学号：________			小组：________		
过程评价（60分）								
评价依据			评分标准	评价主体				
				自评	互评	师评	1+X考评员	企业导师
知识（A）	1	列举自动扶梯不同故障的风险点、诱发因素及后果	5					
	2	总结自动扶梯故障应急处置原则与方法	7					
	3	绘制自动扶梯故障应急处置流程	8					
能力（B）	1	总结出自动扶梯故障应急处置各岗位职责	10					
	2	分析自动扶梯不同故障的风险点、诱发因素及后果	5					
	3	配合各岗位完成自动扶梯故障应急处置流程	15					
素养（C）	1	有安全意识，有岗位责任心	5					
	2	有预防意识，各岗位有团队协作精神	5					
过程评价 $=A+B+C$								

结果评价（30分）
结果评价 = 本任务测试题得分
增值评价 E（10分）
增量 =（过程评价 + 结果评价）本任务 -（过程评价 + 结果评价）前任务 增值评价 E：$E=10$（增量≥20分）；$E=8$（增量 =10～19分）； $E=6$（增量 =5～9分）；$E=4$（增量 <5分）
本任务总评成绩
总评 = 过程评价 + 结果评价 + 增值评价

任务总结

主题：	
要点栏	笔记栏
总结栏	

拓展提升

劳模故事

匠心守护地铁平安——记全国交通技术能手龚聪聪

当最后一班地铁停运，龚聪聪的工作才真正开始……龚聪聪是南宁轨道交通运营有限公司维修中心的一名门梯检修工，主要负责南宁地铁2号线的站台门和电扶梯检修。在平凡的岗位上，这位“90后”门梯检修工用匠心守护地铁乘客安全，用奋斗诠释新时代青年的责任与担当。

龚聪聪参加第六届全区职工职业技能大赛，荣获电梯安装维修工第一名。此外，他还获得全国交通技术能手、全国轨道交通行业“维修能手”、广西五一劳动奖章、广西技术能手、南宁市首席技师、南宁工匠等荣誉。面对肯定，龚聪聪想得更多的是如何才能在不影响地铁运营的情况下，把自己的门梯检修技术和经验向更多同事分享，共同攻坚技术难题。

入行几年来，龚聪聪见证了南宁地铁2号、3号、4号、5号线的开通。面对未来，龚聪聪的表态是：一如既往坚守匠心，赓续努力奋斗，做新时代的追梦人。

（根据网络资料整理）

巩固与练习

1. 不定项选择题

（1）若自动扶梯的相关产品质量不合格、疲劳损坏等故障，可能导致的后果有（　　）。

A. 逆行　　B. 溜梯　　C. 人员受伤　　D. 人员死亡

（2）自动扶梯故障后，担任事故处理主任，负责现场事故的处理，协调各岗位工作的岗位是（　　）。

A. 行车调度员　　B. 值班站长　　C. 行车值班员　　D. 客运值班员

2. 判断题

（1）若发生自动扶梯客伤事件，车站的站务人员应立即按动红色紧急停止按钮，使自动扶梯停止运行，尽快将伤员送到医院，并对设备做好安全防护，保护现场。（　　）

（2）车站的站务人员发现自动设备故障后，立即对设备做好安全防护，禁止乘客进入。（　　）

3. 简答题

（1）简述自动扶梯故障的处理原则。

（2）简述自动扶梯故障应急处置的各岗位职责。

任务四　垂直电梯故障应急处置

学习目标

知识目标

1. 熟悉垂直电梯不同故障的风险点、诱发因素及后果；
2. 熟悉垂直电梯故障应急处置原则与方法；
3. 掌握垂直电梯故障应急处置流程。

能力目标

1. 能总结出垂直电梯故障应急处置各岗位职责；
2. 会分析垂直电梯不同故障的风险点、诱发因素及后果；
3. 能配合各岗位完成垂直电梯故障应急处置流程的模拟演练。

素质目标

1. 强化安全意识，培养岗位责任心；
2. 培养团队合作的精神及应变能力。

任务导入

5月11日，残障人士王先生乘坐某地铁3号线前往湿地公园站，在D出口处准备乘坐升降电梯返回地面时，却发现电梯停运了。在咨询现场执勤工作人员后得知，电梯故障是近期某市的降雨导致雨水灌入电梯井所造成的。由于无法使用D出口的电梯，王先生最终选择绕行到马路对面的B出口，才得以返回地面。

垂直电梯出现问题持续维修的原因是，因某市暴雨雷电天气导致垂直电梯个别零件受损，因正在进行零件采购，为确保乘客乘坐安全，地铁站暂时关停了该垂直电梯。同时为更好地做好乘客服务，地铁站现场也配置安保进行值守，便于为乘客及时提供出行服务并引导乘客前往B出入口使用无障碍设备设施进站乘车或过街，现场也安排工作人员张贴新增服务热线的温馨提示告示，方便指引乘客，便于乘客进出站。

请思考：

1. 你知道乘坐垂直电梯时有哪些安全注意事项？
2. 遇到垂直电梯故障困人时，你都知道哪些自救的方法？

任务描述

本任务中，站务岗位群工作人员需要协作配合，完成所在车站垂直电梯故障应急处置工作。通过了解垂直电梯不同故障的风险点、诱发因素及后果，分析垂直电梯故障应急处置原则与方法，根据岗位职责，完成垂直电梯故障应急处置流程。垂直电梯故障应急处置工作需要有安全意识，具备较强的岗位责任意识及应变能力。

知识准备

一、认识垂直电梯故障

地铁垂直电梯的主要作用是方便行动不便的乘客，如使用轮椅、推婴儿车或携带大件行李的乘客，能够顺畅地进出地铁站。这些电梯通常设置在车站出入口与站厅之间、站厅与站台之间，重点解决了地铁站点中存在的高低落差，为这些特殊人群创造了方便和安全的出行环境。在垂直电梯使用过程中，设备自身或外在因素可能导致故障而造成人员伤亡、财产损失的事故时有发生，例如，电梯失速运行、电梯困人等。垂直电梯不同故障情况下的风险点判断、诱发因素及产生的后果均不一样，见表2-4-1。

表2-4-1　垂直电梯不同故障的风险点、诱发因素及后果

风　险　点	诱 发 因 素	后果（可能导致的事故）
困人	厅门、轿门卡异物，安全开关动作等	乘客受惊、发生踩踏
轿厢冲顶、坠落等	制动器、安全开关、安全钳失效等	乘客伤亡等
失速运行	制动器、安全开关、安全钳失效等	乘客伤亡等
开关门夹伤乘客	红外光幕检测系统、防夹指开关失效	乘客伤亡等

延伸阅读

被困电梯怎么办？谨记这六步，关键时刻能救命

据保守估计，全国每天有15亿人次乘坐电梯。其中，直梯已成为百姓生活中必不可少的垂直交通工具。

然而，长时间阻挡电梯门关闭、轿厢内蹦跳打闹等人为原因及电梯自身故障，导致人员被困轿厢的事件时有发生。假如被困电梯，我们该如何保障人身安全并寻求救援呢？

被困电梯后的六步应对措施：

1. 保持沉着冷静，慌乱行动更危险

被困在电梯封闭狭小的空间内，难免惊慌失措。如果因为恐慌做出过激的行为，情况反而会更危险。此时我们最需要的是保持冷静，做几次深呼吸，试着放松身心，等待救援。部分公共场所会采用双开门电梯，每层开门方向不同。很多乘客到达目标层，发现门没开误以为是故障，殊不知身后的门早已打开。遇到这些情况，也需要冷静应对。

2. 尝试多按几次开关门按钮

有一种电梯困人情况，乘客到达目标层站后，电梯门迟迟不开，乘客打电话求救，救援人员到达后只按了一下呼梯按钮就恢复正常了。这是开关门按钮接触不良导致的不开门。遇到这种情况不妨多按几下开关门按钮，如果顺利解决就能很快脱困。

3. 保持照明

如果轿厢内照明失效，可以采用手电筒、手机或其他可发光的电子设备来保障光照度，但也要注意节约用电，避免电量过早耗光。

4. 紧急报警

按照要求，电梯会在电梯按钮面板的中部设置紧急报警电话按钮，并有明显的标识。乘客被困时，应先找到这个按键，拨打救援电话。如果没人响应，电梯内有信号，还可拨打电梯应急处置救援热线求救。

5. 呼叫求援

在紧急报警电话失效，且电梯内没有手机信号时，要努力让电梯外的人知道有人被困。此时可按轿厢内设置的警铃，或敲击轿厢壁并大声呼叫。建议隔一段时间呼救一次，以保存体力。

6. 耐心等待

当以上方法都尝试后，在轿厢里等待救援，不要轻易尝试其他形式盲目自救。盲目自救可能会造成坠落等不必要的伤害，非常危险。

（根据网络资料整理）

二、垂直电梯故障应急处置原则与方法

（一）垂直电梯故障处理原则

（1）以第一时间解救乘客为主，防止事态进一步扩大。

（2）做好隔离防护措施后，组织专业人员尽快查明故障原因，恢复设备运行，保证车站正常客运组织。

（3）各部门及下属单位协调配合，按照各自职责开展应急抢险工作，同时做好信息报送工作。

（二）垂直电梯事故应急处置方法

（1）先断开电梯主电源开关，以避免在救援过程中突然恢复供电而发生意外，同时报急救中心。

（2）有足够的救援人员在场且先行救援不会导致受伤人员受到二次伤害的情况下，可在急救中心专业急救人员到来之前进行救援，否则应根据急救中心急救人员的指示进行前期救援准备工作，并在急救中心急救人员到来后配合救援工作。

（3）轿厢内人员或层站乘客在出入轿厢时被剪切。

①如果可以通过打开电梯门直接救出乘客，则应在保证安全的前提下，用层门钥匙打开相应层门，救出被困乘客。

②如果不可以通过打开电梯门直接救出乘客，则派相应人员在受伤乘客所在楼层留守，相应人员进行盘车救援操作或紧急电动运行，并且保持与留守在受伤乘客所在楼层的人员通信，一旦可以将受伤乘客救出，则停止盘车救援操作或紧急电动运行。在保证安全的前提下，用层门开锁钥匙打开相应层门，救出被困乘客。

（4）乘客或其他人员在非出入轿厢时被剪切（发生轿底或轿顶剪切）。

①发生轿底剪切时，相应人员在受伤乘客所在楼层留守，相应人员进行盘车救援操作或紧急电动运行（使轿厢向上移动），并且保持与留守在受伤乘客所在楼层的人员通信，一旦可以将受伤乘客救出，则停止盘车救援操作或紧急电动运行。

②发生轿顶剪切时，相应人员在受伤乘客所在楼层留守，相应人员进行盘车救援操作或紧急电动运行（使轿厢向下移动），并且保持与留守在受伤乘客所在楼层的人员通信，一旦可以将受伤乘客救出，则停止盘车救援操作或紧急电动运行。

（5）救出乘客后，根据急救中心急救人员的指示进行下一步救援工作。

延伸阅读

垂直电梯检修注意事项

地铁垂直电梯检修的核心注意事项包括：多人配合、注意电梯位置、使用安全开关、避免身体探出栏杆、切断电源并挂上警示牌。

在电梯检修过程中，多人配合是非常重要的。维修人员需要思想集中，相互之间要有呼有应，确保工作顺利进行。此外，使用三角钥匙打开厅门时，必须看清轿箱的位置，避免因位置判断错误导致意外。进入轿顶前，需要打开检修开关、急停开关，并确保站稳后方能关门。

在电梯维修过程中，安全开关的使用至关重要。出轿顶时，需要打开厅门、复位检修开关、急停开关和照明开关，确保安全后再关闭厅门。在地坑工作时，必须切断地坑检修箱的安全开关，确保厅门打开状态下才能接通安全回路，迅速爬出地坑。

在操作过程中，维修人员需要注意自身安全，避免身体探出栏杆或在骑跨处作业。遇到电梯失控时，应保持镇定，抓牢可扶之物，蹲稳在安全之处，避免试图开门跳出。

最后，切断电源并挂上“有人操作，禁止合闸”的警示牌是必要的安全措施。在进行带电操作或使用电动工具时，必须确保防止触电的安全措施到位。

（三）垂直电梯困人事故应急处置措施

运行中的电梯会因供电线路故障、限电、电梯设备老化等，致使乘客被困在轿厢内，乘客要及时报警。电梯的轿厢里通常都设有报警装置，配有电梯应急电话、对讲机，或摄像监控镜头。乘客一旦被困，应及时使用。其次是在救援中要听从维保人员的指挥，密切合作。如电梯有操作人员，操作人员应对乘客说明原因，使乘客保持镇静并与维保人员联系；如无操作人员，维保人员应设法与轿厢内被困人员取得联系，说明原因，使乘客保持镇静。如事故由供电引起，对于短时停电有备用发电机的应及时启用备用发电机。由线路故障或其他原因造成的长时间停电，应考虑采用盘车等适当的方式将乘客救出。垂直电梯困人救援如图 2-4-1 所示，垂直电梯故障后要做好防护工作，以免其他乘客误触按钮引发轿厢内乘客二次伤害，如图 2-4-2 所示。

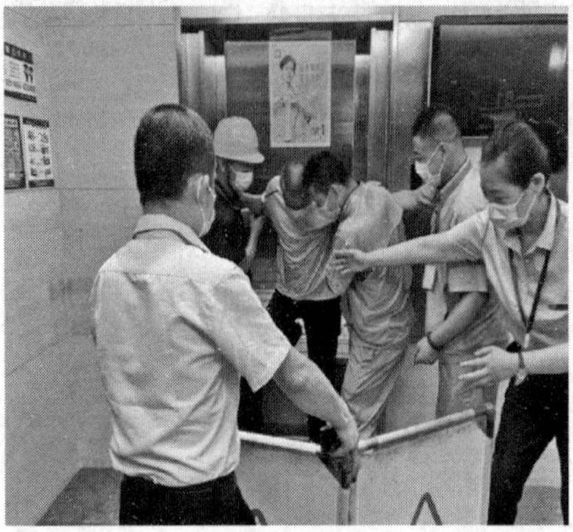

图 2-4-1　垂直电梯困人救援

图 2-4-2　故障电梯隔离防护

三、垂直电梯故障应急处置各岗位职责

垂直电梯故障应急处置各岗位职责见表 2-4-2。

表 2-4-2　垂直电梯故障应急处置各岗位职责

岗位名称	岗 位 职 责
现场（或首先赶到的）工作人员	（1）发现乘客被困电梯，立即汇报车控室； （2）疏散围观乘客，协助值班站长做好隔离防护工作
值班站长	（1）发生电梯困人时，立即赶至现场了解情况； （2）安抚乘客，稳定乘客情绪； （3）告知被困乘客不要倚靠轿厢门，不要擅自扒开、撬砸轿厢门； （4）维修人员到现场后，提供协助； （5）救出乘客后，安抚乘客，了解其受伤情况
行车值班员	（1）接收到乘客被困电梯信息时，立即查看闭路电视（closed-circuit television，CCTV）/视频监控系统，用电梯应急电话安抚被困乘客，并报值班站长、维调，记录好各时间点信息。 （2）做好与维调、车站各岗位之间的信息传递，密切监视被困人员情况； （3）视被困乘客伤亡情况，报维调
客运值班员	（1）协助值班站长处理，维持现场秩序； （2）准备好应急药箱，必要时使用； （3）设置电梯停用标志和隔离带，禁止乘客乘坐故障电梯； （4）引导其他乘客，避免乘坐故障垂直电梯
站务员	（1）协助客运值班员做好乘客安抚和救助工作； （2）疏散聚集围观乘客，协助客运值班员做好隔离防护工作

四、垂直电梯故障应急处置流程

（一）信息汇报的内容及流程

当地铁站载客电梯发生故障时，信息报告须包含以下内容：

（1）事件发生的时间、地点以及对运营的影响程度。

（2）事件发生的初步原因分析。

（3）事件概况（受困人数、性别、大概年龄、身体状况、电梯内应急照明、通风情况）。

（4）故障电梯轿厢所处楼层位置。

（5）现场前期处置情况、其他必须说明的内容及要求。

信息汇报流程如图 2-4-3 所示。

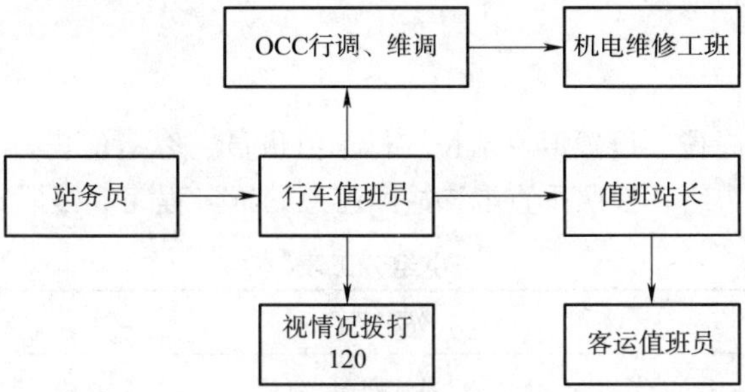

图 2-4-3　信息汇报流程图

（二）电梯困人应急处置流程

垂直电梯故障的应急处置流程根据具体车站的应急方案为准，下面以某站电梯困人应急处置流程为例，见表 2-4-3。

表 2-4-3　电梯困人应急处置流程

作业流程	站务员	行车值班员	值班站长	客运值班员
信息接报	①发现电梯困人情况，立即报行车值班员	②接报后报值班站长、OCC	③赶赴现场	③赶赴现场
前期处置	④立即至现场处理，配合值班站长和客运值班员工作，并疏散围观乘客	④通过 CCTV 调看电梯困人监控，使用电梯紧急电话安抚受困乘客，了解现场情况；确定受困乘客数量、身体状况、受困经过，并向值班站长汇报；安抚乘客	④现场了解情况，启动电梯困人应急预案	④协助值班站长处理
现场处置	⑦协助客运值班员，设置暂停服务牌、警戒绳，对故障电梯进行隔离，做好现场防护和乘客服务工作	⑤做好与 OCC、车站各岗位、救援部门之间的信息传递，发现乘客身体不适或根据乘客要求拨打 120	⑥安排人员做好现场防护，禁止他人操作电梯，等待专业人员救助； ⑧救援人员到场后，与救援人员做好交接，配合救援	⑦根据值班站长指示使用暂停服务牌、警戒绳等对故障电梯进行隔离，做好现场防护；必要时，至指定出入口迎接 120 并引导至现场；配合救援
应急终止	⑭协助客运值班员，撤除防护，开启电梯	⑪向 OCC 汇报应急解除； ⑫接专业维修人员故障电梯修复通知后，报 OCC、值班站长	⑩受困乘客救出后，通知各岗位终止本方案； ⑬安排人员撤除防护，开启电梯	⑭在站务员配合下，撤除防护，开启电梯
备注：序号相同的步骤，各岗位可同时进行				

技能训练

根据上述垂直电梯故障应急处置流程，结合各岗位职责，以电梯困人为例，完成垂直电梯故障应急处置的情景模拟演练。

一、人员分工

按照本任务涉及的岗位，设置值班站长、行车值班员、客运值班员、站务员、其他人员等岗位。每5人分成一个小组，按照垂直电梯故障应急处置流程完成模拟演练。

小组分工表

班　级		车站名称	
组　别		日　期	
岗　位	姓　名	任务分工	
值班站长			
行车值班员			
客运值班员			
站务员			
其他人员			

二、设施及备品

城市轨道交通车站实训室、多媒体教学设备等设施及电梯停用标志、警戒线、隔离栏杆（铁马）、手持广播等、对讲机等备品。

清点备品表

清点所要使用的设备、工具、材料				
车站名称：		组别：		时间：
序号	名　称	数　量	设备状态	清　点
1	电梯停用标志	1个	□完好 □不能使用	□已清点
2	警戒线	2个	□完好 □不能使用	□已清点
3	隔离栏杆（铁马）	2个	□完好 □不能使用	□已清点
4	手持广播	2个	□完好 □不能使用	□已清点
5	对讲机	4个	□完好 □不能使用	□已清点
备注	检查备品的数量及备品状态，每完成一项且结果正常，则在□内打“√”，否则打“×”			

三、演练过程

根据任务要求，按城市轨道交通垂直电梯故障的应急处置程序完成模拟并记录演练过程。

垂直电梯故障应急处置演练过程写实表

组　别		小组成员		
班　级		车站名称		演练时长
步骤一：信息接报				
任　务	岗　位	技 能 要 求	完成情况记录	
分析和汇报垂直电梯故障的原因、导致的后果等	现场（或首先赶到的）工作人员	描述了事件发生的时间、地点	□表述准确完整 □表述含糊不清 □未完成	
		描述了形成原因、已采取的措施	□表述准确完整 □表述含糊不清 □未完成	
		描述了人员伤亡、设备损坏等情况	□表述准确完整 □表述含糊不清 □未完成	
		说明了报告人单位、姓名、岗位	□表述准确完整 □表述含糊不清 □未完成	
		汇报了认为有必要报告的其他情况	□表述准确完整 □表述含糊不清 □未完成	
步骤二：前期处置				
任　务	岗　位	技 能 要 求	完成情况	写实记录
根据车站应急方案要求，及时赶赴现场，确认被困人员，及时做好安抚工作，各岗位职责明确、任务分工合理	值班站长	确认被困人数、故障电梯轿厢所处楼层位置等情况	□已完成 □未完成	
		启动电梯困人应急预案，安排各岗位应急处置工作	□已完成 □未完成	
	客运值班员	做好备品准备（铁马、手提广播等），做好被困人员的安抚工作	□已完成 □未完成	
	行车值班员	通过闭路电视/视频监控系统，用电梯应急电话安抚被困乘客，安排人员到现场维持秩序	□已完成 □未完成	
步骤三：现场处置				
任　务	岗　位	技 能 要 求	完成情况	写实记录
根据垂直电梯故障应急处置的原则，按照应急处置程序，各岗位配合完成现场处置，救助被困人员，受伤时及时送医，做好心理疏导工作，做好其他乘客的引导工作	值班站长	与救援人员做好交接，配合救援	□已完成 □未完成	
		必要时安排行值拨打 120	□已完成 □未完成	
	行车调度员	听取车站汇报，关注该站情况	□已完成 □未完成	
	行车值班员	报告行调、维修调度员（简称“维调”）、救援部门、120（视现场情况而定）	□已完成 □未完成	

根据垂直电梯故障应急处置的原则，按照应急处置程序，各岗位配合完成现场处置，救助被困人员，受伤时及时送医，做好心理疏导工作，做好其他乘客的引导工作	行车值班员	暂停垂直电梯的使用，并做好防护	□已完成 □未完成	
	客运值班员	设置电梯停用标志和隔离带，安排站务员引导其他乘客	□已完成 □未完成	
		配合救援		
	站务员	用隔离带做好故障电梯的防护工作，做好乘客服务工作	□已完成 □未完成	
步骤四：应急终止				
任　务	岗　位	技 能 要 求	完成情况	写实记录
垂直电梯故障修复正常时，要及时向 OCC 汇报，并撤除应急设备，恢复正常运营	值班站长	通知行车值班员向 OCC 汇报，设备恢复正常	□已完成 □未完成	
	行车值班员	向 OCC 汇报设备恢复正常运营	□已完成 □未完成	
	行车调度员	同意恢复正常运营	□已完成 □未完成	
	客运值班员	安排站务员撤除防护，开启电梯	□已完成 □未完成	
	站务员	撤除防护，开启电梯	□已完成 □未完成	
职 业 素 养				
序　号	素 质 要 求		完成情况	写实记录
1	处理程序是否得当，避免常识性错误		□是　□否	
2	是否具备良好的服务意识及沟通表达能力		□是　□否	
3	是否做好乘客疏散和解释工作，安抚乘客情绪		□是　□否	
4	是否清楚认识城市轨道交通突发事件所造成的危害，重视突发事件并有预防意识		□是　□否	
5	是否符合“7S”管理规定，整理工作区域，备品恢复原位		□是　□否	
备　注	根据垂直电梯故障应急处置的流程，完成一项且能标准作业，则在□内打“√”，否则打“×”。将未完成的流程在写实记录栏标注，方便查缺补漏			

任务评价

任务四　垂直电梯故障应急处置								
姓名：________　学号：________　小组：________								
过程评价（60 分）								
评 价 依 据			评分标准	评 价 主 体				
				自评	互评	师评	1＋X 考评员	企业导师
知识（A）	1	列举垂直电梯不同故障的风险点、诱发因素及后果	5					
	2	总结垂直电梯故障应急处置原则与方法	7					
	3	绘制垂直电梯故障应急处置流程	8					

能力（B）	1	总结出垂直电梯故障应急处置各岗位职责	10					
	2	分析垂直电梯不同故障的风险点、诱发因素及后果	5					
	3	配合各岗位完成垂直电梯故障应急处置流程	15					
素养（C）	1	有安全意识，有岗位责任心	5					
	2	有预防意识，各岗位有团队协作精神	5					
过程评价 $= A + B + C$								
结果评价（30 分）								
结果评价 = 本任务测试题得分								
增值评价 E（10 分）								
增量 =（过程评价 + 结果评价）本任务 -（过程评价 + 结果评价）前任务 增值评价 E：$E=10$（增量 $\geqslant 20$ 分）；$E=8$（增量 $=10 \sim 19$ 分）； $E=6$（增量 $=5 \sim 9$ 分）；$E=4$（增量 <5 分）								
本任务总评成绩								
总评 = 过程评价 + 结果评价 + 增值评价								

任务总结

主题：	
要点栏	笔记栏
总结栏	

拓展提升

劳模故事

他们是地铁站里的"电梯医生"，平凡岗位成就"北京大工匠"

为了让乘客安心乘梯，北京地铁机电分公司第六项目部维修部的隗合远每天都要巡视检查，为电梯把脉问诊。凭着一股钻劲儿，大修项目部一级维修师陈金龙屡屡破解"卡脖子"难题，从昔日的技校生成长为今日的"北京大工匠"。他们在平凡的岗位上书写不平凡的人生，用工匠精神守护着这座城市。

"技术日新月异，仅凭当年在学校那点知识远远不够，必须持续学习，不断更新迭代。"这些年来，陈金龙见证了北京地铁的飞速发展，"开通的线路越来越多，智能化、小型化、模块化的机电设备逐步成为机电电气控制系统的主流，维修任务也更加具有挑战性。"择一事，终一生，不为繁华易匠心。陈金龙相信，只要找到自己热爱的事情，专注其中，全心投入，哪怕是在平凡的岗位上，也能做出不平凡的成绩。

（根据网络资料整理）

巩固与练习

1. 不定项选择题

（1）下面属于电梯困人诱发因素的有（　　）。

A. 轿门卡异物　　B. 安全开关动作

C. 防夹指开发失效　　D. 红外光幕检测系统失效

（2）做好与维调、车站各岗位之间的信息传递，密切监视被困人员情况的岗位是（　　）。

A. 行车调度员　　B. 值班站长　　C. 行车值班员　　D. 客运值班员

2. 判断题

（1）若电梯故障，先断开电梯主电源开关，以避免在救援过程中突然恢复供电而发生意外，同时报急救中心。（　　）

（2）运行中的电梯会因供电线路故障、限电、电梯设备老化等，致使乘客被困在轿厢内，乘客要及时报警。（　　）

3. 简答题

（1）简述垂直电梯故障的处理原则。

（2）简述垂直电梯故障应急处置的各岗位职责。

任务五　车站突发大客流应急处置

学习目标

知识目标

1. 熟悉突发大客流概念及产生原因、特点及分类；
2. 熟悉突发大客流的影响因素及疏散设施；

3. 掌握大客流的处理原则及措施。

能力目标

1. 能总结出突发大客流各岗位职责；
2. 能合理选择、正确使用各种引导及疏散备品；
3. 能配合各岗位完成车站突发大客流的模拟演练。

素质目标

1. 强化岗位责任意识，培养团队协作的能力；
2. 培养预防意识，提升应急处置过程中的心理素质。

任务导入

2024 年 4 月 3 日（清明小长假前一天），在假期出行、日常通勤及踏青祭扫等多重客流的带动影响下，某地铁单日客运量再创新高（图 2-5-1），平安运送市民乘客达 486 万人次，较历史最高客流（2023 年 12 月 31 日 470 万人次）增加 16 万人次，增长率为 3.4%。

图 2-5-1　某地铁某站大客流

其中，1 号线 78.4 万人次，2 号线 121.1 万人次，3 号线 78.8 万人次，4 号线 71.1 万人次，5 号线 42.9 万人次，6 号线 65.8 万人次，9 号线 13.3 万人次，14 号线 10.6 万人次，16 号线 3 万人次，西户线 1 万人次。

为做好客流应对工作，4 月 3 日，某地铁线网自 13 时起提前进入晚高峰运营模式，客流量大的车站陆续启动大客流响应。针对多重客流叠加的特点，地铁提前预想，延长重点线路的末班车时间，全线网安排备用车 26 列，动态盯控实时客流情况，精准投放运力，全力保障线网运输组织平稳有序。

同时，某地铁站点也加强了客流疏导和安全保障工作，增派保障人员在闸机、扶梯、站台等重点位置做好分流和引导工作，疏导快速进出站，及时为乘客提供咨询和帮助。

（根据网络资料整理）

请思考：

1. 如何提前预测大客流并做好预防工作？
2. 你都知道哪些应对大客流的措施和方法？

任务描述

本任务中，站务岗位群工作人员需要协作配合，完成所在车站突发大客流的应急处置工作。通过了解突发大客流的特点、识别突发大客流的级别，分析车站客观因素对突发大客流应急组织的影响，根据岗位作业流程和岗位职责，选择合理的应急设施，组织突发大客流的应急处置。突发大客流应急处置工作需要有预防意识，良好的心理素质，具备较强的岗位责任意识及职业素养。

知识准备

一、突发大客流概念

城市轨道交通作为城市公共交通的重要系统之一，因方便快捷、客运能力突出、时效性强等优点，受到广大市民的喜爱。然而，随着人们出行的选择偏好及城市规模的扩大，城市轨道交通运输面临巨大客流压力，突发大客流现象随时挑战城市轨道交通安全运行。

突发大客流即因城市轨道交通周边环境影响，或因设备故障导致设备能力不足等不可预见的情况，造成突发性进/出站客流增大，超过车站正常客运设施或客运组织措施所能承受的最大客流量，并有继续增加的趋势。突发大客流相对日常通勤大客流而言，受外界诸多因素共同作用，“突发”通常指其产生常具有不可预测性或难以较为准确预测客流数据，如节假日的客流高峰期，举办重大活动（大型体育赛事、文艺表演等）形成的客流，风、雨、雪等恶劣天气情况引起的客流大幅增加，以及因火灾、地震、恐怖袭击等突发事件形成急于疏散的大客流等。

突发大客流表现为客流非常拥挤或极度拥挤，乘客流动速度明显减缓，客流交叉干扰严重，乘客产生强烈不舒适感等，继而对乘客的出行造成不利影响，对城市轨道交通运营安全造成较大威胁，甚至直接危及乘客的生命、财产安全。

二、突发大客流特点

突发大客流相对日常大客流而言，具有以下不同特征：

（1）出行总量庞大，具有不可准确预测性。这一特征会对城市轨道交通正常运作造成很大压力，进而致使突发大客流状况变得难以控制。

（2）可能出现“交通出行目的一致，交通来源比较分散；或是交通来源一致，出行目的比较分散”的规律状况。

（3）客流在时间与空间上分布不均衡，客流的聚散都在较短时间范围内，造成峰值突兀。这一特征会严重降低城市轨道交通疏散效率，造成城市轨道交通出现严重拥堵，对城市轨道交通突发大客流的应对难以找寻突破点。

（4）某些时候可能配合特殊时期内的交通管制，对日常客流出行造成影响。

（5）突发大客流的发生伴随着很大的安全隐患。

三、突发大客流分类

（一）根据形成原因分

突发大客流分为节假日大客流、暑期大客流、大型活动大客流、恶劣天气大客流、设备故障大客流以及突发性事件大客流。具体形成原因见表2-5-1。

表 2-5-1　突发大客流根据形成原因分类

分　类	形成原因
节假日大客流	在元旦、春节、清明节、劳动节、中秋节和国庆节等国家法定节假日期间，由购物、休闲、旅游观光、返乡探亲客流等产生的大客流
暑假大客流	每年 7、8 月客流明显增加，由购物休闲、旅游观光和放暑假的学生等乘客构成
大型活动大客流	在特定时间段举办大型活动（如广交会等），导致某些车站客流显著增加
恶劣天气大客流	出现酷暑、大雨、台风等恶劣天气时，市民改乘城市轨道交通或进入车站避雨，造成车站客流明显增加
设备故障大客流	因发车延误、线路故障、信号系统故障、列车故障等导致车站人数增加
突发性事件大客流	因火灾、地震、恐怖袭击等突发性事件发生，形成急于疏散的大客流

（二）根据各车站运能分

依据突发大客流可能造成的危害程度、波及范围、影响大小、行车中断时间、人员伤亡及财产损失等情况，划分为一般级、较大级、重大级三个等级。

（1）一般级即Ⅲ级突发大客流，是指站台较拥挤，城市轨道交通运营秩序未受到较严重影响，通过车站及邻站支援能够处置的突发大客流。

（2）较大级即Ⅱ级突发大客流，是指站台、站厅都较为拥挤，城市轨道交通运营秩序受到一定影响，以城市轨道交通企业为主能够处置的突发大客流。

（3）重大级即Ⅰ级突发大客流，是指站台、站厅和出入口都较为拥挤，预计持续超过 30 min，城市轨道交通运营秩序受到严重影响，可能或已经造成人员伤亡、财产损失等后果。

四、突发大客流的影响因素

城市轨道交通车站在组织突发大客流应急处置时，应充分考虑车站的具体位置、站台形式、设备配置方式、客流特点等因素，而最根本性的因素则是车站通过能力。其主要受到车站自动扶梯、楼梯、出入口通道、自动售检票设备的通过能力以及列车输送能力等因素的影响，在此基础上有针对性地采取措施。

（1）考虑改变的情况下，车站大客流组织应根据车站进、出客流的方向和数量，灵活选择关闭或开放车站出入口的数量和位置，同时可改变或限定通道内乘客流动的方向，达到限制乘客进站数量和流动速度的目的。从运输安全和消防疏散的角度考虑，每个车站必须保持开通两个以上出入口及通道。

（2）站厅的面积。根据城市轨道交通客流组织经验，站厅容纳率一般为 2 ~ 3 人/m^2。

（3）站台的面积。站台主要供列车停靠时乘客上、下车使用，站台的设计应满足远期预测客流的需要，且站台的宽度应满足高峰小时客流量的需要。根据实际客流组织的经验，站台容纳率一般为 2 ~ 3 人/m^2。

（4）楼梯与通道的通过能力。根据《地铁设计规范》（GB 50157—2013）规定，为保证一定的通过能力，楼梯的宽度不小于 1. 8 m，通道的最小宽度不应小于 2. 5 m。单向行走时楼梯的通过能力一般按 70 人/min（下行）、63 人/min（上行）及 53 人/min（混行）计算。若采用自动扶梯，通行能力可达 100 ~ 120 人/min。通道的通行能力则按每米 88 人/min（单向）、70 人/min（双向）计算。

（5）自动售检票设备的通过能力。根据自动售检票设备有无充分的引导条件，其通过能力是不一致的。自动售票设备在有充分引导条件下，其通过能力通常为3～4人/min，在乘客自助时，其通过能力为1～2人/min；闸机则在充分引导条件下，其通过能力通常为12～15人/min，在乘客自助时，其通过能力为8～10人/min。

（6）列车输送能力。列车输送能力是车站大客流组织的主要影响因素，而行车间隔和车辆荷载则是影响列车输送能力的两大因素。列车行车间隔越小、车辆满载率越高，对车站客流组织的压力越小。

根据实际运营经验，车站大客流组织的瓶颈主要体现在出入口、进出站闸机以及由站厅转到站台的自动扶梯口等处。在车站客流组织过程中，只要控制好这些车站设备中的薄弱环节，就能做好车站的客流组织工作。因此，立足于客流实际情况，做好车站的设备通过能力分析，有利于提高车站在大客流情况下的客流组织效率。

五、突发大客流应急处置的疏散设备

突发大客流采取引导与疏散的主要设备：临时导向标志、隔离栏杆、警戒绳及手持广播等，如图2-5-2所示，采用人工引导及通过广播宣传引导等。采取疏导措施可以实现客流分流、限流，有利于避免客流流线对流、交叉、冲突等，有助于更好地完成客运组织工作。

（a）临时导向标识　　（b）隔离栏杆

（c）警戒绳　　（d）手持广播

图2-5-2　常用的疏散设备

六、突发大客流应急处置原则及措施

（一）突发大客流应急处置原则

（1）整体遵循“安全第一、统一指挥、分级控制、合理引导、及时疏散”的原则。

（2）以实现乘客安全运输为根本原则，保持客流运送过程通畅，尽量减少乘客出行时间成本，避免拥挤，便于大客流发生时能及时疏散。

（3）统一指挥，分工明确。运营控制中心（operation control center，OCC）负责地铁线路客流组织工作，车站的客流组织由值班站长负责。

（4）根据车站具体情况，分级实施人潮控制。三级人潮控制的控制点分别在车站出入口、进出站闸机处及站厅至站台层自动扶梯处。

（5）人潮控制应采取由内至外、由下至上的原则。

（6）在各种设施设备的使用及疏导措施的运用中，坚持出站客流优先原则。

（二）突发大客流应急处置措施

1. 加强客流实时监测

客流监测是指在科学预测客流的基础上，改进客流监控手段，引进先进的监控设备实现实时监控、远程监控和集中监控，并依靠快速应急反应通道，传递客流信息和报警信息，实现对集中客流的有效控制。针对突发大客流无规律、不可预见等特征，可通过客流实时监测方式，提前向各部门发出预警信息、做好预防，为各部门组织开展大客流应对争取宝贵的时间。

延伸阅读

某地铁 1 号线高新园站运行智能客流监测预警系统

某地铁 1 号线高新园站是早晚高峰的常态化大客流车站。而为了有效提升乘客进站效率、进一步保障乘客出行安全，某地铁在高新园站试点上线了智能客流监测预警系统，可有效提升车站的客流组织效率和突发事件的响应速度，还能指引乘客更快地进站乘车。

据了解，目前高新园站在出入口、通道、站厅等公共区域增设了高清摄像头。这些摄像头可通过视频画面分析实时统计客流数据，并在车控室后台显示出可视化图表，相比以往通过闸机进出统计客流的方式更为细化。同时，当客流增加时该系统也能实时提醒客服人员，方便车站及时进行客流疏导。

“以往面对通勤大客流，我们采用人工观察站厅和通道的标记的方式来确认乘客排队的长度，来判断是否启动或取消客流管控。而通过大客流监测及预警系统可让车站更快速、准确地研判客流情况，更高效地组织客流，从而提升乘客的进站乘车效率。”某地铁相关负责人介绍，该系统还能记录一年内的客流数据，帮助车站分析不同时间段、出入口、车站区域的客流特征，从而不断优化高新园站常态化客流管控措施。

（根据网络资料整理）

2. 及时增加运力

增加列车的运力是进行大客流疏散的关键。在突发大客流发生时，可根据客流的方向，利用就近的折返线、存车线等组织列车运行方案，通过增开临时列车，缩短行车间隔，增加行车密度，有效保证大客流的疏散。

3. 增加售检票能力

售检票能力是大客流疏散的主要障碍，车站在设置售检票位置时应充分考虑提供疏散大客流的通道，事先做好应对大客流的相应票务服务准备工作。时常关注售检票设备能否正常使用，及时申领和储备充足的车票和零钞，及时关注二维码扫码设备的使用。在突发大客流发生时，根据大客流的进出方向，选择在进出站客流较集中的位置，设置临时售票亭，或增设临时检票位置。必要时，开边门加快乘客出站速度，不让客流在站台和站厅处停滞，保证客流疏散安全。

4. 采取临时疏导措施

在突发大客流组织中，合理的临时疏导是一项很重要的组织措施。临时疏导主要包括车站出入口、站厅层的疏导，自动扶梯以及站台层的疏导。车站出入口、站厅层的疏导主要根据临时售检票位置的设置，来引导、限制客流的方向；临时售检票位置宜设置在站外、站厅层较空旷的位置，应为排队购票的乘客留出充分的空间，确保通道的畅通和出入口、站厅客流的秩序；自动扶梯以及站台层的疏导主要是为了尽量保证客流均匀上、下扶梯和尽快上、下列车，保证站台候车的安全。站务人员应在靠近楼梯、扶梯处立岗并分散在站台前部、中部、后部疏导乘客。临时疏导主要采取人工引导、通过广播宣传引导、设置临时导向标识、设置警戒绳或隔离栏杆等措施。

5. 做好进站客流组织工作

根据车站站台是否还能容纳和承受更大客流，对进站客流进行有效管控，从而缓解站内客流压力。可以通过减缓售票速度、关闭局部或全部进站方向的闸机、更改扶梯方向、采取进出分流导向措施等。

6. 做好出站客流组织工作

出站客流疏散往往能缓解车站压力，在大客流组织中应坚持出站客流优先原则。组织出站客流时应保证乘客出站线路畅通，加快出站速度，使乘客安全、快速、有序离站，可采取以下措施：

（1）更改扶梯方向，将部分或全部扶手电梯方向调整为向站厅层及出口方向运行。

（2）将部分或全部进站闸机、双向闸机更改为出站闸机。

（3）紧急情况时，可采取票务应急处置模式，如出站免检模式、自动售检票设备紧急放行模式等。

7. 疏散、清客与隔离

在突发性事件发生的情况下，城市轨道交通车站可根据客流成因及具体情况，因时因地选择以下措施进行应急。

（1）疏散：是指在紧急情况下，利用一切安全通道和出入口迅速将乘客从危险区域全部转移到安全区域。按照疏散地点可分为车站疏散和区间疏散。

（2）清客：可以分为正常情况下的清客和非正常情况下的清客。

在正常情况下，清客是指在列车运行过程中，由于某种原因需要改变列车的运行计划，例如调整列车运行线路或进行维护保养等。这时，调度中心会提前通知车站和列车司机，车站工作人员会在站台进行公告和指引，列车司机也会通过车内广播通知乘客下车，并在下车后进行清客操作。

在非正常情况下，清客是指在列车运行过程中出现突发事故或故障，如设备故障、信号中断、列车脱轨等，导致列车不能继续正常运行。这时，调度中心会立即通知车站和列车司机，车站工作人员会迅速到现场进行协助和指引，列车司机也会通过车内广播通知乘客下车，并尽快将乘客疏散到安全的地方。

（3）隔离：是指采用某种方式或设备人为隔开人群或封闭某个区域。根据造成隔离的原因及隔离的组织方法，通常分为非接触纠纷隔离、接触式纠纷隔离、客流流线隔离及疫情隔离四种。

8. 采取其他交通方式增援

当城市轨道交通车站内客流大量集结，并难以短时间内进行疏导，需通过申请其他交通方式来协助疏导客流。增援的交通工具以地面公交为主，通过开辟公交临时专线，覆盖城市轨道交通运营不正常区段，以达到及时疏散客流的目的。部分应急处置措施如图 2-5-3 所示。

图 2-5-3　公交应急接驳增援

七、突发大客流各岗位职责

在进行突发大客流应急处置时，遵循"统一指挥，分工明确"的原则。运营控制中心（OCC）负责线路客流组织工作，车站的客流组织由值班站长负责。突发大客流各岗位职责见表 2-5-2。

表 2-5-2　突发大客流各岗位职责

岗位名称	岗位职责
行车调度员	（1）向值班主任汇报车站客流情况。 （2）根据指令进行列车运营调整，通知全线车站有关列车运营调整情况。 （3）向行车值班员确认大客流的控制情况。 （4）向值班主任汇报客流变化情况。 （5）接获车站报告，确定大客流已消除，车站已恢复正常运作。 （6）报告值班主任车站大客流已消除，车站已恢复正常运作。 （7）根据指令指示列车司机恢复正常运营。 （8）向全线发布恢复列车正常运营信息
值班站长	（1）大客流应急处置时车站现场的负责人。 （2）车站爆发大客流，及时向客运部、行车调度员报告。 （3）密切监视车站大客流的情况，加强与车站各岗位的联系。 （4）指示站务人员：携带手提广播到站台（站厅）维持秩序，设置临时导向、栏杆等；确保站台乘客候车安全及乘客能尽快上下车；设立指示牌及隔离设施以控制客流的方向；进行进出分流或关闭部分入口来控制站台（站厅）客流。 （5）协调车站保安和驻站民警进行客流疏导。根据现场情况，向控制中心及时请求救援，提出加开列车的建议。 （6）视情况启用车站预赋值车票，对自动售检票系统（automatic fare collection system，AFC）设备设置相应降级模式。 （7）大客流得到控制，形势缓解，可视情况停止出售预赋值车票。 （8）大客流已消除，通知行车值班员向行车调度员报告。 （9）指示车站工作人员撤除指示牌及隔离设施，车站恢复正常运营服务

续表

岗位名称	岗位职责
行车值班员	（1）根据值班站长命令，向行车调度员报告车站大客流已形成。 （2）通过闭路电视监控系统及站务人员的报告，掌握乘客涌入或停留在站台、站厅的情况，及时向值班站长及行车调度员汇报。 （3）加强车站广播：列车未进站时，劝请站台候车乘客不要拥挤，注意候车安全；列车进站停后，劝请乘客先下后上，注意乘降安全；劝请出站乘客尽快离站，不要在站台、站厅逗留及闲逛。 （4）适时向行车调度员汇报车站大客流情况。 （5）接到值班站长关于大客流已消除的通知后，向行车调度员报告。 （6）加强车站广播，车站已恢复正常运营服务，并向行车调度员报告
客运值班员	（1）根据值班站长命令，准备备品。 （2）携带手提广播到站厅维持秩序；设置临时导向栏杆等，确保站台乘客候车安全及乘客能尽快上下车；设立指示牌及隔离设施，进行进出分流或关闭部分入口。 （3）适时向值班站长报告客流情况，组织站务员疏导客流。 （4）按照值班站长指示撤除指示牌及隔离设施。 （5）恢复各岗位正常运作
站务员	（1）发现大客流已形成，立即报告行车值班员和值班站长。 （2）站务人员执行相应的疏导措施。 （3）执行值班站长安排，携带手提广播到站厅维持秩序；设置临时导向栏杆等，确保站台乘客候车安全及乘客能尽快上下车；设立指示牌及隔离设施，进行进出分流或关闭部分入口。 （4）适时向值班站长、行车值班员报告客流情况。 （5）各站务人员继续按程序进行客流疏导。 （6）大客流已解除，向值班站长、行车值班员汇报。 （7）按照值班站长指示撤除指示牌及隔离设施，并报告任务完成。 （8）各站务人员恢复各岗位正常运作
其他人员	（1）接到控制中心（客运部）通知，到车站协助站务人员维持公共秩序，疏导客流。 （2）接到大客流解除的通知后，撤销协助支援

八、突发大客流应急处置流程

为及时有效进行大客流应急处置，在信息接报环节，务必确保信息依程序准确传递，因此，对信息报告的内容及流程都有要求。具体报告内容见表2-5-3，报告程序如图2-5-4所示。

表2-5-3　突发大客流信息报告内容

序号	报告内容
1	事件发生时间、地点
2	形成原因、规模、已采取的措施
3	人员伤亡、设备损坏等情况
4	报告人单位、姓名、岗位
5	现场人员认为有必要报告的情况

突发大客流在应急处置程序上，主要分为信息接报、前期处置、现场处置、应急终止四个步骤。根据客流级别的不同，在四个处置步骤中有所区分，另外大客流应急处置是“一站一方案”，需要结合车站实际情况处置。具体突发大客流应急处置程序见表2-5-4。

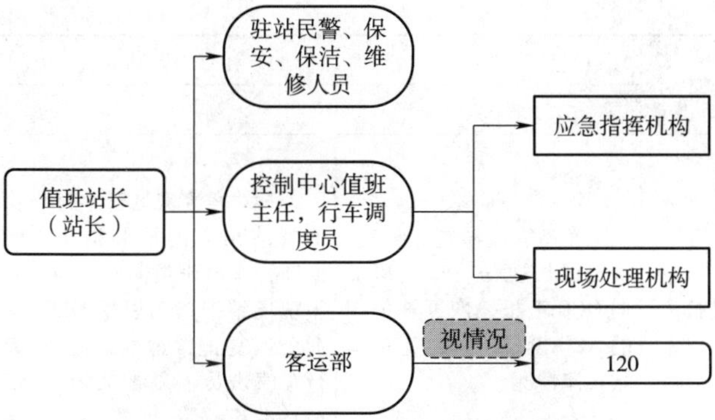

图 2-5-4　突发大客流信息报告流程

表 2-5-4　不同级别突发大客流的应急处置程序

作业流程	岗　位	客 流 级 别		
		一级	二级	三级
信息接报	行车值班员实时监控车站客流情况，及时向 OCC、值班站长上报车站客流信息			
前期处置	（1）值班站长启动突发大客流应急预案，安排各岗位做好准备工作； （2）行车值班员根据值班站长要求，申请其他人员支援； （3）客运值班员做好备品准备（告示、警戒线、铁马、手提广播等）			
现场处置	值班站长	①通知行车值班员向 OCC 汇报车站客流情况，必要时申请关站；③根据 OCC 命令安排客运值班员、客服中心及支援人员在相应出入口引导乘客只出不进，做好解释安抚工作	①根据 OCC 命令，安排客运值班员及支援人员在相应出入口控制客流	①维护现场秩序、安排支援人员岗位
	行车值班员	②根据值班站长命令，向 OCC 汇报车站客流，并申请支援；④播放车站只出不进的广播	②根据值班站长命令，关闭相应的 AFC 设备，向 OCC 申请加开列车或放空车至车站载客，播放限流分批进站的广播	②根据值班站长命令通知驻站民警，关闭部分 AFC 设备
	客运值班员	⑤在相应出入口引导乘客只出不进，做好解释安抚工作	③根据值班站长命令在相应出入口控制客流	③负责站厅客流疏导，在站厅放置铁马、警戒线、张贴告示等指示物品，引导乘客有序进入付费区；④关注站厅和出入口客流情况，及时向值班站长汇报
	站务员	⑤加强站台巡视，做好人员疏导	④加强站台巡视，维护现场秩序，重点关注站台扶梯口安全、列车开关门乘客抢上的情况	⑤加强站台巡视，维护现场秩序，重点关注站台扶梯口安全、列车开关门乘客抢上抢下的情况
	其他	⑥协助做好人员疏导	⑤协助客运值班员控制客流	⑥协助做好人员疏导

续表

作业流程	岗位	客流级别		
		一级	二级	三级
应急终止	值班站长	①车站客流恢复正常时，值班站长通知行车值班员向OCC汇报，恢复被关闭的AFC设备，同时汇报车站客流情况	①车站客流恢复正常时，值班站长取消控制措施，通知行车值班员向OCC汇报现场情况；③根据OCC命令恢复正常运营，通知行车值班员恢复被关闭的AFC设备	①车站客流恢复正常时、值班站长通知行车值班员向OCC汇报取消控制措施，并申请恢复正常运营；③根据OCC命令，通知各岗位撤除，取消控制措施，恢复正常运营，通知行车值班员恢复被关闭的AFC设备
	行车值班员	②根据值班站长命令，向OCC汇报车站恢复正常运营	②根据值班站长命令，向OCC汇报车站恢复正常运营	②根据值班站长命令，向OCC汇报车站恢复正常运营
	客运值班员	③组织撤除铁马、警戒线、告示等物品	④接值班站长命令，取消控制措施，恢复正常运营	④接值班站长命令，取消控制措施，恢复正常运营
	站务员	④按要求，恢复正常运营	⑤按要求，恢复正常运营	⑤按要求，恢复正常运营
	其他	④按要求，恢复正常运营	⑤按要求，恢复正常运营	⑤按要求，恢复正常运营
备注：序号相同的步骤，各岗位可同时进行				

技能训练

根据上述突发大客流应急处置流程，结合信息报告内容及流程，以一级客流为例，完成突发大客流应急处置的情景模拟演练。

一、人员分工

按照本任务涉及的岗位，设置行车调度员、值班站长、行车值班员、客运值班员、站务员、其他人员等岗位。每6人分成一个小组，按照突发大客流应急处置流程完成模拟演练。

小组分工表

班　级		车站名称	
组　别		日　期	
岗　位	姓　名	任务分工	
行车调度员			
值班站长			
行车值班员			
客运值班员			
站务员			
其他人员			

二、设施及备品

城市轨道交通车站实训室、多媒体教学设备等设施及临时导向标志、警戒线、隔离栏杆（铁马）、手持广播、对讲机等备品。

清点备品表

清点所要使用的设备、工具、材料				
车站名称：		组别：		时间：
序号	名　称	数　量	设备状态	清　点
1	临时导向标志	根据出入口数量确定	□完好 □不能使用	□已清点
2	警戒线	4 个	□完好 □不能使用	□已清点
3	隔离栏杆（铁马）	若干	□完好 □不能使用	□已清点
4	手持广播	3 个	□完好 □不能使用	□已清点
5	对讲机	6 个	□完好 □不能使用	□已清点
备注	检查备品的数量及备品状态，每完成一项且结果正常，则在□内打“√”，否则打“×”			

三、演练过程

根据任务要求，按城市轨道交通车站突发大客流的应急处置程序完成模拟并记录演练过程。

突发大客流应急处置演练过程写实表

组　别		小组成员			
班　级		车站名称		演练时长	
步骤一：信息接报					
任　务	岗　位	技 能 要 求	完成情况记录		
分析和判断车站突发大客流的成因、影响因素，行车值班员及时向值班站长汇报客流情况	行车值班员	描述了事件发生时间、地点	□表述准确完整 □表述含糊不清 □未完成		
		描述了形成原因、规模、已采取的措施	□表述准确完整 □表述含糊不清 □未完成		
		描述了人员伤亡、设备损坏等情况	□表述准确完整 □表述含糊不清 □未完成		
		说明了报告人单位、姓名、岗位	□表述准确完整 □表述含糊不清 □未完成		
		汇报了认为有必要报告的其他情况	□表述准确完整 □表述含糊不清 □未完成		

任务	岗位	技能要求	完成情况	写实记录
根据要求，及时启动应急预案，人员职责明确、任务分工合理	值班站长	启动突发大客流应急预案	□已完成 □未完成	
		安排各岗位做好准备工作	□已完成 □未完成	
	客运值班员	做好备品准备（告示、警戒线、铁马、手提广播等）	□已完成 □未完成	
	行车值班员	申请其他人员支援	□已完成 □未完成	
步骤三：现场处置				
任　务	岗　位	技 能 要 求	完成情况	写实记录
正确处理突发大客流，按照站控、线控、网控的原则，车站结合站内换乘客流情况，及时采取站控措施，做好客流引导，防止踩踏事件的发生	值班站长	通知行车值班员向OCC汇报车站客流情况，必要时申请关站	□已完成 □未完成	
		安排客运值班员、客服中心及支援人员在相应出入口引导乘客只出不进，做好解释安抚工作	□已完成 □未完成	
	行车调度员	听取车站汇报，关注该站客流情况	□已完成 □未完成	
	行车值班员	向OCC汇报车站客流，并申请支援	□已完成 □未完成	
		播放车站只出不进的广播	□已完成 □未完成	
	客运值班员	在相应出入口引导乘客只出不进，做好解释安抚工作	□已完成 □未完成	
	站务员	加强站台巡视，做好人员疏导	□已完成 □未完成	
	其他	加强现场引导，协助做好人员疏导	□已完成 □未完成	
步骤四：应急终止				
任　务	岗　位	技 能 要 求	完成情况	写实记录
车站客流恢复正常时，要及时向OCC汇报，申请恢复正常运行，并撤除应急设备	值班站长	通知行车值班员向OCC汇报，恢复被关闭的AFC设备，同时汇报车站客流情况	□已完成 □未完成	
	行车值班员	向OCC汇报车站恢复正常运营	□已完成 □未完成	
	行车调度员	同意恢复正常运营	□已完成 □未完成	
	客运值班员	组织撤除铁马、警戒线、告示等物品	□已完成 □未完成	
	站务员	撤除应急设备，恢复正常运营	□已完成 □未完成	
	其他	撤除应急设备，恢复正常运营	□已完成 □未完成	

职业素养			
序　号	素 质 要 求	完成情况	写实记录
1	处理程序是否得当，避免常识性错误	□是　□否	
2	是否具备良好的服务意识及沟通表达能力	□是　□否	
3	是否做好乘客疏散和解释工作，安抚乘客情绪	□是　□否	
4	是否清楚认识城市轨道交通突发事件所造成的危害，重视突发事件并有预防意识	□是　□否	
5	是否符合“7S”管理规定，整理工作区域，备品恢复原位	□是　□否	
备　注	根据突发大客流应急处置的流程，每完成一项且能标准作业，则在□内打“√”，否则打“×”。将未完成的流程在写实记录栏标注，方便查缺补漏		

任务评价

任务五　车站突发大客流应急处置								
姓名：________　　学号：________　　小组：________								
过程评价（60 分）								
评 价 依 据			评分标准	评 价 主 体				
				自评	互评	师评	1 + X 考评员	企业导师
知识（A）	1	说出突发大客流概念及产生原因、特点及分类	5					
	2	认识疏散设施设备并清楚使用时机	7					
	3	列举出突发大客流的应对措施	8					
能力（B）	1	总结出突发大客流各岗位职责	10					
	2	能合理选择、正确使用各种引导及疏散备品	5					
	3	配合各岗位完成车站突发大客流的模拟演练	15					
素养（C）	1	有岗位责任意识，团队协作能力强	5					
	2	有预防意识，应急处置过程中心理素质好	5					
过程评价 $= A + B + C$								
结果评价（30 分）								
结果评价 = 本任务测试题得分								
增值评价 E（10 分）								
增量 =（过程评价 + 结果评价）本任务 -（过程评价 + 结果评价）前任务 增值评价 E：$E = 10$（增量≥20 分）；$E = 8$（增量 = 10 ~ 19 分）； $E = 6$（增量 = 5 ~ 9 分）；$E = 4$（增量 <5 分）								
本任务总评成绩								
总评 = 过程评价 + 结果评价 + 增值评价								

任务总结

主题：	
要点栏	笔记栏
总结栏	

拓展提升

劳模故事

轨交协会：姚婕——敬业精业，乘客知心人

姚婕，1983 年 11 月出生，中共党员，现任武汉地铁运营有限公司地铁 2 号线汉口火车站中心站长。毕业后，她成为武汉地铁一名普通的站务员，在一线基层岗位上一干就是 15 年。在这个平凡的岗位上，她始终坚持“乘客至上、品质一流”的服务理念，待乘客如亲人，以匠心做服务，在平凡的岗位上书写了不平凡的工作业绩。她带头创立“笑容多一点，真心；专业精一点，诚心；行动快一点，热心；说话轻一点，爱心”的“点心工作法”开展精准服务，成为武汉地铁“微笑服务”荣获“中国运输领袖品牌”的强劲助推器。她用一以贯之的行动兑现“坚持做好每件平凡事”的承诺。她常说：服务无小事，件件要走心。她的敬业精神不仅体现在“敬”，更落脚在“精”。敬业是种态度，而精业则是在业务水平上精益求精、不断创新。姚婕凭借对轨道交通运营服务的专注和对客运服务工作的坚守，赢得了“地铁好站长、乘客知心人”的赞誉，更赢得了乘客和同事的广泛认可。她用自己的平凡善举影响着身边的每一个人，把爱与责任融入每一天的工作当中，为每一位乘客，提供着力所能及的服务。在时代的列车里，她像每一个平凡的你我一样在追梦路上不负韶华，奋发向前！

（根据网络资料整理）

巩固与练习

1. 不定项选择题

（1）突发大客流可能造成的危害程度、波及范围、影响大小、行车中断时间、人员伤亡及财产损失等情况，划分（　　）个等级。

A. 一　　B. 二　　C. 三　　D. 四

（2）突发大客流在应急处置程序上，主要步骤是（　　）。

A. 信息接报　　B. 前期处置　　C. 现场处置　　D. 应急终止

（3）以下属于突发大客流采取引导与疏散的主要设备有（　　）。

A. 临时导向标志　　B. 警戒绳　　C. 隔离栏杆　　D. 手持广播

2. 判断题

（1）疏散是指在紧急情况下，利用一切安全通道和出入口迅速将乘客从危险区域全部转移到安全区域。（　　）

（2）隔离是指采用某种方式或设备人为隔开人群或封闭某个区域。（　　）

（3）人潮控制应采取由内至外、由下至上的原则。（　　）

3. 简答题

（1）简述突发大客流的应急处置措施。

（2）简述突发大客流发生时行车值班员的岗位职责。

任务六　AFC 设备大面积故障应急处置

学习目标

知识目标

1. 熟悉 AFC 设备的架构及功能；
2. 熟悉 AFC 设备大面积故障应急处置各岗位职责；
3. 掌握 AFC 设备大面积故障应急处置流程。

能力目标

1. 能判断 AFC 设备故障风险点、诱因及后果；
2. 能明确 AFC 设备大面积故障应急处置各岗位职责；
3. 能配合各岗位完成 AFC 设备大面积故障应急处置的模拟演练。

素质目标

1. 强化安全意识及岗位责任意识；
2. 提升应急处置过程中团队协作的能力。

任务导入

某日早高峰，某地铁 1 号线票务系统突然瘫痪，进出站闸机不能正常使用，持续时间长达 1 个多小时。有的市民凭“××通”卡免费乘车，有的市民被要求排队购买纸质票进站。这次故障是该地铁 1 号线自开通以来的第 9 次故障，也是票务系统首次出现故障。

早高峰，地铁站闸机为何会坏掉呢？原来是地铁的整个票务系统出现了故障。7:12，地铁 2 号线 AFC 故障，导致进出站闸机无法使用。经工作人员紧急处理，8:30 故障排除。持续时间长达 78 min。

（根据网络资料整理）

请思考：

1. 你认为地铁票务系统故障的原因有哪些？
2. 你知道哪些措施或方法来应对此类事件？

任务描述

本任务中，站务岗位群工作人员需要协作配合，完成所在车站 AFC 设备大面积故障的应急处置工作。通过了解 AFC 设备的架构及功能，分析 AFC 设备故障风险点、诱因及后果，明确应急处置的原则及要点，根据岗位作业流程和岗位职责，选择合理的应急设施，开展车站 AFC 设备大面积故障情况下的模拟演练。车站 AFC 设备大面积故障的应急处置工作需要具备安全意识，良好的心理素质，较强的岗位责任意识及团队合作的精神。

知识准备

一、认识 AFC 设备故障

AFC（automatic fare collection system，自动售检票系统）是基于计算机技术、网络技术、通信技术、自动控制技术、大型数据技术、机电一体化技术、模式识别技术、传感技术、精密机械技术等多项新技术于一体的技术含量高的大型系统。AFC 系统部分设备如图 2-6-1 所示。

（a）自动售票机　　（b）智能客服

图 2-6-1　AFC 系统部分设备

（一）城市轨道交通自动售检票系统架构

城市轨道交通自动售检票系统的架构是多种多样的，系统架构的选择与城市轨道交通网络结构、售检票方式、清分需求和车票媒介等相关联。

在封闭的环境下，自动售检票系统的设备根据地理位置分布在城市轨道交通各个车站；根据业务需求，自动售检票系统在不同的层面处理不同的业务；根据系统架构，构建路网售检票系统的中央系统、线路中央计算机系统、车站计算机系统、车站终端设备和车票。

城市轨道交通系统的自动售检票系统用于处理城市范围内众多城市轨道交通线路的售检票业务，涉及路网业务、线路业务、车站处理、终端处理和车票媒介方面的内容。根据业务和应用，自动售检票系统架构的参考模型包括五个层次：第一层是路网层；第二层是线路层；第三层是车站层；第四层是终端层；第五层是车票层。

在自动售检票系统架构中，相邻层次是通过对应的接口和协议实现连接的，在实施过程之前必须确定各相邻层的接口方式和协议。

（二）城市轨道交通自动售检票系统功能

1. 票务管理功能

票务管理主要有发卡、售票、检票和结算功能。

1）发卡

票卡发行管理包括票卡编码，票卡初始化发行，储值卡处理、调配、挂失、注销、销卡等功能。

2）售票

乘客在车站非付费区内可以通过自动售检票系统的终端设备，如自动售票机或半自动售票机购票。售票过程是终端设备根据中央计算机系统下发的运行参数和票务参数，按照乘客需求，为乘客提供乘车的有效凭证（车票）。

3）检票

乘客进站时，进站检票机将对乘客所持有的车票进行合法性和有效性检查，如果所持车票合法，则在车票中写入乘客的进站信息并开闸放行，允许乘客进入车站付费区。

乘客出站时，出站检票机将对乘客所持有的车票进行有效性检查，如果所持车票有效（包括车票计程、计时有效或车资足够），储值票被扣除相应票款后在车票中写入出站信息，单程票则由出站检票机自动回收，开闸放行让乘客出站。出站检票时，如发现乘客无票，或所持车票无效，或单程票金额不足等，都会提示乘客到补票亭按照有关规定进行补票处理。

4）结算

所有票务交易数据均由自动售检票系统的各类终端设备产生，经车站计算机系统上传到线路中央计算机系统或路网中央计算机数据处理系统，根据票务政策、清分规则和结算方法进行票款清分、清算和结算处理、银行划账和收益方对账等。

2. 数据处理功能

城市轨道交通网络的票务管理由众多数据流程组成，包括交易信息流、车票流、资金流、乘客流、列车流、凭据流、备件流、控制流和指令流等。

其中，交易信息流、车票流和资金流是票务处理和管理的主要输入数据源：备件流、控制流和指令流是自动售检票系统运行管理的输入源；交易信息流、车票流、乘客流和列车流是客流分析的输入源。同样，交易信息流、车票流、资金流和凭据流是财务管理的输入源。其他管理都能够在上述数据流的沉淀数据中获得相关信息。

路网中央计算机系统或线路中央计算机系统，主要用于上述各种数据流的收集、生成（含下发）、统计、分析和使用，并提供联机存储和存储管理、数据备份/恢复等可靠性方面的处理。

城市轨道交通的数据流是整个自动售检票系统运营管理能力和效率的重要基础支持。它负责将自动售检票系统中由底层设备产生的各类数据上传至其上层系统，将上层的控制指令和参数信息下传至底层。同时，数据流在各层系统进行汇总、统计，以产生各种用于管理的统计信息，从而完成对自动售检票系统运营管理的支持。

根据数据的来源和用途，系统数据分以下几类：

（1）运营数据：设备和系统的运营状态信息，设备运行状态信息。

（2）交易数据：设备和系统产生的交易数据信息。

（3）控制数据：系统向设备等发送的控制命令信息。

（4）管理数据：系统向设备发送的各种用作管理的数据

（三）AFC 设备故障风险点、诱因及后果

视频

TVM发卡模块卡票情况下的处置

AFC 设备包含自动售票机、自动检票机、半自动售票机等设备，AFC 设备故障是指车站 AFC 终端设备同时故障，无法正常使用，包括自动售票机（TVM）、半自动售票机（BOM）无法正常售票或进行异常卡处理，进、出闸机无法进行票、卡的正常读写及回收，票务工作站及票务操作系统无法正常使用。各故障诱发因素包含设备（本身）故障、通信故障等。相关故障可能导致售票能力下降、票款损失、客运服务质量降低、乘客积压乘客投诉等后果。不同 AFC 设备故障的风险点、诱发因素及后果见表 2-6-1。

表 2-6-1　不同 AFC 设备故障的风险点、诱发因素及后果

分　类	风险点	诱发因素	后果（可能导致的事故）
半自动售票机故障	车站售票能力不足且无法办理乘客事务	设备故障、通信故障等	客运服务质量降低、乘客投诉等
自动售票机故障或能力不足	车站售票能力不足	设备故障、通信故障等	客运服务质量降低、乘客投诉等
自动售票机和半自动售票机全部故障	车站售票能力不足	设备故障、通信故障等	客运服务质量降低、乘客投诉等
	无法处理乘客事务	设备故障、通信故障等	客运服务质量降低、乘客投诉等
全部进站闸机故障或进站闸机能力不足	进站能力不足	设备故障、通信故障、大客流等	客运服务质量降低、乘客投诉等
全部出站闸机故障或出站闸机能力不足	出站能力不足	设备故障、通信故障、大客流等	客运服务质量降低、乘客投诉等
AFC 设备大面积故障	进、出站及乘客事务处理能力不足	设备故障、突发事件等	客运服务质量降低、乘客投诉等
二维码故障	乘客无法进、出站，且无其他进、出站方式	设备故障、通信故障、大客流等	客运服务质量降低、乘客投诉等
电子支付故障	乘客无法购票或无法处理乘客事务，且无其他支付方式	设备故障、通信故障、大客流等	客运服务质量降低、乘客投诉等

二、AFC 设备大面积故障应急处置原则、要点

（一）应急处置原则

（1）AFC 设备故障不影响乘客安全，因此以服务乘客、减少投诉、尽快疏导为原则。

（2）停止闸机的使用，设置付费区临时进出口，采用人工售、检票方式，先后使用预制票，必要时经请示同意后使用应急票。

（3）在应急处置中以站为单位，值班站长负责全站的统一指挥。

（二）应急处置要点

（1）视情况使闸机处于常开状态，引导乘客通行。

（2）当乘客进、出站均发生 AFC 设备大面积故障时，引导乘客进、出站即可，无须购票。

（3）当乘客进站正常，出站发生 AFC 设备大面积故障时，乘客需购票进站，出站时直接回收单程票，储值卡下次乘车时扣费。

（4）当乘客进站出现 AFC 大面积设备故障，出站正常时，原则上要求进站闸机开放，乘客出站补票。

视频

TVM发卡模块故障票箱空情况下的处置

三、信息汇报

（一）车站行车值班员汇报内容

（1）呈报车站、事件发生时间。

（2）设备故障类型及具体情况。

（3）现场前期处置情况。

（4）根据现场情况做好信息的续报工作。

（二）信息汇报流程（图 2-6-2）

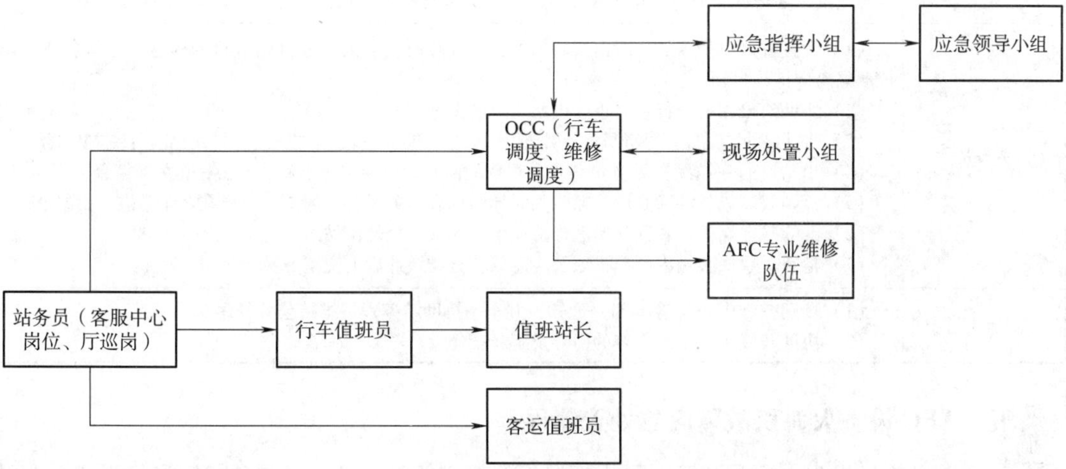

图 2-6-2　信息汇报流程

四、AFC 设备大面积故障应急处置各岗位职责

AFC 设备大面积故障应急处置各岗位职责见表 2-6-2。

表 2-6-2　AFC 设备大面积故障应急处置各岗位职责

岗位名称	岗 位 职 责
值班站长	（1）通知车站员工启动预案。 （2）安排站厅站务员协助进行临时进、出站通道的设置。 （3）同时安排保安及保洁协助开展进、出站乘客的引导及解释工作并寻求驻站民警的协助。 （4）根据上级指示安排使用应急票。 （5）AFC 设备恢复正常后，通知票务员、售票员停止发售应急票，恢复 AFC 设备的使用，安排保安撤除临时入口和隔离设施
行车值班员	（1）按照规定及时进行上报，并与相关部门保持联系。 （2）利用人工广播引导乘客有序进、出站。 （3）接到 AFC 维修人员故障修复的通知后，通过中心监控工作站检查车站 AFC 设备恢复情况并向维修调度员报告
客运值班员	（1）售票员配发预制票及阶梯票价表，同时将所有需录入系统的数据人工记录备案，待系统恢复后进行补录。 （2）随时关注本站预制票及零钞的库存数量，根据需要随时向票务科请求增配。 （3）完成工作后到检票口协助（站厅）站务员维持秩序，引导乘客进、出站。 （4）故障修复后，将设备故障期间人工记录的数据补录入票务系统。 （5）将（站厅）站务员上交的单程票投入闸机，因超时等无法投入闸机的票卡按无效票录入“异常票款变动”中，并于次日按无效票上交票务科。 （6）需清点应急票数量并记录，作为出站客流统计依据，于次日按无效票上交票务科并于次日早上分别将应急票发售金额和数量、出站回收的应急票数量上报票务科

续表

岗位名称	岗 位 职 责
售票员	（1）首先销售 BOM 提前赋值的单程票，销售完毕后立即启用票务员配发的预制票。 （2）在故障期间，持储值卡出站的乘客于下次乘车前更新扣费信息（按最低车资扣费）。 （3）接到故障修复的通知后，停止发售应急票，恢复正常售票，人工统计记录预制票、应急票发售数量，妥善保管应急票票根及票款，上交票务员
站务员	（1）设置进入付费区的临时出口和入口，并在临时出、入口处张贴醒目的标志，在其余闸机处拉上隔离带将其封闭。 （2）协助值班站长进行临时进、出站通道的设置。 （3）进站口的（站厅）站务员负责引导组织乘客（包括持储值卡的乘客）购买预制票并排队进站。 （4）出站口的（站厅）站务员负责单程票的回收，引导乘客出站，并做好相关的解释工作。 （5）接到故障修复的通知后，撤除临时导向标志，关闭特殊通道，引导乘客正常进、出站。 （6）继续坚守岗位，直到付费区内持应急票的乘客全部出站。 （7）清点车票回收箱内的单程票及应急票，分类统计后上交票务员
其他人员	（1）接到控制中心（客运部）通知，到车站协助站务人员维持公共秩序。 （2）协助开展进、出站乘客的引导及解释工作

五、AFC 设备大面积故障应急处置流程

车站 AFC 设备发生大面积故障，可视情况由车控室值班人员通过紧急按钮进行设定，车站应立即将模式设定情况上报行调，行调负责通知线网其他各站。紧急放行模式启动后，站内所有设备停止使用，闸机全部开放通行。值班站长组织车站工作人员及时到岗，组织乘客有序进、出站。AFC 设备大面积故障应急处置程序如图 2-6-3 所示。

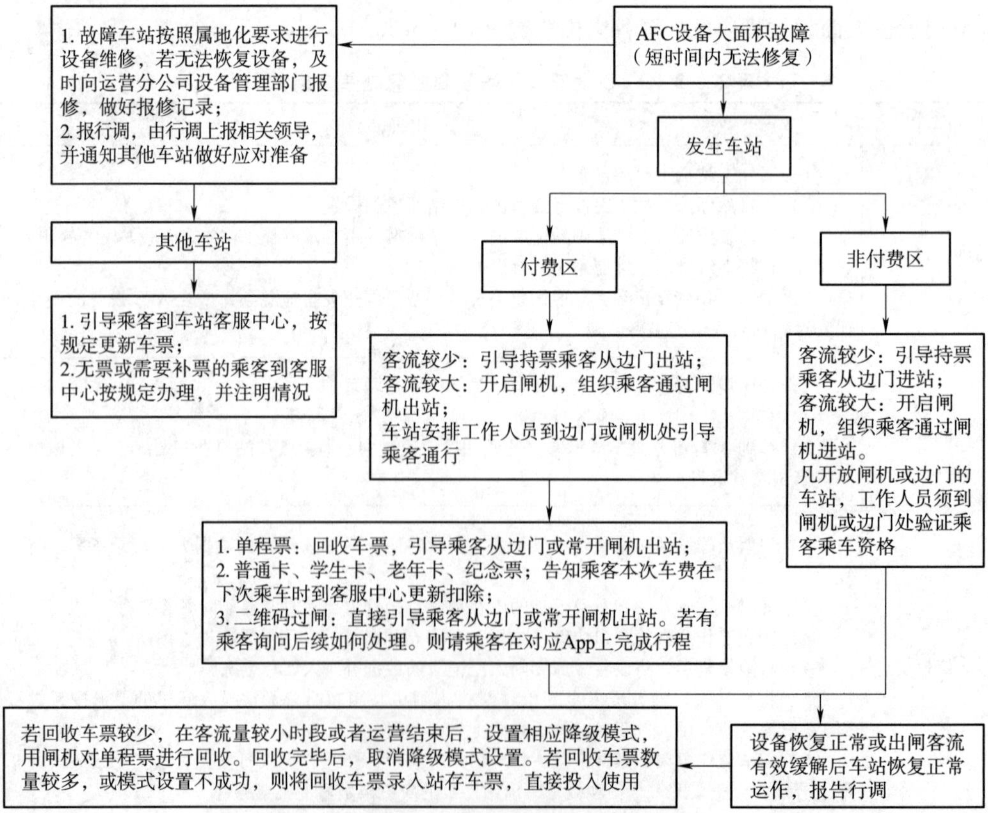

图 2-6-3　AFC 设备大面积故障应急处置流程

技能训练

根据上述 AFC 设备大面积故障应急处置流程及各岗位职责，结合信息报告内容及流程，以全部出站闸机故障为例，完成 AFC 设备大面积故障应急处置的情景模拟演练。

一、人员分工

按照本任务涉及的岗位，设置值班站长、行车值班员、客运值班员、售票员、站务员、其他人员等岗位。每 6 人分成一个小组，按照 AFC 设备大面积故障应急处置流程完成模拟演练。

小组分工表

班　级		车站名称	
组　别		日　期	
岗　位	姓　名	任务分工	
值班站长			
行车值班员			
客运值班员			
售票员			
站务员			
其他人员			

二、设施及备品

城市轨道交通车站实训室、多媒体教学设备等设施及临时导向标志、警戒线、隔离栏杆（铁马）、手持广播、对讲机等备品。

清点备品表

清点所要使用的设备、工具、材料				
车站名称：		组别：		时间：
序号	名　称	数　量	设备状态	清　点
1	临时导向标志	根据出入口数量确定	□完好 □不能使用	□已清点
2	警戒线	若干	□完好 □不能使用	□已清点
3	隔离栏杆（铁马）	若干	□完好 □不能使用	□已清点
4	手持广播	4 个	□完好 □不能使用	□已清点
5	对讲机	6 个	□完好 □不能使用	□已清点
备注	检查备品的数量及备品状态，每完成一项且结果正常，则在□内打“√”，否则打“×”			

三、演练过程

根据任务要求，按城市轨道交通车站 AFC 设备大面积故障应急处置程序完成模拟并记录演练过程。

AFC设备大面积故障应急处置演练过程写实表

组　别		小组成员		
班　级		车站名称		演练时长
步骤一：信息接报				
任　务	岗　位	技能要求	完成情况记录	
分析和判断车站AFC设备大面积故障的原因，行车值班员及时向值班站长、OCC汇报情况	行车值班员	描述了事件发生时间、地点	□表述准确完整 □表述含糊不清 □未完成	
		描述了故障的类型、已采取的措施	□表述准确完整 □表述含糊不清 □未完成	
		描述了人员伤亡、设备损坏等情况	□表述准确完整 □表述含糊不清 □未完成	
		说明了报告人单位、姓名、岗位	□表述准确完整 □表述含糊不清 □未完成	
		汇报了认为有必要报告的其他情况	□表述准确完整 □表述含糊不清 □未完成	
步骤二：前期处置				
任　务	岗　位	技能要求	完成情况	写实记录
根据要求，及时启动应急预案，人员职责明确、任务分工合理	值班站长	安排其他岗位人员组织引导乘客出站	□已完成 □未完成	
		强调做好安全防护	□已完成 □未完成	
	客运值班员	做好备品准备及客流引导	□已完成 □未完成	
	行车值班员	广播引导乘客有序出站	□已完成 □未完成	
		通过CCTV监控客流情况	□已完成 □未完成	
步骤三：现场处置				
任　务	岗　位	技能要求	完成情况	写实记录
正确处理AFC设备大面积故障，各岗位之间协作配合	值班站长	安排各岗位工作，做好客流引导	□已完成 □未完成	
	行车调度员	听取车站汇报，关注该站客流情况	□已完成 □未完成	
	行车值班员	向OCC汇报车站情况	□已完成 □未完成	
		与车站各岗位做好信息传递	□已完成 □未完成	

正确处理AFC设备大面积故障，各岗位之间协作配合	客运值班员	打开边门，引导乘客从边门出站	□已完成 □未完成	
		完成单程票回收；提醒储值票乘客下次乘车时到客服中心扣除；提醒二维码过闸的乘客在对应App上完成	□已完成 □未完成	
		做好乘客安抚解释工作	□已完成 □未完成	
	售票员	做好票卡更新及解释工作	□已完成 □未完成	
	站务员	加强站厅巡视，做好人员引导出站工作	□已完成 □未完成	
	其他	加强现场引导，协助做好人员疏导	□已完成 □未完成	
步骤四：应急终止				
任　务	岗　位	技 能 要 求	完成情况	写实记录
AFC设备恢复正常时，要及时向OCC汇报，申请恢复正常运行，并撤除相应的防护	值班站长	通知各岗位终止本方案，监控各岗位到岗情况，设备运作情况及乘客服务工作	□已完成 □未完成	
	行车值班员	向OCC、值班站长汇报设备恢复，请求正常运营	□已完成 □未完成	
	行车调度员	同意恢复正常运营	□已完成 □未完成	
	客运值班员	组织撤除防护，恢复正常运营	□已完成 □未完成	
	售票员	撤除防护，恢复正常运营	□已完成 □未完成	
	站务员	撤除防护，恢复正常运营	□已完成 □未完成	
	其他	撤除防护，恢复正常运营	□已完成 □未完成	
职 业 素 养				
序　号	素 质 要 求		完成情况	写实记录
1	处理程序是否得当，避免常识性错误		□是□否	
2	是否具备良好的服务意识及沟通表达能力		□是□否	
3	是否做好乘客疏散和解释工作，安抚乘客情绪		□是□否	
4	是否清楚认识城市轨道交通突发事件所造成的危害，重视突发事件并有预防意识		□是□否	
5	是否符合“7S”管理规定，整理工作区域，备品恢复原位		□是□否	
备　注	根据AFC设备大面积故障应急处置的流程，每完成一项且能标准作业，则在□内打“√”，否则打“×”。将未完成的流程在写实记录栏标注，方便查缺补漏			

任务评价

<table>
<tr><td colspan="9">任务六　AFC 设备大面积故障应急处置</td></tr>
<tr><td colspan="9">姓名：________　　学号：________　　小组：________</td></tr>
<tr><td colspan="9">过程评价（60 分）</td></tr>
<tr><td colspan="3" rowspan="2">评 价 依 据</td><td rowspan="2">评分标准</td><td colspan="5">评 价 主 体</td></tr>
<tr><td>自评</td><td>互评</td><td>师评</td><td>1 + X
考评员</td><td>企业导师</td></tr>
<tr><td rowspan="3">知识
(A)</td><td>1</td><td>说出 AFC 设备的架构及功能</td><td>5</td><td></td><td></td><td></td><td></td><td></td></tr>
<tr><td>2</td><td>能判断 AFC 设备故障风险点、诱因及后果</td><td>7</td><td></td><td></td><td></td><td></td><td></td></tr>
<tr><td>3</td><td>能说出 AFC 设备大面积故障应急处置的原则和要点</td><td>8</td><td></td><td></td><td></td><td></td><td></td></tr>
<tr><td rowspan="3">能力
(B)</td><td>1</td><td>总结出 AFC 设备大面积故障各岗位职责</td><td>10</td><td></td><td></td><td></td><td></td><td></td></tr>
<tr><td>2</td><td>能合理地组织客流</td><td>5</td><td></td><td></td><td></td><td></td><td></td></tr>
<tr><td>3</td><td>配合各岗位完成 AFC 设备大面积故障的模拟演练</td><td>15</td><td></td><td></td><td></td><td></td><td></td></tr>
<tr><td rowspan="2">素养
(C)</td><td>1</td><td>有岗位责任意识，团队协作能力强</td><td>5</td><td></td><td></td><td></td><td></td><td></td></tr>
<tr><td>2</td><td>有安全意识和预防意识</td><td>5</td><td></td><td></td><td></td><td></td><td></td></tr>
<tr><td colspan="9">过程评价 = $A + B + C$</td></tr>
<tr><td colspan="9">结果评价（30 分）</td></tr>
<tr><td colspan="9">结果评价 = 本任务测试题得分</td></tr>
<tr><td colspan="9">增值评价 E（10 分）</td></tr>
<tr><td colspan="9">增量 = （过程评价 + 结果评价）本任务 - （过程评价 + 结果评价）前任务
增值评价 E：$E = 10$（增量 ≥ 20 分）；$E = 8$（增量 = 10 ~ 19 分）；
$E = 6$（增量 = 5 ~ 9 分）；$E = 4$（增量 < 5 分）</td></tr>
<tr><td colspan="9">本任务总评成绩</td></tr>
<tr><td colspan="9">总评 = 过程评价 + 结果评价 + 增值评价</td></tr>
</table>

任务总结

<table>
<tr><td colspan="2">主题：</td></tr>
<tr><td>要点栏</td><td>笔记栏</td></tr>
<tr><td colspan="2">总结栏</td></tr>
</table>

拓展提升

工匠故事

用青春和热爱谱一曲“轨道人”自己的劳动之歌

致奋战在兰州轨道交通一线的AFC检修工

“五一”小长假的地铁站可谓热闹非凡，与行色匆忙的乘客相比，穿着工作服，一丝不苟的劳动者就显得有些与众不同。虽然是“五一”小长假，但AFC检修工无论何时，都必须24 h坚守岗位。

接到故障报修后，AFC检修工张敏杰第一时间带着“医药箱”赶赴均家滩站处理故障，只见他熟练地准备好需要的工具，摆放好检修提示牌，打开维护门，引导乘客去其他闸机，并以最快的速度对故障设备进行维修。

故障处理结束后，张敏杰又开始了设备远程巡检和购票设备测试。设备巡检既是AFC检修工一天中最常规的工作，也是张敏杰假日工作的又一项新任务。带上工具包，穿梭在邮电大楼站至雁白大桥站，耐心地对各站点每一台AFC自动售检票设备进行检查，直至下一班组前来接替。

正如许多奋战在兰州轨道交通一线工作者一样，张敏杰虽不能陪伴家人享受假日，却在平凡的岗位上默默履行着畅通出行的使命和保障设备平稳运行的承诺，让每一名乘客便捷出行。

（根据网络资料整理）

巩固与练习

1. 不定项选择题

（1）车站AFC设备发生大面积故障，可能导致的后果有(　　)。

A. 售票能力下降　　B. 票款损失

C. 客运服务质量降低　　D. 乘客积压乘客投诉

（2）AFC设备包含(　　)。

A. 自动售票机　　B. 自动检票机

C. 半自动售票机　　D. 自动查询机

2. 判断题

（1）车站AFC设备发生大面积故障，可视情况由车控室值班人员通过紧急按钮进行设定，车站应立即将模式设定情况上报行调，行调负责通知线网其他各站。(　　)

（2）紧急放行模式启动后，站内所有设备停止使用，闸机全部开放通行。(　　)

（3）当乘客进、出站均发生AFC设备大面积故障时，引导乘客进、出站即可，无须购票。(　　)

（4）当乘客进站正常，出站发生AFC设备大面积故障时，乘客需购票进站，出站时直接回收单程票，储值卡下次乘车时扣费。(　　)

3. 简答题

（1）说一说 AFC 设备故障的风险点、诱因及后果。

（2）简述 AFC 设备大面积故障情况下，客运值班员的岗位职责。

任务七 车站大面积停电应急处置

学习目标

知识目标

1. 熟知车站大面积停电的原因及对运营造成的影响；
2. 掌握车站大面积停电应急处置的原则及措施；
3. 掌握车站大面积停电应急处置各岗位职责。

能力目标

1. 能按照车站大面积停电应急处置原则和措施做好信息汇报工作；
2. 能区分车站大面积停电时各岗位职责；
3. 能配合各岗位完成车站大面积停电的模拟演练。

素质目标

1. 树立岗位责任意识及岗位认同感；
2. 培养预防意识及团队精神。

任务导入

20 点 45 分左右，某市多个中心城区突然发生了一起大面积停电事故。受此影响，运行在这一区域的地铁 2 号线一度停运，部分乘客被困在地铁站内的垂直电梯内。

据市电力公司介绍，此次大面积停电事故可能是一个 22 万伏的电网出现波动引起。晚间 20 点 45 分出现故障后，抢修队伍以最快速度查明故障点，并在第一时间组织抢修。

21 时 30 分，失电车站照明恢复过半，地铁运营逐步恢复。地铁运营方同时介绍，停电期间车站内设备全线停电，车站启动应急照明，有序疏散乘客，失电期间启动公交预案，接驳 2 号线沿线各站的乘客。最终在 21 时 52 分，所有的抢修工作全部完成，停电区域的供电现已全面恢复。

（根据网络资料整理）

请思考：

1. 车站大面积停电后对乘客会造成哪些影响？
2. 你认为应该怎样预防车站大面积停电？

任务描述

本任务中，站务岗位群工作人员需要协作配合，完成所在车站大面积停电的应急处置工作。通过分析大面积停电的原因及对城市轨道交通运营的影响，根据车站大面积停电的处理原则及措施，明确岗位作业流程和各岗位职责，选择合理的应急设施，组织大面积停电的应急处置。大面积停电应急处置工作需要有安全意识及岗位责任意识、良好的心理素质，具备团队合作精神及较高的职业素养。

知识准备

一、认识车站大面积停电故障

供电系统是城市轨道交通的动力能源，负责为列车和动力照明负荷提供电源。它不仅要保证为电力用户提供安全、可靠、经济的电能，还要保证城市轨道交通的安全、正常运营，防止各类电气事故和灾害的发生。

城市轨道交通供电系统输送的电能包括两部分：输送给城市轨道交通车辆作为牵引电源即以牵引变电所为主组成的牵引供电系统；输送给城市轨道交通车站作为动力照明电源，即以降压变电所为主组成的动力照明供电系统。

（一）车站供电系统

城市轨道交通供电系统一般包括外部电源、主变电所（或电源开闭所）牵引供电系统、动力照明供电系统、电力监控系统。其中，牵引供电系统包括牵引变电所和牵引网，动力照明供电系统包括降压变电所和动力照明配电系统。

城市轨道交通系统是一个重要的用电负荷。按规定应为一级负荷，即应由两路电源供电，当任何一路电源发生故障中断供电时，另一路应能保证城市轨道交通重要负荷的全部用电需要。在城市轨道交通供电系统中牵引用电负荷为一级负荷，而动力照明等用电负荷根据它们的实际情况可分为一级、二级或三级负荷。

（1）一级负荷：通信系统、信号系统、牵引供电系统、电力监控系统、防灾报警系统、机电设备监控系统、站台门、防淹门、消防泵、废水泵、雨水泵、事故风机及其风阀、排烟风机及其风阀、站厅和站台照明、事故照明。

（2）二级负荷：非事故风机及其风阀、排污泵、自动扶梯、设备区照明和管理区照明、自动售检票、楼梯升降机、民用通信电源、冷冻机组控制器电源、维修电源。

（3）三级负荷：冷水机组、冷冻水泵、冷却水泵、冷却塔风机、广告照明、电开水器、清扫电源。

车站大面积停电指的是单个及以上正线车站所有一、二级负荷停电。车站大面积停电可能造成停电车站退出服务，影响乘客正常出行，对城市地面交通带来极大压力；在人员疏散过程中产生瞬间大客流，容易引起乘客恐慌，可能造成踩踏、挤压等乘客伤害；由于供电中断，可能造成通信、信号、机电等系统不能正常使用，从而引发二次故障或灾害。

（二）车站大面积停电的原因

停电发生后，可能的原因有：

（1）电力设备故障，包括变压所变压器故障、整流机组故障、断路器故障、传输电缆故障、接触网故障以及电力监控系统故障等。

（2）城市电力网故障，也可能会造成城市轨道交通大面积停电。

（3）路面施工和恐怖袭击等原因对电力系统造成的人为外力破坏。

（4）自然气象灾害对电力系统造成的破坏。

（三）车站大面积停电对城市轨道交通运营的影响

（1）可造成城市轨道交通局部或全线运营中断，影响乘客出行，给城市地面交通带来极大的压力。

（2）在人员疏散过程中产生的大客流，容易引起乘客恐慌，可能造成踩踏、挤压等事故。

（3）影响城市轨道交通在公众心中的形象。

（4）供电中断可能造成通信、信号、机电等系统不能正常使用，从而引发次生事故和灾害。

延伸阅读

国内率先！南京地铁构建“都市圈线网智能电力调度系统”

在南京地铁线网指挥中心，技术人员打开“都市圈线网智能电力调度系统”，点击三维地图上的“所接主变电所”，地图上立即呈现多条动态光束，它们代表着这个主变电所“流”向地铁2号线和7号线的电力。

采集实时电力数据，智慧大脑迅捷计算，给出科学调度决策，是系统的主要功能。这是国内城市轨道交通领域首个线网级电力调度系统，不久前在中国城市轨道交通协会组织的评选中荣获2023年度城市轨道交通科技进步一等奖。

“都市圈线网智能电力调度系统”可接入南京地铁13条线路的电力监控系统，采集线网内19个主变电所、375个牵引降压变电所、1 450台变压器等所有供电设备的信息，并通过对线网供电系统的完整建模，实现调度方案管理、智能告警、电压无功协调控制等功能，提升调度分析决策能力，提高供电系统运营效率。

该系统对地铁线网的供电数据进行“汇—存—算—管—用”，推动电力调度由“人工经验调度”向“数据智能决策”转型，由“单线路管理”向“线网协同调控”发展，解决地铁网络化发展带来的复杂供电问题。系统还具备程序化控制能力，原本调度员需要多次操作才能完成一项任务，而系统可一键执行。

今后，南京地铁可逐步取消单个线路的电力监控系统，减少新线投资和运维成本。

（根据网络资料整理）

二、车站大面积停电应急处置原则及措施

（一）车站大面积停电应急处置原则

（1）贯彻“先通后复”原则，要积极采取各种措施，控制事态发展，迅速抢救，尽快恢复运营，尽量减少人员伤亡和财产损失。

（2）若因地铁供电设备故障造成的大面积停电，立即组织供电抢修，尽快恢复供电。若因外部故障造成的大面积停电，与电力调度员联系确认故障影响的程度、范围、时间、有无继发性风险等，根据具体情形调整运行方式，最大限度恢复送电。

（3）工作人员要确保通信畅通，若通信中断应设法与外界取得联系，并做好自救工作。

（二）车站大面积停电应急处置措施

车站发生大面积停电时，如果车站停电时间较短，值班站长安排人员关停自动扶梯，检查确认垂直电梯没有关人后锁电梯，在乘客进出站的楼梯、自动扶梯、闸机等重要的地方放置应急灯，并用手提广播引导乘客慢行进、出站。如果车站长时间无法恢复供电，请求行调让列车越站通行，指示站务员停止售票、检票，通知全站员工疏散乘客出站，并关闭车站。待恢复供电时，重新开放车站。

（1）报行调，广播安抚乘客不要惊慌。听从工作人员指引，并检查垂直电梯是否困人。

（2）原则上在停电30 min内，行调维持原有列车运行。车站引导乘客只出不进。若停电超过30 min，行调组织列车越站，车站关站并做好乘客服务。

（3）OCC 及线网相关车站做好信息发布。

（4）车站人员在楼梯、自动扶梯或光线不足处等关键处放置应急灯并引导疏散乘客出站。

（5）关站时检查垂直电梯是否有困人。

三、车站大面积停电各岗位职责

车站发生停电，无照明条件后，各岗位在疏散乘客时必须穿荧光衣，携带手电筒，采用喊话器或手持广播引导疏散乘客。

当停电区域一、二级负荷恢复供电后，相关车站具备恢复正常运营（运作）条件。

表 2-7-1　大面积停电各岗位职责

岗位名称	岗 位 职 责
值班站长/站长	（1）确认大面积停电情况。 （2）通知行车值班员广播宣布执行大面积停电应急处置程序。 （3）带应急灯（或手电筒）到站台指挥疏散，确认站台乘客疏散完后到站厅确认疏散情况。 （4）确认全站乘客疏散完后通知车控室。 （5）组织关闭各出口，安排员工检查电梯是否困人，做好车站巡视。 （6）到车控室收集各岗位处理情况，做好停运安排。 （7）接到供电恢复的通知后，指挥员工做好恢复运营的准备，接到恢复运营的通知后，确认车站投入正常运作
行车值班员	（1）报行车调度员、电力调度员、值班站长，通知车站工作人员、公安。 （2）向行车调度员了解停电的原因及恢复时间。 （3）接到行车调度员发布大面积停电、列车停运、车站关闭的命令后，立即报告值班站长。 （4）广播宣布执行大面积停电疏散应急处置程序，反复广播指引乘客疏散。 （5）确认站内乘客疏散完后报行车调度员。 （6）接到恢复供电的通知后，通知各岗位做好恢复运营的准备。 （7）检查车控室设备情况，向行车调度员报车站运营准备工作，并向行车调度员了解列车运行恢复情况，报值班站长
客运值班员	（1）接到执行大面积停电应急处置程序的通知后，赶到车控室，协助行车值班员。 （2）组织保安、保洁到出入口张贴停止服务的告示，关闭出入口。 （3）与车控室保持联系，负责巡视出入口并做好解释。 （4）收到恢复供电的通知后，检查 AFC 设备、各种服务设备设施是否正常，并报车控室。 （5）接到恢复运营的通知后，组织撤除告示，打开出入口
站务员	（1）接到执行大面积停电应急处置程序的通知后，立即赶到站台疏散站台乘客出站。 （2）确认站台乘客疏散完后，报车控室，到站厅协助疏散。 （3）完成疏散乘客，检查垂直电梯是否困人后，与车控室保持联系，负责巡视站台。 （4）接到恢复供电的通知后，检查站台扶梯、站台门等设备设施情况和线路情况，报车控室。 （5）接到恢复运营的通知后，恢复正常运作
票务员	（1）收到执行大面积停电应急疏散处理程序的通知后，收好票款和车票，锁好客服中心门，打开边门。 （2）在楼梯、自动扶梯或光线不足等关键处放置应急灯，并用手提广播引导乘客疏散出站。 （3）确认站内乘客疏散完后，协助客运值班员关闭各出入口，并张贴停止服务的告示。 （4）与车控室保持联系，负责巡视各出入口并做好解释。 （5）收到恢复供电的通知后，检查 AFC 设备、各种服务设备设施是否正常，关闭边门，并报车控室。 （6）接到恢复运营的通知后，回到客服中心，检查客服中心内设备情况，做好恢复运营的准备，并报车控室
其他人员（保安、保洁、安检）	（1）接到通知后，听从值班站长安排，并协助疏散乘客出站。 （2）到车控室拿“关站告示”到出入口进行张贴

四、车站大面积停电应急处置程序

（一）信息汇报

信息汇报的内容主要包含两部分：一是故障车站向 OCC 报告；二是 OCC 信息报告。具体报告内容见表 2-7-2。

表 2-7-2　车站大面积停电应急处置报告内容

故障车站向 OCC 报告内容	OCC 信息报告内容
（1）呈报人的姓名、工号、职位及联络电话号码（两个及以上手机号码）。 （2）事件发生的时间（日期、时、分）。 （3）事件发生车站及当时车站、列车上的乘客估计数量。 （4）事件概况：现象及发展态势、可能影响运营程度、人员伤亡情况、设备损坏情况及影响范围。 （5）事件的起因或故障现状。 （6）现场情况，已采取的行动和请求支援事项	（1）故障发生时间（日期、时、分）。 （2）停电区域（线路、车站、区域等）、影响的列车车次、车号等。 （3）故障的起因。 （4）现场情况，已采取的行动和请求支援事项

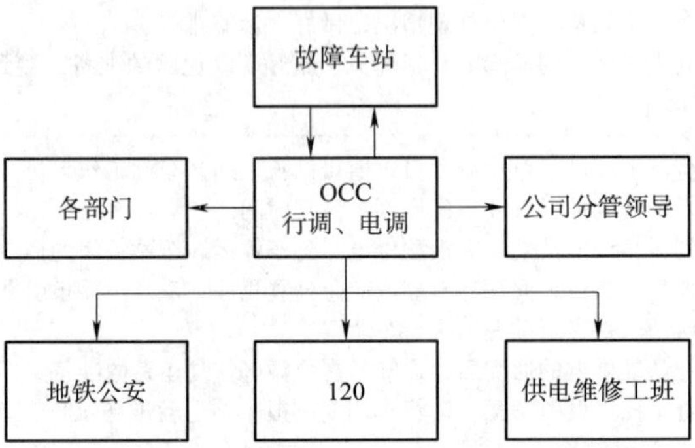

图 2-7-1　信息汇报流程

（二）应急处置流程

大面积停电在应急处置程序上，主要分为信息接报、前期处置、现场处置、应急终止四个步骤。发生大面积停电事故后，OCC 或车站立即按信息汇报流程进行报告，各部门组织抢修人员到现场做好抢修救援准备，调整列车运行方案，做好人员疏散，防止踩踏等二次事故的发生。具体大面积停电应急处置程序见表 2-7-3。

表 2-7-3　大面积停电的应急处置流程

作业流程	信息接报	前期处置	现场处置	应急终止
值班站长/站长	②接报后通知各岗位，组织确认应急照明开启情况，通知车控室向行调汇报现场情况并了解停电信息，根据行调命令执行乘客疏散以及关站等命令	③若应急照明启动，根据现场客流情况安排先关闭部分出入口（原则上车站两端各留一个出入口，其余关闭），在开启的出入口按照“只出不进”的原则进行客流控制。地下站若应急照明未启动，通知行值报行调申请关站； ④安排客值至车控室拿取备品发放至各岗位，并检查电梯是否困人	⑥接到疏散关站命令后，安排各岗位执行车站清客疏散，安排人员至出入口拦截进站乘客，确认疏散完毕后安排人员关闭相应出入口，并报告车控室	⑪接到恢复供电的通知后，组织车站各岗位检查确认设备情况，做好恢复运营准备

续表

作业流程	信息接报	前期处置	现场处置	应急终止
行车值班员	①将车站停电情况报控制中心行调、值班站长，通知车站工作人员	④地下站若应急照明未启动，报行调申请关站。若应急照明启动，向行调了解停电原因及恢复时间，及时将命令及情况传达至值班站长/站长	⑦播放安抚引导广播；在接到疏散命令后，及时通知各岗位，确认闸机为释放状态，反复广播指引乘客疏散； ⑧确认站内乘客疏散完毕后报告行调，做好通信联络以及信息续报工作	⑩接到恢复供电的通知后，确认车站设备情况，报行调，并向行调了解列车运行情况，汇报值班站长，通知各岗位做好恢复运营准备
客运值班员		⑤至车控室拿取荧光衣、手电筒、手提广播等备品分发至各岗位并到站厅协助值班站长。根据值班站长指令，带领保洁、保安先关闭部分出入口（原则上车站两端各留一个出入口，其余关闭），在开启的出入口按照“只出不进”的原则进行客流控制，检查站厅至出入口直梯有无困人情况	⑦接到关站命令后，疏散乘客出站。确认站厅乘客疏散完后，报告值站和车控室。组织保洁到出入口张贴停止服务的告示，关闭剩余出入口，留存应急出入口，安排保安值守； ⑧与车控室保持联系，负责巡视出入口并做好解释； ⑨接到启动公交接驳的命令后，根据值班站长安排进行处置	⑫收到恢复供电的通知后，检查 AFC 设备、各种服务设备设施是否正常，并报车控室； ⑬接到恢复运营的通知后，组织撤除告示，打开出入口
站务员		⑤做好站台乘客安抚，维持候车秩序，检查站厅至站台直梯有无困人情况	⑦接到疏散关站命令后，立即疏散站台乘客，检查站台卫生间等角落是否有滞留乘客。站台乘客疏散完后，报车控室，至站厅协助疏散； ⑧车站乘客疏散完毕后，与车控室保持联系，负责巡视站台	⑫接到恢复供电的通知后，检查站台扶梯、站台门等设备设施情况和线路情况，报车控室
票务员		⑤做好相关票务处理工作	⑦接到关站命令后，收好票款，锁好票务中心门，打开边门； ⑧携带手电筒和手提广播引导乘客疏散； ⑨车站乘客疏散完毕后，负责巡视站厅	⑫接到恢复供电的通知后，回到票务中心，检查票务中心内设备情况，做好恢复运营的准备，并报车控室准备情况
其他人员（保安、保洁、安检）		⑤收到通知后，根据值班站长安排做好客流控制和引导	⑦维持现场秩序，接到关站命令后到出入口拦截乘客进站，并做好乘客解释工作	⑫做好恢复运营的准备
备注：序号相同的步骤，各岗位可同时进行				

技能训练

根据上述大面积停电应急处置流程，结合信息报告内容及流程，以某站因电力设备故障导致大面积停电为例，完成情景模拟演练。

一、人员分工

按照本任务涉及的岗位，设置行车调度员、值班站长/站长、行车值班员、客运值班员、站务员、票务员、其他人员等岗位。每7人分成一个小组，按照大面积停电应急处置流程完成模拟演练。

小组分工表

班　级		车站名称	
组　别		日　期	
岗　位	姓　名	任务分工	
行车调度员			
值班站长/站长			
行车值班员			
客运值班员			
站务员			
票务员			
其他人员			

二、设施及备品

城市轨道交通车站实训室、多媒体教学设备等设施及告示、手持广播、对讲机等备品。

清点备品表

清点所要使用的设备、工具、材料				
车站名称：		组别：		时间：
序号	名　称	数　量	设备状态	清　点
1	告示	根据出入口数量确定	□完好 □不能使用	□已清点
2	手持广播	若干	□完好 □不能使用	□已清点
3	对讲机	根据参与模拟演练人数确定	□完好 □不能使用	□已清点
备注	检查备品的数量及备品状态，每完成一项且结果正常，则在□内打“√”，否则打“×”			

三、演练过程

根据任务要求，按城市轨道交通车站大面积停电的应急处置程序完成模拟并记录演练过程，按照需要关站的情况处置。

大面积停电应急处置演练过程写实表

组　别		小组成员			
班　级		车站名称		演练时长	

步骤一：信息接报			
任　务	岗　位	技 能 要 求	完成情况记录
分析和判断车站大面积停电的成因、造成的影响，行车值班员及时向 OCC 行调及值班站长汇报情况	行车值班员	描述了事件发生时间（日期、时、分）	□表述准确完整 □表述含糊不清 □未完成
		描述了事件发生的车站	□表述准确完整 □表述含糊不清 □未完成
		描述了形成原因，乘客估计量	□表述准确完整 □表述含糊不清 □未完成
		说明了报告人单位、姓名、岗位、电话	□表述准确完整 □表述含糊不清 □未完成
		汇报了可能影响运营的程度及范围，人员伤亡情况	□表述准确完整 □表述含糊不清 □未完成
		汇报了认为有必要报告的其他情况	□表述准确完整 □表述含糊不清 □未完成
	值班站长/站长	了解停电信息	□表述准确完整 □表述含糊不清 □未完成
		通知各岗位	□表述准确完整 □表述含糊不清 □未完成
		组织确认应急照明开启情况	□表述准确完整 □表述含糊不清 □未完成

步骤二：前期处置				
任　务	岗　位	技 能 要 求	完成情况	写实记录
根据要求，及时启动应急预案，人员职责明确、任务分工合理	值班站长/站长	（以下二选一） ①若应急照明启动，根据现场客流情况安排先关闭部分出入口； ②若应急照明未启动，通知行值报行调申请关站	□已完成 □未完成	
		安排客值至车控室拿取备品发放至各岗位，并检查电梯是否困人	□已完成 □未完成	
	行车值班员	（以下二选一） ①地下站若应急照明未启动，报行调申请关站； ②若应急照明启动，向行调了解停电原因及恢复时间，及时将命令及情况传达至值班站长/站长	□已完成 □未完成	

根据要求，及时启动应急预案，人员职责明确、任务分工合理	客运值班员	至车控室拿取荧光衣、手电筒、手提广播等备品分发至各岗位并到站厅协助值班站长	□已完成 □未完成	
		根据值班站长指令，带领保洁、保安先关闭部分出入口，在开启的出入口按照“只出不进”的原则进行客流控制	□已完成 □未完成	
		检查站厅至出入口直梯有无困人情况	□已完成 □未完成	
	站务员	做好站台乘客安抚，维持候车秩序	□已完成 □未完成	
		检查站厅至站台直梯有无困人情况	□已完成 □未完成	
	票务员	做好相关票务处理工作	□已完成 □未完成	
	其他人员	做好客流控制和引导	□已完成 □未完成	
步骤三：现场处置				
任　务	岗　位	技 能 要 求	完成情况	写实记录
正确处理大面积停电，按照行调的命令，做好关站工作，做好客流引导，防止踩踏事件的发生	值班站长/站长	安排各岗位执行车站清客疏散	□已完成 □未完成	
		安排人员至出入口拦截进站乘客	□已完成 □未完成	
		确认疏散完毕后安排人员关闭相应出入口，并通知车控室	□已完成 □未完成	
	行车值班员	播放安抚引导广播	□已完成 □未完成	
		在接到疏散命令后，及时通知各岗位	□已完成 □未完成	
		确认闸机为释放状态	□已完成 □未完成	
		反复广播指引乘客疏散	□已完成 □未完成	
		确认站内乘客疏散完毕后报告行调	□已完成 □未完成	
		做好通信联络以及信息续报工作	□已完成 □未完成	
	客运值班员	接到关站命令后，疏散乘客出站	□已完成 □未完成	
		确认站厅乘客疏散完后，报告值站和车控室	□已完成 □未完成	
		组织保洁到出入口张贴停止服务的告示	□已完成 □未完成	

正确处理大面积停电，按照行调的命令，做好关站工作，做好客流引导，防止踩踏事件的发生	客运值班员	关闭剩余出入口，留存应急出入口，安排保安值守	□已完成 □未完成	
		与车控室保持联系，负责巡视出入口并做好解释	□已完成 □未完成	
		接到启动公交接驳的命令后，根据值班站长安排进行处置	□已完成 □未完成	
	站务员	接到疏散关站命令后，立即疏散站台乘客	□已完成 □未完成	
		检查站台卫生间等角落是否有滞留乘客	□已完成 □未完成	
		站台乘客疏散完后，报车控室，至站厅协助疏散	□已完成 □未完成	
		车站乘客疏散完毕后，与车控室保持联系，负责巡视站台	□已完成 □未完成	
	票务员	接到关站命令后，收好票款，锁好票务中心门，打开边门	□已完成 □未完成	
		携带手电筒和手提广播引导乘客疏散	□已完成 □未完成	
		车站乘客疏散完毕后，负责巡视站厅	□已完成 □未完成	
	其他人员	维持现场秩序，接到关站命令后到出入口拦截乘客进站	□已完成 □未完成	
		做好乘客解释工作	□已完成 □未完成	
步骤四：应急终止				
任　务	岗　位	技 能 要 求	完成情况	写实记录
收到恢复供电的通知后，车站准备恢复正常运营，撤除告示，打开出入口	值班站长/站长	组织车站各岗位检查确认设备情况，做好恢复运营准备	□已完成 □未完成	
	行车值班员	确认车站设备情况	□已完成 □未完成	
		报行调，并向行调了解列车运行情况	□已完成 □未完成	
		汇报值班站长，通知各岗位做好恢复运营准备	□已完成 □未完成	
	客运值班员	检查 AFC 设备、各种服务设备设施是否正常，并报告车控室	□已完成 □未完成	
		组织撤除告示，打开出入口	□已完成 □未完成	
	站务员	检查站台扶梯、站台门等设备设施情况和线路情况，报车控室	□已完成 □未完成	

收到恢复供电的通知后，车站准备恢复正常运营，撤除告示，打开出入口	票务员	回到票务中心，检查票务中心内设备情况	□已完成 □未完成	
		做好恢复运营的准备，并报告车控室准备情况	□已完成 □未完成	
	其他人员	做好恢复运营的准备	□已完成 □未完成	
职业素养				
序　号	素质要求		完成情况	写实记录
1	处理程序是否得当，避免常识性错误		□是□否	
2	是否具备良好的服务意识及沟通表达能力		□是□否	
3	是否做好乘客疏散和解释工作，安抚乘客情绪		□是□否	
4	是否清楚认识城市轨道交通突发事件所造成的危害，重视突发事件并有预防意识		□是□否	
5	是否符合“7S”管理规定，整理工作区域，备品恢复原位		□是□否	
备　注	根据车站大面积停电应急处置的流程，每完成一项且能标准作业，则在□内打“√”，否则打“×”。将未完成的流程在写实记录栏标注，方便查缺补漏			

任务评价

任务七　车站大面积停电应急处置								
姓名：________　学号：________　小组：________								
过程评价（60分）								
评价依据			评分标准	评价主体				
				自评	互评	师评	1+X考评员	企业导师
知识（A）	1	清楚车站大面积停电的原因及对运营造成的影响	5					
	2	熟知车站大面积停电应急处置的原则及措施	7					
	3	列举出车站大面积停电应急处置各岗位职责	8					
能力（B）	1	能按照车站大面积停电应急处置原则和措施做好信息汇报工作	10					
	2	能区分车站大面积停电时各岗位职责	5					
	3	能配合各岗位完成车站大面积停电的模拟演练	15					
素养（C）	1	有岗位责任意识及岗位认同感	5					
	2	有预防意识及团队精神	5					
过程评价 $=A+B+C$								
结果评价（30分）								
结果评价 = 本任务测试题得分								
增值评价 E（10分）								
增量 =（过程评价 + 结果评价）本任务 -（过程评价 + 结果评价）前任务 增值评价 E：$E=10$（增量≥20分）；$E=8$（增量 = 10~19分）； $E=6$（增量 = 5~9分）；$E=4$（增量 <5分）								
本任务总评成绩								
总评 = 过程评价 + 结果评价 + 增值评价								

任务总结

主题：	
要点栏	笔记栏
总结栏	

拓展提升

劳模故事

孟艺兵：守护地铁供电系统安全的“电力医生”

城市地铁网络运行需要源源不断的电力，大到列车运行、车站照明，小到列车上的空调、广播移动电视等设备，都离不开电能供电系统。北京地铁供电分公司第六维修项目部运行检修师孟艺兵的工作就是保障地铁供电设备的正常运行。在北京地铁工作多年以来，孟艺兵用精湛的编程技能解决了诸多地铁供电中遇到的难题。2024 年，他获得了全国五一劳动奖章。

孟艺兵善于总结工作经验，想办法提高工作效率，帮助一线职工提高技术水平。为了让自己更加深刻地记忆图纸，他把 30 多张接线图反复研究，查找关键连接点，最终将关键点浓缩画在 3 张 A4 纸上，通俗易懂、一目了然。他还把开关柜每个设备元件位置、动作状态画在图纸上，并做成图册。当设备出现故障时，通过翻阅图册，维修人员就能很快地发现异常元件，并做出正确处理。为了提高班组的故障检修能力，他把故障汇编案例做成了短视频和 PPT，利用业余时间为职工培训专业技术，提升班组整体的业务技能水平。因检修技术精湛，他被班组人员称为供电“活图纸”。

“守护乘客安全就是我们的职责。看着地铁供电设备高质量运行，确保地铁列车每天平稳安全地将乘客运送到各个目的地，一股自豪感便会油然而生。”孟艺兵说。

（根据网络资料整理）

巩固与练习

1. 不定项选择题

（1）供电系统是城市轨道交通的动力能源，负责为(　　　)负荷提供电源。

A. 列车　　B. 城市　　C. 动力照明　　D. 以上都是

（2）若停电超过(　　　)，行调组织列车越站，车站关站并做好乘客服务。

A. 30 min　　B. 10 min　　C. 20 min　　D. 1 h

2. 判断题

（1）供电中断可能造成通信、信号、机电等系统不能正常使用，从而引发次生事故和灾害。(　　)

（2）车站发生停电无照明条件后，各岗位在疏散乘客时必须穿荧光衣，携带手电筒，采用喊话器或手持广播引导疏散乘客。(　　)

3. 简答题

（1）简述大面积停电的应急处置措施。

（2）简述大面积停电发生时客运值班员的岗位职责。

项目三 信号设备故障应急处置

任务一 信号系统故障应急处置

学习目标

知识目标

1. 熟悉信号系统故障的概念、分类及故障现象；
2. 掌握信号系统故障应急处置的原则及指挥机构；
3. 掌握信号系统故障应急处置流程。

能力目标

1. 能区分信号系统故障现象，会使用正确的行车方法；
2. 能按照信号系统故障的原则完成应急处置；
3. 能配合各岗位完成信号系统故障的模拟演练。

素质目标

1. 树立行车安全意识及全局意识；
2. 培养团队协作的能力。

任务导入

某日早高峰期间，某地铁2号线发生信号故障，多站客流量猛增，对此地铁方面采取了限流措施。8时45分信号故障修复，这距发生故障已将近一个小时。

某日早7时56分，某地铁2号线因A站信号故障，B至C区段双方向列车间隔较大，造成部分列车晚点。地铁公司宣传部门称，地铁刚启用的新型信号系统出现故障，不得不临时限流。

受故障影响，早高峰时段部分车站客流量较大，对此列车在以上各站采取部分列车不停车的方式缓解换乘客流压力。至8时45分，A站信号故障修复，运营秩序逐步恢复。

（根据网络资料整理）

请思考：

1. 信号系统故障后对乘客会造成哪些影响？
2. 你认为应该怎样预防信号系统故障？

任务描述

本任务中，工作人员需要协作配合，完成所在信号系统故障的应急处置工作。通过信号系统故障现象，选择正确的行车方法，根据信号系统故障的处理原则及应急机构的职责，组织信号系统故障的应急处置。信号系统故障应急处置工作需要具备安全行车意识，良好的心理素质，有团队合作精神。

知识准备

一、认识信号系统故障

城市轨道交通运输系统是以机车车辆等移动设备和线路、站场等固定设备为基本设施，以车站作为旅客运输的重要环节。在这个系统中，除了要有基本设备的管理和维护外，必须要有一个行车组织系统，根据运输需要制订行车计划并组织行车。另外，还必须要有一套指挥联络系统，保证各个运营部门的协调工作。指挥系统的主要技术装备就是城市轨道交通信号系统。信号系统故障往往会造成列车延误甚至运营中断，因此，出现信号系统故障时，工作人员要按照应急处置的原则及程序，在最短时间内恢复行车，显得尤为重要。

（一）相关概念

视频

上岗确认ATS系统工作站状态

（1）信号系统故障：轨道交通正线或车辆段信号系统不能正常使用，关键设备损坏等严重影响列车正常运行或危及行车安全的故障。

（2）LOW：局域操作员工作站。

（3）HMI：人机界面。

（4）RM：受限制的人工驾驶模式，列车以不超过 25 km/h 的速度运行。列车的监控、运行、制动及开关车门由司机操作，车载设备对列车速度进行 25 km/h 的超速防护，以及对列车完整性、车门状态、列车倒溜等进行监督。

（5）NRM：非限制人工驾驶模式，列车完全由人工驾驶，车载设备不控制列车运行司机根据调度命令和地面信号的显示驾驶列车。

（二）信号系统故障分类

自城市轨道交通问世以来，其安全程度和载客能力不断提高，信号系统也得到不断完善和发展。随着城市人口的急剧膨胀，世界各国对城市轨道交通载客能力的要求越来越高，为应对这种要求而采取的最重要的措施就是缩短列车的运行间隔。在这种情况下，随着计算机技术的飞速发展，城市轨道交通信号技术日趋成熟，已成为现代城市轨道交通系统的重要组成部分。

城市轨道交通信号系统通常由列车运行自动控制（automatic train control，ATC）系统和车辆基地信号控制系统两大部分组成，用于列车进路控制、间隔控制、调度指挥、信息管理、设备工况监测及维护管理，由此构成了一个高效的综合自动化系统，如图 3-1-1 所示。

视频

ATS道岔线段图形的颜色表示

信号系统故障则有可能为信号系统组成的任何一个部分，总的来说，信号系统故障分类如下：

（1）按地点可分为正线信号故障和车辆段信号故障。

（2）按故障设备可分为联锁设备故障、道岔故障、轨旁 ATP 设备故障、ATS 设备故障和其他信号故障。

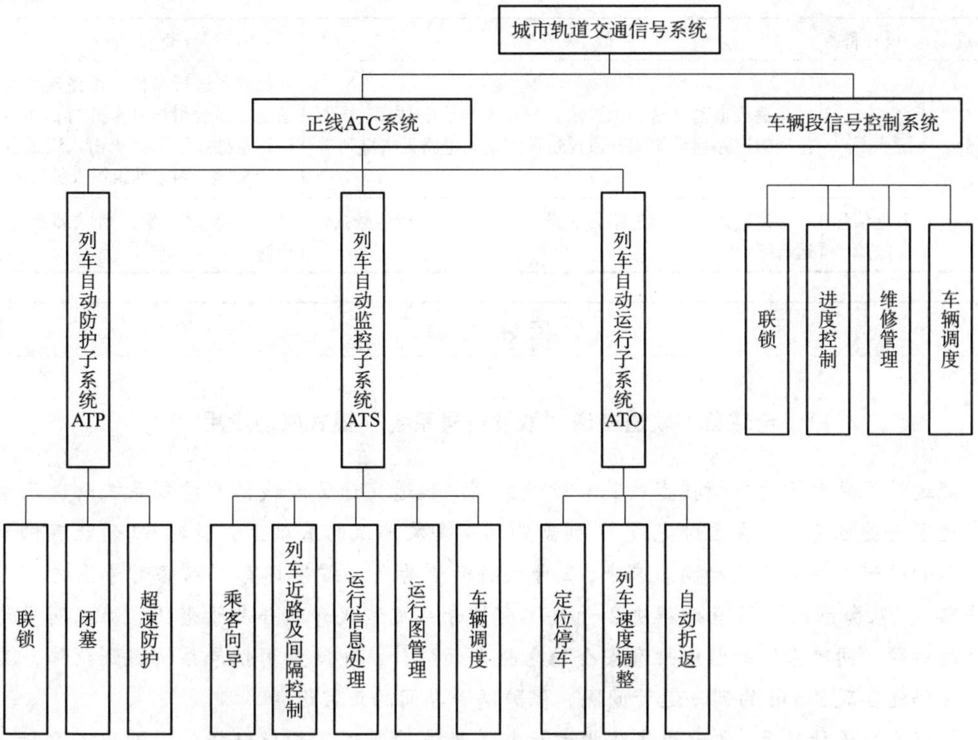

图 3-1-1　城市轨道交通信号系统框架

（三）信号系统故障现象及行车方法

信号系统故障现象及行车方法见表 3-1-1。

表 3-1-1　信号系统故障现象及行车方法

地点	设　备	故 障 现 象	行 车 方 法
正线信号故障	联锁设备故障	联锁主机等联锁核心设备故障导致联锁区的全部或者大部分行车信号设备无法使用，造成 HMI、信号系统大屏幕灰色显示或显示异常、联锁区内的全部或者部分进路无法排列、相邻联锁区向故障联锁区进路无法排列、列车在故障联锁区产生紧急制动等情况	各车站可在 OCC 的指令下视情况组织电话闭塞行车
	子系统故障	信号 ATS 子系统中的核心部件（通信服务器、前端处理器等）发生严重故障，导致 ATS 设备无法正常使用，造成人机界面 HMI、信号系统大屏幕灰屏等情况	可在站控下组织行车
	道岔故障	道岔操动不到位、无表示等故障，导致通过故障区段的行车或折返进路无法排列，严重影响列车运营	具备运行条件，通过人工对道岔加锁等措施，列车在该故障道岔区段按照 OCC 指令采用 RM 或 NRM 模式降级运行；如果不具备运营条件，则调整列车运营，并组织人员实施抢修
	轨旁 ATP 设备故障	轨旁 ATP 主机及其附属设备故障导致轨旁 ATP 无法正常使用，故障区内列车紧急制动	按 OCC 指令采用 NRM 模式降级运行
车辆段信号故障	联锁故障	车辆段联锁主机、操表机等核心联锁部件故障，造成控制台显示屏黑屏或显示异常等故障，导致整个车场的信号设备无法使用	需人工到现场办理进路，相关列车司机严格按照信号楼调度员指令行车

续表

地点	设　备	故障现象	行车方法
车辆段信号故障	道岔故障	车辆段道岔挤岔、无表示，操作不到位等故障，导致排列的进路信号关闭，或通过该道岔的进路无法排列	如具备运行条件，可在现场人工对道岔加锁后引导列车开行；如不具备运行条件或故障处于出入段线且影响正线运营，则立即组织人员实施抢修
	其他信号故障	导致出入段列车进路无法排列，列车无法按信号指示运行	如果故障发生，则立即组织实施抢修

技术前沿

全球首例轨道交通“双套信号系统”模式成功应用

经过近五年时间的持续技术攻关和改造，上海轨道交通2号线信号控制系统改造已于近日实现了关键性突破，在已经完成31列新购列车安装调试的基础上，针对69列既有信号制式列车的改造工程也正式启动。未来，2号线将升级为全球首条拥有“双套信号系统”的地铁线路。“双套系统”将有效解决2号线现有信号系统迭代开通并趋于老化，难以同步升级改造的难题，同时系统的智能性和安全性也将全面提升，即使主用信号系统遇到故障，其备用系统仍能实现2 min的列车运营间隔，保障高峰期间的正常运营。

根据系统设计显示，2号线系统投运后相关性能均实现了指数级提升。例如，运行效率大幅提升，设计运行间隔为90 s，可保证每小时30辆列车对开，达到2 min快速折返；据相关数据分析，新系统的自动关门至自动发车时间约11 s，综合各站可以节约有效停站时间15 s，而列车出库时间则从平均约360 s提升至约120 s。另外，列车的追踪间隔将会从的原先的150 s缩短至120 s，这30 s的提升意味着列车无缝到站成为可能，乘客不用担心错过列车导致的迟到和晚点，因为无需过多的等待，下一部列车就将接续着上一列列车的尾灯到站。

上海地铁对“双套信号系统”的创新应用，将进一步提升市民乘客公共交通的出行体验，提高轨道交通的网络服务能级，同时有效推动轨道交通产业和当今人工智能、大数据、物联网等先进技术的高效融合，更成为继轨道交通10号线（全国第一条全自动驾驶线路）、轨道交通17号线（全国首个全套应用100%国产化信号系统的地铁线路）之后，上海在智慧交通领域打造的又一个全国性的标杆示范项目，进一步巩固上海在科创领域的先行者形象。

（根据网络资料整理）

二、信号系统故障应急处置原则及应急指挥机构

（一）信号系统故障应急处置原则

1. “先通后复”原则

经过抢修首先满足线路恢复运营的基本要求，然后利用非行车时间对设备进行全面整修，恢复设备原有的技术状态。

2. “安全”原则

在抢修过程中，严格遵守“三不动”“三不离”等安全管理相关规定，确保抢修人员人身安全。

三不动：

（1）未登记联系好不动。

（2）对设备性能、状态不清楚不动。

（3）正在使用中的设备（指已办理好的进路或闭塞设备）不动。

三不离：

（1）工作完毕，不彻底试验好不离。

（2）影响正常使用的设备缺点未修好前不离（一时克服不了的缺点，应先停用后修复）。

（3）发现设备有异状时，未查清原因不离。

（二）应急指挥机构

发生信号系统故障，应急指挥机构设置及职责在《运营突发事件总体应急预案》中规定。通常成立现场指挥部处理正线联锁故障，其他信号故障处理则由工务通号中心指定现场抢修负责人与OCC保持沟通、协调，负责现场抢修处置工作。

现场处置机构由工务通号部、调度部、客运部、供电机电部、安全保卫部等相关人员组成。工务通号中心为现场处置关键部门。

视 频

ATS接收控制权操作

OCC承担前期应急指挥工作，预案正式启动后指挥权移交给公司应急指挥部。信号系统故障发生在正线，现场指挥先期由OCC行车调度员负责指挥；发生在车场，前期由车场调度员负责指挥。

三、信号系统故障应急处置程序

视 频

ATS站中控转换操作

（一）信息汇报

发现信号故障，故障发现人第一时间将故障时间、地点、现象、影响范围及本人姓名、岗位报告OCC（DCC）。OCC（DCC）记录故障信息及故障报告人，并将故障信息通知工务通号中心调度、客运部。OCC（DCC）视故障影响范围报相关部门及运营公司领导。

工务通号中心现场处置人员向车间调度员反馈故障影响范围、故障处理情况、设备恢复情况、需协调配合的事项，车间调度员将现场反馈情况汇报OCC（DCC）。

视 频

ATS站台颜色表示和操作

抢修结束后，OCC（DCC）组织恢复工作，并发布预案终止信息。信息汇报流程如图3-1-2所示。

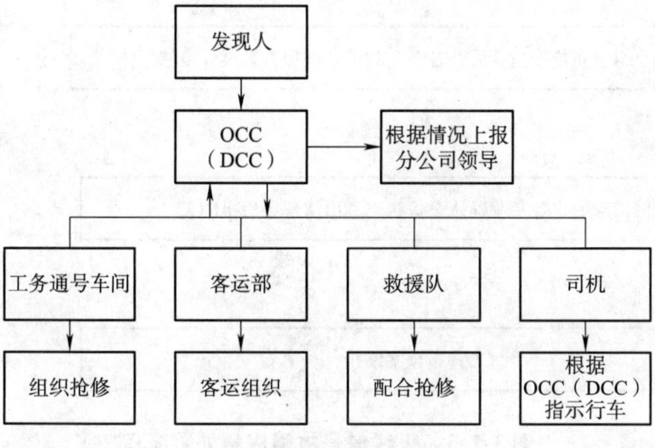

图3-1-2　信息汇报流程

（二）应急处置流程

信号故障处置分正线信号故障处置及车辆段信号故障处置，根据具体故障现象应急处置方法不同。基本处理流程如图 3-1-3 和图 3-1-4 所示。

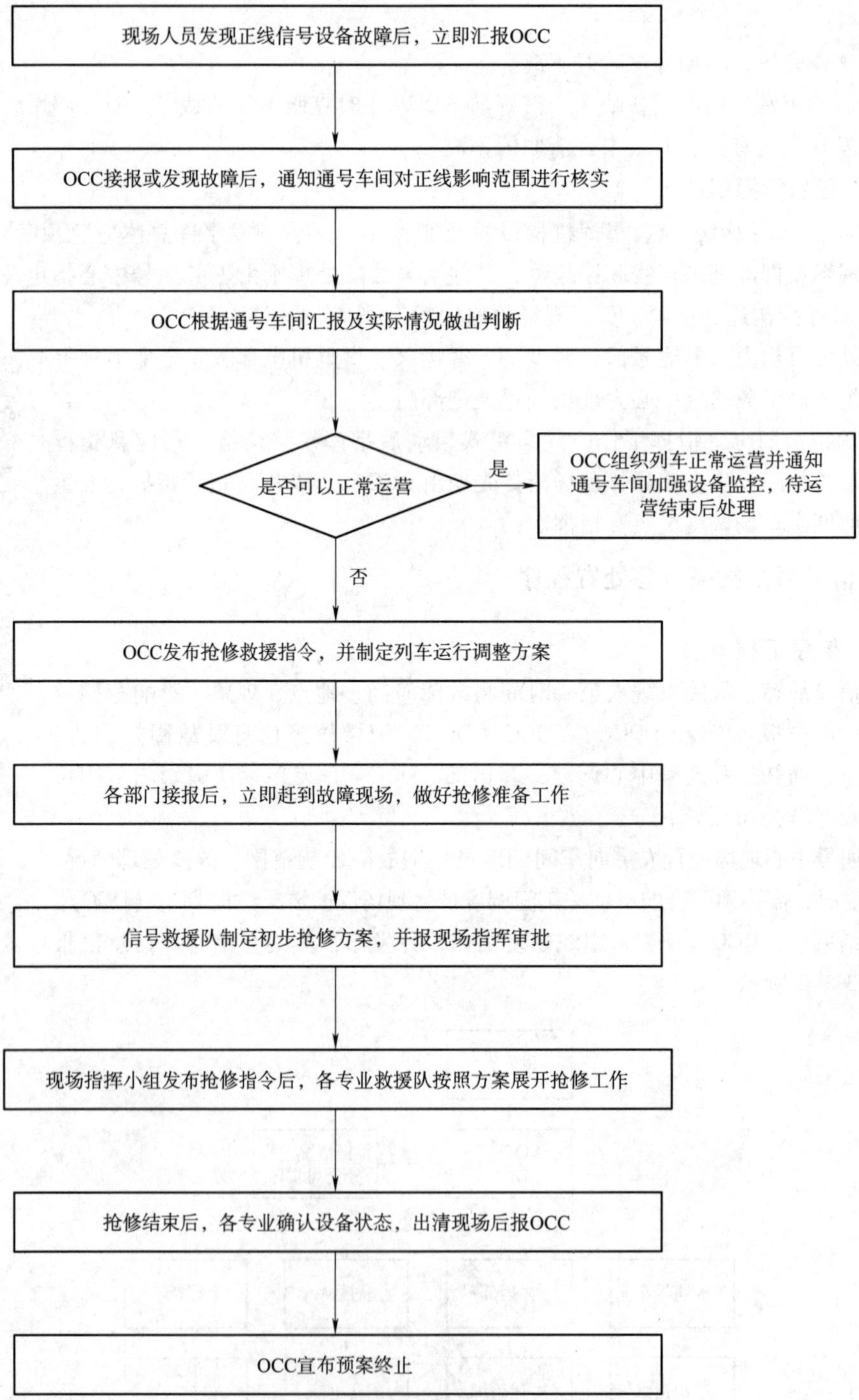

图 3-1-3 正线信号故障应急处置流程

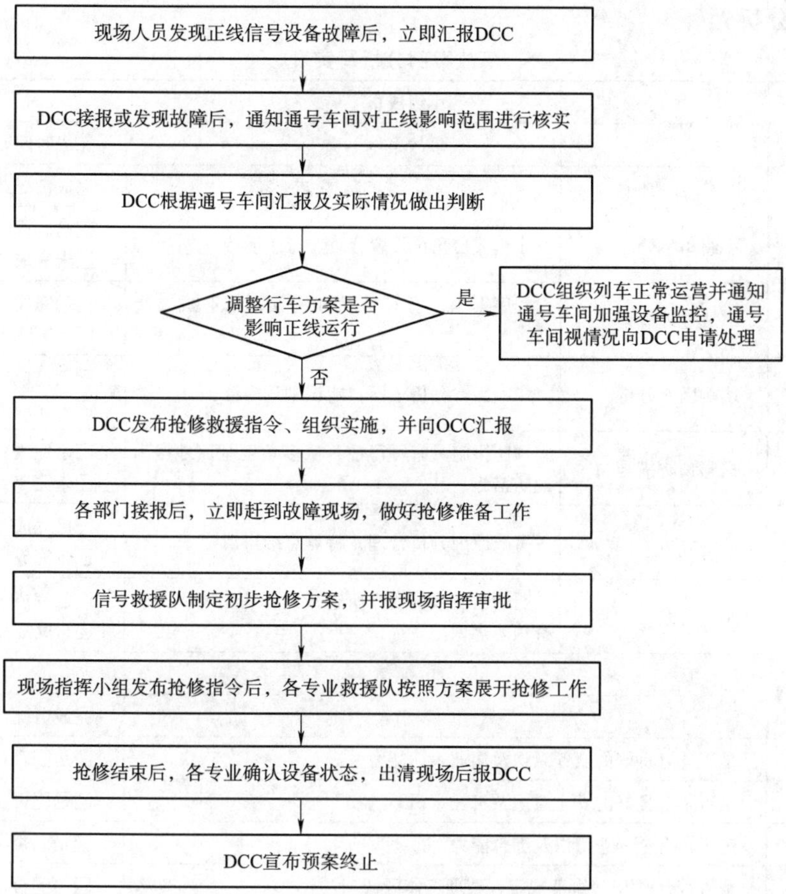

图 3-1-4　车辆段信号故障应急处置流程

技能训练

以小组为单位，对照本任务的案例导入，以正线信号故障为例，完成事故案例分析，分析事故的影响因素，并提出预防措施，尝试分岗位进行事故处理。将分析过程记录在写实表中。

1. 人员分工

按照本任务的要求，每 5 ~ 6 人分成一个小组，设置组长 1 名，记录员 1 名。组长主要负责任务的实施，确保全员参与。记录员负责文案记录工作，记录每位组员的参与情况。

小组分工表

班　级		事故案例	
组　别		日　期	
岗　位	姓　名	任 务 分 工	
组　长			
记录员			
组　员			

2. 案例分析

事故案例分析写实表

<table>
<tr><td>组　别</td><td></td><td>小组成员</td><td colspan="3"></td></tr>
<tr><td>班　级</td><td></td><td>事故案例</td><td></td><td>完成时间</td><td></td></tr>
<tr><td>序　号</td><td>作 业 项 目</td><td colspan="2">技 能 要 求</td><td>完成情况</td><td>写实记录</td></tr>
<tr><td>1</td><td>小组角色分工</td><td colspan="2">小组人员角色设置合理，分工明确</td><td>□已完成
□未完成</td><td></td></tr>
<tr><td>2</td><td>事故处理规划</td><td colspan="2">程序得当，没有常识性错误，未造成二次伤害</td><td>□已完成
□未完成</td><td></td></tr>
<tr><td>3</td><td>影响因素分析</td><td colspan="2">影响因素分析全面，能识别危险源</td><td>□已完成
□未完成</td><td></td></tr>
<tr><td>4</td><td>提出预防措施</td><td colspan="2">预防措施具有可行性，从多角度全面地提出预防措施</td><td>□已完成
□未完成</td><td></td></tr>
<tr><td>5</td><td>事故分析</td><td colspan="2">事故原因分析合理，特点总结得清楚</td><td>□已完成
□未完成</td><td></td></tr>
<tr><td>6</td><td>小组总结</td><td colspan="2">明确信号系统故障所造成的伤害，重视并能有预防意识</td><td>□已完成
□未完成</td><td></td></tr>
<tr><td colspan="6">职 业 素 养</td></tr>
<tr><td>序　号</td><td colspan="3">素 质 要 求</td><td>完成情况</td><td>写实记录</td></tr>
<tr><td>1</td><td colspan="3">是否具有良好的服务意识及沟通表达能力</td><td>□是□否</td><td></td></tr>
<tr><td>2</td><td colspan="3">是否具备良好的安全意识及责任意识</td><td>□是□否</td><td></td></tr>
<tr><td>3</td><td colspan="3">是否具有全局意识以及综合能力</td><td>□是□否</td><td></td></tr>
<tr><td>4</td><td colspan="3">是否符合“7S”管理规定，整理工作区域</td><td>□是□否</td><td></td></tr>
<tr><td>备　注</td><td colspan="5">根据任务要求，每完成一项且能标准作业，则在□内打“√”，否则打“×”。将未完成的内容在写实记录栏标注，方便查缺补漏</td></tr>
</table>

任务评价

<table>
<tr><td colspan="9">任务一　认识信号系统故障应急处置</td></tr>
<tr><td colspan="9">姓名：______　　学号：______　　小组：______</td></tr>
<tr><td colspan="9">过程评价（60 分）</td></tr>
<tr><td colspan="3" rowspan="2">评 价 依 据</td><td rowspan="2">评分标准</td><td colspan="5">评 价 主 体</td></tr>
<tr><td>自评</td><td>互评</td><td>师评</td><td>1＋X
考评员</td><td>企业导师</td></tr>
<tr><td rowspan="3">知识
（A）</td><td>1</td><td>熟知信号系统故障的概念、分类及故障现象</td><td>5</td><td></td><td></td><td></td><td></td><td></td></tr>
<tr><td>2</td><td>熟知信号系统故障应急处置的原则及指挥机构</td><td>7</td><td></td><td></td><td></td><td></td><td></td></tr>
<tr><td>3</td><td>掌握信号系统故障应急处置流程</td><td>8</td><td></td><td></td><td></td><td></td><td></td></tr>
<tr><td>能力
（B）</td><td>1</td><td>能区分信号系统故障现象，会使用正确的行车方法</td><td>10</td><td></td><td></td><td></td><td></td><td></td></tr>
</table>

能力（B）	2	能按照信号系统故障的原则完成应急处置	5					
	3	能配合各岗位完成信号系统故障的模拟演练	15					
素养（C）	1	有行车安全意识	5					
	2	有预防意识及团队精神	5					
过程评价 $=A+B+C$								
结果评价（30 分）								
结果评价 = 本任务测试题得分								
增值评价 E（10 分）								
本任务基础值赋分为 10 分								
本任务总评成绩								
总评 = 过程评价 + 结果评价 + 增值评价								

任务总结

主题：	
要点栏	笔记栏
总结栏	

拓展提升

劳模故事

地铁“调音师”徐文涛：从小白到大师，奏响“安全”乐章

穿梭在漆黑的隧道中，第八届深圳百优工匠获得者徐文涛像是地铁轨道的“调音师”。

深夜子时，深圳地铁结束了一天的运营。而在几十米深的地底下，徐文涛仍在幽深的轨行区内检修着信号设备。一步一步地走，一个螺栓一个螺栓地检查，1 个，2 个，…，100 个，…，1 000 个，六年如一日。

从一名普通的检修员，徐文涛一步一步走到了如今的助理工程师，这条路并非那么容易。

“做事要做好，更要做细，有耐心。”徐文涛一边检查一边说道。徐文涛因技术过硬，工作认真负责，在 2020 年 12 月参加第十二届全国交通运输行业职业技能竞赛获得全国总决赛个人第三名，被授予“第 21 届全国青年岗位能手”称号，并先后获得“全国技术能手”“全国交通技术能手”等称号，书写着当代地铁人的榜样之路。

（根据网络资料整理）

巩固与练习

1. 不定项选择题

（1）限制人工驾驶模式的缩写为(　　　)。

A. RM　　B. LOW　　C. HIM　　D. NRM

（2）信号系统故障按故障设备可分为(　　　)。

A. 联锁设备故障　　B. 道岔故障

C. 轨旁 ATP 设备故障　　D. ATS 设备故障

2. 判断题

（1）发现信号故障，故障发现人第一时间将故障时间、地点、现象、影响范围及本人姓名、岗位报告 OCC（DCC）。　　(　　)

（2）信号系统故障发生在正线，现场指挥先期由 OCC 行车调度员负责指挥。　　(　　)

3. 简答题

（1）简述信号系统故障的现象及行车方法。

（2）简述信号系统故障的处理原则。

任务二　道岔故障应急处置

学习目标

知识目标

1. 熟悉道岔故障的基本概念；

2. 掌握道岔故障的处理原则及处理方法；
3. 掌握道岔故障应急处置各岗位职责。

能力目标

1. 会手摇道岔；
2. 能区分道岔故障时各岗位职责；
3. 能配合各岗位完成人工办理进路的模拟演练。

素质目标

1. 树立安全行车意识；
2. 培养预防意识及团队精神。

任务导入

某地铁1号线人民广场站往朝阳站方向道岔突发故障，首列巡道列车（不载客）限速经过该处道岔时迫停岔区，无法继续运营。7时05分经抢修人员应急抢修后，巡道列车限速通过故障区段，7时30分起道岔故障排除，全线运营逐步恢复正常交路。后经抢修，8时05分起1号线全线运营逐步恢复正常。

故障发生后，地铁运营方及时启动应急预案和预警响应机制，立即组织专业抢修人员快速响应，赶赴现场开展检修。为尽最大可能减少故障对运营造成的影响，运营方及时调整运行方式。在现场客流安全管控方面，相关线路对受故障影响的车站及时采取限流措施，车站做好现场客流引导，通过换乘限流、出入口导向告知，部分区段还启动了公交接驳预案。

故障期间，地铁方面第一时间通过站车广播、电视直播、官方网站、官方微博、官方App等渠道告知乘客故障信息，引导路网客流。并通过官网微信等线上渠道发放致歉信，同步受影响的车站也向乘客现场发放致歉信。由于各项保障措施及时，其他线路运营得以正常有序。

（根据网络资料整理）

请思考：

1. 你认为发生道岔故障会对正常运营产生怎样的影响？
2. 你都知道哪些行车调整方式？

任务描述

本任务中，站务岗位群工作人员需要协作配合，完成道岔故障的应急处置工作。通过对道岔故障基本概念的全面掌握，根据道岔故障的处理原则及处理方法，明确岗位作业流程和各岗位职责，完成道岔故障的应急处置。道岔故障应急处置工作需要有安全意识及岗位责任意识，良好的心理素质，具备团队合作精神及较高的职业素养。

知识准备

一、认识道岔故障

城市轨道交通道岔是列车折返、变更进路时必须使用的行车关键设备，当道岔故障影响正线进路时，列车难以绕行通过故障点。故障道岔钩锁后自动列车被迫降级到人工模式限速通过，故障点通过能力降低将持续影响全线列车。

（一）基本概念

1. 进路

进路是指列车或调车车列进行有目的移动的径路，分为列车进路和调车进路。不同的进路是由道岔位置决定的，通常始端和终端由信号机防护。城市轨道交通正线信号联锁设备的进路常是跨越车站或区间的，如始端在车站、终端在区间或下一车站。

2. 道岔

道岔是轨道线路相连接或相交叉的设备总称，作用是引导车辆由一条线路转往或越过另一条线路。

3. 道岔的左位、右位

道岔的左位是指面向尖轨，道岔开通左侧股时的位置；其右位是指面向尖轨，道岔开通右侧股时的位置。

（二）道岔故障的类型

1. 单个道岔故障

视频

ATS道岔表示与操作

单个道岔故障包括不能转动、左（或右）位转不到位、道岔左右位均无表示等，出现故障时需要尝试转换道岔两个来回。

故障不能排除时，车站人员要下线路确认（手摇）道岔转至需要的位置并加钩锁器，列车以自动或人工模式通过道岔。

2. 联锁区内所有道岔故障

联锁故障时，联锁区内所有道岔位置失去标示，道岔不能完成电子转动。故障区内要按区间间隔控制列车运行，所有道岔要现场手摇，钩锁在正确位置，列车以人工模式通过道岔。

（三）按道岔故障现象（信号设备显示）

（1）道岔短闪：表示道岔转不到位故障。

（2）道岔长闪：表示道岔挤岔故障。

（3）道岔灰显：相应的道岔区段显示灰色，为道岔状态无显示故障

（4）道岔编号闪：故障为进路的道岔有储存的 kick-of 控制故障。

（5）道岔区段红光带：相应的道岔区段显示为物理占用的红光带（隶属轨道电路红光带的一种）故障。

（四）道岔故障发生的时段

（1）运营期间：是指运行图规定载客运营时段。

（2）非运营期间：当天运营结束至第二天开始载客运营之间时段。

（五）道岔故障发生的地点

（1）折返站：设有折返线可供列车全部折返和临时停留检修的车站（基本为该运营线终点站，但在大小交路套跑或非正常运营期间小交路运行时除外）。

视频

站控模式下的列车进路办理

（2）中间站：仅供乘客上下车之用，功能单一，是地铁路网中数量最多的车站。

（3）分界站：是指有分叉运营线路的线路交会站。

（六）道岔故障发生时的背景

（1）无车占用：进路未建立或建立后列车未占用时。

（2）有车占用：进路建立后，列车运行至道岔区域发生故障时。

延伸阅读

重庆单轨3号线变轨技术

重庆交通开投轨道集团称，单轨道岔位于3号线碧津站内，在2016年投入使用，为平移式渡线道岔技术，日均转换200次左右。

2004年，重庆建成了首条轨道交通线路——单轨2号线。但当时跨座式单轨交通技术在国内还是一片空白，技术和设备大都自国外引进，车辆、轨道梁、道岔等核心技术也都遵循着国外的标准和规范。

要打破国外技术的壁垒，推动跨座式单轨产业发展，重庆必须掌握轨道核心技术。

为此，轨道集团着手研发，让道岔技术实现了从无到有、从有到精，到更智慧，目前已经实现90%以上国产化。

目前，轨道集团已经全面掌握跨座式单轨转向架、轨道梁、道岔三大关键技术，创建全球首个国家单轨交通技术标准体系，制定了跨座式单轨以及轨道交通桥梁检测等国家标准5项、行业标准5项、地方标准10项。

重庆单轨道岔技术团队完成了20余项科技创新和技研任务，创立了多个国家、行业和地方跨座式单轨道岔标准规范，培养出大批优秀轨道交通专业人才。

平移式渡线道岔由四节直线梁和两节曲线梁组成，梁体由台车支撑，4台7.5 kW电机驱动，单组重量高达120 t，快速平移，准确对接，对接误差3 mm内，实现列车行驶转换，道岔的平移距离4.25 m，列车通过时速30 km，转辙时间在30 s以内。

“道岔结构简单，梁体一体成型，列车通过性能好，平移道岔的运用，更能直观感受到技术的革新。”

（根据网络资料整理）

二、道岔故障处理原则

（1）非运营期间发生故障时，做好充分预想。预计有影响时，列车提前出库，选择变更进路，及时向相关车站、信号楼、派班室通报信息。

（2）连接车场、基地道岔在运营期间发生故障时，可安排回库列车就近存车线停放或继续在正线载客运营，降低人工办理进路对运营秩序的影响。

（3）季节变化对地面高架站道岔影响较大，如遇冬季冰雪影响，发生道岔转不到位故障时，应及时组织除雪作业；如需组织小交路运行，应尽量选择地下站折返，避免扩大影响。夏季高温季节，暴雨后经阳光暴晒，道岔滑床板极易生锈，发生转不到位故障时，行车调度员须及时通知专业涂油，为配合专业涂油，应临时请点进行涂油作业。

（4）道岔故障人工办理进路前，行车调度员须与现场确认故障道岔开通位置，位置正确可直接加钩锁器，合理安排折返进路，提高人工办理进路效率。人工办理进路过程中行车调度员应根据现场线路实际情况，通知相关列车司机适当降低运行速度，加强瞭望，确保轨行区作业人员安全；人工办理进路后，车站报告行车调度员进路办理好，由行车调度员通知司机动车，并要求经过故障道岔时对道岔位置再次确认。

（5）当折返站所有道岔均有故障时，行车调度员可向司机及车站发令，固定进路折返，司机凭车站手信号折返。

三、道岔故障应急处置方法

（一）道岔挤岔故障

（1）判断有无列车变更进路，如有则办理变更进路。

（2）在确认道岔区段空闲及安全前提下，执行“挤岔恢复”命令；若故障仍存在，则通知维修人员。

（3）执行“转换道岔”命令，对道岔进行左/右位转动操作 2 次后故障仍不能排除时，只能人工办理进路。

（二）道岔无表示故障

（1）判断有无列车变更进路，如有则办理变更进路。

（2）在确认道岔区段空闲及安全前提下，执行“转换道岔”命令，对道岔进行左/右位转动操作 2 次后故障仍不能排除时，只能人工办理进路。

（三）道岔连接中断故障

（1）判断有无列车变更进路，如有则办理变更进路。

（2）若在允许时间内，故障不能排除，只能人工办理进路。

四、人工办理进路

视频
手摇道岔

当车站道岔发生故障或全线（局部）信号联锁设备发生故障时，需要人工转换道岔准备进路。其操作人员为值班站长与站务员各 1 名。一般城市轨道交通车站人工办理进路的具体要求如下：

（一）使用工具

车站在办理进路过程中，需要使用对讲机、无线调度电台、端门钥匙与手摇道岔工具包；办理过程中，值班站长使用无线调度电台与车控室进行信息沟通。

手摇道岔工具包中通常应包含以下工具：手摇把、钩锁器、转辙机钥匙、钩锁器铜锁、扳手、本站线路图、红闪灯、荧光衣、手套、手电筒等。

（二）手摇道岔操作流程

1. 设置防护

值班站长携带相关工具后赶至对应地点，并第一时间设置红闪灯防护。值班站长在跑动过程中应提前将工具包中红闪灯拿出后交给站务员，并口呼“设置防护”。值班站长设置防护的位置为转辙机 A 机连接杆前方 4 m，站务员设置防护的位置为转辙机 B 机连接杆后方 4 m 的位置。

2. 手摇道岔六部曲

值班站长设置防护完毕后，应严格按照“一看、二开、三摇、四确认、五加锁、六汇报”的手摇道岔六部曲，完成对道岔的操作。

3. 操作注意事项

手摇道岔过程中如发现道岔长时间听不到“咔嚓”声，值班站长应停止摇动，并查看尖轨与基本轨之间是否夹有异物。如有异物，应反向摇动后将异物取出；如无异物，应及时往反方向摇动一定位置后再次尝试摇到位，如尝试两次后仍无法密贴，值班站长立即报车控室，按车控室要求执行。

尖轨与基本轨密贴判断的依据为：一是听到“咔嚓”声；二是尖轨头端 4 cm 处空隙不超过 2 mm。

（三）人工办理进路流程

值班站长在人工办理进路时，按图 3-2-1 处理。

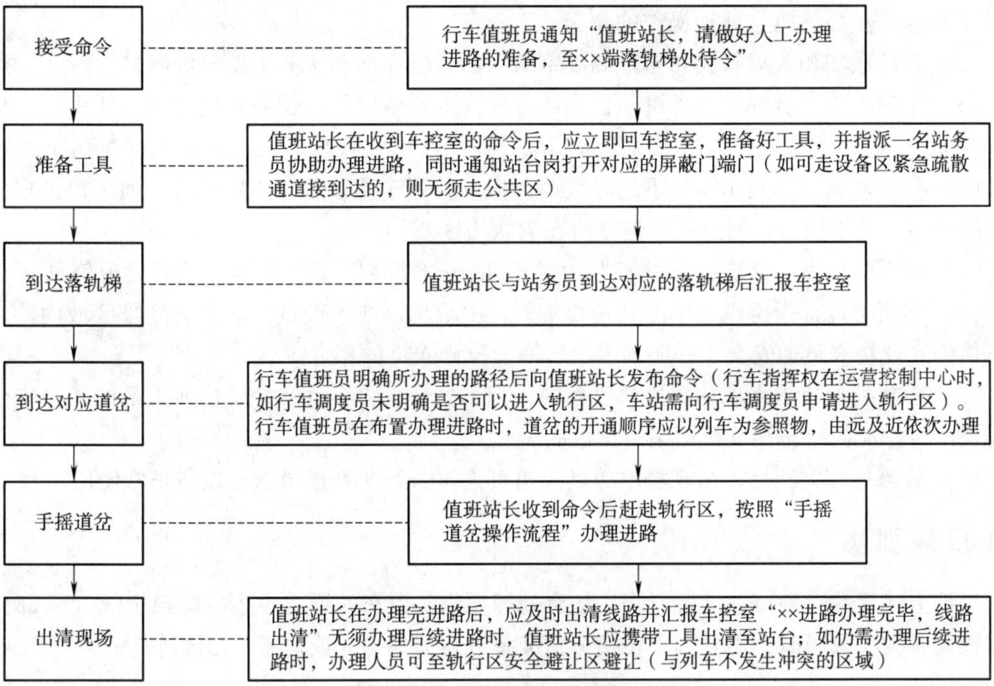

图 3-2-1　人工办理进路流程

五、道岔故障应急处置各岗位职责

道岔故障应急处置各岗位职责见表 3-2-1。

表 3-2-1　道岔故障各岗位职责

岗位名称	岗 位 职 责
行车调度员	（1）立即下放“站控”，站控失败时，向行车值班员下达“强行站控”并就地操作的命令。 （2）下达准许道岔抢修人员进入道岔区的抢修作业命令。 （3）若能现场操作办理进路、中间站道岔故障但能固定开通正线时，应尽量维持列车运行。 （4）第一时间确认现场事故处理负责人并通知全线各次列车司机采用“现场”方式办理。 （5）通知停运车站停止售票、检票，并将停运车站及停运原因通告全线。 （6）故障期间应及时调整列车运行秩序，采用小交路、大小交路套跑等方式维持运营，将调整后的列车运行交路通知轮乘室相应列车司机，并通知相关运营公司生产调度室，做好客运组织工作
值班站长	故障发生后，协调各部门对进入轨行区抢险的人员进行把控
行车值班员	（1）根据行车调度员命令进行站控。 （2）确认道岔位置正确后，凭现场组汇报接发列车。 （3）在维修完成销记前不得操作
列车司机	（1）接到命令后在指定地点降为 RM 模式，凭车站现场人员给出的手信号通过故障道岔所在的进路。 （2）驾驶过程中加强瞭望，控制车速，发现异常及时采取措施，确保安全
道岔抢修人员	（1）接维修调度员抢修作业命令后进入现场抢修。 （2）配合现场事故处理负责人进行抢修

六、道岔故障应急处置程序

（1）行车调度员发现道岔不能正常转换时，应立即向行车值班员下放“站控”，站控失败后立即下达“强行站控”就地操作的命令。

（2）立即通知相关运营公司生产调度室组织通号维保部和工务维保部抢修。

（3）车站工作人员现场办理进路，确认道岔位置正确后用钩锁器锁闭道岔、凭手信号接发列车。

（4）行车调度员向列车司机下达降级运行命令，列车驾驶改为 RM 模式，列车司机根据行车调度员命令及手信号，通过故障道岔所在的轨道区段。

（5）根据故障道岔区段的通过能力，调整列车运行间隔，向全线发布运营受阻信息。

（6）客服管理部指定现场事故处理负责人，由现场事故处理负责人负责故障区域内的现场行车指挥及现场人员的安全，并协调道岔转换、抢修人员的作业。

（7）事故处理负责人确认在抢险过程中，列车的运行将会危及抢险作业人员的人身安全或行车安全时，应向行车调度员申请封锁区间。

（8）故障处理完毕后，由现场事故处理负责人报告行车调度员恢复设备正常使用。

技能训练

根据上述道岔故障应急处置流程，结合处理原则，以车站道岔发生故障或全线（局部）信号联锁设备发生故障时，需要人工转换道岔准备进路为例，完成情景模拟演练。

一、人员分工

按照本任务涉及的岗位，设置行车调度员、值班站长、行车值班员、站务员、司机等岗位。每 5 人分成一个小组，按照道岔故障需人工办理进路的按照应急处置流程完成模拟演练。

小组分工表

班　级		车站名称	
组　别		日　期	
岗　位	姓　名	任 务 分 工	
行车调度员			
值班站长			
行车值班员			
站务员			
司　机			

二、设施及备品

城市轨道交通车站实训室、多媒体教学设备等设施及端门钥匙、手摇道岔工具包、对讲机等备品。

清点备品表

清点所要使用的设备、工具、材料				
车站名称：		组别：		时间：
序号	名　称	数　量	设备状态	清　点
1	端门钥匙	2 个	□完好 □不能使用	□已清点
2	手摇道岔工具包	1 个	□完好 □不能使用	□已清点
3	对讲机	根据参与模拟演练人数确定	□完好 □不能使用	□已清点
备注	检查备品的数量及备品状态，每完成一项且结果正常，则在□内打“√”，否则打“×”			

三、演练过程

以车站道岔发生故障或全线（局部）信号联锁设备发生故障时，需要人工转换道岔准备进路为例。

道岔故障应急处置演练过程写实表

组　别		小组成员		
班　级		车站名称	演练时长	
步骤一：信息接报				
任　务	岗　位	技 能 要 求	完成情况记录	
接受通知	行车值班员	通知了值班站长及站务员在落轨梯位置处待令	□表述准确完整 □表述含糊不清 □未完成	
步骤二：前期处置				
任　务	岗　位	技 能 要 求	完成情况	写实记录
根据通知要求，做好备品的准备，并按要求到达落轨梯	值班站长	准备好所有备品	□已完成 □未完成	
		指定站务员打开端门或走紧急疏散通道到达落轨梯	□已完成 □未完成	
	站务员	携带备品到达落轨梯	□已完成 □未完成	
		打开端门	□已完成 □未完成	
步骤三：现场处置				
任　务	岗　位	技 能 要 求	完成情况	写实记录
办理人员到达对应道岔，与行车值班员共同完成进路办理	值班站长	到达对应道岔	□已完成 □未完成	
		确认道岔位置	□已完成 □未完成	
		与站务员配合完成手摇道岔	□已完成 □未完成	

办理人员到达对应道岔，与行车值班员共同完成进路办理	值班站长	及时通知车控室	□已完成 □未完成	
	行车值班员	明确办理进路	□已完成 □未完成	
		注意道岔开通顺序，由远及近	□已完成 □未完成	
		做好通信联络工作	□已完成 □未完成	
	站务员	到达对应道岔	□已完成 □未完成	
		配合值班站长完成手摇道岔至正确位置	□已完成 □未完成	
		加锁道岔	□已完成 □未完成	
	司机	接到命令后在指定地点降为 RM 模式	□已完成 □未完成	
		车站现场人员给出的手信号通过故障道岔所在的进路	□已完成 □未完成	
		驾驶过程中加强瞭望，控制车速，确保安全	□已完成 □未完成	

步骤四：应急终止				
任　务	岗　位	技 能 要 求	完成情况	写实记录
办理人员出清现场，司机在驾驶过程中加强瞭望，控制车速，确保安全	值班站长	携带工具出清现场	□已完成 □未完成	
	行车值班员	确认车站设备情况	□已完成 □未完成	
		报行调现场情况	□已完成 □未完成	
	站务员	携带工具出清现场	□已完成 □未完成	
	司机	根据调度命令，恢复正常运营	□已完成 □未完成	

职 业 素 养			
序　号	素 质 要 求	完成情况	写实记录
1	是否处理程序得当，避免常识性错误	□是□否	
2	是否具备良好的服务意识及沟通表达能力	□是□否	
3	是否做好乘客疏散和解释工作，安抚乘客情绪	□是□否	
4	是否清楚认识城市轨道交通突发事件所造成的危害，重视突发事件并有预防意识	□是□否	
5	是否符合“7S”管理规定，整理工作区域，备品恢复原位	□是□否	
备注	根据道岔故障应急处置的流程，每完成一项且能标准作业，则在□内打“√”，否则打“×”。将未完成的流程在写实记录栏标注，方便查缺补漏		

任务评价

任务二　道岔故障应急处置								
姓名：________			学号：________			小组：________		
过程评价（60 分）								
评 价 依 据			评分标准	评 价 主 体				
				自评	互评	师评	1+X 考评员	企业导师
知识（A）	1	能区分道岔故障的基本概念	5					
	2	道岔故障的处理原则	7					
	3	道岔故障的处理方法	8					
能力（B）	1	会手摇道岔	10					
	2	能区分道岔故障时各岗位职责	5					
	3	各岗位完成人工办理进路的模拟演练	15					
素养（C）	1	树立安全行车意识	5					
	2	预防意识及团队精神	5					
过程评价 $=A+B+C$								
结果评价（30 分）								
结果评价 = 本任务测试题得分								
增值评价 E（10 分）								
增量 =（过程评价 + 结果评价）本任务 -（过程评价 + 结果评价）前任务 增值评价 E：$E=10$（增量≥20 分）；$E=8$（增量 =10 ~ 19 分）； $E=6$（增量 =5 ~ 9 分）；$E=4$（增量 <5 分）								
本任务总评成绩								
总评 = 过程评价 + 结果评价 + 增值评价								

任务总结

主题：	
要点栏	笔记栏
总结栏	

拓展提升

劳模故事

李芳斌：一晚步行 8 km 保障地铁平安运行

2023 年 12 月 27 日，记者看到李芳斌的时候，他正在地铁 2 号线嘉华车辆段和同事一起检修轨道。大家巡检时发现一处道岔尖轨的扳动不太顺畅，于是抓紧时间进行维修。

虽然天气寒冷，但是大家干劲十足、齐心协力，一起探讨、研究，以确保轨道及时检修完成。李芳斌自从 2016 年成为一名轨道巡检维护技工以来，积极践行共产党员的职责与使命，先后参加了 1、2、3 号线轨道精调、工程验收、三权移交等工作。

李芳斌对 2 号线轨道设备十分熟悉，15.8 km 的轨道线路、52 组道岔、53 088 套扣件他都做到心中有数。作为“李芳斌创新工作室”牵头人，他带领员工开展各项创新活动，该工作室于 2021 年被认定为第八批“河北省劳模和工匠人才创新工作室”。

因为工作的性质，李芳斌经常需要晚上地铁停止运行后，在地铁隧道内进行巡检，一晚上步行 8 km，直到凌晨三点半才结束，十分辛苦。因为吃苦耐劳、业务过硬，李芳斌多次受到嘉奖，先后获得石家庄市五一劳动奖章、第五届“省会十大最美职工”等荣誉称号，2023 年获得河北省五一劳动奖章。

（根据网络资料整理）

巩固与练习

1. 不定项选择题

（1）以下属于手摇道岔工具包中的是(　　)。

A. 手摇把　　B. 钩锁器　　C. 转辙机钥匙　　D. 红闪灯

（2）以下属于道岔故障现象（信号设备显示）的是（　）。

A. 道岔长闪　　B. 道岔短闪　　C. 编号闪　　D. 道岔灰显

2. 判断题

（1）手摇道岔过程中如发现道岔长时间听不到“咔嚓”声，值班站长应停止摇动，并查看尖轨与基本轨之间是否夹有异物。（　　）

（2）行车调度员发现道岔不能正常转换时，应立即向行车值班员下放“站控”，站控失败后立即下达“强行站控”就地操作的命令。（　　）

3. 简答题

（1）简述道岔故障的应急处置原则。

（2）简述道岔故障情况下的各岗位职责。

任务三　轨道电路故障应急处置

学习目标

知识目标

1. 熟悉轨道电路及轨道电路故障的基本概念；
2. 掌握轨道电路故障应急处置方法；
3. 掌握轨道电路故障应急处置程序。

能力目标

1. 会根据故障现象判断轨道电路故障原因；
2. 能叙述轨道电路故障的应急处置方法；
3. 能配合各岗位完成轨道电路故障应急处置模拟演练。

素质目标

1. 树立安全行车意识及大局观念；
2. 培养岗位协同意识和岗位责任感。

任务导入

某城市轨道交通线路H站联锁区在上午8:30出现轨旁ATP故障，行车调度员指令司机在故障区以RM模式运行。8:42，H站联锁区出现全区红光带故障，4 min后变为全区粉红光带；8:52粉红光带消失，ATP故障仍存在，8:54再次出现全区红光带故障；9:04红光带故障消失，ATP故障仍存在；9:06再次出现全区红光带故障，至9:46红光带故障消失；9:47，ATP故障恢复正常。故障发生一个多小时才恢复正常，期间行车调度员组织了5列列车中途折返进行小交路运行，但清客次数过多影响到乘客的出行，增加了清客的难度。

（根据网络资料整理）

请思考：

1. 你认为发生轨道电路红光带的原因有哪些？
2. 你都知道哪些行车调整方式？

任务描述

本任务中，各岗位工作人员需要协作配合，完成轨道电路故障的应急处置工作。通过对轨道电路故障基本概念的全面掌握，根据轨道电路故障的处理原则及处理方法，明确岗位作业流程和各岗位职责，完成轨道电路故障的应急处置。轨道电路故障应急处置工作需要有安全意识及岗位责任意识，良好的心理素质，具备团队合作精神及较高的职业素养。

知识准备

一、认识轨道电路及轨道电路故障

轨道电路作为城市轨道交通信号系统的一个重要基础设备，不仅能检测列车是否占用，还能传输更多的ATP信息，它的性能好坏直接影响列车的行车安全和运输效率。轨道电路无法正

视频
ATS计轴区段颜色显示

常工作的原因有很多，这需要工作人员能够找到故障所在处，在找出故障后，按照岗位职责、注意事项、故障流程进行处置。

（一）轨道电路基础知识

1. 定义及结构

轨道电路用于检测列车运行情况或作为后备模式使用。它是以轨道线路的两根钢轨作为导体，两端加以机械绝缘（或电气绝缘），接上送电和受电设备构成的电路，对列车占用轨道区段的情况进行检测，明确列车占用的区段位置。最简单的单一区段轨道电路结构如图 3-3-1 所示。

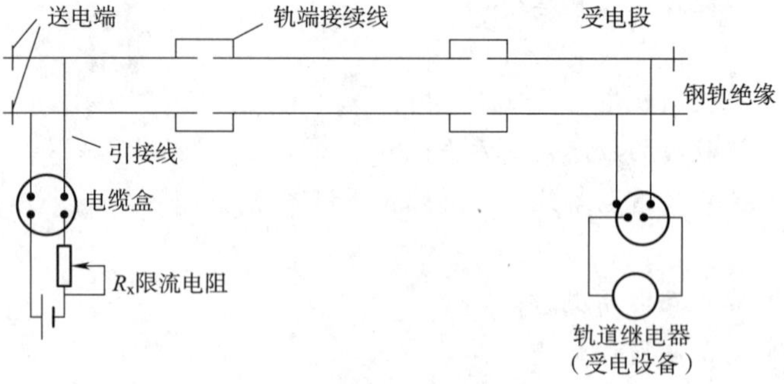

图 3-3-1　轨道电路结构

2. 作用

监督列车占用：利用轨道电路监督列车在正线或列车在车辆段等线路的占用状态。轨道电路反映有关线路空闲时，为开放信号、建立进路、构成闭塞提供了依据；轨道电路被占用时，用于实现控制有关信号机的自动关闭，实现信号系统的自动控制，例如相敏轨道电路。

传输行车信息：例如，数字编码式音频轨道电路中传输的行车信息，为 ATP 系统直接提供控制列车运行所需的前行列车位置、运行前方信号状态、线路条件等信息，以确定列车运行的目标速度，控制列车在当前运行速度下是否减速或停车。

3. 工作原理

通过轨道继电器的状态，反映线路是否有列车占用，具体说明如下：

轨道电路空闲状态：当轨道电路设备完好，又没有列车占用时，轨道电流从电源正极经钢轨、轨道继电器线圈回到负极而构成回路，继电器处于吸起状态，表示轨道区段内无列车占用。

轨道电路分路状态：当轨道区段内有列车占用时，因为车辆的轮对电阻比轨道继电器线圈电阻小得多，所以轨道电路被轮对分路，这时流经继电器线圈的电流很小，不足以使衔铁保持吸起，继电器失磁落下，表示该区段有列车占用，如图 3-3-2、图 3-3-3 所示。

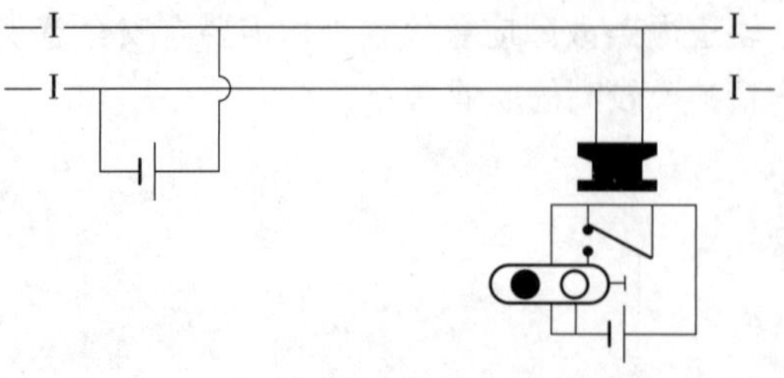

图 3-3-2　轨道电路空闲状态（亮绿灯）

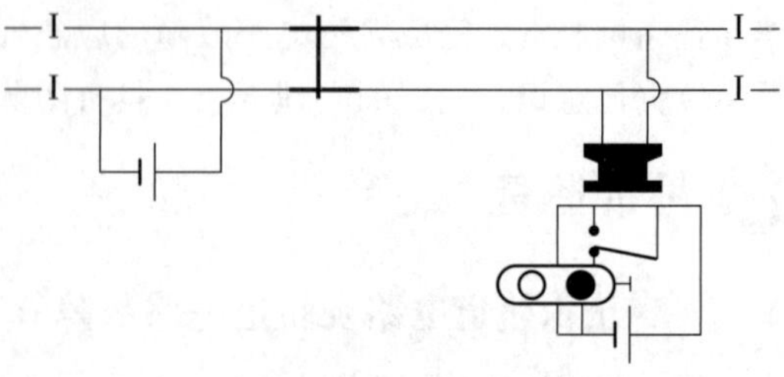

图 3-3-3　轨道电路分路状态（亮红灯）

（二）轨道电路故障基础知识

1. 相关概念

轨道电路故障：是指由于设备故障或异常情况下轨道电路的非正常显示情况，或由于轨道电路的非正常情况造成列车紧急制动，影响行车的故障。

断轨：是指线路由于列车颠覆或其他外力作用造成的钢轨断裂、道岔拉破等断道故障。

分路不良：是指轨道区段有车占用时，有关轨道继电器不落下，控制台或显示器相对应的区段不显示红色光带的现象。

红光带：是指轨道区段没有车占用时，控制台或显示器相对应的区段显示红色光带的现象。

2. 轨道电路故障的现象及分析

对于行车岗位的人员来说，轨道电路故障的现象主要反映在联锁设备的控制台界面或人机交互设备的显示上。以 SICAS 计算机联锁设备为例，其在调度中心的 MMI 或车站的 LOW 上对每一轨道电路设备的状态都有相关的显示；同时，当轨道电路故障时也会有设备故障报警提示。

轨道电路区段（含道岔区段）根据不同的状态，有 6 种优先等级颜色在 LOW 上显示，从高到低分别为灰色、深蓝色、红色、粉红色、绿色或淡绿色、黄色。各种颜色反映的含义如下：

（1）黄色：常态、空闲、没有被进路征用。

（2）绿色：空闲、被进路征用。

（3）淡绿色：空闲、被进路征用为保护区段。

（4）红色：物理占用。

（5）粉红色：逻辑占用。

（6）轨道中部深蓝色：表示该区段已被封锁，拒绝通过该区段排列进路（如果轨道中部深蓝色闪烁，表示对该区段已进行封锁操作，但对下一条进路才有效）。

（7）灰色：无数据，表示 FTGS 轨道电路设备与 SICAS 计算机联锁设备连接中断。

需要说明的是，从排列进路到列车占用并出清轨道电路，其轨道区段显示的黄色、绿色、淡绿色、红色等，以及设置封锁后显示的深蓝色，都是正常工作状态中显示的颜色。能够判断轨道电路故障的现象及分析如下：

（1）轨道电路区段显示“粉红色”：表示“逻辑占用”，即操作指令只到达了联锁逻辑层，是计算机联锁逻辑计算故障所致，操作人员可通过“轨区逻空”或“岔区逻空”命令恢复。

（2）无车占用时，轨道区段显示“红光带”：表示“物理占用”。一般是出现了轨道电路故障所致，需要立即处理。分析原因可能是有列车占用、水淹；也有可能是轨道电路回路设备故障，或是出现断轨等突发情况。行车人员要判断现场钢轨状态、有无异物搭在钢轨上、有无水淹、有无断轨、有无其他车辆占用。

（3）轨道电路显示灰色：一般是联锁系统发生了故障。

延伸阅读

【交通创新汇】浅谈地铁线路信号系统升级改造

卡斯柯信号有限公司（简称“卡斯柯”）成立于 1986 年 3 月 5 日，30 多年来，一直专注于轨道交通控制系统技术的研究与发展，拥有完整的信号产品体系，覆盖铁路、城市轨道交通、城际铁路、市域铁路、有轨电车等领域。其中，在城市轨道交通领域，卡斯柯在国内参与建设的 CBTC 线路达 104 条，市场占有率居行业之首，并为最具改造难度的 9 条地铁线路提供了信号系统改造服务，不断助力中国城市轨道交通可持续、高质量发展。

随着我国城市轨道交通运营线路的增加和运营年限的增长，越来越多的线路开始进入大修改造期，其中又以轨道交通系统中保证安全、提升效率的信号系统升级改造需求更为迫切，各地信号系统大修改造的项目正日趋增多。如何在保障原有线路运营无扰的前提下，以更优的信号系统提供更加安全高效的运营服务，已成为信号系统升级改造的首要问题。

2024 年 1 月 27 日凌晨，卡斯柯助力上海地铁 2 号线新增 CBTC 系统顺利完成第一阶段割接，仅用时 26 min 便“无感”实现了信号系统的切换。这标志着2 号线正式开启“双卡双待”的新模式，成为全球首条实现双制式运营的地铁线路。

据中国城市轨道交通协会初步统计，截至 2023 年 9 月，全国已完成信号系统全线改造或部分核心子系统改造的线路共计 12 条，里程 321 km；正在改造线路 6 条里程 273.6 km，总规模里程 594.6 km。随着我国建设交通强国纲要的提出，轨道交通建设将加快步入“快车道”，可以预见未来将会迎来新一轮的既有线路的升级改造大潮，卡斯柯也将以最优秀的产品、技术、服务时刻准备着，迎接更为复杂多样且充满挑战的信号改造项目，全面守护轨道交通安全运营，为大众提供全程放心的出行体验。

（根据网络资料整理）

二、轨道电路故障应急处置方法

本任务将重点讨论轨道电路区段非正常情况下显示红光带及分路不良故障的应急处置方法。

（一）红光带故障

具体的故障现象，故障影响及故障应急处置方法见表 3-3-1。

表 3-3-1　轨道电路区段红光带故障应急处置方法

故障类型	故障现象	故障影响	故障应急处置
单区段红光带	开路故障、短路故障	若在进路的监控区段，则信号不能正常开放；若在非监控区段，则不会影响信号的正常开放	以 ATO（列车自动驾驶）或 SM（受 ATP 监督的人工驾驶）模式运行的接近列车将自动停车或产生紧急制动
			提前通知司机以 RM 模式通过故障区段
多区段红光带	所有区段均红光带、连续几个区段红光带、相邻两个区段红光带	影响信号不能正常开放	以 ATO 或 SM 模式运行的接近列车将自动停车或产生紧急制动，故障区内列车收不到速度码
			按电话联系法（电话闭塞法）组织行车，不用钩锁道岔，车站在 LOW 上执行强行转岔命令，办理进路

（二）分路不良故障

1. 故障现象

当线路出现“分路不良”现象时，列车行驶至该区段后，轨道电路不显示红光带，在车站计算机或调度终端上不能监控列车的运行状态，系统不能检测到该段轨道电路被列车占用。

当后续列车接近有列车占用但出现轨道电路分路不良的区段时，列车检测到前方轨道有列车占用，不会减速停车，极易造成列车追尾事故。

若分路不良的区段为岔区，当后续列车接近时，系统将自动扳动道岔，排列进路，造成道岔上的列车脱轨或倾覆。

2. 处理方式

造成这种故障的原因，除了轨道电路本身达到“分路状态最不利条件”以外，还包括轨面不清洁、生锈等，这就需要多个专业共同确认解决。发现分路不良问题后，必须及时报告有关部门，严格执行有关要求，认真确认列车位置，锁闭有关道岔，确保办理列车运行和调车作业安全。

三、轨道电路故障应急处置程序

当出现故障后，行车指挥人员要迅速、准确判断故障原因及故障影响，如故障点是否在监控区，是否在道岔区，有无断轨、水淹、异物等，以及列车位置是否影响正常行车，才能采取相应的应对措施。当轨道电路故障时，各运营相关岗位的人员一般应按以下程序进行应急处置，见表 3-3-2。

表 3-3-2　轨道电路故障应急处置流程

作业流程	信息接报	前期处置	现场处置	应急终止
司机	①列车在区间自动停止运行后，向行车调度员报告：列车车次号、停车位置、列车状态、没有显示故障等情况	⑤根据行车调度员指示以 RM 模式动车，加强瞭望，谨慎驾驶，遇危险情况随时停车	⑧当列车已驶出故障区段，司机未发现异常情况后，报告行车调度员，列车收到速度码后，按规定转换为自动驾驶，恢复正常行	⑯系统已恢复正常，做好乘客广播
行车调度员	②接到司机的报告，同时在 OCC 的 MMI 上确定：该列车停留位置前方区段，另外还有“红光带”故障状态；确认没有其他列车占用等情况。立即报维修调度员、值班主任（有条件应该变更进路）	④通知接近红光带列车在停车后，以 RM 模式动车，加强瞭望，注意安全，并立即根据值班主任指示调整列车运行。指示所有列车司机和行车值班员做好广播宣传工作	⑨接到列车已通过故障区段、未发现轨道有重大异常情况的报告后，指示后续列车以 RM 模式通过故障区段。收到速度码后，恢复正常行车。 ⑩在确定故障性质后，立即通知维修调度员派维修人员进行抢修，指挥有关行车值班员配合。 ⑫收到维修调度员通报，确认故障已排除。向值班主任汇报	⑭通知行车值班员，收回 LOW 的控制权。 ⑯系统已恢复正常，做好乘客广播
值班主任	③指示各调度员启动轨道电路故障应急预案。同意行车调度员采取措施处理	⑥按规定通报信息。关注事态发展，及时布置各调度员按规定完成工作任务	⑬确认恢复正常后通知各调度员	

续表

作业流程	信息接报	前期处置	现场处置	应急终止
行车值班员		⑤接受 OCC 下放故障区段 LOW 的控制权，做好乘客广播	⑦红光带在监控区段，行车调度员交权给车站，确认故障区段安全开放引导信号。当道岔区段为红光带时，如道岔位置不对，确认线路空闲后，车站强行转岔，然后办理进路，开放引导信号	⑮交回该站 LOW 的控制权。 ⑯系统已恢复正常，做好乘客广播
维修人员		⑤接维修调度员通知后，在有关车站办理维修登记手续。判断故障并抢修。如影响行车，须得到行车调度员允许；如需进入轨行区，需维修调度员安排时间及办理进入区间工作的手续	⑪排除故障后与行车值班员试验确认设备正常后，报告维修调度员，然后在有关车站办理维修销点手续	
备注：序号相同的步骤，各岗位可同时进行				

技能训练

根据上述轨道电路故障应急处置流程，结合处理方法，以轨道电路红光带故障为例，完成情景模拟演练。

一、人员分工

按照本任务涉及的岗位，设置司机、行车调度员、值班主任、行车值班员、维修人员等岗位。每 5 人分成一个小组，按照轨道电路红光带故障的应急处置流程完成模拟演练。

小组分工表

班　级		车站名称	
组　别		日　期	
岗　位	姓　名	任 务 分 工	
司　机			
行车调度员			
值班主任			
行车值班员			
维修人员			

二、设施及备品

城市轨道交通车站实训室、多媒体教学设备等设施及 OCC 的 ATS 操作工作站、车站 LOW 设备、对讲机等备品。

清点备品表

清点所要使用的设备、工具、材料				
车站名称：		组别：	时间：	
序号	名　称	数　量	设备状态	清　点
1	OCC 的 ATS 操作工作站	1 个	□完好 □不能使用	□已清点
2	车站 LOW 设备	1 个	□完好 □不能使用	□已清点
3	对讲机	根据参与模拟演练人数确定	□完好 □不能使用	□已清点
备注	检查备品的数量及备品状态，每完成一项且结果正常，则在□内打“√”，否则打“×”			

三、演练过程

以轨道电路红光带故障为例。

轨道电路故障应急处置演练过程写实表

组　别		小组成员		
班　级		车站名称	演练时长	
步骤一：信息接报				
任　务	岗　位	技 能 要 求	完成情况记录	
确认故障位置，故障状态等，各岗位之间及时汇报	司机	列车自动停止后，向行车调度员报告了列车车次号、停车位置、列车状态、没有显示故障等情况	□表述准确完整 □表述含糊不清 □未完成	
	行车调度员	确定该列车停留位置前方区段，“红光带”故障状态	□表述准确完整 □表述含糊不清 □未完成	
		确认没有其他列车占用等情况	□表述准确完整 □表述含糊不清 □未完成	
		向维修调度员、值班主任汇报	□表述准确完整 □表述含糊不清 □未完成	
	值班主任	指示各调度员启动轨道电路故障应急预案	□表述准确完整 □表述含糊不清 □未完成	
		同意行车调度员采取措施处理	□表述准确完整 □表述含糊不清 □未完成	
步骤二：前期处置				
任　务	岗　位	技 能 要 求	完成情况	写实记录
做好乘客的广播宣传工作，下方 LOW 控制权，司机加强瞭望	行车调度员	通知接近红光带列车在停车后，以 RM 模式动车，加强瞭望，注意安全	□已完成 □未完成	
		根据值班主任指示调整列车运行	□已完成 □未完成	

做好乘客的广播宣传工作，下方 LOW 控制权，司机加强瞭望	行车调度员	指示所有列车司机和行车值班员做好广播宣传工作	□已完成 □未完成	
	司机	根据行车调度员指示以 RM 模式动车，加强瞭望，谨慎驾驶，遇危险情况随时停车	□已完成 □未完成	
	行车值班员	接受 OCC 下放故障区段 LOW 的控制权，做好乘客广播	□已完成 □未完成	
	维修人员	接维修调度员通知后，在有关车站办理维修登记手续，判断故障并抢修	□已完成 □未完成	
	值班主任	按规定通报信息。关注事态发展，及时布置各调度员按规定完成工作任务	□已完成 □未完成	
步骤三：现场处置				
任　务	岗　位	技 能 要 求	完成情况	写实记录
各岗位各司其职，做好配合工作，列车凭引导信号通过故障区段，维修人员排除故障	行车值班员	确认故障区段安全开放引导信号	□已完成 □未完成	
	司机	列车已驶出故障区段，未发现异常情况后，报告行车调度员	□已完成 □未完成	
		列车收到速度码后，按规定转换为自动驾驶，恢复正常行驶	□已完成 □未完成	
	行车调度员	指示后续列车以 RM 模式通过故障区段	□已完成 □未完成	
		收到速度码后，恢复正常行车	□已完成 □未完成	
		在确定故障性质后，立即通知维修调度员派维修人员进行抢修	□已完成 □未完成	
		指挥有关行车值班员配合	□已完成 □未完成	
	维修人员	排除故障后与行车值班员试验确认设备正常	□已完成 □未完成	
		报告维修调度员	□已完成 □未完成	
		在有关车站办理维修销点手续	□已完成 □未完成	
	行车调度员	收到维修调度员通报，确认故障已排除。向值班主任汇报	□已完成 □未完成	
	值班主任	确认恢复正常后通知各调度员	□已完成 □未完成	
步骤四：应急终止				
任　务	岗　位	技 能 要 求	完成情况	写实记录
行车调度员收回 LOW 控制权，安排司机和行车值班员做好乘客广播	行车调度员	通知行车值班员，收回 LOW 的控制权	□已完成 □未完成	
		系统已恢复正常，做好乘客广播	□已完成 □未完成	
	行车值班员	交回该站 LOW 的控制权	□已完成 □未完成	

行车调度员收回LOW控制权，安排司机和行车值班员做好乘客广播	行车值班员	系统已恢复正常，做好乘客广播	□已完成 □未完成	
	司机	系统已恢复正常，做好乘客广播	□已完成 □未完成	
职业素养				
序　号	素质要求		完成情况	写实记录
1	是否处理程序得当，避免常识性错误		□是□否	
2	是否具备良好的服务意识及沟通表达能力		□是□否	
3	是否做好乘客疏散和解释工作，安抚乘客情绪		□是□否	
4	是否清楚认识城市轨道交通突发事件所造成的危害，重视突发事件并有预防意识		□是□否	
5	是否符合“7S”管理规定，整理工作区域，备品恢复原位		□是□否	
备　注	根据轨道电路故障应急处置的流程，每完成一项且能标准作业，则在□内打“√”，否则打“×”。将未完成的流程在写实记录栏标注，方便查缺补漏			

任务评价

任务三　轨道电路故障应急处置								
姓名：________　学号：________　小组：________								
过程评价（60分）								
评价依据			评分标准	评价主体				
				自评	互评	师评	1+X考评员	企业导师
知识（A）	1	熟知轨道电路及轨道电路故障的基本概念	5					
	2	清楚轨道电路故障处理方法	7					
	3	叙述轨道电路故障应急处置程序	8					
能力（B）	1	会根据故障现象判断轨道电路故障原因	10					
	2	能叙述轨道电路故障的应急处置方法	5					
	3	各岗位完成轨道电路故障应急处置模拟演练	15					
素养（C）	1	具备安全行车意识及大局观念	5					
	2	具备岗位协同意识、岗位责任感	5					
过程评价 $=A+B+C$								
结果评价（30分）								
结果评价=本任务测试题得分								

增值评价 E（10分）
增量 =（过程评价 + 结果评价）本任务 -（过程评价 + 结果评价）前任务 增值评价 E：$E=10$（增量≥20分）；$E=8$（增量 = 10～19分）； $E=6$（增量 = 5～9分）；$E=4$（增量 <5分）
本任务总评成绩
总评 = 过程评价 + 结果评价 + 增值评价

任务总结

主题：	
要点栏	笔记栏
总结栏	

拓展提升

劳模故事

地铁行车"指挥家"

每一个平凡的奋斗者，都是卓越的追梦人，从初晨到日暮，从严寒到酷暑，运营地铁人在平凡的岗位上，恪尽职守、默默耕耘，守护着地铁，每一天安全、有序运营。

在每天迎来送往、将乘客安全送达目的地的背后，有一群"指挥家"，用自己的大脑和双手，引领着地铁列车运行出最美"旋律"。他们便是地铁行车调度员，拥有地铁系统安全运营的最高指挥权，调控并保障整个地铁系统安全、有序、高效运行。

封功圆是常州地铁行车调度员之一，多年来，他扎根一线，在每一次行车指挥、施工组织、突发行车事件应急处置等工作中不断历练，成长为一名出色的地铁行车"指挥家"。先后获得2023年"江苏省五一创新能手""江苏省技术能手"等荣誉称号。

（根据网络资料整理）

巩固与练习

1. 不定项选择题

（1）属于轨道电路故障应急处置岗位的有(　　)。

A. 司机　　B. 行车调度员　　C. 值班主任　　D. 行车值班员

（2）在车站计算机或调度终端上，列车占用区段后，该区段一般显示(　　)。

A. 红色　　B. 蓝色　　C. 白色　　D. 黄色

2. 判断题

（1）红光带是指轨道区段没有车占用时，控制台或显示器相对应的区段显示红色光带的现象。(　　)

（2）分路不良是指轨道区段有车占用时，有关轨道继电器不落下，控制台或显示器相对应的区段不显示红色光带的现象。(　　)

3. 简答题

（1）简述轨道电路的作用。

（2）简述轨道电路故障应急处置方法。

任务四　列车自动监控（ATS）系统应急处置

学习目标

知识目标

1. 熟悉 ATS 系统的基本组成和功能。
2. 掌握 ATS 系统常见故障的判断及处理方法。
3. 掌握 ATS 系统故障的应急处置原则。

能力目标

1. 会及时准确汇报、传达信息。
2. 能够根据故障现象，初步判断故障原因。
3. 能够根据故障现象，判断行车组织方法。

素质目标

1. 树立先救人、再其他的安全意识。
2. 强化岗位责任意识，培养团队协作的能力。
3. 培养应对 ATS 故障应急处置的心理素质和安全行车的意识。

任务导入

某日，在正常运营情况下，中央所有 ATS 工作站及大屏显示某一联锁区全灰，联锁区内无列车信息，列车车次位置不能更新。行调无法通过大屏监控该区域列车信息，运营安全受到严重影响，如图 3-4-1 所示。

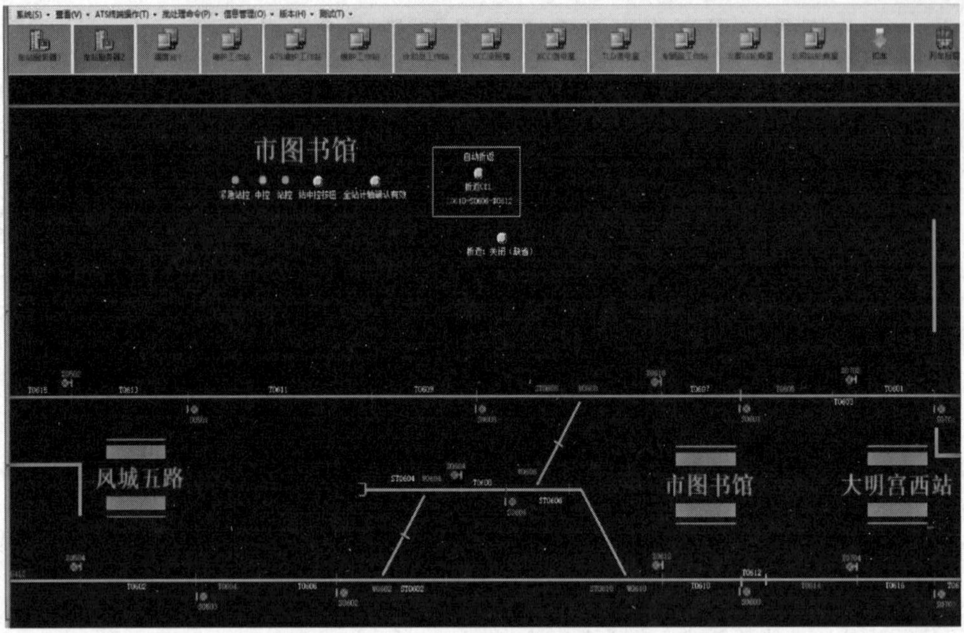

图 3-4-1　中央 ATS 某联锁区灰显

请思考：

1. 如何辨别故障类型？
2. 有哪些岗位参与应急处置？

任务描述

ATS 设备主要用来监视和控制列车的运行，对运营安全和效率有至关重要的作用。虽然 ATS 系统在设计之初有安全冗余，但难免会出现故障。因此，本任务要求同学们熟悉 ATS 系统的基本组成和功能，掌握 ATS 系统常见故障的判断及处理方法，并且能够根据故障现象，判断 ATS 系统的故障类型，采用正确的应急处置方法。

知识准备

一、运营指挥架构基础知识

地铁系统的安全高效运营离不开权责明晰的层级指挥架构，指挥架构分为一级和二级两个层级，二级指挥须服从一级指挥。各城市地铁公司各指挥层级所设岗位会有所区别。

（一）一级指挥层级

（1）行车调度员。负责指挥列车按图行车，并根据现场情况随时调整行车计划。

（2）环控调度员。负责环控和消防设备的运行，为乘客创造较为舒适的乘车环境。

（3）电力调度员。负责电力设备运行，指挥沿线变电所和主变电站值班员进行电气操作。

（4）维修调度员。负责地铁设备（除车辆设备外）计划性维修和故障抢修。

（5）信息调度员。负责信息的收集、传达。

（二）二级指挥层级

主要包括：值班站长、行车值班员、车场调度员、车场值班员等。地铁运营指挥架构如

图 3-4-2 所示。

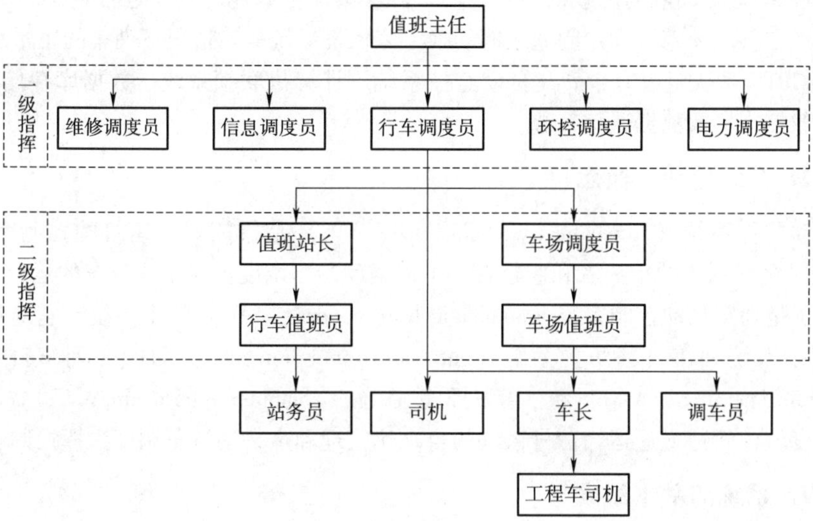

图 3-4-2　地铁运营指挥架构

二、列车自动控制系统的基础知识

众所周知，列车的刹车距离相较于汽车而言长很多，因此高速运行下，仅凭列车司机目视行车是不安全的，人们迫切需要找寻一种方法以确保前后列车能够时刻保持安全间隔，行车闭塞法应运而生。它是通过设备或人为控制，在一个闭塞分区内同一时间内只允许一趟列车占用，使列车与列车间保持一定距离的技术方法。城市轨道交通列车控制系统采用的行车闭塞法主要经历了三个阶段：固定闭塞、准移动闭塞和移动闭塞。

（一）固定闭塞

固定闭塞是将站间区间分为固定的几个闭塞分区，列车以闭塞分区为最小追踪间隔。采用固定闭塞的 ATC 系统一般利用轨道电路传输各个闭塞分区所规定的最大速度码或入口/出口速度命令码。列车速度监控采用的是闭塞分区入口/出口检查方式，当列车的入口/出口速度大于本区段入口/出口速度命令码所规定的速度时，ATP 系统会采取制动，将速度控制在合理范围内。此时 ATP 的速度控制方式为阶梯式控制，不利于提高舒适度和行车效率。

（二）准移动闭塞

准移动闭塞依旧采用固定的闭塞分区，不同的是引入了一系列设备，对前后列车进行测速和定位，综合线路平纵断面条件、列车性能等数据计算出后续列车的速度-距离曲线。这个曲线是随着前行列车所在闭塞分区的入口位置而“跳跃”变化的。简而言之，后续列车的追踪目标是前行列车所在闭塞分区的入口位置。

（三）移动闭塞

移动闭塞则摒弃了固定的闭塞区间。通过车-地实时通信以及一系列设备对列车精确测速定位，前后列车的最小追踪间隔为一个安全保护距离，速度-距离曲线不是“跳跃”的，而是根据前行列车的尾部位置连续变化。简而言之，后续列车的追踪目标是前行列车的尾部再加上安全距离的位置。

基于通信的列车控制系统（communication based train control，CBTC）是目前国内外城市轨道交通系统广泛使用的一种列车自动控制技术。该系统利用无线通信技术取代了传统的轨道电路技术，实现车-地之间双向高效的信息传输，能够更加精确地对列车进行定位。CBTC 系统的闭塞制式可以在移动闭塞、固定闭塞之间切换，来保证系统故障情况下列车的正常运行。

典型的 CBTC 系统组成有：列车自动监控系统、计算机联锁系统、数据库存储单元、区域控制器、车载控制器及数据通信系统。

三、ATS 系统的基本概念

列车自动监控系统（automatic train supervise，ATS）是指挥列车运行的控制和监控系统，即 ATS 系统是全线列车的指挥者和监督者，可以辅助行车调度员对全线列车的运行进行管理。

ATS 系统是列车自动控制系统（automatic train control，ATC）的子系统。它通过与 ATC 系统中的其他子系统列车自动防护系统（automatic train protection，ATP）、列车自动驾驶系统（automatic train operation，ATO）和计算机联锁系统（computer interlocking，CI）的协调配合，完成对高密度城市轨道交通运输信号系统的自动化管理和全自动行车调度指挥控制。

四、ATS 系统的基本组成

ATS 系统由运营控制中心设备、车站设备、车辆基地设备、列车发车指示器、列车自动识别系统等组成。

（一）运营控制中心设备

运营控制中心设备属于 ATS 系统，是 ATC 的核心。运营控制中心的 ATS 系统（图 3-4-3）能够对全线列车的运行进行监督和控制，并将全线列车的运行情况实时显示在控制中心的大屏上。此外，运营中心的 ATS 还有列车运行调整、车次追踪、时刻表编制及运行图绘制、运行报告、仿真系统的调度员培训功能。运营控制中心与各站及车辆段等信号系统设备间由通信传输系统进行互联互通。

图 3-4-3　运营控制中心 ATS 系统

（二）车站设备

车站设备主要是接收并存储管辖范围内的当日列车运行计划时刻表、根据列车运行计划时刻表及列车运行情况，自动控制及办理管辖区域内的列车进路，实现管辖区域内的车次追踪等。当运营控制中心发生故障时，能够接管中心的部分功能，并能实现联锁系统上位机的全部功能。车站分集中联锁站和非集中联锁站，其设备有所不同。

集中联锁站设有一台 ATS 分机 RTU（remote terminal unit，远程终端设备），是 ATS 与 ATP 地面设备和 ATO 地面设备接口，用于连接联锁设备和其他外围系统，采集车站设备的信息，传送控制命令，使车站联锁设备能接收 ATS 系统的控制，以实现车站进路的自动控制。

非集中联锁站不设 ATS 分机。非集中联锁站的 PTI、PIS 和 DTI 均通过集中联锁站的 ATS 分机与 ATS 系统连接。非集中联锁站的道岔和信号机由集中联锁站的计算机控制，通过集中联锁站的 ATS 分机接收 ATS 系统的控制命令。

车站 ATS 设备的主要功能有：

（1）接收、存储其管辖范围内当日的列车计划时刻表。

（2）根据计划时刻表及列车的运行情况，自动控制及办理管辖范围内的列车进路，包括进、出正线，终端站折返进路等。

（3）在特殊情况下，可以按运营控制中心设定的运行间隔控制列车运行。

（4）根据计划时刻表自动控制列车到站及出发时刻。

（5）采集管辖范围内的所有车站的列车运行信息、设备工作状态，并将这些信息送至运营控制中心 ATS。

（6）实现本管辖范围内的列车车次追踪。

（7）控制无道岔车站的 RTU 设备，并向相邻的 ATS 设备传送有关信息。

（8）控制 ATO 地面设备，向列车传送运行控制信息。

（三）车辆基地设备

车辆基地设一台 ATS 分机，用于采集车辆基地检修库线、存车库线的列车占用情况，及车辆基地内的信号机的状态，在运营控制中心显示屏上给出以上信息的显示。

（四）列车发车指示器（DTI）

DTI 设备设于各站头部端门外，具体显示内容有：显示站停时间、显示晚点时间、发车指示、扣车指示和跳停指示。前一列车出发后至下一列车进站停妥前，发车指示器处于熄灭状态。

倒计时到零时，指示司机发车。如果列车晚点发车，则 DTI 会增加站停时间的计时。如果站台有扣车操作，则 DTI 会显示“H”字样；如有提前发车命令，DTI 立即显示零；列车通过车站时 DTI 显示“＝”。

（五）列车自动识别系统（PTI）

PTI 设备是 ATS 车次识别及车辆管理的辅助设备，用于校核列车车次号、目的地（终点站名称）、驾驶员号码、车门状态和列车状态（停车或运行）等。其由车载和轨旁两部分组成，实现车对地信息的单向传输。轨旁设备为地面查询器，设于各站。

五、ATS 系统的主要功能

ATS 系统的主要功能如图 3-4-4 所示。

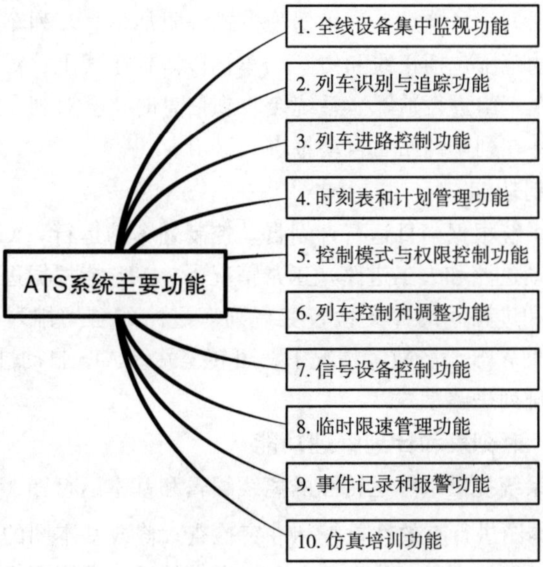

图 3-4-4　ATS 系统主要功能

（一）全线设备集中监视功能

能够显示全线线路、车站、信号设备布置形式，能够动态显示信号设备状态、列车进路状态、列车信息、轨道占用信息等；能够显示站台门状态等信息；能够显示各车站的控制模式及控制中心当前列车调整模式等系统运行状态；能够显示系统设备工作状态及其他关键系统的连接状态。中央 ATS 大屏如图 3-4-5 所示。

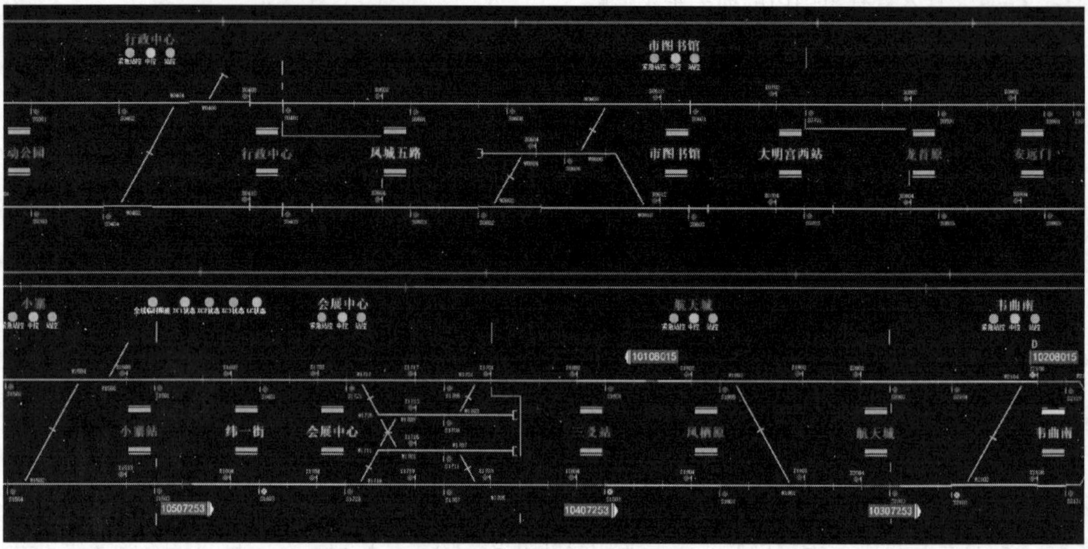

图 3-4-5　中央 ATS 大屏

（二）列车识别与追踪功能

ATS 采用列车辨识号、列车图标以及轨道区段的占用变化表示列车的实际运行情况，无论处于自动或人工控制，列车从车辆段进入正线运行时 ATS 将根据计划时刻表赋予列车相应车次辨识号。列车辨识号主要包括车组号、车次号、目的地号、司机号、运行圈数、运行方向符号等。列车图标可显示包括列车早晚点，列车驾驶模式等附加信息。列车追踪功能是监控受控区域内列车的移动，追踪的范围包括正线和停车场车辆段。在正线上，对列车信息进行追踪；在停车场车辆段上，对列车车组进行追踪。系统接收到信息时，会对列车进行位置追踪并进行车次校核，维护列车信息并在列车到站后自动报点。

（三）列车进路控制功能

视频

ATS排列进路

ATS 系统根据当日运行计划自动控制列车的运行。ATS 系统对列车的进路操控包括自动进路和人工进路。正常情况下，ATS 能根据进路控制模式、列车进路自动触发和进路间的冲突检查实现列车进路的自动排列，自动控制所有列车运行。当中央 ATS 设备故障情况下，可转至站级 ATS 自动进路模式，也可转至站级 ATS 人工排列进路模式。

（四）时刻表和计划管理功能

ATS 系统提供基本运行图的离线编辑和基本运行图、工作运行图的在线编制功能；能够对创建的基本图进行有效性检查和冲突检查；修改基本图的列车停站时间及列车区间运行等级；根据列车运行的位置自动生成列车报点，然后根据列车报点生成实际运行图，通过对比实际运行图和基本运行图生成早晚点信息，并给出报警显示。列车时刻表因素包括车站名称、折返地点、站停时间、区间运行时间及交路类型、目的地等。

（五）控制模式与权限控制功能

ATS 系统提供三种控制模式：中央控制模式、车站控制模式和紧急站控模式。在中央控制模式下，计划自动调整、进路自动办理等自动控制功能由中心服务器完成，也可由中央或车站操作员人工干预；在车站控制模式下，计划有限自动调整、进路自动办理等自动控制功能由车站分机完成，也可由车站操作员人工干预；在紧急站控模式下，不进行自动控制，全部操作由人工完成。

（六）列车控制和调整功能

由于日常运营中难免会出现干扰正常行车的事故，所以实际运行图和计划运行图之间会有误差。ATS 系统可以通过人工设置扣车、跳停、提前发车、区间运行等级、站停时间等手段对在线列车进行运行调整。在 ATS 系统中，列车运行的调整模式有：自动调整、人工调整和列车运行图调整。

1. 自动调整

（1）时刻表调整模式：系统按照时刻表自动控制列车运行，调整列车停站时间和区间运行等级。

（2）等间隔调整模式：根据设定的交路运行路线和运行间隔，调整列车停站时间和区间运行等级，控制列车在交路内自动折返运行。

2. 人工调整

（1）人工调整列车运行计划：调整列车运行等级改变区间运行时分、改变站停时间、对运行图/时刻表在线修改、对有关列车或站台（单个或所有）实施“扣车/取消扣车”、“提前发车”或“跳停/取消跳停”等操作。

（2）人工设置调整列车运行的命令：扣车、跳停；提前发车，并且所有进路的自动触发功能被禁止。

3. 列车运行图调整

采用人工结合计算机辅助方式，分析 AFC 客流数据，输入基础运行图相关信息，如：各区间运行时间、车站站停时间、运行间隔、起始和终到站、时间段、可用列车数、列车折返要求、线路限速数据等信息，完成列车基本运行图和时刻表的编制。

（七）信号设备控制功能

ATS 系统提供道岔的人工电子操作功能，道岔相关操作有：道岔定操/反操、道岔单锁/单解、道岔封锁/解封、设置自动信号、设置自动进路等功能。

（八）临时限速管理功能

操作员可人工设置线路上的临时性限速信息，用来限制列车在全线或某些区段上的最高运行速度，临时限速可按多种等级进行设定，等级的数量、每个等级的速度值可根据需要设定。

（九）事件记录和报警功能

事件日志包含：操作员命令请求（时间戳、用户名、命令描述）、操作员命令请求响应（时间戳、命令响应描述）、命令发送到现场的控制（时间戳、操作员用户名、目标设备的位置、目标设备的标识、控制描述）。

ATS 包含轨旁报警、中心报警、车辆报警、PSD 报警。一旦系统中产生报警条件，在相应工作站上，报告所有故障报警的状况，予以声光报警提示并请求确认。

（十）仿真培训功能

仿真培训系统与在线系统的一致，可以进行列车运行模拟、信号设备模拟及故障模拟等，模拟的运行不影响在线系统的运行。为运营人员提供了操作技能实训和测试的平台。

六、ATS常见故障和故障分类

（一）ATS常见故障

以某城市地铁为例，正常情况下，列车运行由中央控制，由运营控制中心（OCC）行车调度员通过ATS系统监控全线列车运行。常见的ATS系统故障如下：

（1）中央所有ATS工作站反应缓慢，或均不能操作命令，画面不能更新；

（2）ATS/LOW无法操作；

（3）所有中央ATS工作站及大屏显示某一联锁区全灰，联锁区内无列车信息，列车车次位置不能更新；

（4）中央ATS工作站显示车次号发生上下行跳跃或出现错误车次号；

（5）部分进路不能排列，点击始端信号机没有反应；

（6）中央或车站工作站显示器黑屏；

（7）中央ATS工作站显示列车压过轨道出现绿光带。

（二）ATS故障分类

（1）根据软硬件组成，可将故障分为软件故障和硬件故障。

（2）根据影响范围，可将故障分为三类：

①控制中心失去监控功能。全线或某个联锁区范围内，中央ATS工作站失效，而联锁站ATS工作站正常。

②联锁站失去监控功能。全线或某个联锁区范围内，联锁站ATS工作站失效，而中央ATS工作站正常。

③中央和联锁站同时失去监控功能。全线或某个联锁区范围内，中央与联锁站ATS工作站同时失效。

七、ATS故障应急处置方法

（一）启动预案

（1）控制中心失去监控功能。发现控制中心失去监控功能后，维修调度员立即通知通号室调度员，由通号室调度员通知相应工班处理。在不影响运营的情况下，可不启动预案。

（2）联锁站失去监控功能。发现联锁站失去监控功能后，检调立即通知通号室调度员，由通号室调度员通知相应工班处理。在不影响运营的情况下，可不启动预案。

（3）控制中心及联锁站同时失去监控功能。发现控制中心及联锁站同时失去监控功能后，检调立即通知通号室调度员，由通号室调度员通知相应工班处理，并在5 min内向检调汇报故障原因、影响范围及预计影响正常运营的时间。如预计影响时间不超过10 min（故障发生后），可不启动预案，由行调负责调整列车运行，尽快恢复正常运行秩序；如预计影响时间超过10 min（故障发生后），值班主任需请示总部部长，在得到部长启动《列车自动监控系统（ATS）故障应急预案》命令后，方可宣布启动预案，并进行信息通报工作。

（二）现场处理

若故障为控制中心或联锁站失去监控功能，基本不影响正线列车运行时，检调及时通知通号室调度员处理，行调注意加强列车运行监控，发现异常，及时处理；若故障为控制中心及联锁站同时失去监控功能，已经严重影响列车运行时，检调及时通知通号室调度员处理，行调及值班主任及时调整列车运行方案，对故障区的列车做好电话闭塞的行车准备。通号室做好救援组织工作，负责尽快恢复信号系统的正常运行；车站做好乘客广播和服务工作，确认车站各种设备的运行情况；列车司机做好乘客广播，积极配合故障抢修。车站 ATS 工作站发生故障后，车站行车值班员应查明设备状况、影响范围和列车运行情况，及时向调度室行调、值班站长（或站长）汇报故障情况。遇列车晚点或延误较多时，配合车站其他工作人员做好乘客服务。现场指挥和抢修人员到来后，积极配合抢修工作，尽快恢复信号设备正常使用。

（1）发生 ATS 故障导致列车区间紧急停车时，列车司机先通过广播稳定乘客情绪，然后查明停车原因和列车状况，及时向行调汇报，并按照行调的命令执行，不得擅自动车。

（2）行调要根据故障情况，初步判断故障原因和影响范围，及时通报值班主任和检调，同时做好列车运行调整工作，将故障对运营的影响降低到最小。检调及时将情况通报给通号室调度员，组织其开展设备抢修工作，尽可能降低故障带来的影响。

（3）通号室调度员要尽快组织相关信号工班人员赶赴现场，查明现场情况，并于 5 min 内向检调汇报故障原因、影响范围、处理方法和预计处理时间。在得到检调的批准后，积极开展各项抢修工作。同时，按规定程序向相关部门和领导进行信息通报。

（三）应急终止

现场指挥和调度室值班主任确认现场具备运营条件后，分别向总指挥提出开通申请，经总指挥批准，调度室值班主任发布列车 ATS 故障应急处置终止命令，恢复正常运营。

八、ATS 故障下的行车组织

中央 ATS 故障时，一般情况下行调会要求车站的行车值班员确认车站 LOW 显示是否正常，当确认中央 ATS 发生故障后，行调下放 LOW 控制权给车站，并要求车站的行车值班员监视各自区域的列车运行状况；车站的行车值班员接收 LOW 控制权后，立即启动车站级自动运行模式；如果车站级自动运行模式不能激活，行车值班员则要在 LOW 上直接进行手动操作排列列车进路，并控制列车停站时间；此时司机根据行调要求采用 SM 或 ATO 模式谨慎驾驶。在维修人员排除故障后，行调通知车站行车值班员收回 LOW 控制权，随后通知相关人员恢复正常运营。

（一）中央 ATS 系统故障时的列车运行组织

1. 下达调度命令

当中央 ATS 系统运行出现故障时（如 ATS 工作站无显示），运营控制中心行车调度员必须根据行车计划或遇临时变更征得批准后，及时向有关行车部门下达变更行车组织方式的命令；通过专用调度电话授权给联锁车站行车值班员，转换列车运行控制模式，实行临时性的站控，通知相关车站以 LOW 监控列车运行状态，发现问题及时上报。

2. 控制模式的转换

运营控制中心退出 ATS 控制模式，将部分或全部控制权下放至车站；一般情况下，将设备集中站的控制权下放至车站，其他中间站仍为中央控制，行车调度员可根据具体情况将控制权全部下放至车站。

车站行车值班员接到行车调度员改变行车组织方式的命令后，应及时根据行车调度员授权按照监督计算机控制（supervisory computer control，SCC）控制权转换程序对控制权进行转换。

3. 进路模式及终端模式的转换

运营控制中心或车站需将进路模式转换为人工无后备进路模式（manual with no fallback routing mode，MN），运营控制中心或车站终端模式设为人工模式（M），运营控制中心或车站需要人工办理进路。

4. 出入段（场）作业

行车调度员授权列车出段（场），与司机进行通信测试；列车出入段（场）时，衔接段（场）的车站行车值班员与车辆段（场）值班员进行联系确认，并接受司机通信测试，指示司机进入车站，由衔接段（场）的车站行车值班员人工办理出入段（场）的进路。

5. 进路的办理

•视 频

ATS自动折返操作

由运营控制中心的行车调度员根据行车计划，将中间站信号开放为通过信号，并根据需要将道岔封锁；遇有行车计划涉及加锁道岔改变进路时，运营控制中心的行车调度员或车站行车值班员应提前对相关道岔进行解锁。

6. 折返作业

折返站行车值班员按作业计划人工办理折返进路；遇运营秩序紊乱时，车站行车值班员可根据折返线占用情况，在保证安全情况下根据行车调度员临时行车作业安排，安排列车折返进路的使用。进行SCC操作时，操作人员必须按《SCC安全操作规程》办理。

7. 列车运行监控

行车调度员根据各车站对本站列车到发时刻的报点作业人工铺画列车运行图，以便掌握全线列车的运行情况及具体位置。

以中央ATS灰显应急处置流程为例，具体的处理流程如图3-4-6所示。

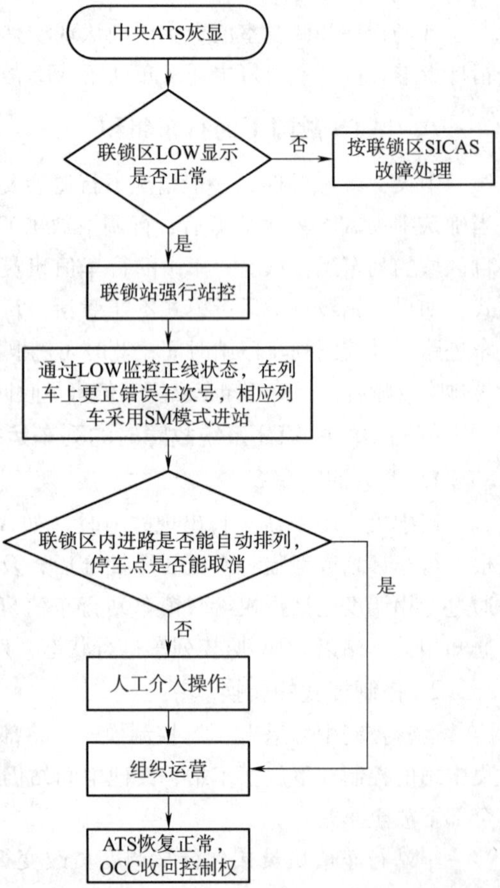

图3-4-6 中央ATS灰显应急处置流程

（二）LOW上的远程终端单元降级模式未激活时的列车运行组织

1. 取消运营停车点

当LOW上的远程终端单元降级模式激活时，保持原状态。当LOW上的远程终端单元降级模式未激活时，各LOW应在确认列车进站停稳后人工在LOW上取消运营停车点。

2. 设置列车进路

当列车折返或出入车辆段（场）时，联锁区的远程终端单元降级模式未激活时，应在工作站上设置相关的列车进路。

3. 通知司机输入车次号

当ATS系统设备发生故障时，行车调度员通知司机在列车身份识别系统显示屏终端上输入当时的车次号。到转换驾驶台换向运行时，输入新的列车识别号（目的地码和车次号），直至行车调度员通知停止输入为止。

4. 车站报点规定

车站报点的具体规定如下：

（1）当列车按照运营时刻表正常运营时，全线车站不需要向行车调度员报点，也不需要向邻站报点，不需要填写行车日志。

（2）当列车出入段（场）时，需要向行车调度员报点，内容包括列车的车次及列车出入段（场）的时间，需要填写行车日志。

（3）当列车偏离运营时刻表运行时，两端终点站遇列车在站到、发时刻与图定时刻相差在规定时间（如 2 min）或以上时向行车调度员报点，填写行车日志，内容包括列车的车次及列车到发本站的时间。

（4）全线列车采用 ATO 模式行驶，当出现列车严重晚点报警时，行车调度员须对晚点列车的运行进行追踪，并根据实际情况要求前方车站进行报点；如遇行车调度员通知全线列车采用 ATP 模式行驶时，特定站遇列车在站到、发时刻与图定时刻相差在 1 min 以上时，须向行调报点，其他车站根据行车调度员的要求进行报点。

5. 监视列车运行

全线各站行车值班员应通过 SCC 或 CCTV 密切监控列车的运行情况，发现异常情况立即报告行车调度员。

6. 人工铺画列车运行图

行车调度员通过人工铺画列车运行图，掌握全线列车运行情况及列车具体位置，至 ATS 设备恢复正常、收回控制权时止。

7. 列车在车站按照运营时刻表发车

当车站在 LOW 上取消不了运营停车点时，应立即报告行车调度员，由行车调度员通知司机在 ATP 系统的监控下以人工驾驶模式按照运营时刻表驾驶列车出站，直至转换为 ATO 模式。

车站取消运营停车点而列车目标速度仍为 0 且超过 30 s 时，司机应及时报告行车调度员，由行车调度员指示司机开车。ATO 驾驶模式恢复正常时，司机应向行车调度员报告。RTU 降级模式未激活时应急处置流程如图 3-4-7 所示。

图 3-4-7　RTU 降级模式未激活时应急处置流程

（三）自动进路无法排列时的运行组织

当行车调度员通过中央调度终端及大屏幕显示系统观察到某站不能自动排列进路，或接到列车司机、车站报告不能自动排列进路的报告时，应检查列车目的地（destination identification, ID 或称 DID）是否正确、车站进路模式是否正确、终点站检查终端模式是否正确，若有问题及时进行更正。

若无以上问题，则应及时通知维修调度和运营控制中心信号维修人员，与信号维修人员确认该故障的影响范围后，采取以下办法：

（1）如运营时刻表和列车调整控制功能正常，该站仍能按运营时刻表发车，则人工手动排列进路。如需较长时间才能恢复，可将控制模式改为车站控制，中间有岔站可排列通过进路。

（2）如为中间有岔站，行车调度员可对该联锁区手动排列通过进路。

（3）如为终点站，将终端模式改为人工模式，手动排列折返进路；若该故障在短时间内不能恢复，可将该站控制模式改为车站控制，进路模式仍为自动进路模式，由车站行车值班员手动排列折返进路。

（4）如为段（场）车站，可将该站控制模式改为车站控制（进路模式仍为AU），由车站行车值班员手动排列出入段（场）进路，无出入段（场）作业时，正线排列通过进路。

（5）如运营时刻表和列车调整控制功能失效，降级为人工带后备进路模式+自动逻辑后备模式。此时，系统可以按列车的目的地自动排列进路，列车停站时间为系统设定的缺省站停时间。

（6）如自动逻辑后备模式也无效，则降级为MN，列车采用ATP系统监控人工驾驶SM模式发车。

九、ATS故障应急处置各岗位职责

ATS系统故障影响正常行车组织秩序，各岗位员工根据相应应急处置方案，迅速反应，通力协作，信息报送及时准确，作业正确，尽可能降低故障影响。ATS系统故障应急处置控制中心各岗位职责见表3-4-1。

表3-4-1　ATS系统故障应急处置控制中心各岗位职责

岗位名称	岗位职责
值班主任	（1）接行车调度员1的汇报加强列车监控，启动ATS故障程序处理程序。 （2）向相关领导汇报故障信息及故障处理情况。 （3）及时跟进故障处理的进展。 （4）指导行车调度员按运营时刻表调整列车。 （5）通知相关领导故障已经恢复
行车调度员1	（1）发现故障现象立即询问故障影响区段联锁站LOW状态，确认正常后要求车站强行站控。 （2）汇报值班主任，通报维修调度员，要求尽快派人处理。 （3）询问联锁站LOW上“RTU降级模式”是否激活，如没有激活，要求联锁站在列车进站停妥后人工取消运营停车点，两端站人工排列列车折返进路。加强列车监控。 （4）如果降级模式激活要求车站加强列车监控。 （5）当车站在LOW工作站上取消不了运营停车点时，应立即报告行车调度员，由行车调度员转告司机，用RM模式驾驶客车出站，直至转换为SW模式。当车站取消运营停车点而客车目标速度仍为零，且超过30 s时，车站值班员应报告行车调度员，由行车调度员指示司机开车。SM驾驶恢复正常时，应向行车调度员报告。 （6）当ATS的自动排进路或联锁系统的追踪进路不能自动排列时，应由人工介入，在LOW工作站上人工排列进路。 （7）接到维修调度员故障恢复的通知，尽快按运营时刻表调整列车运营。 （8）通知全线车站故障已经恢复
行车调度员2	（1）通过系统报警确认故障类别。 （2）要求故障区段相关车站及列车司机加强列车运行情况的监控，做好乘客服务。 （3）通知司机在列车折返站折返后人工输入列车车次。 （4）转峰时期，计划回基地的列车，可临时下线存放在两端折返站的折返线。 （5）重点加强对两端折返站投入服务列车数的控制，全线列车改SM模式驾驶。 （6）按照报点站报点辅画运行图，直到行车调度员收回控制权为止。 （7）如故障不是全线性的，对相关列车则随时删除错误车次，输入或步进正确车次。 （8）接到维修调度员故障恢复的通知，重装时刻表，尽快按运营时刻表调整列车运行。 （9）通知全线司机故障已经恢复

续表

岗位名称	岗位职责
电力调度员	（1）故障发生后，加强设备监控。 （2）协助值班主任工作
环控调度员	（1）加强设备监控，协助行车调度员确认列车位置。通知全线车站故障现象，并做好相关列车晚点信息的发布。 （2）加强设备监控，协助行车调度员监控列车间隔
维修调度员	（1）接到行车调度员的通知后立即通知ATS工作人员，要求尽快派人处理。 （2）询问ATS工作人员是否已经组织抢修。 （3）接受ATS修复的通知，报告行车调度员，值班主任

十、ATS故障应急处置流程

以某地铁公司为例，中央ATS故障的应急处置程序上，主要分为信息接报、前期处置、现场处置、应急终止四个步骤，见表3-4-2。

表3-4-2　中央ATS故障的应急处置程序

岗位作业流程	信息接报	前期处置	现场处置	应急终止
值班主任	①接行车调度员1的报告加强列车监控，启动ATS故障程序处理程序。 ②向相关领导报告故障	①及时跟进故障处理进展	①指导行车调度员按运营时刻表调整	①通知相关领导故障已经恢复
行车调度员1	③发现故障现象立即询问故障影响区段LOW状态，确认正常后要求车站强行站控。 ④报告值班主任。通报维修调度员，要求尽快派人处理	②询问LOW上RTU降级模式是否激活，如没有激活，要求联锁站在列车进站停妥后人工取消运营停车点，两端站人工排列列车折返进路并加强列车监控。 ③如果RTU降级模式激活，要求车站加强列车监控	②接到行车值班员运营停车点无法取消的报告后，转告司机，以RM模式驾驶客车出站，直至转换为SM模式。 ③接到行车值班员取消运营停车点而客车目标速度仍为零且超过30 s时，示意司机开车	②接到维修调度员故障恢复的通知，尽快按运营时刻表调整列车运营。 ③通知全线车站故障已经恢复
行车调度员2	⑤通过系统报警确认故障类别	④要求故障区段相关车站及列车司机加强列车运行情况的监控。做好乘客服务	④要求司机在列车折返站折返后人工输入列车车次。 ⑤重点加强对两端折返站投入服务列车数的控制，全线列车改SM模式驾驶。 ⑥按照报点站报点铺画运行图，直到行车调度员收回控制权为止。 ⑦如故障不是全线性的，对相关列车则随时删除错误车次，输入或步进正确车次	④接到维修调度员故障恢复的通知，尽快按运营时刻表调整列车运营。 ⑤通知全线车站故障已经恢复
电力调度员			⑧故障发生后，加强设备监控。 ⑨协助值班主任	

续表

岗位作业流程	信息接报	前期处置	现场处置	应急终止
环控调度员			⑩加强设备监控，协助行车调度员确认列车位置、监控列车间隔	
司机	⑥接OCC启动应急方案的命令	⑤接到行车调度员的通知后，立即通知ATS工作人员，要求尽快派人处理。 ⑥加强线路信号瞭望，加强车载信号设备观察，发现异常及时汇报	⑪询问ATS系统工作人员是否已经组织抢修。 ⑫按OCC命令运行	⑥接收ATS系统修复的通知，报告行车调度员和值班主任。 ⑦按OCC命令恢复正常行驶
值班站长		⑦启动方案，立即至车站控制室监控列车运行及行车值班员操作		⑧通知有关岗位终止应急方案
行车值班员	⑦接OCC启动应急方案的命令，报告值班站长	⑧按OCC命令执行站控转换，确认车站级ATS系统是否正常激活	⑬车站级ATS系统正常激活，集中站做好列车监控。发现运营停车点未及时取消时安排人工取消。列车折返进路未及时排列时，折返站人工在LOW上排列。 ⑭车站级ATS系统激活失败，设备集中站在确认列车进站停稳并开门后人工取消运营停车点。列车进站停稳并开门后，非设备中站立即通知所属的设备集中站取消该趟列车的运营点。折返站人工在LOW上排列折返进路，报点站向OCC报告列车到发点。 ⑮当车站在LOW工作站上取消不了运营停车点时，应立即报告行车调度员1。 ⑯当车站取消运营停车点而客车目标速度仍为零且超过30 s时，应立即报告行车调度员1	⑨接到OCC应急终止命令，报告值班站长，并根据OCC命令上交控制权

技能训练

根据上述ATS故障应急处置流程，以中央ATS系统故障时应急处置为例，完成模拟演练。

一、人员分工

按照本任务涉及的岗位，设置值班主任、行车调度员、电力环控维修调度员、电客车司机、值班站长、行车值班员等岗位。每7人分成一个小组，完成中央ATS系统故障模拟演练。

小组分工表

班　级		车站名称	
组　别		日　期	
岗　位	姓　名	任 务 分 工	
值班主任			
行车调度员 1			
行车调度员 2			
电力环控维修调度员			
电客车司机			
值班站长			
行车值班员			

二、设施及备品

城市轨道交通 OCC 实训室、多媒体教学设备等设施及相关备品。

清点备品表

清点所要使用的设备、工具、材料				
车站名称：		组别：		时间：
序号	名　称	数　量	设备状态	清　点
1	消防装备	若干	□完好 □不能使用	□已清点
2	急救医药箱	1 个	□完好 □不能使用	□已清点
3	应急工具箱	1 个	□完好 □不能使用	□已清点
4	个人防护用品	若干	□完好 □不能使用	□已清点
5	应急救援器具	若干	□完好 □不能使用	□已清点
备注	检查备品的数量及备品状态，每完成一项且结果正常，则在□内打“√”，否则打“×”			

三、演练过程

根据任务要求，按中央 ATS 系统故障应急处置程序完成模拟并记录演练过程。

中央 ATS 故障应急处置演练过程写实表

组　别		小组成员		
班　级		车站名称	演练时长	
步骤一：信息接报				
任　务	岗　位	技 能 要 求	完成情况记录	
信息接报，启动应急方案	值班主任	接行调 1 报告，启动 ATS 故障应急处置程序，并向相关领导报告故障	□表述准确完整 □表述含糊不清 □未完成	

信息接报，启动应急方案	行车调度员 1	询问故障影响区段 LOW 状态，确认正常后要求车站加强监控	□表述准确完整 □表述含糊不清 □未完成
		报告值班主任	□表述准确完整 □表述含糊不清 □未完成
		通知维修调度员尽快派人处理	□表述准确完整 □表述含糊不清 □未完成
	司机	复述 OCC 命令	□表述准确完整 □表述含糊不清 □未完成
	值班站长	复述行车值班员转述的命令	□表述准确完整 □表述含糊不清 □未完成
	行车值班员	复述 OCC 命令	□表述准确完整 □表述含糊不清 □未完成
		汇报了值班站长	□表述准确完整 □表述含糊不清 □未完成
		向行调汇报了认为有必要报告的其他情况	□表述准确完整 □表述含糊不清 □未完成

步骤二：前期处置

任　务	岗　位	技 能 要 求	完成情况	写实记录
根据要求，及时启动应急预案，人员职责明确、任务分工合理	值班主任	及时跟进故障处理进展	□已完成 □未完成	
	行车调度员 1	询问 LOW 上 RTU 降级模式是否激活，如没有激活，要求联锁站在列车进站停妥后人工取消运营停车点	□已完成 □未完成	
		如果 RTU 降级模式激活，要求车站加强列车监控	□已完成 □未完成	
	行车调度员 2	要求故障区段相关车站及列车司机加强列车运行情况的监控并做好乘客服务	□已完成 □未完成	
	司机	接到行车调度员的通知后，立即通知 ATS 工作人员，要求尽快派人处理	□已完成 □未完成	
		加强线路信号瞭望，加强车载信号设备观察，发现异常及时汇报	□已完成 □未完成	
	值班站长	启动中央 ATS 故障应急预案	□已完成 □未完成	
		至车站控制室监控列车运行和行车值班员操作	□已完成 □未完成	

根据要求，及时启动应急预案，人员职责明确、任务分工合理	值班站长	安排各岗位做好准备工作	□已完成 □未完成	
	行车值班员	监控好 LOW，确认系统是否正常激活	□已完成 □未完成	
		按行调命令执行站控转换	□已完成 □未完成	
步骤三：现场处置				
任　务	岗　位	技 能 要 求	完成情况	写实记录
正确监控 LOW，并操作 LOW 排列进路	值班主任	指导行车调度员按运营时刻表调整	□已完成 □未完成	
	行车值班员 1	接到行车值班员无法取消运营停车点的报告后转告司机，以 RM 模式驾驶客车出站，直至转换为 SM 模式	□已完成 □未完成	
		接到行车值班员取消运营停车点的报告而客车目标速度仍为零且超过 30 s 时，通知司机开车	□已完成 □未完成	
	行车值班员 2	要求司机在列车折返站折返后人工输入列车车次	□已完成 □未完成	
		重点加强对两端折返站投入服务列车数的控制，通知全线列车改 SM 模式驾驶	□已完成 □未完成	
		按照报点站报点铺画运行图，直到行车调度员 1 收回控制权为止	□已完成 □未完成	
		如故障不是全线性的，对相关列车则随时删除错误车次，输入或步进正确车次	□已完成 □未完成	
	司机	按 OCC 命令运行	□已完成 □未完成	
		询问 ATS 系统工作人员是否已经组织抢修	□已完成 □未完成	
	电力调度员	故障发生后，加强设备监控。协助值班主任	□已完成 □未完成	
	环控调度员	加强设备监控，协助行车调度员确认列车位置、监控列车间隔	□已完成 □未完成	
	行车值班员	及时取消时安排人工取消运营停车点	□已完成 □未完成	
		折返站 LOW 上排列折返进路	□已完成 □未完成	
		及时向行调反馈异常情况	□已完成 □未完成	

步骤四：应急终止				
任　务	岗　位	技 能 要 求	完成情况	写实记录
接OCC命令终止应急方案，上交控制权，恢复正常运行	值班主任	通知相关领导故障已经恢复	□已完成 □未完成	
	行车调度员1	接维修调度员故障恢复的通知，尽快按运营时刻表调整列车运营	□已完成 □未完成	
		通知全线车站故障已经恢复	□已完成 □未完成	
	行车调度员2	接维修调度员故障恢复的通知，尽快按运营时刻表调整列车运营	□已完成 □未完成	
		通知全线车站故障已经恢复	□已完成 □未完成	
	值班站长	通知有关岗位终止应急方案	□已完成 □未完成	
	行车值班员	接到OCC应急终止命令，报告值班站长	□已完成 □未完成	
		根据OCC命令上交控制权。	□已完成 □未完成	
	司机	接收ATS系统修复的通知，报告行车调度员和值班主任	□已完成 □未完成	
		按OCC命令恢复正常行驶。	□已完成 □未完成	

职 业 素 养			
序　号	素 质 要 求	完成情况	写实记录
1	处理程序是否得当，避免常识性错误	□是□否	
2	是否具备良好的服务意识及沟通表达能力	□是□否	
3	是否做好乘客解释工作，安抚乘客情绪	□是□否	
4	是否清楚认识城市轨道交通突发事件所造成的危害，重视突发事件并有预防意识	□是□否	
5	是否符合“7S”管理规定，整理工作区域，备品恢复原位	□是□否	
备注	根据中央ATS故障应急处置的流程，每完成一项且能标准作业，则在□内打“√”，否则打“×”。将未完成的流程在写实记录栏标注，方便查缺补漏		

任务评价

任务四　列车自动监控（ATS）系统故障应急处置								
姓名：________　　学号：________　　小组：________								
过程评价（60分）								
评 价 依 据			评分标准	评 价 主 体				
				自评	互评	师评	1+X考评员	企业导师
知识（*A*）	1	说出ATS基本组成和功能	5					

知识（A）	2	列举常见故障的判断及处理方法	10					
	3	说出 ATS 系统故障的应急处置原则	5					
能力（B）	1	能够准确汇报、传达信息	10					
	2	能够根据故障现象，初步判断故障原因	10					
	3	能够根据故障现象，判断行车组织方法	10					
素养（C）	1	有岗位责任意识，团队协作能力强	5					
	2	有良好的 ATS 故障应急处置的心理素质和安全行车的意识	5					
过程评价 $=A+B+C$								
结果评价（30 分）								
结果评价 = 本任务测试题得分								
增值评价 E（10 分）								
增量 =（过程评价 + 结果评价）本任务 -（过程评价 + 结果评价）前任务 增值评价 E：$E=10$（增量 ≥20 分）；$E=8$（增量 =10 ~ 19 分）； $E=6$（增量 =5 ~ 9 分）；$E=4$（增量 <5 分）								
本任务总评成绩								
总评 = 过程评价 + 结果评价 + 增值评价								

任务总结

主题：	
要点栏	笔记栏
总结栏	

拓展提升

延伸阅读
城市轨道交通中的列车类型 ①计划车。指的是按计划运行的列车，按照运行图中的列车运行线运行，车次与当日计划中的列车车次对应。 ②头码车。指的是到某指定目的地的列车，可以自动触发进路，到达目的地后即停止，头码车的车次在当日计划中没有。 ③其他列车类型。包括维修列车、调试列车、施工列车、救援列车等，这些列车为非计划车，这些列车在系统里面都被定义为人工车，不会自动触发进路，列车运行需要人工进行控制。

巩固与练习

1. 不定项选择题

(1) ATS 系统是(　　)。

A. 列车自动监控系统　　B. 列车自动控制系统

C. 计算机联锁系统

(2) 以下(　　)不属于 ATS 系统的功能。

A. 列车运行描述功能　　B. 自动列车调整功能

C. 控制和显示功能　　D. 测速测距功能

2. 判断题

(1) 如果站台有扣车操作，则 DTI 会显示“K”字样。　(　　)

(2) PTI 是列车自动识别系统。　(　　)

(3) 根据影响范围，可将 ATS 系统故障分为三类。　(　　)

(4) 中央 ATS 故障时，将部分或全部控制权下放至车站。　(　　)

3. 简答题

(1) 列举 ATS 系统基本组成。

(2) 简述中央 ATS 故障时的行车组织。

任务五　列车自动防护（ATP）系统应急处置

学习目标

知识目标

1. 掌握 ATP 系统基本组成和功能。
2. 掌握 ATP 故障类型。
3. 掌握列车运行模式及其特点。

能力目标

1. 会及时准确汇报、传达信息。
2. 能够根据故障现象，初步判断故障类型和原因。
3. 能够根据行调指挥，正确执行操作。

素质目标

1. 培养"安全第一，乘客至上"的岗位安全意识。
2. 强化岗位责任意识，培养团队协作的能力。
3. 培养预防意识，提升应急处置过程中的心理素质。

任务导入

2016年10月26日早上7:40，某地铁1号线迈皋桥联锁区内列车发生紧急制动。某地铁立即启动相应预案，调整1号线部分列车改为大交路运行，信号专业同步迅速处置。7:52，故障排除，1号线运营秩序逐步恢复正常。

此次故障原因是列车自动防护系统（ATP）偶发故障（图3-5-1），受影响区段内列车以"故障导向安全"原则紧急制动、终止自动驾驶功能，以确保运行安全。

（根据网络资料整理）

图3-5-1　列车自动防护系统（ATP）偶发故障

请思考：

1. ATP故障有哪些？如何辨别？
2. 单个列车车载设备ATP故障应该如何处理？

任务描述

ATP系统可进行列车运行超速防护或列车运行速度监督，确保前后列车保持合适的安全间隔。本任务要求同学们熟悉ATP系统的基本组成和功能，掌握ATP系统常见故障的判断及处理方法，并且能够根据故障现象，判断ATP系统的故障类型，采用正确的应急处置方法。

知识准备

一、ATP系统简介

列车自动防护（ATP）系统是确保列车运行速度不超过目标速度的安全控制系统。它是列车自动控制系统（ATC）的子系统，也是确保列车安全运行，实现超速防护的关键设备。ATP系统包括车载设备、地面设备（又称轨旁设备）、传输设备三部分。

ATP系统的车载设备主要有：车载控制器（carborne controller，CC）、司机显示单元（driver machine interface，DMI）、定位设备-编码里程计。ATP车载设备有三种配备方式：前后两端各一套设备互为备用、前后两端各一套设备互相独立、只配备一套车载设备。地面设备有：安装在设备室内区域控制器（zone controller，ZC）、线路控制器（link controller，LC）、点式后备系统所需轨旁电子单元（lineside electronic unit，LEU）；安装在轨道上的轨旁设备：信标。线路会分几个控制区域，每个区域都有完整的地面设备。

车载 ATP 设备在接收轨旁数据信息的基础上，综合列车实际位置、实际速度、制动率、车轮磨损补偿等相关条件，计算列车速度-距离控制曲线，实现超速防护控制，并与列车自动驾驶系统（automatic train operation，ATO）配合，实现列车速度自动调整。

ATP 系统按信息传输方式、车载设备与地面信息交换方式的不同可以分为两大类：一是点式；二是连续式；点式 ATP 是由点状布置的轨旁设备（应答器/PTI 环线）向车载设备传输追踪目标的距离、线路平纵断面参数、线路限速，以及实时数据等信息。有源应答器有电缆连接，除可以传递固定的线路信息外，还可以根据需要发出临时限速，车载信号的开闭等可变信息。有源应答器与无源应答器如图 3-5-2 所示。

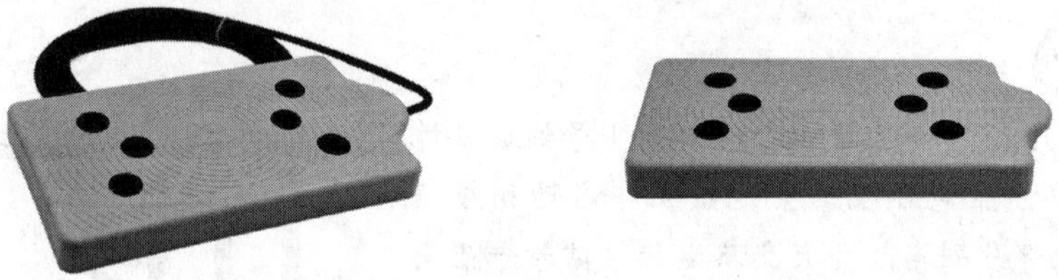

（a）有源　　（b）无源

图 3-5-2　有源应答器与无源应答器

连续式 ATP 是由轨间电缆或轨道电路实现轨旁和车载 ATP 设备之间的信息交互。

区域控制器（ZC）从其他设备如 ATS、CI 接收各种列车和线路的状态信息并处理，之后对控制区域内的列车生成移动授权，移动授权通过数据通信系统发往车载控制器以控制列车运行。ZC 还负责控制道岔、信号机和响应邻近区域 ZC 的授权请求，并对站台门的控制和状态进行监控。线路控制器（LC）设备管理整个线路的临时限速。

车载控制器（CC）由控制器、速度和定位传感器组成。车载控制器通过数据通信系统与区域控制器进行信息交互，主要实现列车超速防护、自动驾驶、列车定位等功能。

超速防护原理如图 3-5-3 所示。

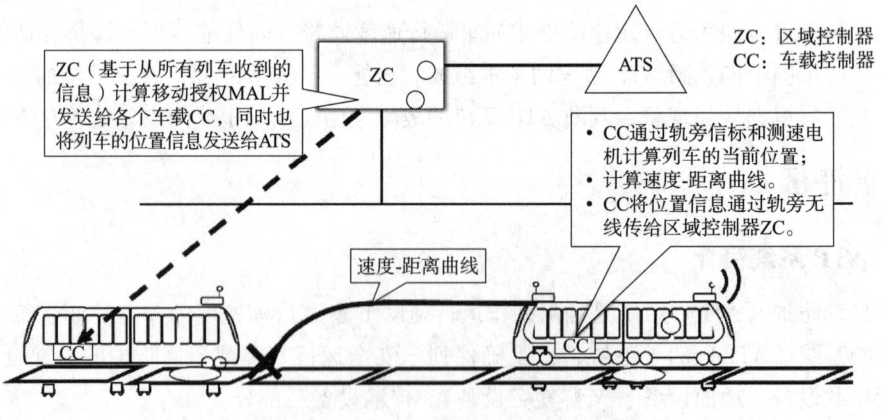

图 3-5-3　超速防护原理

信标按照功能可分为重定位信标、轮径校准信标、精确停车预告信标和有源信标。重定位信标可以检测和修正列车位置，以减少列车因车轮打滑、空转等因素造成的定位误差。轮径校准信标由两个相距精确距离的重定位信标组成，可以校准因车轮磨耗带来的定位误差。精确停车预告信标用于确保列车在站内精确停车。有源信标负责将轨旁动态信息传给车载设备。

二、ATP 系统的主要功能及基本原理

（一）列车定位功能

通过编码里程计测量车轮的旋转，结合安装在轨旁的信标，连续、自动地对列车位置进行检测和校准。

（二）测速测距和超速防护功能

ATP 系统通过装在轮轴上的测速传感器获取实时车速。ATP 轨旁单元从联锁和轨道空闲检测系统获得驾驶指令，形成计划数据后传输至 ATP 车载设备。驾驶指令主要包括追踪目标坐标（追踪目标的速度和距离）、最大允许速度和线路坡度等。ATP 车载设备通过计划数据计算前方每个位置的列车允许速度。列车各速度曲线如图 3-5-4 所示。

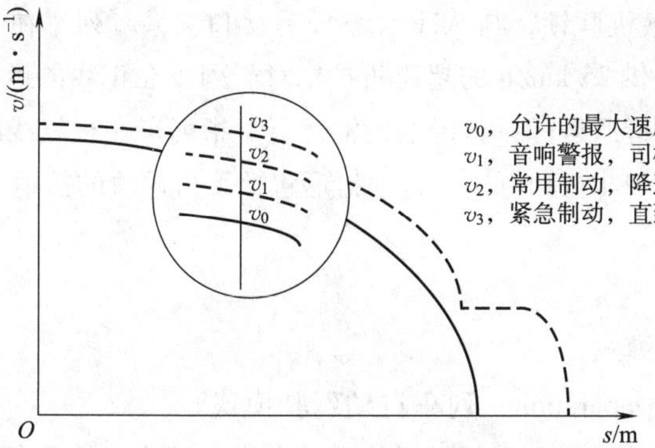

图 3-5-4　列车各速度曲线

常用制动：当列车在接近线路最大允许速度但未超速的情况下，ATP 系统会发出常用制动指令，使列车平稳减速。常用制动是一种较为缓和的制动方式，其制动力度相对较小，可以使列车平稳减速且不会给乘客带来强烈的不适感。

紧急制动：当列车严重超速或冒进信号时，ATP 系统会发出紧急制动指令，使列车迅速减速直至停车。紧急制动制动力大，列车减速快，有可能导致乘客摔倒等问题发生。

（三）制动模式

1. 分级制动模式

分级制动是以闭塞分区为单元，根据与前行列车间隔的闭塞分区数量来调整列车速度。分级制动模式又分为阶梯型和曲线型。曲线型分级制动列车减速更为平滑，提高了制动过程中的舒适性。

2. 一级制动模式

一级制动是按目标距离制动的。由车载计算机根据目标距离（前行列车或停车站）、列车参数和线路参数等，计算出列车的制动曲线，然后根据制动曲线控制列车运行速度。能够保证列车平稳减速。

（四）列车运行方向和倒溜的监督

列车的方向由驾驶员控制台上的方向开关的状态来控制。ATP 根据两个速度传感器所接收到的速度脉冲，安全地确定列车的方向。ATP 执行一项交叉检查，以确认所探测到的运行方向与由方向开关所选择的方向是一致的。CC 设备连续监督列车的运行方向，如果列车发生倒溜，则立即实施紧急制动。

（五）车门控制

在通常情况下，在车辆没有在站台旁停妥时，ATP 系统不允许车门开启。当列车在车站预定停车区域内停稳且停车点的误差在允许范围以内时，地面定位天线会收到车载定位天线发送的停稳信号，列车从 ATP 轨旁设备收到车门开启命令，ATP 才会允许车门操作。在接收到车门开启命令后，ATP 轨旁设备会发出打开站台门的信号，站台定位接收器收到此信号后，便会打开与列车车门相对的站台门。

三、列车运行

（一）列车正常运行

所有设备正常的情况下，列车按照设计的模式运行。因车辆段没有安装轨旁 ATP 设备，且联锁设备为 6502 电气集中联锁或微机联锁，与 ATP 设备没有接口关系，列车在车辆段范围内只能用 RM 模式运行，车载 ATP 提供 25 km/h 的超速防护。对于列车在正线的运行，根据列车运行的性质则可分为折返运行和非折返运行：非折返正常运行是指列车在正线线路上的正常运行。列车的折返运行分为自动折返和非自动折返。自动折返包括无折返轨的折返（换向）和有折返轨的折返。

（二）列车运行模式

列车运行模式主要有以下 5 种模式：

1. ATO 模式（automatic train operation，列车自动驾驶模式）

ATO 模式，即列车在正线的正常运行（包括折返线和试车线）模式。是最高级别的自动驾驶模式，这种模式下列车自动运行，司机负责监督 ATP/ATO、列车状况、线路状况、道岔、信号的状态等，必要时加以干预。

2. AR 模式（automatic turnback，自动折返模式）

在折返站和具有换向功能的轨道区段，列车采用 AR 模式自动折返，司机负责监督。

3. SM 模式（supervised manual，受 ATP 监督的人工驾驶）

列车在 ATO 发生故障，但车载和轨旁 ATP 设备良好时，列车的降级运行模式。在 SM 模式下，司机根据 ATP 推荐的速度驾驶列车，超速时，ATP 将产生紧急制动。

4. RM 模式（restricted manual，受限制的人工驾驶模式）

RM 模式是列车在车辆段运行，或联锁、轨道电路、ATP 轨旁设备发生故障及列车紧急制动以后运行的模式。此时，列车由司机驾驶，司机负责监督 ATP/ATO、列车状况、线路状况、道岔、信号的状态等。RM 模式下，车载 ATP 提供 25 km/h 的超速防护，超过此速度，列车会紧急制动。

5. URM 模式（unrestricted manual，非受限的人工驾驶模式）

URM 模式是车载 ATP 设备故障或联锁故障后采用的驾驶模式，使用 URM 模式。列车的运行完全由司机负责，没有 ATP 的监控。

（三）信号设备发生故障时的列车运行

信号设备发生故障时，将影响列车的运行，但在所有信号设备的故障中，影响到列车改变运行模式的只有以下四类：联锁设备（包括道岔、信号机）、轨旁 ATP 设备、轨道电路、车载信号设备。其中，联锁设备和轨旁 ATP 设备发生故障时，列车只能以 RM 模式运行；车载信号设备的故障，可根据故障设备的情况，采用相应的运行模式：ATO 设备发生故障时，轨旁设备（联锁、ATP、轨道电路）和车载 ATP 正常，列车用 SM 模式运行，否则只能用 RM 或 URM 模式运行。

四、ATP 系统故障及处理方法

（一）ATP 系统故障分类

ATP 系统故障根据设备位置的不同，一般可分为车载 ATP 系统故障和轨旁 ATP 系统故障两类。

当单独的一列车车载 ATP 系统故障时，列车会产生紧急制动，行车调度员在确认故障暂时无法排除后，指示故障列车司机将 ATP 切除后，以“URM”模式运行，并要求故障车所在车站行车值班员指派站务人员作为故障列车“监控员”上车，协助列车司机瞭望、监控速度表、提醒司机控制速度，必要时立即按压紧急停车按钮，直至终点站（或有存车线的中间站）退出运营。在故障车运行过程中行车调度员要密切关注全线列车的运行间隔，保证故障车按规定的行车间隔运行（比如一站两区间以上）。

当某个区段的轨旁 ATP 系统突发故障时，行车调度员在确认故障位置后，应及时通知设备维修调度员及时组织抢修外，还要命令司机以 RM 模式谨慎驾驶通过故障地点。通过故障地点后，在车载 ATC 系统的允许下恢复 SM/ATO 模式运行。在故障没有排除前行车调度员还要加强对行车间隔的监控，防止两列车进入同一区间的情况发生。

当较大范围的 ATP 轨旁设备发生故障时，由于列车以 RM 模式 25 km/h 限速运行，该区域通过能力会受到限制，因此行车调度员需对全线列车进行多停或折返，减缓全线列车的运行速度，必要时行车调度员还可以将一部分列车下线退出服务，从而避免列车阻塞现象产生。同时，在故障区也可由调度长决定是否采用 URM 模式驾驶或改电话闭塞法组织行车。

（二）ATP 系统常见故障

由于 ATP 系统故障只影响某个区段或某趟列车，因此总体说来对整个线路的运营影响不大。ATP 系统常见故障有：

（1）单个列车车载 ATP 设备故障；

（2）多个列车车载 ATP 设备故障；

（3）轨旁 ATP 系统故障。

ATP 设备发生故障时，会导致列车接收不到速度码、紧急制动等情况。列车在区间运行发生紧急制动，若列车司机能够明确发生紧急制动的原因时，在确认前方进路安全的情况下，首先转换 RM 驾驶模式运行，再向行车调度员报告；当 RM 模式驾驶运行未能在规定范围内恢复 ATP 监控下的驾驶模式或 ATO 模式时，应报告行车调度员，以 RM 模式驾驶运行到前方站。若列车司机不能够确定发生紧急制动的原因时，应立即向行车调度员报告，按行车调度员的指示要求执行。

五、ATP 系统故障应急处置程序

（一）单个列车车载 ATP 系统故障处置程序

单独的一列车突发车载 ATP 系统故障时，列车会产生紧急制动，此类故障的应急处置程序见表 3-5-1。

表 3-5-1　单个列车车载 ATP 系统故障处置程序

岗位作业流程	信息接报	前期处置	现场处置	应急终止
司机	①司机在车辆的显示屏看到 ATP 系统故障报警后，向行车调度员汇报列车停车位置、列车发生紧急制动、车辆显示屏的有关 ATP 故障报警信息	①经过重新启动车载 ATC 设备，系统仍然不能通过自检，则确定车载 ATP/ATO 系统确实出现故障。随后立即向行车调度员报告重新启动失败。 ②向故障列车内的乘客通报运营调整信息，做好乘客安抚工作	①如果故障消除，则执行调度员命令，用“RM”模式运行列车，一旦发现异常立即停车。 ②如果故障未消除，则在行车调度员的指示和“监督员”监督下，用“URM”模式运行至终点站。 ③根据行调安排，将故障列车从终点站开往存车线或返回车辆段	①开往存车线或返回车辆段停妥后向行调汇报
行车调度员	②接司机汇报。 ③如果接到故障列车司机重启失败报告后，则报告调度长	③行调在接到司机汇报后从调度中心的 MMI 上，确定该列车区间停车位置。 ④指示该列车司机重新启动车载列车自动控制系统，并要求列车司机报告故障是否依然存在。 ⑤如果故障不再次出现，要求列车司机先用 RM 模式运行，并在车载 ATC 系统允许下，转用 SM/ATO 模式运行。 接到故障列车司机重启失败报告后，按以下步骤进行： a. 报告调度长； b. 通告所有车站行车值班员和列车司机。 c. 安排正线列车间隔，准备用 URM 模式运行故障列车。 d. 指示所有列车司机及行车值班员利用广播，向乘客通报列车延误信息	④关注全线列车运行密度和全线 ATC 系统设备正常运行。对于停在区间不能再用 SM 运行的列车，向故障列车司机传达如下命令： ⓐ用 RM 模式运行到下一站台。 ⓑ在下一车站站台，等候车站“监督员”上车，按调度员命令动车，用“URM”（限速 60 km/h）模式运行到终点。 ⓒ在调度长的同意下，安排该列车从车站开往存车线或返回车辆段退出运营，不再接载乘客	
调度长	④接行车调度员汇报，通知检修调度员组织力量处理故障	⑥通知检调 ATP 车载故障，命令协助司机查找和组织力量准备处理故障	⑤协助行车调度员确认用 URM 模式运行的故障列车前方至少具有 2 个区间的安全空间	
检修调度员		⑦协助司机确定故障列车的性质和可能的快速的处理方法		
行车值班员			⑥指派站务员作为故障列车“监督员”上车	
站务员			⑦以故障列车“监督员”的身份上车，监督司机驾驶	①列车运行到终点站完成“监督员”任务，向行车调度员报告

（二）轨旁 ATP 系统故障处置程序

当轨旁 ATP 设备发生故障时，列车将收不到来自轨道电路传递的信息，故障区域中采用 CBTC（基于通信的列车自动控制系统）运行的列车将全部紧急停车。如果车载 ATP 设备正常，则应急处置程序见表 3-5-2。

表 3-5-2　轨旁 ATP 系统故障处置程序

岗位作业流程	信息接报	前期处置	现场处置	应急终止
司机	①列车发生非正常停车或紧急制动，向行车调度员报告车次号、列车停车位置，列车状态正常，无车辆和车载信号设备故障报警	①向列车内的乘客通报调整信息，做好乘客安抚工作	①故障区内的列车司机把车扣停在站台，等候行车调度员的进一步指示后，才用 RM 动车。 ②刚要驾驶离开故障区的列车司机要确定列车已经驶离有关事故区后，及时通报行车调度员，并在车载 ATC 系统的允许下恢复 SM/ATO 模式运行	①各列车司机分别报告在用 RM 模式驾驶列车的过程中，列车能够自动转换为 SM 模式。 ②向乘客通报故障已经排除。 ③恢复正常运行
行车调度员	②报告调度长	②指示所有列车司机及行车值班员利用广播及时向列车及车站乘客通报运营延误信息。 ③确定列车停车位置并严密监视和检查 ATP 故障区域	③在故障区内，立即扣停后续列车，防止一区间两列车事件发生，平衡列车间隔。 ④加强列车间隔监控并指示在故障区内的所有列车司机必须在得到行调指令后，才可以用 RM 模式离站。 ⑤指示驾驶离开故障区的列车司机，要确定列车已经驶离有关事故区后，并在车载 ATC 系统的允许下恢复 SM/ATO 模式运行	④通知所有列车司机故障已经排除并要求：各自检查列车在接收 2 个新报文后是否能够正常转换为 SM 模式，并及时向行车调度员报告
调度长	③接行调区间乘客疏散命令，汇报值班站长和各岗位	④通知维修调度员调派检修人员立即抢修轨旁 ATP。 ⑤指示有关行车值班员跟检修人员协调配合。 ⑥根据电力、环控及防灾调度指令操作隧道通风系统、车站紧急通风系统等	⑥做好通信联络工作。 ⑦将行调同意进入轨行区疏散的命令转达值班站长	⑤当接获维修调度员的汇报，确定有关故障已经排除后，指示行车调度员通知所有列车司机
检修调度员		⑦与有关行车值班员协调配合，抢修轨旁 ATP	⑧动用多方面措施，查找 ATP 子系统的故障，准备备件，及时排除故障	⑥向调度长报告轨旁 ATP 系统故障排除
行车值班员		⑧协助检修人员判定故障范围和性质。 ⑨利用广播及时向车站乘客通报运营调整信息		⑦向乘客通报故障已经排除，恢复正常运行
备注：序号相同的步骤，各岗位可同时进行				

技能训练

根据上述应急处置流程，以单个列车车载 ATP 系统故障为例，完成应急处置的情景模拟演练。

一、人员分工

按照本任务涉及的岗位，设置司机、行车调度员、调度长、检修调度员、行车值班员和站务员等岗位。每6人分成一个小组，按照单个列车车载ATP系统故障应急处置程序完成模拟演练。

小组分工表

班　级		车站名称	
组　别		日　期	
岗　位	姓　名	任务分工	
司　机			
行车调度员			
调度长			
检修调度员			
行车值班员			
站务员			

二、设施及备品

城市轨道交通OCC实训室、车辆模拟驾驶实训室和城市轨道交通多媒体教学设备等设施及相关备品。

清点备品表

清点所要使用的设备、工具、材料				
车站名称：		组别：		时间：
序号	名　称	数　量	设备状态	清　点
1	消防装备	若干	□完好 □不能使用	□已清点
2	急救医药箱	1个	□完好 □不能使用	□已清点
3	应急工具箱	1个	□完好 □不能使用	□已清点
4	个人防护用品	若干	□完好 □不能使用	□已清点
5	应急救援器具	若干	□完好 □不能使用	□已清点
备注	检查备品的数量及备品状态，每完成一项且结果正常，则在□内打“√”，否则打“×”			

三、演练过程

根据任务要求，按照单个列车车载ATP故障应急处置程序完成模拟并记录演练过程。

单个列车车载 ATP 故障应急处置演练过程写实表

<table>
<tr><td>组　别</td><td></td><td>小组成员</td><td colspan="2"></td></tr>
<tr><td>班　级</td><td></td><td>车站名称</td><td>演练时长</td><td></td></tr>
<tr><td colspan="5">步骤一：信息接报</td></tr>
<tr><td>任　务</td><td>岗　位</td><td>技 能 要 求</td><td colspan="2">完成情况记录</td></tr>
<tr><td rowspan="5">分析和判断故障类型、故障原因，正确及时汇报，并应急响应</td><td rowspan="3">司机</td><td>向行车调度员汇报列车车次、停车位置、列车发生紧急制动等信息</td><td colspan="2">□表述准确完整
□表述含糊不清
□未完成</td></tr>
<tr><td>描述了人员伤亡、ATP 故障报警信息等情况</td><td colspan="2">□表述准确完整
□表述含糊不清
□未完成</td></tr>
<tr><td>汇报了认为有必要报告的其他情况</td><td colspan="2">□表述准确完整
□表述含糊不清
□未完成</td></tr>
<tr><td>行车调度员</td><td>如果接到故障列车司机重启失败报告后，则报告调度长</td><td colspan="2">□表述准确完整
□表述含糊不清
□未完成</td></tr>
<tr><td>调度长</td><td>接行车调度员汇报，通知检修调度员组织力量处理故障</td><td colspan="2">□表述准确完整
□表述含糊不清
□未完成</td></tr>
<tr><td colspan="5">步骤二：前期处置</td></tr>
<tr><td>任　务</td><td>岗　位</td><td>技 能 要 求</td><td>完成情况</td><td>写实记录</td></tr>
<tr><td rowspan="8">根据要求，及时启动应急预案，尝试重新启动车载 ATC 系统</td><td rowspan="2">司机</td><td>按行调要求重新启动车载 ATC 设备，系统仍然不能通过自检，随后立即向行车调度员报告重新启动失败</td><td>□已完成
□未完成</td><td></td></tr>
<tr><td>向故障列车内的乘客通报运营调整信息，做好乘客安抚工作</td><td>□已完成
□未完成</td><td></td></tr>
<tr><td rowspan="4">行车调度员</td><td>接到司机故障汇报后从调度中心的 MMI 上，确定该列车区间停车位置</td><td>□已完成
□未完成</td><td></td></tr>
<tr><td>指示该列车司机重新启动车载列车自动控制系统 ATC，并要求列车司机报告故障是否依然存在</td><td>□已完成
□未完成</td><td></td></tr>
<tr><td>如果故障不再次出现，要求列车司机先用 RM 模式运行，并在车载 ATC 系统允许下，转用 SM/ATO 模式运行</td><td>□已完成
□未完成</td><td></td></tr>
<tr><td>接到故障列车司机重启失败报告后，按以下步骤进行：
①报告调度长。
②通告所有车站行车值班员和列车司机。
③安排正线列车间隔，准备用 URM 模式运行故障列车。
④指示所有列车司机及行车值班员利用广播向乘客通报列车延误信息</td><td>□已完成
□未完成</td><td></td></tr>
<tr><td>调度长</td><td>通知检调 ATP 车载故障，命令协助司机查找和组织力量准备处理故障</td><td>□已完成
□未完成</td><td></td></tr>
<tr><td>检修调度员</td><td>协助司机确定故障列车的性质和可能的快速的处理方法</td><td>□已完成
□未完成</td><td></td></tr>
</table>

步骤三：现场处置				
任　务	岗　位	技能要求	完成情况	写实记录
故障列车司机在行调的指挥下以正确的模式行车	司机	故障消除后，用“RM”模式运行列车，一旦发现异常立即停车	□已完成 □未完成	
		若故障未消除，在行车调度员的指示和“监督员”监督下，用“URM”模式运行至终点站	□已完成 □未完成	
		根据行调安排，将故障列车从终点站开往存车线或返回车辆段	□已完成 □未完成	
	行车调度员	关注全线列车运行密度和全线 ATC 系统设备正常运行。对于停在区间不能再用 SM 运行的列车，向故障列车司机传达如下命令： ①用 RM 模式运行到下一站台。 ②在下一车站站台，等候车站“监督员”上车，按调度员命令动车，用“URM”（限速 60 km/h）模式运行到终点。 ③在调度长的同意下，安排该列车从车站开往存车线或返回车辆段退出运营，不再接载乘客	□已完成 □未完成	
	调度长	协助行车调度员确认用 URM 模式运行的故障列车前方至少具有 2 个区间的安全空间	□已完成 □未完成	
	行车值班员	指派站务员作为故障列车“监督员”上车	□已完成 □未完成	
	站务员	以故障列车“监督员”的身份上车，监督司机驾驶	□已完成 □未完成	
步骤四：应急终止				
任　务	岗　位	技能要求	完成情况	写实记录
列车到达后及时汇报	站务员	列车运行到终点站完成“监督员”任务，向行车调度员报告	□已完成 □未完成	

职业素养			
序　号	素质要求	完成情况	写实记录
1	是否处理程序得当，避免常识性错误	□是□否	
2	是否具备良好的服务意识及沟通表达能力	□是□否	
3	是否做好乘客疏散和解释工作，安抚乘客情绪	□是□否	
4	是否清楚认识城市轨道交通突发事件所造成的危害，重视突发事件并有预防意识	□是□否	
5	是否符合“7S”管理规定，整理工作区域，备品恢复原位	□是□否	
备　注	根据单个列车车载 ATP 故障应急处置的流程，每完成一项且能标准作业，则在□内打“√”，否则打“×”。将未完成的流程在写实记录栏标注，方便查缺补漏		

任务评价

<table>
<tr><td colspan="9">任务五　列车自动防护（ATP）系统应急处置</td></tr>
<tr><td colspan="9">姓名：________　　学号：________　　小组：________</td></tr>
<tr><td colspan="9">过程评价（60 分）</td></tr>
<tr><td colspan="3" rowspan="2">评价依据</td><td rowspan="2">评分标准</td><td colspan="5">评价主体</td></tr>
<tr><td>自评</td><td>互评</td><td>师评</td><td>1+X
考评员</td><td>企业导师</td></tr>
<tr><td rowspan="3">知识
（A）</td><td>1</td><td>列举 ATP 系统基本组成和功能</td><td>10</td><td></td><td></td><td></td><td></td><td></td></tr>
<tr><td>2</td><td>ATP 故障类型</td><td>3</td><td></td><td></td><td></td><td></td><td></td></tr>
<tr><td>3</td><td>列举列车运行模式</td><td>7</td><td></td><td></td><td></td><td></td><td></td></tr>
<tr><td rowspan="3">能力
（B）</td><td>1</td><td>能及时准确汇报、传达信息</td><td>5</td><td></td><td></td><td></td><td></td><td></td></tr>
<tr><td>2</td><td>能够根据故障现象，初步判断故障类型和原因</td><td>10</td><td></td><td></td><td></td><td></td><td></td></tr>
<tr><td>3</td><td>能够根据行调指挥，正确执行操作</td><td>15</td><td></td><td></td><td></td><td></td><td></td></tr>
<tr><td rowspan="2">素养
（C）</td><td>1</td><td>有岗位责任意识，团队协作能力强</td><td>5</td><td></td><td></td><td></td><td></td><td></td></tr>
<tr><td>2</td><td>有预防意识，应急处置过程中心理素质好</td><td>5</td><td></td><td></td><td></td><td></td><td></td></tr>
<tr><td colspan="9">过程评价 = $A+B+C$</td></tr>
<tr><td colspan="9">结果评价（30 分）</td></tr>
<tr><td colspan="9">结果评价 = 本任务测试题得分</td></tr>
<tr><td colspan="9">增值评价 E（10 分）</td></tr>
<tr><td colspan="9">增量 =（过程评价 + 结果评价）本任务 -（过程评价 + 结果评价）前任务
增值评价 E：$E=10$（增量≥20 分）；$E=8$（增量 = 10 ~ 19 分）；
$E=6$（增量 = 5 ~ 9 分）；$E=4$（增量 < 5 分）</td></tr>
<tr><td colspan="9">本任务总评成绩</td></tr>
<tr><td colspan="9">总评 = 过程评价 + 结果评价 + 增值评价</td></tr>
</table>

任务总结

<table>
<tr><td colspan="2">主题：</td></tr>
<tr><td>要点栏</td><td>笔记栏</td></tr>
<tr><td colspan="2">总结栏</td></tr>
</table>

拓展提升

自动化运行程度等级

全自动驾驶（fully automatic operation，FAO）是指列车的运行完全没有人员的参与，列车在自动运行控制系统（ATO）的控制下实现全自动运行，包括休眠、唤醒、准备、自检、行驶、停车和开关车门，连列车外部的清洗也能在无人操作的情况下完成。

国际公共交通协会（UITP）将自动化运行程度分为五个等级，从低到高分别为 GoA0、GoA1、GoA2、GoA3、GoA4。

功　能	自动化等级				
	GOA0	GOA1	GOA2	GOA3	GOA4
运行方式	目视下车辆运行	非自动车辆运行	司机监督下车辆自动运行	有人值守下车辆自动运行	无人值守下车辆自动运行
驾驶模式	无自动车辆防护	自动车辆防护	自动车辆运行	全自动运行	全自动运行
安全速度限制	司机	自动	自动	自动	自动
牵引制动	司机	司机	自动	自动	自动
车辆离站发车	司机	司机	司机	自动	自动
车门控制	司机	司机	司机或自动	自动	自动
车辆上下线	司机	司机	司机	乘务员	自动
应急事件处理	司机	司机	司机	乘务员	自动

巩固与练习

1. 不定项选择题

（1）ATP 系统是(　　)。

A. 列车自动防护系统　B. 列车自动控制系统　C. 列车自动驾驶系统

（2）ATP 系统的功能有(　　)。

A. 列车位置检测功能　B. 测速测距功能　C. 超速防护功能　D. 车门控制功能

（3）自动折返模式是(　　)。

A. ATO 模式　B. AR 模式　C. SM 模式

D. RM 模式　E. URM 模式

2. 判断题

（1）列车在车辆段范围内只能用 RM 模式运行，车载 ATP 提供 25 km/h 的超速防护。(　　)

（2）在通常情况下，在车辆没有在站台旁停妥时，ATP 系统不允许车门开启。(　　)

（3）分级制动模式又分为阶梯型和曲线型，阶梯型列车制动减速更为平滑。(　　)

3. 简答题

（1）ATP 系统根据信息传输方式、车载设备与地面信息交换方式的不同的分类和特点。

（2）列举列车运行模式。

项目四

城市轨道交通火灾应急处置

任务一 认知城市轨道交通火灾

文本

认知城市轨道交通火灾

任务二 认知城市轨道交通消防设备设施

文本

认知城市轨道交通消防设备设施

视频

城市轨道交通主要消防设施设备

任务三 城市轨道交通车站火灾应急处置

学习目标

知识目标

1. 掌握城市轨道交通站厅火灾应急处置各岗位职责。

2. 掌握城市轨道交通站台火灾应急处置各岗位职责。

3. 掌握城市轨道交通设备区火灾应急处置各岗位职责。

能力目标

1. 能按照车站火灾应急处置流程进行拨打紧急电话、收发及传达、申请列车本站不停站通过、执行相关设备火灾联动模式、利用广播疏散乘客等应急处置。

2. 能在车站发生火灾时在保证自身安全的前提下进行应急处置。

素质目标

1. 增强学生职业认同感、社会责任感。
2. 培养沟通合作、认真细致的工作方式。

任务导入

2020 年 3 月 22 日 20 时 32 分，某地铁站内商铺发生火灾（图 4-3-1），车站立即启动火灾应急疏散程序，组织微型消防站队员开展灭火。20 时 40 分，车站向 119 报告，消防队员5 min 后到达现场对车站火情进行处置。同时，地铁运营启动了二级应急响应，对站内乘客进行疏散。20 时 55 分，火情处理完毕，21 时，车站恢复正常运营。经消防大队现场勘察，商铺过火面积一平方米，烧损了冰箱、雨伞、饮料等物品。

火灾发生时，地铁消防控制室值班人员、站内乘务员、安检工作人员等及时到达现场处置火情，但商铺的应急钥匙无法打开卷闸门，现场人员使用消防栓在商铺上方喷水，将火扑灭。据了解，2019 年 3 月，该商户曾按照地铁规定将应急钥匙移交车站，后 4 月因更换故障门锁，没有及时将新的应急钥匙移交给车站。在督促商户执行相关要求方面，地铁公司工作没有做到位。

根据鉴定结果，事故冰箱仍在有效使用年限内，火灾是由冰箱自带电源线短路引起，与电线加装金属护管有关。事故发生后，地铁集团立即停用 86 台同类型冰箱，并对全线网 455 间商铺、200 多台设备设施的电缆做全面排查与整改。

图 4-3-1　某地铁站内商铺发生火灾

（根据网络资料整理）

请思考：

1. 这次火灾的诱因是什么？
2. 地铁站发生火灾时，各岗位应采取怎样的应急措施？

任务描述

本任务中，站务岗位群工作人员需要协作配合，完成所在车站火灾的应急处置工作。通过了解城市轨道交通火灾的特点，熟记各种灭火器材的使用方法，所在车站的疏散路线，根据岗位作业流程和岗位职责，选择合理的灭火器材，进行车站站厅、站台、设备区火灾的应急处置。车站火灾应急处置工作需要有预防意识，良好的心理素质，具备较强的岗位责任意识及职业素养。

知识准备

一、车站火灾应急处置原则

（1）贯彻“救人第一，救人与灭火同步进行”的原则，积极施救。

（2）火灾发生的 5 min 内是关键时期，灭火要把握好这个关键时期，做好两项工作：一是使用灭火器材灭火和疏散人员；二是报火警。

（3）做好个人防护，及时穿戴防烟面具、荧光服等防护用品。

（4）火灾发生后，车站行车值班员或司机应立即报告行车调度员、公安，车站视情况报“119”“110”“120”，报告时语言应简明、扼要。

二、站厅火灾应急处置方法

（1）乘客组织模式。车站工作人员组织站厅乘客迅速出站，站台乘客留在原处，由行调安排后续列车将他们接走。

（2）列车运行模式。控制中心组织已进入火灾车站的列车不停车越过该站，并安排前一个车站的列车在车站清客，然后进入火灾车站的站台疏散乘客和其他人员；为保证乘客和车辆设备的安全，全线短时间停运，待特定列车将火灾车站乘客疏散完毕，确认该站可以通过时再以跳站方式恢复运行。

（3）通风排烟系统运行模式。运行该系统相应的火灾运行模式，保证站台乘客的安全。

（4）其他相关设备系统运行模式。根据具体情况采取相应的模式。

三、站厅火灾应急处置各岗位职责

（一）行车值班员

（1）接收到火警信息后，将情况报告值班站长。

（2）确认发生火灾后，报行调、环调、119、地铁公安、120。

（3）广播宣布执行站厅火灾应急处置程序，并反复广播引导乘客疏散。

（4）按压 AFC 和自动扶梯紧急按钮，将闸机设为紧急模式，关闭广告照明，确认相应的火灾模式已启动。

（5）及时将乘客疏散和灭火情况报告行调，并与行调、值班站长保持联系。

（二）值班站长

（1）接到火警通知后，立即到现场确认。

（2）确认发生火灾后通知车控室，宣布执行火灾应急处置程序，组织疏散乘客和灭火。

（3）消防队到现场后，将有关信息通报给消防负责人后，视情况组织员工灭火或撤退，撤退时负责确认所有站内人员疏散完毕。

（4）安排人员在出口拦截乘客进站。

（三）客运值班员

（1）接到执行火灾应急处置程序的通知后，赶到车控室，确认所有闸机已设为紧急模式，相应的通风排烟模式已开启，广告照明已关闭，自动扶梯已关停。

（2）完成上述任务后，拿对讲机、手提广播到站厅组织乘客疏散。

（3）接收到站台乘客疏散完毕的信息后，最后确认站厅乘客全部疏散出站后报车控室

（4）听从值班站长安排。

（四）（站厅）**站务员**

（1）确认并报告车控室火灾位置、火势大小、火灾性质等，第一时间灭火。

（2）确认火灾不可扑救后，立即疏散乘客出站。

（3）确认站厅乘客疏散完毕后报车控室。

（4）听从值班站长安排。

（五）（站台）**站务员**

（1）接到执行火灾应急处置程序的通知后，立即从远离火灾的一端疏散站台乘客，关停站台自动扶梯。

（2）当站台停有列车时，立即通知司机火灾信息，可将站台乘客疏散到列车上，通知司机立即关门动车。

（3）确认站台乘客疏散完毕后报车控室。

（4）听从值班站长安排。

（六）售票员

（1）接到执行火灾应急处置程序的通知后，收好钱和票，关闭票亭电源，将闸机和边门打开，关停站厅自动扶梯，疏散乘客出站。

（2）确认站厅乘客全部疏散出站后，报车控室。

（3）听从值班站长安排。

（七）司机

（1）当行调通知在火灾站的后方站扣车时，在站台开门待令，并做好乘客广播。

（2）接到车站发生火灾的通知后，行调决定在火灾站停车时，做好乘客广播，通知车上乘客在该站不下车。

（3）如行调决定在火灾站通过时，做好乘客广播并加强瞭望，确认进路。

（4）当列车停在火灾站时，立即关门动车开往下一站（区段站司机必须确认凭证和进路）。

（八）保洁

（1）接到执行火灾应急处置程序的通知后，到车控室取“安民告示”，到出入口张贴，并关停出入口自动扶梯。

（2）等候消防队到来，引导其到现场灭火。

延伸阅读

站厅层火灾送风排烟模式

控制风管的相关风阀开/闭，向站台层送风，停止向站厅层送风，站厅层进入排烟状态，

使得站厅层对地面、站台层形成负气压，阻止了烟雾向站台层扩散，并形成了地面楼梯通道的逃生气流通道。站厅层火灾送风排烟模式如图 4-3-2 所示。

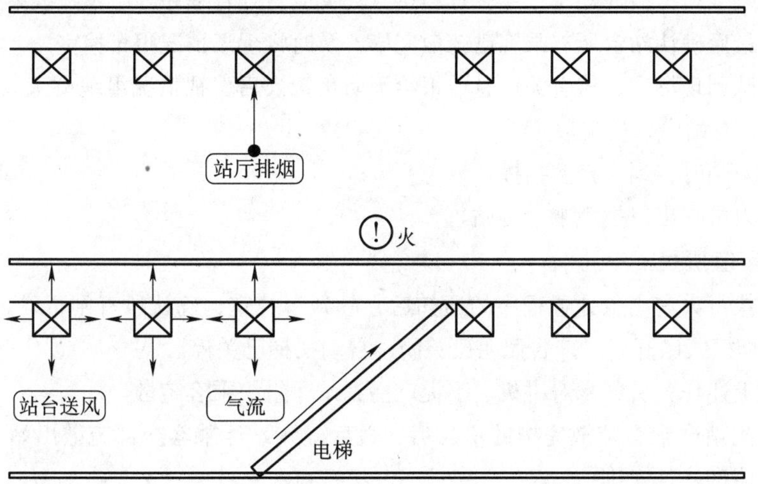

图 4-3-2　站厅层火灾送风排烟模式

四、站台火灾应急处置方法

（一）乘客组织模式

组织站内所有乘客上到地面；如果此时正好有列车停站上下客，应通过广播通知乘客停止下车，关闭车门和站台门。

（二）列车运行模式

进入车站范围的列车，应采取跳站运行方式越过该车站；未进入该车站范围的列车应在前方车站停车清客。在尚未确定火灾严重程度和情况之前，全线暂停运营，待确认情况后再决定是否恢复运行。

（三）通风排烟系统运行模式

转换为相应的运行模式。

（四）其他相关设备系统运行模式

根据具体情况采取相应的模式。

五、站台火灾应急处置各岗位职责

（一）行车值班员

（1）接收到火警信息后，命令（站台）站务员到报警点确认火警，并将情况报告值班站长。

（2）确认发生火灾后，报行调、环调、119、地铁公安、120。

（3）广播宣布执行站台火灾应急处置程序，并反复广播引导乘客疏散。

（4）按压 AFC 和自动扶梯紧急按钮，将闸机设为紧急模式，关闭广告照明，确认相应的火灾模式已启动。

（5）及时将乘客疏散和灭火情况报告行调，并与行调、值班站长保持联系。

（二）值班站长

（1）接到火警通知后，立即到站台确认。

（2）确认发生火灾后通知车控室，宣布执行火灾应急处置程序。组织疏散乘客和灭火。

（3）负责最后确认站台所有乘客已疏散完毕，及时将现场情况报车控室。

（4）消防队到现场后，将有关信息通报给消防负责人后，视情况组织员工灭火或撤退；撤退时负责确认所有站内人员疏散完毕。

（5）站厅安全时，到车控室指挥。

（6）安排人员在出口拦截乘客进站。

（三）客运值班员

（1）接到执行火灾应急处置程序的通知后，赶到车控室，确认所有闸机已设为紧急模式，相应的通风排烟模式已开启，广告照明已关闭，自动扶梯已关停。

（2）完成上述任务后，拿对讲机、手提广播到站厅组织乘客疏散。

（3）接收到站台乘客疏散完毕的信息后，最后确认站厅乘客全部疏散出站后报车控室。

（4）听从值班站长安排。

（四）（站台）**站务员**

（1）确认并报告车控室火灾位置、火势大小、火灾性质等，第一时间灭火。

（2）确认火灾不可扑救后，立即向站厅疏散乘客，并关停站台自动扶梯。

（3）确认站台乘客疏散完毕后报车控室。

（4）听从值班站长安排。

（五）（站厅）**站务员**

（1）接到执行火灾应急处置程序的通知后，收好钱和票，关闭票亭电源，将闸机和边门打开，疏散乘客出站。

（2）关停站台自动扶梯，到站台协助灭火。

（3）将灭火工作交给消防队员后，到出口拦截乘客进站。

（六）售票员

（1）接到执行火灾应急处置程序的通知后，收好钱和票，关闭票亭电源，将闸机和边门打开，利用手提广播疏散乘客出站。

（2）确认站厅乘客全部疏散出站后报车控室。

（3）听从值班站长安排。

（七）司机

（1）当行调通知在火灾站的后方站扣车时，在站台开门待令，并做好乘客广播。

（2）如行调决定在火灾站通过时，做好乘客广播并加强瞭望确认进路。

（3）当列车停在火灾站时，立即关门动车开往下一站（区段站司机必须确认凭证和进路）。

（八）保洁

（1）接到执行火灾应急处置程序的通知后，到车控室取“安民告示”到出入口张贴，并关停出入口自动扶梯。

（2）等候消防队到来，引导其到现场灭火。

延伸阅读

站台层火灾送风排烟模式

控制风管相关风阀的开/闭，向站厅层送风，停止向站台层送风，站台层进入排烟状态（高速排烟），使得站台层对站厅层形成负气压，阻止了烟雾向站厅层扩散，并形成了楼梯（扶梯）通道的逃生气流通道。站台层火灾送风排烟模式如图4-3-3所示。

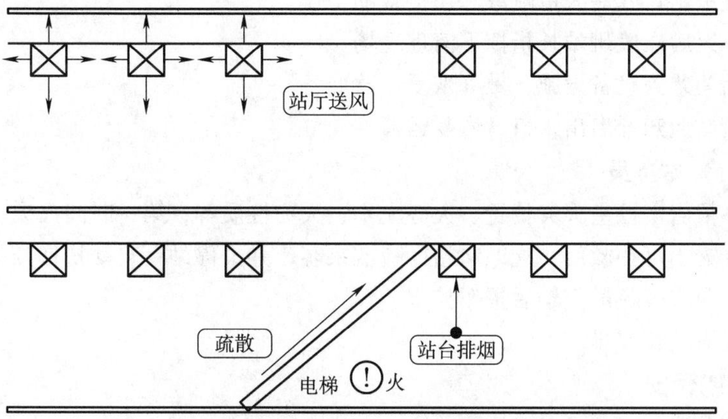

图4-3-3　站台层火灾送风排烟模式

六、设备区火灾应急处置各岗位职责

（一）行车值班员

（1）收到火警信息后，第一时间报告电力及防灾调度并通知值班站长确认，根据值班站长确认现场情况报送OCC、“119”、“120”及地铁公安。

（2）现场确认为火灾后，按照值班站长指令，将FAS系统转至自动位并确认各联动设备状态，播放紧急疏散广播，释放出站闸机及门禁系统，关闭广告灯箱电源。

（3）车站执行封站程序时，向行调、客运生产调度及值班站长汇报。

（4）按OCC指令操作IBP盘键面，或根据火情情况启动排烟设备或消防联动装置。

（5）与OCC、值班站长保持联系，按照值班站长意见进行火灾初报及续报。

（6）准备恢复运营服务，并向行调报告。

（7）做好事件相关记录。

（二）值班站长

（1）组织车站人员确认火情，指挥初起火灾扑救、组织人员疏散、救助受伤人员、做好外部救援力量接应安排，保持与各方的联系。

（2）接火情报告后，准备备品（防烟面具、灭火器等）到现场处置。火势不可控时，关闭起火设备房防火门，开展疏散及救助工作。

（3）通知各岗位按照车站设备区火灾应急处置方案开展处置。

（4）火势不可控，无法扑灭或车站有浓烟影响正常客运组织，暂时无法判明原因时，立即组织各岗位执行封站应急处置程序，通知行值将封站信息报告OCC。

（5）组织员工向未受火灾影响的区域疏散，确认员工全部疏散到站厅后报告车控室。

（6）消防队员到火场后，将灭火工作交给消防队员，命令灭火员工疏散到安全区后回到车控室指挥。

（7）与消防人员确认完全灭火，公安民警取证完毕后，组织员工进行现场清理，准备恢复运营。

（三）客运值班员

（1）接到执行火灾应急处置程序的通知后，赶到车控室，确认所有闸机已设为紧急模式。

（2）协助值班站长开展人员疏散和伤员救助工作。

（3）火灾扑灭后在值班站长指挥下清理现场。

（4）检查相关票务设备设施，做好恢复运营准备。

（5）根据值站通知开启出入口，恢复运营。

（四）（站台）**站务员**

（1）确认并报告车控室火灾位置、火势大小、火灾性质等，第一时间灭火。

（2）确认火灾不可扑救后，立即向站厅疏散乘客，并关停站台自动扶梯。

（3）确认站台乘客疏散完毕后报车控室。

（4）听从值班站长安排。

（五）保洁或保安

（1）引导119消防队员或120救护人员。

（2）按照站长或值班站长安排参与灭火与疏散工作。

（3）根据值站安排，保洁员至出入口张贴告示。

七、车站火灾的人员疏散

车站发生火灾后，先进行灭火，判断火势无法扑灭时，首先要做好乘客的疏散组织工作，站务员必须熟练掌握本站各个区域的疏散组织路线，组织乘客远离火源和烟雾。

按就近原则，在站台时，关停逆行的自动扶梯，组织站台乘客远离火源，从自动扶梯、楼梯上站厅后，由工作人员在站厅组织乘客往出入口疏散。某地铁站站台火灾紧急疏散程序见表4-3-1。

表4-3-1　某地铁站台火灾紧急疏散程序

职　责	值班站长	行车值班员	客运值班员	（站台）站务员	（站厅）站务员	售票员	其他人员
1. 发现火灾，向值班站长报告，并试图灭火		√	√	√			√
2. 报告控制中心，要求停止本站列车服务，并请求支援	√						
3. 宣布执行火灾紧急疏散计划	√						
4. 指示环控操作人员执行灭火排烟模式		√					
5. 关掉广告灯箱电源		√	√				
6. 担任事故处理主任，指挥疏散和灭火	√						

续表

职　　责	值班站长	行车值班员	客运值班员	（站台）站务员	（站厅）站务员	售票员	其他人员
7. 向控制中心报告火灾情况		√					
8. 关停自动扶梯，设置闸机为自由释放状态		√					√
9. 指引乘客疏散出站		√	√	√	√		√
10. 张贴安民告示，拦截乘客进站					√	√	√
11. 引导消防员到火灾现场	√			√			√

工作人员在站厅组织乘客往出入口疏散，所有员工在完成疏散工作后，参加灭火，见表 4-3-2。

表 4-3-2　某地铁站厅火灾紧急疏散程序

职　　责	值班站长	行车值班员	客运值班员	（站台）站务员	（站厅）站务员	售票员	其他人员
1. 发现火灾，向值班站长报告，并试图灭火		√	√		√	√	√
2. 报告行调发生火灾及请求支援	√	√					
3. 宣布执行火灾紧急疏散计划	√						
4. 指示环控操作人员执行灭火排烟模式		√					
5. 关掉广告灯箱电源		√	√				
6. 担任事故处理主任，指挥疏散和灭火	√						
7. 向控制中心报告火灾情况		√					
8. 关停自动扶梯，设置闸机为自由释放状态		√	√		√		√
9. 指引乘客疏散出站			√		√		√
10. 张贴安民告示，拦截乘客进站			√		√	√	√
11. 引导消防员到火灾现场	√				√		

将乘客疏散完毕后再疏散员工，站务员须熟练掌握本站设备区的疏散路线，按照房内疏散指示图及疏散指示标志就近疏散出站。

个别结构复杂或特殊的车站为了满足火灾疏散需要，在站台两端、站厅、设备区尽头设置了紧急疏散专用通道，直接通往站外，站务员须按就近原则，组织乘客或员工从紧急疏散专用通道出站。

视　频

火灾自动报警系统简介

延伸阅读

安全疏散运营管理要求

1. 站台层、站厅付费区和站厅非付费区、出入口通道的乘客疏散区内不得设置商业场所，也不得设置妨碍乘客疏散的设备及堆放可燃物。地铁开发商业时，商业区与地铁车站间应划分不同防火分区，并应符合《建筑设计防火规范（2018 年版）》(GB 50016—2014) 规定。

2. 站厅非付费区内设置零星商铺，应符合下列规定：

（1）不得经营和储存火灾危险性为甲类、乙类和丙类的物质和商品。

（2）每个站厅非付费区内单处商铺的面积不得超过 50 m^2，商铺总面积不应大于 100 m^2。

（3）商铺总面积超过 100 m^2 应单独设置排烟系统，采用防火墙或防火卷帘与其他部位进行防火分隔，并设置自动喷水灭火系统、火灾自动报警系统。

（4）每个站厅至少应有两个出入口，通道内不设置商铺及不与商业空间衔接。设置商铺和与商业空间衔接的通道，其防火设计应符合 GB 50016—2014 的规定，通道与站厅公共区临界面应设置防火卷帘。

3. 地铁运营企业应结合线路和运营管理具体情况编制涵盖人员疏散的综合应急预案、车站及区间火灾和其他灾害事故疏散专项应急预案，以及疏散的现场应急处置方案，并定期进行演练。综合应急预案应至少 1 个季度演练一次，车站及区间疏散专项应急预案应至少 2 个月演练 1 次，疏散现场处置方案应至少 1 个月进行一次桌面和实战演练。

4. 疏散现场处置方案应结合车站特点和火灾及其他灾害场景风险分析，做到一站一方案，疏散路线图宜按照车站列车火灾、站台公共区火灾、站厅公共区火灾及其他灾害场景制定。

5. 车站工作人员及司机应具备紧急情况下现场组织疏散职责，并定期进行应急能力培训。

6. 当车站客流超过远期超高峰预测客流且事故安全疏散时间超过 6 min 时，地铁运营企业应立即进行车站疏散能力提升改造。

7. 地铁运营企业应在车站配备疏散和救援所需的应急物品。

技能训练

根据上述城市轨道交通车站火灾应急处置岗位职责，制定一份车站站厅火灾应急演练方案，并根据方案分角色开展应急演练。

一、人员分工

按照本任务涉及的岗位，设置行车值班员、值班站长、客运值班员、站务员等岗位。每 8 人分成一个小组，按照突发大客流应急处置流程完成模拟演练。

小组分工表

班　级		车站名称	
组　别		日　期	
岗　位	姓　名	任务分工	
（站厅）站务员			
行车值班员			
值班站长			

客运值班员		
售票员		
（站台）站务员		
保　洁		
司　机		

二、设施及备品

城市轨道交通车站实训室、多媒体教学设备等设施及消防防护服、干粉灭火器、水基型灭火器、消防栓、发光导向绳（棒）、消防应急照明等。

清点备品表

清点所要使用的设备、工具、材料				
车站名称：		组别：		时间：
序号	名　称	数　量	设备状态	清　点
1	消防防护服	4个	□完好 □不能使用	□已清点
2	干粉灭火器	2个	□完好 □不能使用	□已清点
3	水基型灭火器	2个	□完好 □不能使用	□已清点
4	消防栓	1个	□完好 □不能使用	□已清点
5	发光导向绳（棒）	若干	□完好 □不能使用	□已清点
6	消防应急照明	5个	□完好 □不能使用	□已清点
备注	检查备品的数量及备品状态，每完成一项且结果正常，则在□内打“√”，否则打“×”			

三、演练过程

根据任务要求，按城市轨道交通车站站厅突发火灾的应急处置程序完成模拟并记录演练过程。

突发站厅火灾应急处置演练过程写实表

组　别		小组成员			
班　级		车站名称		演练时长	
步骤一：初期火情确认与报告					
岗　位	技 能 要 求		完成情况记录		
站厅站务员	确认火灾位置、火势大小、火灾性质，并立即报告车控室		□表述准确完整 □表述含糊不清 □未完成		
	第一时间尝试灭火		□表述准确完整 □表述含糊不清 □未完成		

行车值班员	接收火警信息，立即报告值班站长	□表述准确完整 □表述含糊不清 □未完成	
行车值班员	初步确认火灾后，迅速向行调、环调、119、地铁公安、120 报告	□表述准确完整 □表述含糊不清 □未完成	
步骤二：应急响应启动			
岗　位	技 能 要 求	完成情况	写实记录
值班站长	组织车站人员确认火情，并通知车控室	□已完成 □未完成	
值班站长	宣布执行火灾应急处置程序，组织人员疏散和初步灭火	□已完成 □未完成	
步骤三：乘客疏散与安全措施			
岗　位	技 能 要 求	完成情况	写实记录
站厅站务员	确认火灾不可扑救后，立即疏散乘客出站	□已完成 □未完成	
站厅站务员	疏散完毕后报告车控室	□已完成 □未完成	
行车值班员	通过广播系统反复播放疏散指引，引导乘客疏散	□已完成 □未完成	
行车值班员	按压 AFC 和自动扶梯紧急按钮，将闸机设为紧急模式，关闭广告照明，确认火灾模式启动	□已完成 □未完成	
客运值班员	确认闸机、通风排烟、广告照明、自动扶梯等设备已进入应急状态	□已完成 □未完成	
客运值班员	使用对讲机、手提广播到站厅协助疏散乘客	□已完成 □未完成	
售票员	收好钱票，关闭票亭电源，打开闸机和边门，关停自动扶梯，疏散乘客	□已完成 □未完成	
售票员	确认站厅乘客全部疏散后报告车控室	□已完成 □未完成	
站台站务员	从远离火灾的一端疏散站台乘客，关停站台自动扶梯	□已完成 □未完成	
站台站务员	当有列车时，通知司机火灾信息，组织乘客疏散至列车并通知关门动车	□已完成 □未完成	
站台站务员	确认站台乘客疏散完毕后报告车控室	□已完成 □未完成	
保洁员	到车控室取“安民告示”，到出入口张贴，并关停出入口自动扶梯	□已完成 □未完成	
保洁员	等候消防队到来，引导其至现场	□已完成 □未完成	

司机	根据行调指令，在火灾站后方站扣车或执行特定操作	□已完成 □未完成	
	如列车停在火灾站，做好乘客广播，根据情况决定是否继续前行或关门动车	□已完成 □未完成	
步骤四：后续处理与协调			
岗 位	技 能 要 求	完成情况	写实记录
值班站长	消防队到达后，通报相关信息，并根据情况组织灭火或撤退	□已完成 □未完成	
	确认所有人员疏散完毕，安排人员拦截进站乘客	□已完成 □未完成	
行车值班员	持续向行调报告乘客疏散和灭火情况，保持通信畅通	□已完成 □未完成	
职 业 素 养			
序 号	素 质 要 求	完成情况	写实记录
1	处理程序是否得当，避免常识性错误	□是□否	
2	是否具备良好的安全意识及沟通表达能力	□是□否	
3	是否做好乘客疏散和解释工作，安抚乘客情绪	□是□否	
4	是否清楚认识城市轨道交通车站火灾应急事件响应流程与各岗位协作	□是□否	
备 注	根据车站站厅火灾应急处置的流程，每完成一项且能标准作业，则在□内打“√”，否则打“×”。将未完成的流程在写实记录栏标注，方便查缺补漏		

任务评价

任务三 城市轨道交通车站火灾应急处置								
姓名：________			学号：________			小组：________		
过程评价（60 分）								
评 价 依 据			评分标准	评 价 主 体				
				自评	互评	师评	1+X 考评员	企业导师
知识（A）	1	熟悉城市轨道交通站厅火灾应急处置	10					
	2	熟悉城市轨道交通站台火灾应急处置	10					
能力（B）	1	能够对站厅火灾采取正确的应对方式	15					
	2	能够对站台火灾采取正确的应对方式	15					
素养（C）	1	具有社会责任感	5					
	2	建立沟通合作、认真细致的工作方式	5					
过程评价 $=A+B+C$								

结果评价（30 分）
结果评价 = 本任务测试题得分
增值评价 E（10 分）
增量 = （过程评价 + 结果评价）本任务 - （过程评价 + 结果评价）前任务 增值评价 E：$E = 10$（增量 ≥ 20 分）；$E = 8$（增量 = 10 ~ 19 分）； $E = 6$（增量 = 5 ~ 9 分）；$E = 4$（增量 < 5 分）
本任务总评成绩
总评 = 过程评价 + 结果评价 + 增值评价

任务总结

主题：	
要点栏	笔记栏
总结栏	

拓展提升

劳模故事

真正的“城市守护者”

2024 年 9 月 19 日上午 10：35，南昌地铁维修中心工建三车间轨道三班组的徐鑫和赵云峰，在驾车前往 4 号线高新停车场执行巡检任务的途中，意外地发现马路对面浓烟滚滚，情况十分危急。

面对突如其来的火情，徐鑫和赵云峰毫不犹豫地采取了行动。他们迅速停车，不顾个人安危，毅然决然地奔向火源。经初步勘查，火势已蔓延到路边的杂草，并且现场存在大量易燃物品，更令人担忧的是，火场边缘赫然可见燃气管线标志，一旦火势失控，后果将不堪设想，不仅会威胁到周边居民的生命财产安全，还可能危及城市基础设施的正常运行。在这紧要关头，两位轨道守护者展现他们的高度责任感和职业素养。他们迅速分工合作，一人迅速返回办公区，紧急收集水桶、灭火器等应急设备，另一人则保持冷静，立即拨打了火警电话，准确地报告了火灾的位置和现场状况，为专业救援队伍的迅速响应争取了宝贵的时间。

紧接着，徐鑫和赵云峰携带灭火装备，不畏猛烈的火势，与随后抵达的消防员并肩作战。经过紧张有序的扑救，他们最终成功地控制并彻底扑灭了火势。此次行动不仅有效阻止了火势的进一步蔓延，还避免了可能发生的燃气管道爆炸等次生灾害，确保了人民群众的生命财产安全。

事后，燃气管道公司的专业人员迅速抵达现场进行勘查，对徐鑫、赵云峰两位同志的及时救援给予了高度评价，认为他们的英勇行为有效避免了重大安全事故的发生，是真正的“城市守护者”。

（根据网络资料整理）

巩固与练习

1. 不定项选择题

（1）当车站站台垃圾桶冒烟时，作为工作人员，你应当立即(　　)。

A. 报“119”　　B. 使用灭火器进行初期扑救

C. 维护站台秩序　　D. 报告值班站长

（2）下列有关火灾疏散的原则说法错误的是(　　)。

A. 火灾仅发生在局部区域时，引导乘客从未受影响区域疏散至站外

B. 刚好有列车到站时，由车站工作人员、司机组织站台乘客上车，尽快驶离事发车站

C. 可穿越火灾现场进行疏散

D. 组织疏散时，要求逆风迎面疏散

（3）车站火灾应急处置原则是(　　)。

A. 贯彻“救人第一，救人与灭火同步进行”的原则，积极施救。

B. 火灾发生的5 min内是关键时期，灭火要把握好这个关键时期。

C. 做好个人防护，及时穿戴防烟面具、荧光服等防护用品

D. 火灾发生后，车站行车值班员或司机应立即报告行车调度员、公安，车站视情况报119、110、120，报告时语言应简明、扼要。

2. 填空题

（1）________、________和________、________的乘客疏散区内，不得设置商业场所，也不得设置妨碍乘客疏散的设备及堆放可燃物。

（2）火灾发生的5 min内是关键时期，灭火要把握好这个关键时期，做好两项工作：一是________，二是________。

3. 简答题

（1）简述站厅火灾应急处置站务员的职责。

（2）简述站台火灾应急处置值班站长的职责。

任务四 城市轨道交通列车火灾应急处置

学习目标

知识目标

1. 掌握城市轨道交通站内列车火灾应急处置措施与各岗位职责；
2. 掌握城市轨道交通区间列车火灾应急处置措施与各岗位职责。

能力目标

1. 能够对城市轨道交通站内列车火灾采取正确的应对方式；
2. 能够对城市轨道交通区间列车火灾采取正确的应对方式。

素质目标

1. 培养“知行合一”的工作理念；
2. 培养认真踏实、细致入微的职业素养。

任务导入

2003 年 2 月 18 日某市中央车站地铁发生了特大火灾事件（图 4-4-1），造成了世界地铁历史上罕见的特大火灾。

9 时 53 分，当开往安心方面的地铁抵达中央路车站时，放火犯从放在座席右侧的皮包中取出装有约 2 L 汽油的塑料瓶，打开瓶盖使用打火机点燃，火焰迅速从该放火犯衣服及座席处蔓延到整个列车 6 节车厢，4 min 后到达反向站台的第二列地铁的 6 节车厢，造成 12 节车厢烧毁，站台、地下 1、2 层（车站共三层）有关设施损坏。灭火后发现，首先起火的第一列地铁只有驾驶员室站台侧车门、第一节车厢站台侧 4 个车门、第二节车厢站台侧 4 个车门、第 6 节车厢站台侧从后数 3 个车门处于开放状态，其他车门全部关闭。第二列地铁（起火 4 min 后进入站台）仅有驾驶员室站台侧车门、第一节车厢两侧第 3 个车门、第 5 节车厢站台侧前 2 个车门处开放状态，其他车门全部关闭（经过事后调查，该列车的驾驶员拔掉列车的总操作钥匙后逃生，使其备用电池不能工作，操作驾驶室内的车门开启栓也无法打开车厢的车门）。火灾造成 198 人死亡，146 人受伤，还有 298 人失踪。

某市地铁火灾引起了世界各国的高度重视。地铁一旦发生火灾，会给人民的生命财产带来不可估量的损失，同时给社会带来不安定的影响。因此，城市轨道交通列车火灾的应急处置非常重要。

图 4-4-1　某市地铁火灾现场

（根据网络资料整理）

请思考：

1. 如何做好列车火灾预防工作？
2. 你都知道哪些列车火灾的应急处置措施？

任务描述

在本任务中，站务岗位群工作人员需紧密协作，高效完成城市轨道交通列车火灾的应急处置工作。这要求全体成员不仅熟悉火灾突发事件的特性，还需具备迅速识别火灾规模与紧急程度的能力，以便采取恰当的应对措施。通过了解列车结构、消防设施布局及疏散通道状况等客观因素对应急处置的影响，各岗位需依据既定的作业流程和明确的岗位职责，迅速而有序地进行应急处置。列车火灾应急处置工作需要有预防意识及良好的心理素质，具备较强的岗位责任意识及职业素养。

知识准备

一、城市轨道列车火灾应急处置流程

列车发生火灾时往往由乘客首先发现，然后通知司机和控制中心。当列车发生火灾时，首先应确认火灾的严重程度，决定列车是否继续运行到下一个车站或在区间紧急停车疏散乘客。当列车还可以继续运行到下一个车站时，按车站发生火灾处理。某地铁列车火灾应急处置流程如图 4-4-2 所示。

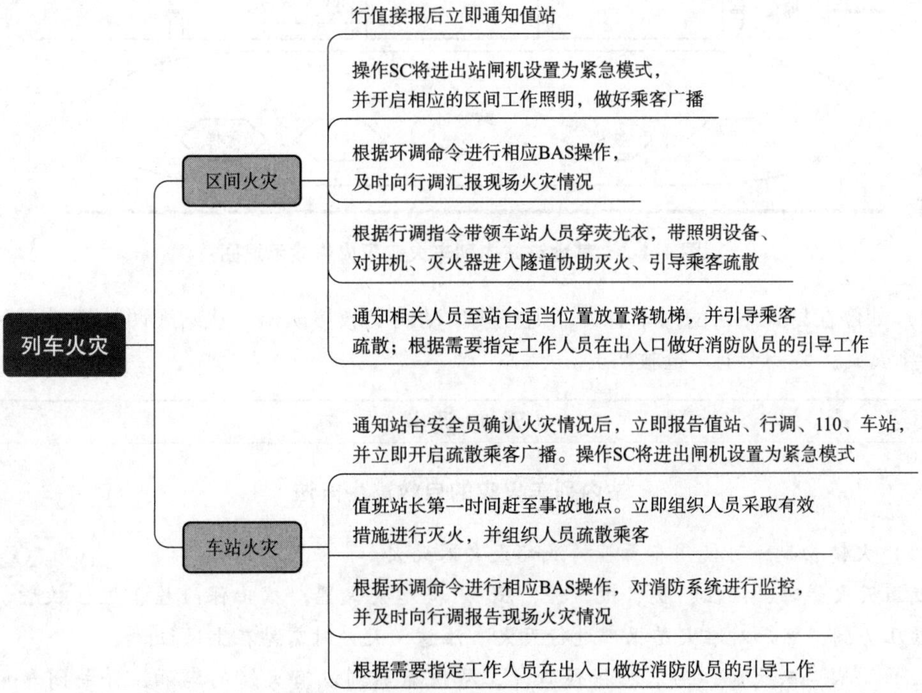

图 4-4-2　某地铁列车火灾应急处置流程

二、列车在车站发生火灾的应急处置措施

列车在车站发生火灾时，司机应迅速打开站台侧所有车门，使用车内灭火器进行扑救，对

乘客进行广播疏散，配合车站工作人员的引导将乘客疏散到安全区域。

车站应紧急组织两支救援队伍，采取两边夹攻办法，速战速决，扑灭火灾。同时，应立即通过广播向车内乘客和候车乘客发出火灾警报，立即执行火灾紧急疏散计划，指明乘客应从哪一线路撤离，停止路线上的其他列车开行和其他乘客进入火场，并派车站作业人员组织引导乘客利用车站楼梯、出入口疏散，快速撤离，努力维持秩序，并将重伤者及时送往医院。

（1）如图4-4-3所示，在一岛两侧式的车站，列车3号车厢在Ⅰ道或Ⅱ道着火，措施如下：

①值班站长担任事故处理主任，通知电调切断电源后，组织站务员组成第一救援队，利用二站台（或三站台）消防水源灭火。

②站长或客运值班员带领售票员，组成第二救援队，佩戴防毒面具进入列车抢救伤员。

③行车值班员负责向行调报火警及指令环控设备的操作。

如停在岛式站台的列车着火，则一般出动两支救援队伍，从站厅两端楼梯下到站台，一支紧急灭火，另一支上车抢救伤员。

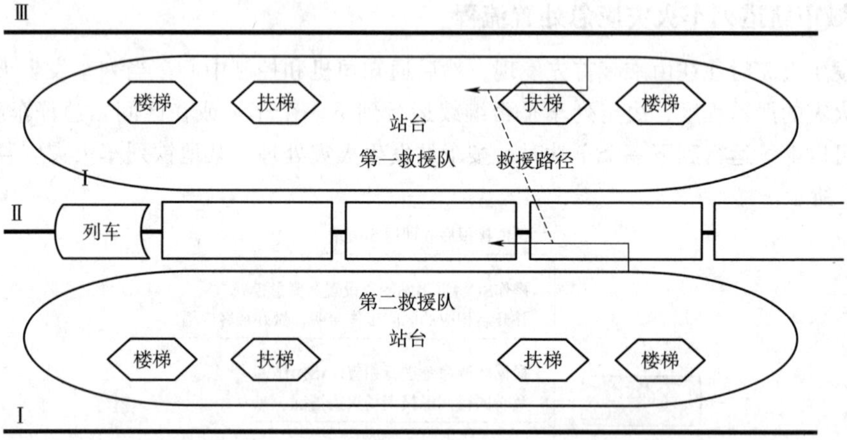

图4-4-3　某地铁站内列车火灾灭火作战示意图

（2）如停在岛式站台的列车着火，则一般出动两支救援队伍，从站厅两端楼梯下到站台，一支紧急灭火，另一支上车抢救伤员。

延伸阅读

站内列车火灾的自救逃生方法

（1）火情初期，可使用车厢座椅底部灭火器灭火。

使用灭火器时，记住“提、拔、握、压”。提起灭火器、拔出保险栓、握住软管、按压灭火器压力阀，然后对准火苗根部进行灭火。注意，灭火时需站在上风位。

（2）当火势较大时，用衣物捂住口鼻，尽快撤离到没有火情的车厢，并关闭车厢联通门。如有浓烟，应把身体重心降低，弯腰逃生。

（3）必要时用紧急解锁装置打开车门，或用破窗锤敲打车窗4个角落，增加逃生概率。

（4）向站外方向疏散。

三、列车在车站发生火灾应急处置的各岗位职责

列车在站台发生火灾时，司机应迅速打开站台侧所有车门，使用车内灭火器进行扑救，对乘客进行广播疏散，配合车站工作人员的引导将乘客疏散到安全区域。

具体而言，站内列车火灾应急处置各岗位职责如下：

（一）司机

（1）接收到火警信息后，立即打开车门、站台门，通知（站台）站务员到现场确认，报告行调。

（2）确认列车发生火灾后，广播指引乘客疏散，立即降下受电弓（收回集电靴），施加停车制动。

（3）做好个人防护，到现场进行灭火。

（4）严格执行行调的指挥，充分配合事故处理主任的工作。

（5）火灾扑灭后在动车前，负责确认车况，并报行调。

（二）（站台）站务员

（1）确认并报告车控室/司机火灾位置、火势大小、火灾性质等（初步判断），通知司机将列车扣在车站处理，关停站台自动扶梯。

（2）第一时间用灭火器灭火，疏散列车内乘客。

（3）当火灾不可扑救时，停止扑救，疏散列车和站台的乘客出站。

（4）检查确认列车内/站台没有乘客滞留后报车控室。

（5）听从值班站长安排。

（三）行车值班员

（1）接收到火警信息后，命令（站台）站务员到报警点确认火警，并将情况报告值班站长。

（2）确认发生火灾后，将列车扣在车站处理，报行调、119、城市轨道交通公安、120。

（3）广播宣布执行站内列车火灾应急处置程序，并反复广播引导乘客疏散。

（4）按压AFC和自动扶梯紧急按钮，将闸机设为紧急模式，关闭广告照明，确认相应的火灾模式已启动。

（5）及时将乘客疏散和灭火情况报告行调，并与行调、值班站长保持联系。

（6）当接到区间火灾列车正开往本站通知时，立即宣布执行站内列车火灾应急处置程序。

（四）值班站长

（1）接到火警通知后，立即到站台确认。

（2）确认发生火灾后，通知车控室宣布执行站内列车火灾应急处置程序，组织疏散乘客灭火，在用水灭火前，要先确认有关设备是否停电。

（3）负责最后确认列车、站台乘客疏散完毕，报车控室。

（4）消防队到现场后，将有关信息通报给消防负责人后，视情况组织员工灭火或撤退，撤退时负责确认所有站内人员疏散完毕。

（5）站厅安全时，到车控室指挥。

（6）安排人员在出入口拦截乘客进站。

（五）客运值班员

（1）接到执行火灾应急处置程序的通知后，赶到车控室，确认所有闸机已设为紧急模式，

相应的通风排烟模式已开启，广告照明已关闭，自动扶梯已关停。

（2）完成上述任务后，拿对讲机、手提广播到站厅组织乘客疏散。

（3）接收到列车、站台乘客疏散完毕的信息后，最后确认站厅乘客全部疏散出站后报车控室。

（4）听从值班站长安排。

（六）（站厅）**站务员**

（1）关停站台自动扶梯，到站台协助灭火。

（2）将灭火工作交给消防队员后，到出入口拦截乘客进站。

（七）售票员

（1）接到执行火灾应急处置程序的通知后，收好钱和票，关闭票亭电源，将闸机和边门打开，利用手提广播疏散乘客出站。

（2）确认站厅乘客全部疏散出站后报车控室。

（3）协助灭火。

（八）保洁

（1）接到执行火灾应急处置程序的通知后，到车控室取“安民告示”，到出入口张贴，并关停出入口自动扶梯。

（2）等候消防队到来，引导其到现场灭火。

四、列车在区间发生火灾的应急处置措施

列车在运行过程中，区间隧道内发生火灾时会使乘客撤离和救援处理更困难，应尽量驶入前方车站，利用前方车站来组织疏散乘客。

（1）列车在区间发生火灾，能继续运行时的应急处置：

①司机迅速向控制中心和两端车站报告，维持运行至就近车站，引导乘客使用车上灭火器进行灭火。

②行车值班员立即向公安部门和消防机构报警，报告值班站长和行车调度；通知相关岗位人员执行列车火灾紧急疏散预案；广播通知和引导乘客进行紧急疏散。

③根据控制中心命令指挥现场列车，将原停靠列车开走，防止后续列车进站。

④值班站长带领工作人员疏散站台、站厅乘客；在车站出入口处设立警告标志，阻止人员进入车站；做好灭火、疏散列车内乘客的准备。

⑤列车进站后执行到站列车发生火灾时的处理程序。

（2）列车在区间发生火灾，无法继续运行时的应急处置：

①司机迅速判明火情，立即向控制中心和两端车站报告；用标准用语进行广播宣传，稳定乘客情绪，引导乘客使用车内灭火器灭火，告知乘客撤离的路线和方法，并组织乘客撤离列车，步行至邻近车站或引导乘客从有安全指示灯光显示的紧急出口疏散至安全地点。组织乘客撤离时，应切断牵引电流，打开隧道内的安全照明灯。

②两端车站行车值班员接到火灾的报告后，立即报告值班站长；通知相关岗位人员；开启相应的隧道照明；做好乘客广播。

③环控调度应按列车火灾实际情况指挥启动相应的送风及排烟程序，通风排烟方向应与乘客撤离方向相反。

④值班站长带领工作人员疏散站台、站厅内乘客：在车站出入口处设立警告标志，阻止人

员进入车站；进入隧道协助乘客疏散；消防队到达现场后，派人引导其到火灾现场进行扑救。

⑤本区间的列车运行立即中止，另一条隧道也应立即停止行车。

区间列车火灾的处理流程如图 4-4-4 所示。

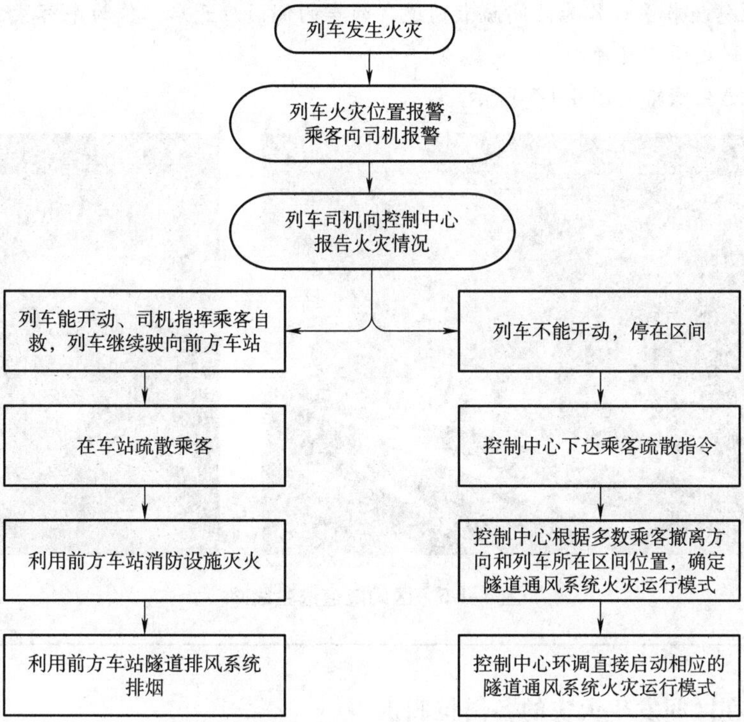

图 4-4-4　区间列车火灾的处理流程

延伸阅读

区间安全疏散

1. 区间安全疏散可采用应急疏散平台疏散和道床疏散两种方式，疏散路径需保证连贯性、无障碍、平整，当列车在区间内着火等不能行驶到前方车站时，乘客可通过道床或应急疏散平台步行撤离至安全区。

2. 区间疏散的安全区应设置为：

（1）地下区间隧道的通风排烟系统事故模式正常启动后，无烟气进入或烟气温度、可见度、有毒气体浓度等均保持对人员安全的区域，如车站站台、未起火隧道或区间风井内设置直接通向地面的防烟楼梯间。

（2）高架区间的车站站台。

3. 区间疏散的安全出口应符合下列规定：

（1）区间疏散的安全出口应设置为与车站站台连接的站台门端门或端部通道口。

（2）地下区间隧道内起火隧道通向具有正压保护的未起火隧道的联络通道出口。

（3）当地下区间隧道设置区间风井内设置直接通向地面的防烟楼梯间，防烟楼梯间可作为安全出口。

4. 采用道床作为区间疏散通道，列车端部车辆应设置专用前端门作为乘客紧急疏散门，并配置下车设施，组成列车的各车辆之间应贯通。

5. 采用应急疏散平台作为区间疏散通道，列车的侧门应开启，作为乘客紧急疏散门，组成列车的各车辆之间宜贯通。

区间隧道逃生线路如图4-4-5所示。

图4-4-5　区间隧道逃生线路

五、列车在区间发生火灾的各岗位职责

区间列车火灾应急处置各岗位职责如下：

（一）司机

（1）接报警信息后，迅速向行调报告，并广播安抚乘客，指引乘客使用车厢座位下的灭火器进行灭火，尽量维持运行到车站处理。

（2）当列车维持运行到车站后，按照列车在站台发生火灾处理。

（3）列车被迫停在区间后，立即降下受电弓（收回集电靴），施加停放制动。

（4）到火灾点进行初步扑救。

（5）判断火灾不可控制后，停止扑救，引导乘客疏散。

（6）确认列车上乘客疏散完毕后，报行调，跟随乘客疏散，并沿途确认没有乘客滞留。

（7）配合车站值班站长的工作。

（8）火灾扑灭后，在动车前负责确认车况，并报行调。

（二）行车值班员

（1）接到列车停在区间发生火灾的通报后，报值班站长，通知（站台）站务员将相应端的站台门端门设置为敞开状态。

（2）报119、城市轨道交通公安、120。

（3）接到停运的通知后，广播宣布执行区间列车火灾应急处置程序，并反复广播引导乘客疏散。

（4）按压AFC和自动扶梯紧急按钮，将闸机设为紧急模式，关闭广告照明，确认相应的火灾模式已启动。

（5）接到进行区间疏散的通知后，立即通知值班站长执行。

（6）及时将乘客疏散和灭火情况报告行调，并与行调、值班站长保持联系。

（三）值班站长

（1）接到火灾报告后，立即通知（站厅）站务员（售票员1）顶替（站台）站务员，带齐事故处理物品和（站台）站务员、客运值班员进入区间引导疏散乘客。

（2）与司机取得联系，组织乘客向车站疏散，用灭火器或隧道消防栓灭火，做好与司机的沟通和合作。

（3）对列车上乘客疏散情况进行确认，确保所有乘客撤离，并将现场情况及时通报行车值班员。

（4）消防队员到火场后，将灭火工作交给消防队员，或在火势失去控制时，命令现场员工疏散到车站。

（5）确认乘客全部从车站疏散后，到车控室指挥处理。

（6）安排人员在出口拦截乘客进站。

（四）（站台）**站务员**

（1）听到指令后立即打开事故一侧的端墙门，穿上荧光衣，戴好防毒面具。

（2）和值班站长到现场疏散列车上的乘客，并进行灭火。

（3）与值班站长保持联系，并听从值班站长的安排。

（4）向车站撤离时，确保乘客已完全疏散。

（5）在打开的端墙门处站岗，及时传递信息。

（五）客运值班员

（1）接到执行火灾应急处置程序的通知后，赶到车控室，确认所有闸机已设为紧急模式，相应的通风排烟模式已开启，广告照明已关闭，站台自动扶梯已关停。

（2）完成上述任务后，拿对讲机、手提广播到站台指挥组织乘客疏散。

（3）确认列车、站台乘客疏散完毕后，报车控室。

（4）到车控室协助行车值班员。

（六）（站厅）**站务员**

（1）关停站台至站厅层的自动扶梯，穿荧光衣，到站台顶（站台）站务员。

（2）指引乘客向站厅疏散，确认乘客疏散情况和受伤情况，并将信息及时报告车控室。

（3）指引消防队员进入火场。

（4）原（站台）站务员回站台后，回站厅负责站厅的工作。

（七）售票员

（1）收好钱和票，关闭票亭电源，打开通道门、闸门，组织站厅乘客疏散。

（2）确认乘客疏散完毕后报车控室。

（3）负责站厅的工作。

（八）保洁

（1）接到执行火灾应急处置程序的通知后，到车控室取“安民告示”，到出入口张贴，并关停出入口自动扶梯。

（2）等候消防队到来，引导其到现场灭火。

延伸阅读

列车在区间发生火灾时，乘客疏散方向和隧道通风方向如何确定？

地下区间隧道烟气控制方向一般按与多数乘客疏散相反的方向组织纵向通风，起火区间隧道内的人员疏散方向为迎着新风疏散。

1. 列车头部着火时司机应组织乘客迅速从车位下车后步行至后方的车站，OCC应开启隧道通风系统紧急模式，向列车前进方向送风，使烟雾远离乘客，如图4-4-6所示。

图4-4-6　列车头部着火

2. 列车车尾着火时司机应组织乘客从车头迅速下车后步行至前方车站，OCC应开启隧道通风系统紧急模式，向列车后退方向送风，如图4-4-7所示。

图4-4-7　列车尾部着火

3. 列车中部着火且停在近前方车站时，司机应组织乘客从两端下车并分别步行至前、后方车站，运营控制中心应开启隧道通风系统紧急模式，朝列车前进方向送风使烟雾远离尾部乘客，而列车头部乘客因距离前方车站较近，不会受到烟雾伤害，如图4-4-8所示。

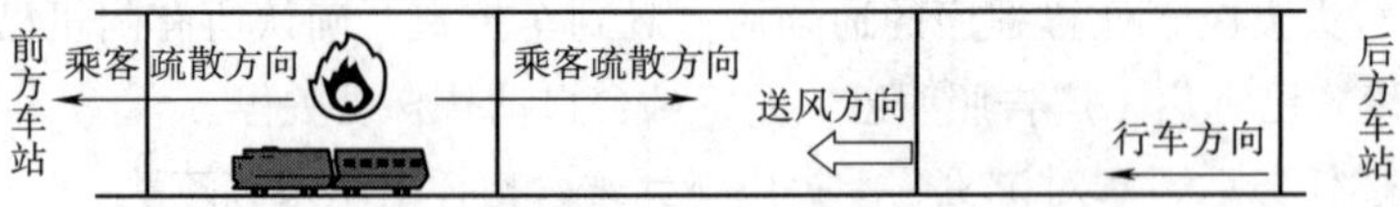

图4-4-8　列车中部着火且停在近前方车站

4. 列车中部着火且停在近后方车站时，司机应组织乘客向两端疏散，运营控制中心应开启隧道通风系统紧急模式，朝列车后退方向送风，使烟雾远离头部乘客，而列车尾部乘客距离后方车站较近，不会受到烟雾伤害，如图4-4-9所示。

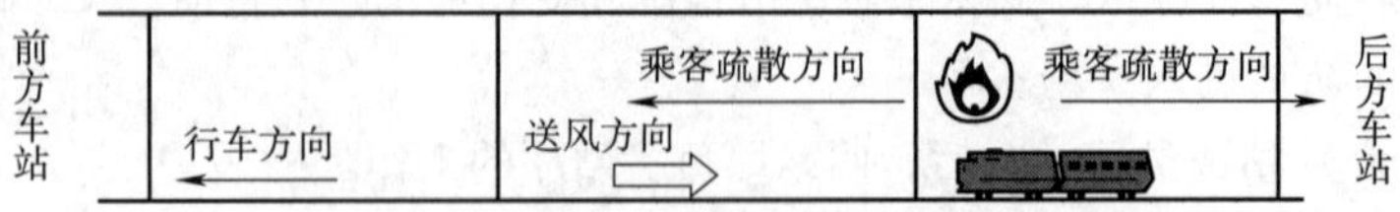

图4-4-9　列车中部着火且停在近后方车站

5. 列车中部着火且停在区间中部，司机应组织乘客向两端疏散，OCC应开启隧道通风系统紧急模式，向列车前进方向送风，使烟雾远离尾部乘客，如图4-4-10所示。

图4-4-10　列车中部着火且停在区间中部

技能训练

根据上述城市轨道交通列车火灾应急处置流程，以城市轨道交通站内列车火灾为例，完成应急处置情景模拟演练。

一、人员分工

按照本任务涉及的岗位，设置司机、（站台）站务员、行车值班员、值班站长等岗位。每8人分成一个小组，按照突发大客流应急处置流程完成模拟演练。

小组分工表

班　级		车站名称	
组　别		日　期	
岗　位	姓　名	任 务 分 工	
司　机			
（站台）站务员			
行车值班员			
值班站长			
客运值班员			
（站厅）站务员			
售票员			
保　洁			

二、设施及备品

城市轨道交通车站实训室、多媒体教学设备等设施及消防防护服、干粉灭火器、水基型灭火器、消防栓、发光导向绳（棒）、消防应急照明等备品。

清点备品表

清点所要使用的设备、工具、材料				
车站名称：		组别：		时间：
序号	名　称	数　量	设备状态	清点
1	消防防护服	4个	□完好 □不能使用	□已清点
2	干粉灭火器	2个	□完好 □不能使用	□已清点
3	水基型灭火器	2个	□完好 □不能使用	□已清点
4	消防栓	1个	□完好 □不能使用	□已清点
5	发光导向绳（棒）	若干	□完好 □不能使用	□已清点
6	消防应急照明	5个	□完好 □不能使用	□已清点
备注	检查备品的数量及备品状态，每完成一项且结果正常，则在□内打“√”，否则打“×”			

三、演练过程

根据任务要求，按城市轨道交通站内列车火灾的应急处置程序完成模拟并记录演练过程。

城市轨道交通站内列车火灾应急处置演练过程写实表

组别		小组成员			
班级		车站名称		演练时长	

一：初始响应阶段			
岗位	技能要求	完成情况	写实记录
司机	接收到火警信息后，立即打开车门、站台门，并通知（站台）站务员到现场确认，同时报告行调	□已完成 □未完成	
行车值班员	接收到火警信息后，命令（站台）站务员到报警点确认火警，并将情况报告值班站长	□已完成 □未完成	
（站台）站务员	接到命令后，迅速到现场确认火灾位置、火势大小、火灾性质等（初步判断），并通知行值将列车扣在车站处理	□已完成 □未完成	
	关停站台自动扶梯	□已完成 □未完成	
二：火灾确认与初步处理阶段			
岗位	技能要求	完成情况	写实记录
司机	确认列车发生火灾后，广播指引乘客疏散，并立即降下受电弓（收回集电靴），施加停车制动	□已完成 □未完成	
	做好个人防护，准备到现场进行灭火	□已完成 □未完成	
行车值班员	确认发生火灾后，将列车扣在车站处理，并立即报告行调、119、城市轨道交通公安、120	□已完成 □未完成	
	广播宣布执行站内列车火灾应急处置程序，并反复广播引导乘客疏散	□已完成 □未完成	
	按压AFC和自动扶梯紧急按钮，将闸机设为紧急模式，关闭广告照明，并确认相应的火灾模式已启动	□已完成 □未完成	
值班站长	接到火警通知后，立即到站台确认火灾情况，并通知车控室宣布执行站内列车火灾应急处置程序	□已完成 □未完成	
	组织人员疏散和初步灭火工作，确保在用水灭火前相关设备已停电	□已完成 □未完成	
三：乘客疏散阶段			
岗位	技能要求	完成情况	写实记录
司机	继续广播指引乘客疏散，确保乘客有序离开列车	□已完成 □未完成	
（站台）站务员	使用灭火器进行初步灭火，并疏散列车内乘客	□已完成 □未完成	
	当火灾不可控制时，停止扑救，专注于疏散列车和站台的乘客出站	□已完成 □未完成	

客运 值班员	确认所有闸机已设为紧急模式，通风排烟模式已开启，广告照明已关闭，自动扶梯已关停	□已完成 □未完成	
	拿对讲机、手提广播到站厅组织乘客疏散	□已完成 □未完成	
售票员	接到通知后，收好钱和票，关闭票亭电源，打开闸机和边门，利用手提广播疏散乘客出站	□已完成 □未完成	
（站厅）站务员	关停站台自动扶梯，到站台协助灭火	□已完成 □未完成	
	在灭火工作交给消防队员后，到出入口拦截乘客进站	□已完成 □未完成	
保洁	接到通知后，到车控室拿“告示”，到出入口张贴，并关停出入口自动扶梯，拦截乘客进站	□已完成 □未完成	
四：灭火与后续处理阶段			
岗　位	技 能 要 求	完成情况	写实记录
司机	通知行车值班员向OCC汇报，恢复被关闭的AFC设备，同时汇报车站客流情况	□已完成 □未完成	
值班站长	负责最后确认列车、站台乘客疏散完毕，并报告车控室	□已完成 □未完成	
	消防队到现场后，通报相关信息给消防负责人，视情况组织员工灭火或撤退	□已完成 □未完成	
	撤退时，负责确认所有站内人员疏散完毕	□已完成 □未完成	
	站厅安全时，到车控室指挥后续工作	□已完成 □未完成	
行车值班员	及时将乘客疏散和灭火情况报告行调，并与行调、值班站长保持联系	□已完成 □未完成	
客运值班员、售票员、保洁	继续协助值班站长进行后续处理，如乘客安抚、现场清理等工作	□已完成 □未完成	

职 业 素 养			
序　号	素 质 要 求	完成情况	写实记录
1	处理程序是否得当，避免常识性错误	□是□否	
2	是否具备良好的安全意识及沟通表达能力	□是□否	
3	是否做好乘客疏散和解释工作，安抚乘客情绪	□是□否	
4	是否清楚认识城市轨道交通突发火灾事件所造成的危害，重视突发火灾事件并有预防意识	□是□否	
5	是否符合“7S”管理规定，整理工作区域，备品恢复原位	□是□否	
备　注	根据站内列车火灾应急处置的流程，每完成一项且能标准作业，则在□内打“√”，否则打“×”。将未完成的流程在写实记录栏标注，方便查缺补漏		

任务评价

<table>
<tr><td colspan="8">任务四　城市轨道交通列车火灾应急处置</td></tr>
<tr><td colspan="8">姓名：______　学号：______　小组：______</td></tr>
<tr><td colspan="8">过程评价（60 分）</td></tr>
<tr><td colspan="3" rowspan="2">评 价 依 据</td><td rowspan="2">评分标准</td><td colspan="5">评 价 主 体</td></tr>
<tr><td>自评</td><td>互评</td><td>师评</td><td>1+X
考评员</td><td>企业导师</td></tr>
<tr><td rowspan="2">知识
(A)</td><td>1</td><td>掌握城市轨道交通站内列车火灾应急处置措施与各岗位职责</td><td>10</td><td></td><td></td><td></td><td></td><td></td></tr>
<tr><td>2</td><td>掌握城市轨道交通区间列车火灾应急处置措施与各岗位职责</td><td>10</td><td></td><td></td><td></td><td></td><td></td></tr>
<tr><td rowspan="2">能力
(B)</td><td>1</td><td>能够对城市轨道交通站内列车火灾进行正确的应急处置</td><td>15</td><td></td><td></td><td></td><td></td><td></td></tr>
<tr><td>2</td><td>能够对城市轨道交通区间列车火灾进行正确的应急处置</td><td>15</td><td></td><td></td><td></td><td></td><td></td></tr>
<tr><td rowspan="2">素养
(C)</td><td>1</td><td>具有认真踏实、细致入微的工作作风</td><td>5</td><td></td><td></td><td></td><td></td><td></td></tr>
<tr><td>2</td><td>有预防、安全意识，应急处置过程中心理素质好</td><td>5</td><td></td><td></td><td></td><td></td><td></td></tr>
<tr><td colspan="9">过程评价 $=A+B+C$</td></tr>
<tr><td colspan="9">结果评价（30 分）</td></tr>
<tr><td colspan="9">结果评价 = 本任务测试题得分</td></tr>
<tr><td colspan="9">增值评价 E（10 分）</td></tr>
<tr><td colspan="9">增量 =（过程评价 + 结果评价）本任务 -（过程评价 + 结果评价）前任务
增值评价 E：$E=10$（增量≥20 分）；$E=8$（增量 = 10 ~ 19 分）；
$E=6$（增量 = 5 ~ 9 分）；$E=4$（增量 <5 分）</td></tr>
<tr><td colspan="9">本任务总评成绩</td></tr>
<tr><td colspan="9">总评 = 过程评价 + 结果评价 + 增值评价</td></tr>
</table>

任务总结

<table>
<tr><td colspan="2">主题：</td></tr>
<tr><td>要点栏</td><td>笔记栏</td></tr>
<tr><td colspan="2">总结栏</td></tr>
</table>

拓展提升

见义勇为故事

中国铁路上海局集团公司上海机辆段职工顾光荣灭火救援见义勇为受表彰

2024 年 4 月 27 日 20 时 20 分，普陀区桃浦镇合欢苑东区 1051 弄西侧生鲜超市冷库压缩机爆炸发生火灾。面对爆炸的巨响，现场的火光、浓烟，顾光荣临危不乱，在事故发生第一时间果断处置，迅速灭火，以一己之力保障了小区的安全，赢得了社区群众一致称赞。

事后，顾光荣见义勇为“光速灭火”的先进事迹，引起社会各界广泛关注，在全段职工的朋友圈一度刷屏，劳动报、澎湃新闻、上观新闻、青年报等多家媒体也纷纷进行报道。

顾光荣分享了自己的心路历程。在回忆救火的场景时，他说：“听到爆炸声不退缩，马上寻找爆炸点，是在部队当消防战士时养成的本能反应。同时作为一名党龄接近 25 年的老党员，在人民群众需要我的时候，我一定会毅然决然地扛起身上的责任，保卫国家和人民财产安全。”面对荣誉和掌声，顾光荣也表示：“这份荣誉是对我的肯定，更是对见义勇为这一中华传统美德的有力弘扬。我将以此为鞭策，在客车检车员的岗位上，继续用实际行动来守护广大旅客的平安旅途。”

（根据网络资料整理）

巩固与练习

1. 不定项选择题

（1）城市轨道交通列车车头着火时，乘客从车尾下车后步行至(　　　)车站。

A. 前方　　B. 后方

C. 前、后方　　D. 都不是

（2）列车在区间发生重大火灾，且无法前行时，司机应当(　　　)。

A. 切断外部高压电源，启动列车应急电源　　B. 切断所有电源

C. 无须切断电源　　D. 切断外部高压电源

（3）到站列车发生火灾时，行车值班员应播放应急广播，关闭(　　　)，通过 CCTV 加强对报警地点的监视。

A. 区间照明　　B. 应急照明

C. 广告照明　　D. AFC 设备

2. 判断题

（1）列车在车站发生火灾时，司机应迅速打开站台侧所有车门，使用车内灭火器进行扑救，对乘客进行广播疏散，配合车站工作人员的引导将乘客疏散到安全区域。　　(　　)

（2）行车值班员确认发生火灾后，通知车控室宣布执行站内列车火灾应急处置程序，组织疏散乘客灭火，在用水灭火前，要先确认有关设备是否停电。　　(　　)

（3）列车在区间发生火灾，无法继续运行时，环控调度应按列车火灾实际情况指挥启动相应的送风及排烟程序，通风排烟方向应与乘客撤离方向相同。　　(　　)

3. 简答题

（1）简述列车在车站发生火灾时，站务员的岗位职责。

（2）简述列车在区间发生火灾时的应急处置措施。

项目五 恶劣天气与自然灾害应急处置

任务一 恶劣天气应急处置

学习目标

知识目标

1. 熟悉不同恶劣天气对城市轨道交通运营的影响；
2. 熟悉运营过程中特殊天气出现时的汇报程序和具体流程；
3. 掌握应对恶劣天气的应急处置方案和相关要求。

能力目标

1. 能正确认识不同恶劣天气对城市轨道交通的危害程度；
2. 能合理分辨、提前做好针对不同恶劣程度的特殊气象的紧急预案；
3. 能配合岗位其他部门，按照有关程序，有组织地进行信息传达并及时疏散乘客；
4. 能在险情发生时根据已有预案迅速采取措施，减小损失，保护人民生命财产安全。

素质目标

1. 树立责任意识，培养团队协作的能力；
2. 培养应急处置过程中的心理素质，做到临危不乱、胸有成竹；
3. 培养未雨绸缪、有备无患的“防患于未然”的思想。

任务导入

2023 年 12 月 14 日 18 时 52 分，一场突如其来的地铁追尾事故让某市的冬夜变得不再平静。当晚，两辆列车因为雪天轨滑，未能有效制动，发生了追尾（图 5-1-1）。

这次事故导致 130 人骨折，无人员死亡。经某市公安司法鉴定中心鉴定，3 人重伤、70 人轻伤。事故造成直接经济损失约 950. 8 万元。经调查认定，这是一起造成多人受伤的生产安全责任事故。因雪天导致列车制动距离延长、运营单位雪天应对措施落实不到位、行车调度员处置不当以及列车司机操作不当，造成事故发生。

这次事故无疑给大家敲响了警钟。我们不能因为事故的偶然性而忽视其背后的必然性。我们需要思考的是，如何保障公共交通的安全，如何提高应对突发事件的能力，如何让每一个市民都能够安全、安心地出行。

图 5-1-1　某市某线“12·14”列车追尾事故

（根据网络资料整理）

请思考：

1. 如何提前预测恶劣天气的发生和紧急程度？
2. 你知道那些应对诸如暴雪等恶劣天气的措施和方法？
3. 不同恶劣天气对城市交通的影响有什么不同和侧重？

任务描述

本任务中，城市轨道交通的工作人员需要密切协作配合，完成恶劣天气下的应急处置工作。通过了解极端特殊气象的特点、识别紧急程度、分析不同客流量与恶劣天气对交通枢纽的压力关系，根据各部分作业的特点和之前已有成功案例，选择合适的应急方案即可将损失降到最低。该类应急处置工作需要有预防意识，良好的心理素质，具备较强的岗位责任意识及职业素养。

知识准备

一、恶劣天气概述

（一）恶劣天气的定义

恶劣天气通常指那些对人类活动产生负面影响的天气现象，不限于极端温度、强降水等极端气候条件，还包括轨道运输预案中常见的特殊天气状况，如台风、雷电、大风、暴雨、高温、大雾和灰霾、冰雹、道路结冰及其他寒冷气象。

（二）恶劣天气的特点

恶劣天气相比其他自然灾害而言，具有以下不同特征：

（1）突发性：许多恶劣天气现象，如暴雨、雷电、冰雹等，往往在短时间内迅速形成，给人们的反应时间很短。

（2）极端性：某些灾害级别的恶劣天气导致的损失是不可估量的。

（3）区域季节性：恶劣天气的发生分布情况并不均衡，因地而异。如司空见惯的台风、暴雨在华北、西北地区可能极为罕见。而重工业区的大雾、雾霾等现象则相比轻工业区频繁得多，这些要求我们根据不同的环境制定不同的预案。

（4）多样性：恶劣天气有多种形式，包括但不限于热浪、寒潮、台风、龙卷风、沙尘暴等。大型公共交通建设时间周期长、花费大。城市轨道交通系统设计之初的安全考量就要综合纳入各种恶劣天气的发生情况，减少经济和生命财产的损失。

（三）恶劣天气的分类及危害

恶劣天气现象对人类社会构成了广泛而深远的影响，它们不仅威胁人们的生命财产安全，还会使得交通系统中断，基础设施遭受破坏，从而影响社会运行效率。例如，车载和轨道线路等设备故障；列车无法正常上线投入运营、异物侵限等情况，使列车无法安全运行；漏雨、倒灌、管涌等情况，可能导致车站（出入口）临时关闭，造成局部运营中断，严重时还会造成整条线路运营中断；乘客选择地铁出行的概率增加，再加上突发恶劣天气引发客流量的临时增大，这些大大加大了车站客流组织的难度，最终可能造成车站乘客大面积滞留，进而引发大客流；一旦突发大客流冲击，将可能造成拥挤踩踏、群死群伤的公共安全事故。

为了有效应对恶劣天气带来的挑战，建立完善的预警系统和应急管理机制至关重要。我们应当熟知它的类型和其可能导致的事故。具体分类见表5-1-1。

表5-1-1　部分恶劣天气的分类、预防重点、可能导致的事故

分类	预防重点	可能导致的事故
大雾	高架路段、地面区段行车	行车延误、冒进信号等
	地面车辆基地行车	列车挤岔、冒进信号、冲突等
重污染天气	大客流，高架、地面区段行车能见度低	人员踩踏，行车延误、冒进信号等
大风	受电弓、接触网受损	设备损坏，行车延误、中断等
	室外高空作业	人员伤亡等
雷电	室外作业	人员伤亡等
	设备受损	设备损坏、行程延误等
暴雨	车站等场所进水	客运服务暂停、设备受损、人员伤亡等
	轨行区积水	行车延误、中断，设备损坏、人员伤亡、列车打滑等
冰雪	高架、地面区段行车打滑	行车延误、冒进信号、车辆冲突、列车打滑
	道路结冰、挂霜	客运服务质量下降、列车打滑
	接触网、设备结冰	设备损坏、运营中断
冰雹	室外作业	人员伤亡等
	高架、地面区段设备受损	设备损坏、行车延误、中断等
高温	设备受损	设备损坏等
	室内外工作人员	人员中暑、伤亡等

延伸阅读

2021年7月20日，某市遭遇了一场历史性的极端强降雨事件，导致城市轨道交通系统遭受重创。这场突如其来的自然灾害不仅穿透了某市地铁的安全防线，更暴露出了城市在面对此类极端天气时应急处置预案的不足。当天下午5点左右，某市地铁5号线因暴雨影响，在黄河路站开始出现紧急停靠情况。尽管如此，地铁依然在沿路接纳乘客。当列车驶离海滩寺站，距离沙口路站约200 m时，列车再次紧急停靠，此时倒灌的雨水开始大量涌入车厢内部，约500名乘客受困。经过艰难的救援，直至次日凌晨3时10分，所有被困人员才被成功转移至安全地带，此次事件造成14名乘客死亡。这一事件迅速引起了国家层面的关注，7月21日，交通运输部紧急印发通知，要求加强城市轨道交通防汛工作，并指示运营单位汲取雨水倒灌事件的教训，调整和完善应急预案。在超设计暴雨强度等非常规情况下，应采取停运列车、疏散乘客、关闭车站等应急措施。北京师范大学风险治理创新研究中心主任张强在接受21世纪经济报道记者采访时指出，某市地铁事件的发生并非仅与地铁运营方的经验有关，而是多层安全网被穿透后形成灾害链的结果。事件的发生引发了业界对于城市轨道交通安全运营的广泛讨论。

（根据网络资料整理）

二、大风天气应急处置

城市轨道交通系统，尤其是包含高架线路和地面段的部分，极易受到大风天气的影响。大风不仅可能直接对轨道结构、接触网、信号设备等造成物理损害，如吹倒支撑结构、破坏绝缘子等，还可能通过改变空气动力学条件，影响列车的行驶稳定性，增加侧翻、脱轨风险。此外，大风还可能带来沙尘暴、飞行物（如广告牌、树枝等）的脱落和撞击，进一步威胁轨道交通的安全运行。

鉴于大风天气对城市轨道交通系统可能造成的严重影响，制定一套科学、合理、可操作性强的大风天气应急处置预案显得尤为重要。该预案能够在大风天气预警发布后，迅速启动应急响应机制，通过有效的预防和处置措施，最大限度地减轻大风对轨道交通系统的影响，降低事故发生的概率和损失程度。同时，预案的制定还能够提高轨道交通系统员工的应急意识和处置能力，确保在紧急情况下能够迅速、有序地开展工作，保障乘客和员工的生命财产安全。

（一）大风天气预警信号

大风天气预警信号一般分为红色、橙色、黄色和蓝色四级，其中红色为最高等级，见表5-1-2。

表5-1-2　大风天气的分类、预防重点、可能导致的事故

预警信号级别	图　标	含　义
蓝色		24 h内可能受大风影响，平均风力可达6级以上，或者阵风8级以上；或者已经受大风影响，平均风力为6~7级，或者阵风8级并可能持续，为第一级预警信号
黄色		12 h内可能受大风影响，平均风力可达8级以上，或者阵风9级以上；或者已经受大风影响，平均风力为8~9级，或者阵风9~10级并可能持续，为第二级预警信号
橙色		6 h内可能受大风影响，平均风力可达10级以上，或者阵风11级以上；或者已经受大风影响，平均风力为10~11级，或者阵风11~12级并可能持续，为第三级预警信号

续表

预警信号级别	图 标	含 义
红色		6 h 内可能受大风影响，平均风力可达 12 级以上，或者阵风 13 级以上；或者已经受大风影响，平均风力为 12 级以上，或者阵风 13 级以上并可能持续，为第四级预警信号。

（二）大风天气应急处置原则

1. 行车方面

当风力不小于 7 级时可对车站运营造成影响。

风力达到 7 级，地面及高架区段列车限速（60 km/h）运行；地面及高架区段工程车限速（25 km/h）运行到就近车站、隧道或车辆基地停靠避风。

风力达到 8 级，地面及高架区段列车限速（25 km/h）运行。

风力达到 9 级及以上，地面及高架区段列车限速（15 km/h）运行至车站隧道或车辆基地临时停靠，降下受电弓并做好防溜措施，严禁继续安排列车在地面及高架区段运行。

2. 其他方面

（1）风力达到 6 级，室外高空作业停止，严禁在易倾倒设备、临时搭建物等下方逗留，做好大风灾害事故预案，妥善安置易受大风影响的室外物资、设备，做好人身及设备安全防护，调整各类施工作业。

（2）风力达到 8 级，室外作业停止，人员进入室内安全环境躲避。

（3）风力达到 10 级及以上，地面、高架区段车站临时关站，接触网视情况断电。

（三）大风天气应急处置措施

（1）车站关注预警信息发布，收到恶劣天气预警信息后，做好信息传递。根据即时气象信息和实际情况做好乘客服务工作。

（2）车站加强对出入口、站厅、站台及车站周边区域巡视检查；重点防汛车站调集站务、保安、保洁等驻站人员做好抢险准备，其他车站视情况采取应急措施。

（3）做好车站防滑措施，对聚集在站内及出入口避雨的乘客做好疏导，根据预警级别和车站周边积水情况，搬运防汛物资至重点出入口，搭建防洪墙（或防汛挡板），提示注意安全，视情况关停受影响的出入口电扶梯、出入口到站厅的直梯。

（4）如发现车站出入口等处被强风破坏严重等险情时，关闭受影响的出入口，及时封闭现场。

（5）发布橙红预警期间，断开无防雷装置的电器、通信设备的电源和天线插头，不要使用无防雷措施或防雷措施不良的电视、音响等电器。

（四）大风天气应急处置各岗位职责

大风天气应急处置各岗位职责见表 5-1-3。

表 5-1-3 大风天气应急处置各岗位职责

岗 位	职 责
行车调度员	（1）通过气象局、检测设备等实时关注天气变化，并将最新变化动态及时向各部门发布。 （2）通知受影响的车站做好乘客宣传、服务工作，组织具备运行条件的地下线路维持运营。 （3）认真监控现场设备的运行情况，必要时组织受影响的设备停止运行。 （4）随时做好台风、大风对运营安全造成影响后的抢修、救援准备工作。 （5）根据风力级数，组织地面、高架区段限速运行或停运

续表

岗　位	职　　责
车站员工	（1）加强对车站设施设备的监控，做好乘客宣传及组织。 （2）接到OCC的调度命令（如关站）后，立刻执行车站应急程序，落实安全措施，做好宣传、疏散、服务工作。 （3）发现险情，紧急处理，并及时上报
司机	（1）风力达到一定级数时，根据现场情况及行车调度员命令，采用人工驾驶模式，按照规定限速行驶。 （2）台风、大风造成地面、高架区段车站的站台门、车门无法同时打开时，司机应先打开站台门，待风压平衡后，再打开车门。 （3）应避免列车突然加速或减速，使列车尽量平稳运行；运行中若发现列车有摇摆等异常现象，应降低运行速度，并及时报告行车调度员。 （4）若需就地停车避风的，司机做好列车防溜措施，降下受电弓，并做好乘客广播服务工作。 （5）加强瞭望，随时注意信号机、接触网等设备的状况。发现线路上有异物等危及行车安全的情况，应紧急停车并及时报告行车调度员

（五）大风天气应急处置要点

（1）持续监控天气变化，及时更新运营信息和安全提示，确保信息的准确性和时效性。

（2）行车调度员根据风力大小和受影响区域，适时调整列车运行速度或班次，确保安全。

（3）对关键设备和控制系统进行保护，防止因大风引起的损坏，确保运营不受影响。

（4）与城市交通管理部门协调，为可能的乘客转移和交通拥堵提供解决方案。

延伸阅读

上海地铁受台风“梅花”影响

2022年9月，面对第12号台风“梅花”的潜在威胁，上海地铁迅速响应，采取了一系列预防性措施，以确保轨道交通系统的运营安全和乘客的人身安全。

从9月14日晚间21时起，上海地铁对多条线路实施了停运措施，包括1号线、2号线、3号线、4号线、5号线、6号线、7号线、8号线、9号线、10号线、11号线、16号线、17号线、浦江线和磁浮线等，这些线路的部分区段或全线暂停运营。这一举措旨在避免台风带来的强风和暴雨对地铁运营造成的风险。为了应对台风可能造成的延误，上海地铁宣布9月15日地面高架区段的首班车运营时间可能推迟至早晨7时，而地下线路的首班车时间则维持不变。这一调整允许地铁运营方在确保安全的前提下，尽量减少对乘客出行的影响。上海地铁通过其官方微博和其他官方渠道，及时发布了运营调整信息。同时，提醒乘客在出行前查看最新的运营信息，以适应可能的出行变化。

在车站现场，地铁工作人员积极为乘客提供信息告知和出行建议，帮助他们规划替代路线。对于因台风导致出行受阻的乘客，上海地铁提供了退票服务，以减轻乘客的经济负担。车站内乘务工作人员快速摆放告示牌、用手持广播通知乘客“只出不进”。维修人员紧急组织好有关安全设备的放置和重要结构处的维护检修工作，确保排水泵、排水渠、集水口等能够正常工作，防止积水和内涝。同时，对车站、基地、线路附属设施和悬挂物的紧固状态进行了全面检查，以防止因台风造成的物体脱落或倾倒导致的伤害。

上海地铁在应对台风“梅花”过程中所采取的措施，展现了其在极端天气条件下保障运营安全和乘客安全的决心和能力。通过及时的信息发布、现场服务支持、防汛措施和专业化应急管理，上海地铁有效地减少了台风对市民出行的影响，确保了轨道交通系统的安全稳定运行。

（根据网络资料整理）

三、暴雨天气应急处置

暴雨天气对城市轨道交通系统的影响较大。在直接影响层面，强降雨可能导致道床排水系统超负荷运作，使得积水无法迅速排出，进而淹没钢轨，影响列车的电气绝缘和信号传输。此外，还可能造成路基下沉，影响轨道平整度，影响列车的行驶稳定性和安全性。同时，暴雨还可能冲刷和侵蚀线路两侧的护坡，导致护坡结构失稳甚至倒塌，这不仅会损坏轨道和信号设备，还可能对列车运行造成物理障碍，增加运营风险。

在间接影响方面，暴雨天气会导致乘客的出行计划受到严重干扰，影响了乘客的出行体验，还可能引发乘客的不满和投诉。因此，城市轨道交通系统必须高度重视暴雨天气的影响，采取有效的应对措施，确保在恶劣天气下仍能维持安全、高效、有序的运营。

（一）暴雨天气预警信号

暴雨预警信号分为蓝色、黄色、橙色、红色四级，见表 5-1-4。

表 5-1-4　暴雨天气的分类、预防重点、可能导致的事故

预警信号级别	图　标	含　义
蓝色		12 h 内降雨量将达 50 mm 以上，或者已达 50 mm 以上且降雨可能持续，为第一级预警信号
黄色		6 h 内降雨量将达 50 mm 以上，或者已达 50 mm 以上且降雨可能持续，为第二级预警信号
橙色		3 h 内降雨量将达 50 mm 以上，或者已达 50 mm 以上且降雨可能持续，为第三级预警信号
红色		3 h 内降雨量将达 100 mm 以上，或者已达 100 mm 以上且降雨可能持续，为第四级预警信号

（二）暴雨天气应急处置措施

（1）准备好沙袋、防水胶膜等防洪物品。

（2）密切监视车站出入口积水情况、隧道区间的水位状况和隧道区间的集水井抽水泵的状况。

（3）必要时调集站务、机电、保洁等驻站人员做好抗洪准备。

(三) 暴雨天气应急处置各岗位职责

暴雨天气应急处置各岗位职责见表5-1-5。

表5-1-5　暴雨天气应急处置各岗位职责

岗　位	职　责
行车调度员	(1) 加强对列车运行情况的监视，时刻关注在线列车的运行状况。 (2) 通知各车站做好站台乘客的安全组织工作。 (3) 通知司机注意瞭望，控制速度，随时与司机保持联系。 (4) 根据暴雨对列车运行速度的影响，及时调整列车运行图
司机	(1) 发现暴雨来临时，立即报告行车调度员。 (2) 注意瞭望，控制速度，并开启列车前照灯。 (3) 列车在高架站进站前应鸣笛
车站人员（含安检、保安、保洁等）	(1) 打开车站所有照明。 (2) 做好乘客的乘降组织工作，维护好站台秩序。 (3) 加强车站广播，提醒乘客注意安全。 (4) 加强车站巡查，发现站内积水立即进行先期处理并上报

(四) 暴雨天气应急处置要点

(1) 司机发现暴雨险情及时报告行车调度员，限速行驶，注意瞭望。

(2) 行车调度员根据行车速度调整列车运行图。

(3) 维保公司提前巡查线路等情况，防止暴雨导致山体滑坡、洪水等灾害，发现险情报告行调并采取紧急处理措施。

(4) 通信公司提前检查信号设备运行状况，发现险情报告行调并采用紧急处理措施。

四、冰雪天气应急处置

城市轨道交通运营线路出现大范围降雪时，钢轨冰冻会影响车辆的牵引制动，尖轨与基本轨无法紧密贴合，接触轨冰冻而无法与受流器接触造成机车无电，还会造成乘客摔伤等后果。

(一) 冰雪天气预警信号

冰雪天气预警响应按照降雪量由低到高依次为蓝色、黄色、橙色、红色四级，见表5-1-6。

表5-1-6　冰雪天气的分类、预防重点、可能导致的事故

预警信号级别	图　标	含　义
蓝色		12 h内降雪量将达4 mm以上，或者已达4 mm以上且降雪持续，可能对交通或者农牧业有影响
黄色		12 h内降雪量将达6 mm以上，或者已达6 mm以上且降雪持续，可能对交通或者农牧业有影响
橙色		6 h内降雪量将达10 mm以上，或者已达10 mm以上且降雪持续，可能或者已经对交通或者农牧业有较大影响

续表

预警信号级别	图标	含义
红色		6 h 内降雪量将达 15 mm 以上，或者已达 15 mm 以上且降雪持续，可能或者已经对交通或者农牧业有较大影响

（二）冰雪天气应急处置原则

（1）冰雪天气影响地面及高架区域路段时，按照大雾天气行车组织原则组织通车禁车。

（2）当冰雪天气导致地面及高架区段接触网结冰拉弧、钢轨结冰打滑等问题时列车限速 15 km/h通过地面及高架区段。

（3）冰雪天气情况下，需要加派人手时刻在外巡视，监视设备正常运行与人员行车安全。

某城市轨道交通雪灾应急专项指挥架构如图 5-1-2 所示。

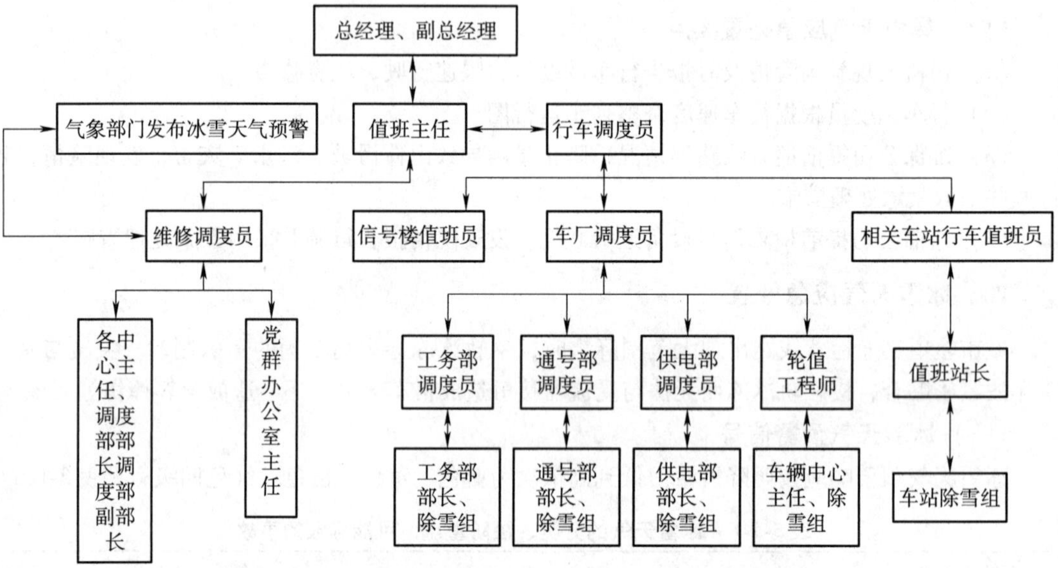

图 5-1-2　某城市轨道交通企业雪灾应急专项预案指挥架构

（三）冰雪天气应急处置措施

（1）车站工作人员需在各处出入口、楼梯口、安全通道处铺设防滑垫和告示牌，同时组织人力及时清扫内外积雪、布置相关除雪除冰设备。

（2）值班站长通知清洁人员注意出入站口、楼梯口等区域的卫生状况，及时汇报紧急情况。

（3）站务员在客流量较大的出入口疏导乘客进出站。

（4）行车值班员通过 PA（公共广播系统）、PIS（乘客信息系统）系统向进站乘客宣传安全、防滑等注意事项。

（5）行车值班员通过 CCTV 系统密切关注进出站的客流变化，并随时向值班站长汇报。

（6）值班站长要随时掌握运营现场和天气情况，并随时做好延长运营时间的准备工作。

（7）地面线路有道岔的车站，应做好道岔的清扫及融雪工作。道岔加装融雪装置前后效果对比如图 5-1-3 所示。

（a）加装前

（b）加装后

图 5-1-3　道岔加装融雪装置前后效果对比

延伸阅读

某轨道交通三号线应急处置冰冻天气范例

2024 年 2 月 4 日，受低温雨雪冰冻天气影响，某轨道交通 3 号线高架段（文浍苑站至相城路站）运行暂停，公交接驳成为很多市民的选择。

轨道上列车运行的“生命线”是接触网，顾名思义它用来传输电能，为列车提供动能。2 月 3 日晚，受冰雪低温天气影响，某轨道线网各车辆段及高架段接触网出现覆冰现象，行车安全隐患大大增加。某市有关轨道部门立即启动相关应急预案，组织 1 000 余名检修人员开展露天区段接触网覆冰抢险工作。从当日晚上 9 点至 2 月 4 日凌晨 5 点，断电除冰工作陆续完成。5 点以后，列车陆续上线从场段发出，因高架段接触网上冻快，网压降低，牵引力变弱，且文浍苑站至幼儿师范站区段存在长大坡道，冻雨导致轨面湿滑，列车上线运行仍存在打滑风险。

该负责人介绍，根据交通运输部相关通知要求，如遇极端天气，经安全负责部门研讨分析存在安全风险的情况下，轨道交通单位应及时关停有关隐患线路，切实保障人民群众生命财产安全。此外，汲取近期 12 · 14 某市地铁事故经验教训，出于安全运营考虑，调整 3 号线运营交路。“针对此类复杂天气情况，某轨道在下一步工作中，将进一步加强分析研判，做好应急预案，加强与相关交通运输单位的联动处置，更好地满足市民乘客的安全、便捷出行。”某轨道集团技术部门负责人表示。

（根据网络资料整理）

（四）冰雪天气应急处置各岗位职责

暴雪、冰雹、结冰、霜冻天气应急处置各岗位职责见表 5-1-7。

表 5-1-7　大风天气应急处置各岗位职责

岗　位	职　责
行车调度员	（1）注意了解地面和高架区段的积雪、冰雹、结冰情况，密切监控列车的运行状态及供电、机电等电气设备运行状态。 （2）做好融雪、扫雪、除冰等应急处置的准备工作。 （3）根据应急指挥部要求，必要时采取组织一定数量的列车，按照一定间隔运行，将列车停留在正线地下线路等措施，防止地面线的线路、接触网等设备冻结导致列车无法运行或车场无法出车等

续表

岗　位	职　责
车站员工	（1）留意积雪、冰雹对乘客的影响，做好乘客宣传组织；出入口、通道、楼梯、站台等结冰导致湿滑的地方，要及时清理路面或放置警示牌。 （2）加强巡视，密切监视设施设备运行情况，发现异常情况，及时报告行车调度员。 （3）做好融雪、扫雪、除冰等应急处置的准备工作，需要时组织驻站人员参与处理
司机	（1）加强瞭望，根据实际情况控制列车运行速度。 （2）注意监视列车运行状态，发现有“空转滑行”等异常现象，降低运行速度，并向行车调度员报告。 （3）发现危及行车安全的情况，紧急停车，及时报告行车调度员

（五）冰雪天气应急处置要点

（1）加强轨道、道岔、接触网等关键设施的除冰除雪工作，确保列车安全运行。

（2）在车站内外采取防滑措施，如铺设防滑垫、设置警示标志，防止乘客滑倒。

（3）通过各种渠道向乘客提供实时信息，包括列车运行状态、车站关闭或服务变更等。

（4）与政府机构、紧急服务部门和其他相关部门建立联动机制，共同应对冰雪天气。

技能训练

（一）人员分工

按照本任务涉及的岗位，设置行车调度员、值班站长、行车值班员、客运值班员、站务员、其他人员等岗位。每6人分成一个小组，按照某一设定恶劣天气应急处置流程完成模拟演练。

小组分工表

班　级		车站名称	
组　别		日　期	
岗　位	姓　名	任务分工	
行车调度员			
值班站长			
行车值班员			
客运值班员			
站务员			
其他人员			

（二）设施及备品

城市轨道交通车站实训室、多媒体教学设备等设施及安全提示牌、警戒线、沙袋、手持广播、对讲机、防滑垫等备品。

物资备用表

清点所要使用的设备、工具、材料				
车站名称：	组别：		时间：	
序号	名　称	数　量	设备状态	清　点
1	安全提示牌	根据出入口数量确定	□完好 □尚可 □不可用	□已清点

2	警戒线	4 个	□完好 □尚可 □不可用	□已清点
3	沙袋	若干	□完好 □尚可 □不可用	□已清点
4	手持广播	3 个	□完好 □尚可 □不可用	□已清点
5	对讲机	6 个	□完好 □尚可 □不可用	□已清点
6	防滑垫	根据出入口数量确定	□完好 □尚可 □不可用	□已清点
备注	检查备品的数量及备品状态，每完成一项且结果正常，则在□内打“√”，否则打“×”			

（三）演练过程

根据任务要求，按城市轨道交通车站某一恶劣天气的应急处置程序完成模拟并记录演练过程。

恶劣天气应急处置演练过程写实表

组　别		小组成员			
班　级		车站名称		演练时长	
步骤一：信息接报					
任　务	岗　位	技 能 要 求		完成情况记录	
分析和判断车站恶劣天气的可能影响、重点影响区域或设备，行车值班员及时向值班站长汇报	行车值班员	描述了事件发生时间、地点		□表述准确完整 □表述含糊不清 □未完成	
		描述了形成原因、规模、已采取的措施		□表述准确完整 □表述含糊不清 □未完成	
		描述了人员伤亡、设备损坏等情况		□表述准确完整 □表述含糊不清 □未完成	
		说明了报告人单位、姓名、岗位		□表述准确完整 □表述含糊不清 □未完成	
		汇报了认为有必要报告的其他情况		□表述准确完整 □表述含糊不清 □未完成	

<table>
<tr><th colspan="5">步骤二：前期处置</th></tr>
<tr><th>任　务</th><th>岗　位</th><th>技 能 要 求</th><th>完成情况</th><th>写实记录</th></tr>
<tr><td rowspan="4">根据要求，及时启动应急预案，人员职责明确、任务分工合理</td><td rowspan="2">值班站长</td><td>启动对应的恶劣天气应急预案</td><td>□已完成
□未完成</td><td></td></tr>
<tr><td>安排各岗位做好准备工作</td><td>□已完成
□未完成</td><td></td></tr>
<tr><td>客运值班员</td><td>物资准备合格</td><td>□已完成
□未完成</td><td></td></tr>
<tr><td>行车值班员</td><td>根据实际情况申请其他人员支援</td><td>□已完成
□未完成</td><td></td></tr>
<tr><th colspan="5">步骤三：现场处置</th></tr>
<tr><th>任　务</th><th>岗　位</th><th>技 能 要 求</th><th>完成情况</th><th>写实记录</th></tr>
<tr><td rowspan="7">正确处理恶劣天气，遵循生命至上原则，车站结合情况，及时采取应急处置措施，防止意外事故的发生</td><td rowspan="2">值班站长</td><td>通知行车值班员向OCC汇报车站影响情况，必要时申请关站</td><td>□已完成
□未完成</td><td></td></tr>
<tr><td>接到OCC的调度命令（如暂时闭站）后，立刻根据预案启动车站应急程序，做好宣传疏散、组织、服务工作</td><td>□已完成
□未完成</td><td></td></tr>
<tr><td>行车调度员</td><td>听取车站汇报，关注天气情况，根据情况组织车辆限速运行或停运</td><td>□已完成
□未完成</td><td></td></tr>
<tr><td rowspan="2">行车值班员</td><td>向OCC汇报车站情况，并申请支援</td><td>□已完成
□未完成</td><td></td></tr>
<tr><td>广播有关信息，做好观察上报工作</td><td>□已完成
□未完成</td><td></td></tr>
<tr><td>客运值班员</td><td>及时发现、处理险情，并择重要情况上报</td><td>□已完成
□未完成</td><td></td></tr>
<tr><td>站务员</td><td>加强对车站设施设备的监控，做好乘客宣传及组织</td><td>□已完成
□未完成</td><td></td></tr>
<tr><th colspan="5">步骤四：应急终止</th></tr>
<tr><th>任　务</th><th>岗　位</th><th>技 能 要 求</th><th>完成情况</th><th>写实记录</th></tr>
<tr><td rowspan="6">车站恢复正常时，要及时向OCC汇报，申请恢复正常运行，并撤除应急设备</td><td>值班站长</td><td>通知行车值班员向OCC汇报</td><td>□已完成
□未完成</td><td></td></tr>
<tr><td>行车值班员</td><td>向OCC汇报车站恢复正常运营</td><td>□已完成
□未完成</td><td></td></tr>
<tr><td>行车调度员</td><td>同意恢复正常运营</td><td>□已完成
□未完成</td><td></td></tr>
<tr><td>客运值班员</td><td>组织撤除各处应急设备</td><td>□已完成
□未完成</td><td></td></tr>
<tr><td>站务员</td><td>撤除应急设备，恢复正常运营</td><td>□已完成
□未完成</td><td></td></tr>
<tr><td>其他</td><td>撤除应急设备，恢复正常运营</td><td>□已完成
□未完成</td><td></td></tr>
</table>

职业素养			
序　号	素质要求	完成情况	写实记录
1	处理程序是否得当，避免常识性错误	□是□否	
2	是否具备良好的服务意识及沟通表达能力	□是□否	
3	是否做好乘客疏散和解释工作，安抚乘客情绪	□是□否	
4	是否清楚认识城市轨道交通突发事件所造成的危害，重视突发事件并有预防意识	□是□否	
备　注	根据恶劣天气应急处置的流程，每完成一项且能标准作业，则在□内打“√”，否则打“×”		
未完成环节	根据模拟演练实际情况，酌情在此处查漏补缺，记录不足		

任务评价

任务一　车站突发恶劣天气应急处置								
姓名：________　学号：________　小组：________								
过程评价（60分）								
评价依据			评分标准	评价主体				
				自评	互评	师评	1+X考评员	企业导师
知识（A）	1	说出恶劣天气概念、特点及分类	5					
	2	认识应急设施设备并清楚使用时机	7					
	3	列举出恶劣天气的常规应对措施	8					
能力（B）	1	总结出恶劣天气突发各岗位职责	10					
	2	能合理选择、正确使用各种应急抢险备品	5					
	3	配合各岗位完成车站突发恶劣天气的模拟演练	15					
素养（C）	1	有岗位责任意识，团队协作能力强	5					
	2	有忧患意识，应急处置过程中心理素质好	5					
过程评价 $=A+B+C$								
结果评价（30分）								
结果评价＝本任务测试题得分								
增值评价 E（10分）								
本任务基础值赋分为10分								
本任务总评成绩								
总评＝过程评价＋结果评价＋增值评价								

任务总结

主题：	
要点栏	笔记栏
总结栏	

拓展提升

劳模故事

张郁，46岁的上海地铁信号系统专家，以其卓越的专业技能和对城市轨道交通事业的深厚情感，成为上海这座现代化大都市的运维守护者。自1997年大学毕业加入上海地铁，张郁便与这座城市的轨道交通发展紧密相连，见证了其从起步到成为世界最大规模地铁网络的历程。

作为信号系统的技术掌门人，张郁深知自己肩负的责任重大。信号系统是确保地铁安全运营的神经网络，他带领团队攻坚克难，不断探索和创新，形成了一套适应超大规模网络运营的新模式。他的工作不仅限于技术层面，更关乎提升市民的出行体验和生活质量。

张郁在职业生涯中屡获殊荣，包括“上海五一劳动奖章”、“全国住房城乡建设部劳动模范”和“全国五一劳动奖章”等，这些荣誉见证了他的专业成就和社会认可。他所负责的信号设施设备遍布上海地铁705 km的运营线路，为城市的畅通无阻贡献着自己的力量。

在追求技术创新的道路上，张郁从未停歇。他牵头的“信号系统智能运维体系”项目，通过三年的探索和实践，成功实现了智能化的主动维修决策，极大提升了地铁网络的运行效率和安全性。此外，他主导的“上海轨道交通集控大楼网络化运营平台”项目，运用云计算、大数据和人工智能等前沿技术，实现了全路网的智能化管理和服务，为城市轨道交通的高效运行提供了有力支撑。

张郁的故事，是新一代上海地铁人的缩影。他们以责任和担当，不断推动着城市轨道交通的发展，为上海这座国际大都市的繁荣贡献着自己的智慧和力量。在张郁的带领下，上海地铁正向着更加智能化、高效化的未来迈进。

（根据网络资料整理）

巩固与练习

1. 不定项选择题

（1）暴雨预警信号按照严重程度可由小到大分为(　　)。

A. 黄色、蓝色、红色、橙色　　B. 黄色、蓝色、橙色、红色

C. 蓝色、黄色、橙色、红色　　D. 蓝色、红色、橙色、黄色

（2）关于线路积水（区间水淹）的应急处置，不正确的一项是(　　)。

A. 隧道内有大面积积水时，首次进入现场人员须穿绝缘靴、戴绝缘手套等绝缘防护用品后，方可进入现场查看被淹情况

B. 当活塞风道内积水时，进入活塞风道必须穿水靴，不得直接碰触金属物件，当心触电

C. 接触金属部件或设备时（特别是潮湿、水淹场所），无须测试是否带电，可直接触摸

（3）城市轨道交通系统在面临突如其来的沙尘暴天气时，运营方需要迅速采取一系列措施来保护乘客和设备。以下措施必要的有(　　)。

A. 立即关闭所有通风系统以防止沙尘进入车站和隧道

B. 在车站内外设置警示标志，提醒乘客注意视线受阻的风险

C. 加强对轨道和信号设备的监控，以防止沙尘造成的设备故障

D. 为乘客提供口罩和护目镜，以减少沙尘对健康的直接影响

2. 判断题

若是隧道发生大面积渗水，应采用排、封、堵等综合措施，控制和减缓水进入区间的速度。　　(　　)

3. 简答题

（1）简述暴雨天气下的应急处置措施。

（2）简述恶劣天气发生时行车值班员的主要岗位职责。

任务二　防洪应急处置

学习目标

知识目标

1. 熟悉城市轨道交通线路中水灾的产生原因、特点及分类；
2. 掌握水灾的处理原则和响应手段；
3. 掌握大水灾发生时各岗位职责及应急处置措施。

能力目标

1. 能识别常见的自然灾害，并按应急处置程序要求进行信息收发及传达；
2. 能合理选择、正确使用各种抢险物资；
3. 能配合各岗位完成防洪的应急处置模拟演练。

素质目标

1. 提升团队协作的能力、培养合作意识；
2. 培养临危不乱、顾全大局的职业素养。

任务导入

2021 年 7 月 17～23 日，某市出现罕见特大暴雨。受持续强降雨影响，20 日某市地铁 5 号线五龙口停车场及周边发生了严重积水现象（图 5-2-1），五龙口停车场多处临时围挡发生倒塌，周边涝水通过停车场倒塌挡墙、东南大门加速汇入五龙口停车场，并经由停车场出入场地铁隧道流向地铁 5 号线的沙口路、月季公园站。16 时起，地铁 5 号线多处进水，最终导致某市地铁 5 号线 04502 次列车行驶至海滩寺站至沙口路站上行区间时遭遇涝水灌入，失电迫停，经疏散救援，953 人安全撤出，14 人死亡。

图 5-2-1　某地铁遭洪水淹没

某市地铁 5 号线“7・20 事件”是一起由极端暴雨引发严重城市内涝，涝水冲毁五龙口停车场挡水围墙、灌入地铁隧道，某市地铁集团有限公司和有关方面应对处置不力、行车指挥调度失误，违规变更五龙口停车场设计、对挡水围墙建设质量把关不严，造成重大人员伤亡的责任事件。

（根据网络资料整理）

请思考：

1. 为了应对洪水，车站工作人员如何提前预测并做好预防工作？
2. 常见的防洪应急处置措施你知道多少？

任务描述

本任务中，为了应对城市轨道交通系统运营期间持续不断的暴雨，需要所在车站各岗位工作人员的配合协作以解决危机。通过了解洪灾的特点、识别突发事件的级别，分析车站客观条件对此次洪灾处理预案的直观和潜在影响，根据岗位作业流程和岗位职责，配备合理且足够的抢险物资，第一时间组织工作人员展开对突发事件的处置。洪灾应急处置工作需要有忧患意识，良好的心理素质，具备较强的岗位责任意识及职业素养。

知识准备

一、洪灾的概念

洪涝灾害包括洪水灾害和雨涝灾害两类。其中，由于强降雨、冰雪融化、冰凌、堤坝溃决、风暴潮等原因引起江河湖泊及沿海水量增加、水位上涨而泛滥以及山洪暴发所造成的灾害称为洪水灾害；因大雨、暴雨或长期降雨量过于集中而产生大量的积水和径流，排水不及时，致使土地、房屋等渍水、受淹而造成的灾害称为雨涝灾害。由于洪水灾害和雨涝灾害往往同时或连续发生在同一地区，有时难以准确界定，往往统称为洪涝灾害。其中，洪水灾害按照成因，可以分为暴雨洪水、融雪洪水、风暴潮洪水、冰凌洪水等。按照季节可以将雨涝灾害分为春涝、夏涝、夏秋涝和秋涝。洪灾按成因和季节的分类如图 5-2-2 所示。

二、洪灾应急响应级别及可能风险

城市轨道交通线路水灾按照发生的地点不同主要分为车站水灾、正线区间水灾以及场段、主所、OCC 水灾，各类水灾诱发因素包含强降雨，设备故障、外部市政排水设施不完善等，可能导致设备损坏、列车延误、行车中断、车站关闭、人员伤亡等。

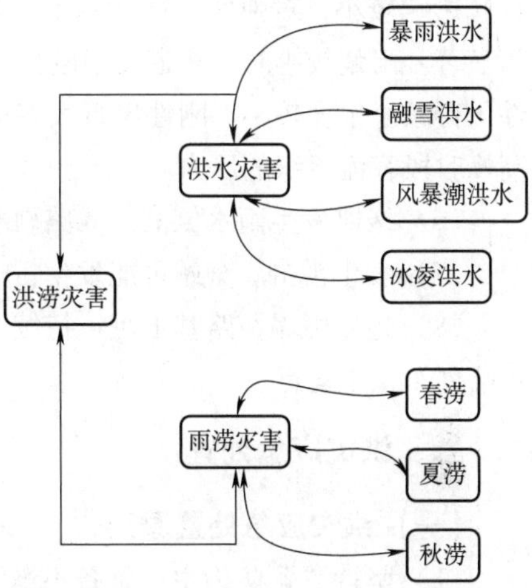

图 5-2-2　洪灾按成因和季节的分类

城市轨道交通系统水灾事故多数是由于系统内部水管爆裂、地下结构破坏渗水等造成的水淹事故。但随着全球气候变化正在加剧，气候变化诱发极端天气，部分城市强降水及其诱发的洪水事件增加。近年来武汉、北京、郑州等多个城市因暴雨发生严重内涝，致使部分区域出现严重积水，城市排水管网设计规划能力无法满足排水需求，导致道路积水倒灌进车站，城市轨道交通车站或线路受到影响。2012 年 7 月 21 日北京特大暴雨，造成部分轨道交通地下车站进水，严重影响了市民出行；2021 年 7 月 20 日郑州地铁 5 号线列车因特大暴雨进水受淹，造成 14 名乘客不幸遇难，解决日益成为更多人出行选择的轨道交通的涝灾迫在眉睫。

（一）洪灾应急响应级别及可能风险

洪灾应急响应分为三级：

一级响应：车站出入口、区间风亭等外部地面积水，水位已越过水位警戒线且上涨较快，存在积水倒灌地下车站或隧道的风险；或隧道正线积水漫过钢轨轨面，并有上涨趋势；或地面线路路基严重下沉，边坡坍塌或挡土墙倒塌、高架桥墩倾斜等。

二级响应：车站出入口、车辆段、区间风亭等外部地面积水且有上涨趋势，影响客运服务或设备运行，不影响城市轨道交通列车运行安全；或隧道正线积水漫过钢轨底，并有上涨趋势；或地面线路路基轻微下沉，边坡或挡土墙出现较大裂纹等。

三级响应：地区气象台发布暴雨黄色、橙色、红色预警信号。

（二）洪灾可能风险

城市轨道交通车站分为地下站、地面站、高架站，雨天时对不同类型车站均带来不同程度的风险，同时车辆段（停车场）同样面临风险。

（1）车辆段（停车场）积水短时强降雨时，地势低洼或周边市政排水能力不足等原因会造成积水灌入。

（2）异物侵限。一般暴雨将伴随大风，易造成高架线路周边树木弯折、建筑设施脱落等导致异物侵入限界，影响列车正常运行。

（3）车站发生雨水倒灌。地下站、地面站出入口、疏散通道、直梯等部位易发生雨水倒灌，造成站厅、站台积水。

（4）车站站前广场积水。站前广场因地势低洼易积水，积水后影响乘客正常进出站。雨天造成车站出入口台阶湿滑，易造成乘客摔伤等人身伤害。地面积水、车站结构缺陷将引发渗漏，渗漏严重会造成车站运营设备故障、公共区域乘客无法通行。

（5）客流波动。有研究表明，降雨天气对刚性出行（基于家工作出行及基于工作返程出行）影响较小，对弹性出行（基于家其他出行、非基于工作返程出行及非基于家出行）影响较为显著。雨量较小时，轨道交通刚性出行会增加；雨量较大时，所有出行目的均会减少，但刚性出行减小幅度较小。刚性出行大多集中在早晚高峰，客流本就集中的时段，因此雨天会增加高峰时段客流组织的压力。

（6）线路发生雨水倒灌。线路轨行区会因为车辆段（停车场）积水向线路倒灌。

（7）发生雷击。车站可能发生雷击，造成运营设备损坏，从而影响正常运营。

（8）边坡坍塌、路基下沉。持续强降雨对于线路结构带来边坡坍塌、路基下沉风险，从而影响列车正常运行。

三、洪灾应急处置

（一）洪灾应急处置原则

（1）坚持“预防为主、常备不懈”的原则，确保抢险救援工作反应及时，果断采取措施，做到早发现、早报告、早处理、早恢复，减少损失和降低影响，防止事态扩大。

（2）根据水灾应急处置的需要，调集人员、储备物资、交通工具以及相关设施设备（图6.2.3）；必要时，对人员进行疏散或隔离，并对城市轨道交通管辖范围相关区域实行封锁。

（3）抢险与生产统筹兼顾，在积极稳妥处理事故的同时，按照《城市轨道交通行车组织规则》（JT/T 1185—2018）的相关规定，最大限度地维持城市轨道交通运营。当积水面未超过钢轨轨脚时，允许列车以正常速度通过积水段；当积水面介于钢轨轨脚和轨头底部之间时，允许列车以25 km/h速度通过积水段；当积水面超过钢轨轨头底都时，原则上不准列车通过积水段，必须通过时限速15 km/h。

（二）洪灾应急处置要点

1. 雨水倒灌至车站出入口

（1）当雨势较大、人员聚集较多，大量雨水飘入时，车站视情关闭受影响的出入口电扶梯、出入口到站厅的直梯。

（2）当出入口（或应急疏散通道）积水有可能漫过一层台阶时，车站组织员工在出入口搭建防汛挡板，并提示注意安全；上报请求人员支援。

（3）安排各岗位引导乘客由未发生倒灌的出入口进出车站，同时进行广播；在发生倒灌的出入口张贴告示，禁止乘客进出。

2. 雨水倒灌至出入口通道内

（1）当雨水有可能漫过出入口防洪墙倒灌进通道内时，车站组织员工在通道与站厅连接处排水槽后方用L形防汛挡板搭建防洪墙。

（2）关闭站厅至站台电扶梯、直梯；在站厅两端设备区门口利用沙袋及防洪膨胀袋搭建防洪墙，避免雨水倒灌至设备区。

3. 雨水倒灌至站厅及设备区

（1）雨水有可能漫过通道与站厅的防洪墙时进入站厅及设备区，车站人员配合工电专业人员打开站厅内的去水花格进行排水。

（2）立即报告控制中心水害发展情况。

（3）立即组织疏散站内乘客，影响乘客安全时，立即组织封站，并上报行调、站长、部门生产调度。

4. 雨水倒灌至站台

（1）及时报告控制中心水害发展情况。

（2）经现场抢险救援主任同意，向控制中心申请打开两侧站台门排水，机电专业人员短接互锁解除后，人为操作 PSL 同时打开所有站台门，将雨水排入轨行区。

5. 雨水倒灌至轨行区

车站安排人员密切关注轨行区积水情况，配合专业人员进行排水。

（三）洪灾常见应急处置措施

（1）报行调，组织人员搬运沙袋堵水抗洪。

（2）提醒乘客小心滑倒，指引出站的乘客从安全的出口出站。

（3）当站台或站厅层进水，可能侵入带电设备时，需关闭相应的设备并通知对应的专业人员。

（4）必要时疏散站内乘客，向行调请求关闭车站并负责关闭车站的工作。

（四）防汛物资

防汛物资包括防淹挡板、沙袋、吸水膨胀袋、L 形挡板等。

1. 防淹挡板

防淹挡板由几块铁板拼接而成，主要作用是防止雨水倒灌进车站。日常存放在车站出入口防汛备品箱，挡板一般为铝合金材质，每块挡板高约 20 cm，可搭建 3 ~ 4 层，安装在出入口（疏散通道）。

防淹挡板的拼装方法：

第一步：找到出入口卷帘门下方的插槽，将连接柱插入插槽内，需要拿楔子撬开才能使用，如图 5-2-3 所示。

图 5-2-3　防淹挡板的拼装（1）

第二步：将防淹挡板按照编号顺序一一拼装，如图 5-2-4 所示。

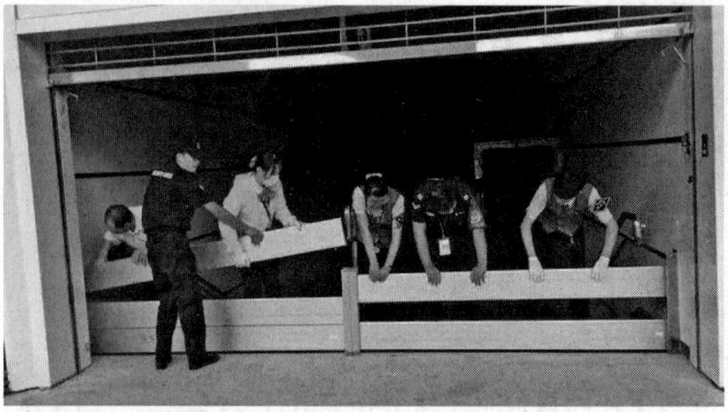

图 5-2-4　防淹挡板的拼装（2）

第三步：对防淹挡板进行整体加固，拧紧螺丝，如图 5-2-5 所示。

图 5-2-5　防淹挡板的拼装（3）

2. 沙袋

当暴雨洪涝来袭时，工作人员把沙袋放置在低洼地带或防汛挡板内侧，这样可以有效阻止水流进入地铁站，如图 5-2-6 所示。

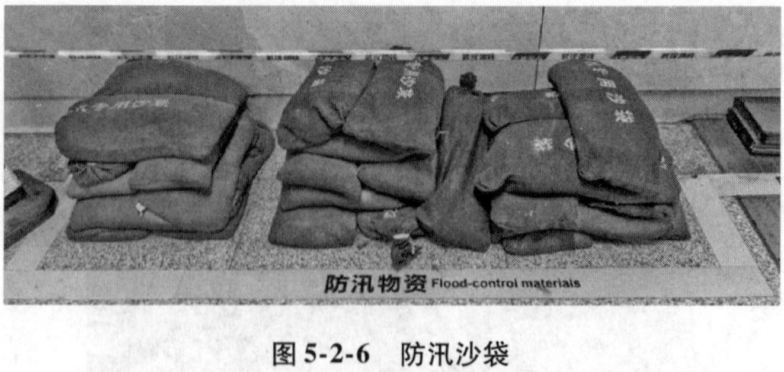

图 5-2-6　防汛沙袋

3. 吸水膨胀袋

吸水膨胀袋看起来和普通的编织袋没有太大区别，但比起普通沙袋，它能起到迅速吸水、挡水的作用。而且使用前体积小、重量轻、运输方便，可以在抢险时节省时间和人力，让防汛工作开展得更加高效，如图 5-2-7 所示。

4. L 形挡板

这种挡板是“L”形设计，而且每个挡板之间有连接扣，方便板与板的固定。当水涌来，重量就压在挡板的底部，将重量转化为压力，反而使挡板更稳固地立在地面，最大化地发挥防洪效果，如图 5-2-8 所示。

图 5-2-7　吸水膨胀袋

图 5-2-8　L 型挡板

除了以上防汛物资，根据设计标准规范，地铁车站的出入口台阶设计通常高出地面，以确保能够有效应对大部分站外积水情况。车站根据出入口台阶第一层位置设置“水位警戒线”，在第二层位置设置“关闭警戒线”如图 5-2-9 所示，现场工作人员根据水位高度，采取应对措施。

（a）　　（b）

图 5-2-9　水位警戒线

（五）洪灾应急处置程序

前置处置：

（1）列车司机发现前方路段积水向行车调度员报告水势情况。

（2）车站值班员发现线路、站房积水，立即上报（行车调度员、客运公司机电部生产调度室、安保部等）。

（3）环调发现线路积水的报警，立即报告环控工程师、线路值班主任。通知机电、工建及相关专业部生产调度室，派人到现场进行处理。

洪灾应急处置预案启动后各岗位详细职能见表 5-2-2。

表 5-2-2　地铁洪灾应急处置各岗位职责

岗位	职　责
行车调度员	（1）立刻向线路值班主任报告，并通知环控调度员和相关专业部生产调度室。 （2）线路、站房积水且影响列车通过时，立刻扣停相关列车，并令列车司机（车站人员）现场确认情况。 （3）通知车站值班员密切监视列车运行，有异常情况及时向行车调度员报告。 （4）若积水低于道床可以正常通行，指示列车正常通过，并通告全线列车司机、轮乘室积水地点加强瞭望。 （5）若积水低于轨面高于道床可以限速通过，指示列车限速通过积水地段，并通告全线列车司机、轮乘室积水地点限速并加强瞭望。 （6）若积水漫过轨面不能通过，继续扣停相关列车，制定列车运行调整方案，在具备条件的区段组织小交路运行。并通告全线列车司机、车站，发布运营受阻信息。 （7）组织相关维修人员到现场抢修。 （8）水位下降后，通知全线列车司机、车站恢复正常运行
司机	（1）当积水面未超过钢轨轨脚时，允许列车以正常速度通过积水段。 （2）当积水面介于钢轨轨脚和轨头底部之间时，允许列车以 25 km/h 速度通过积水段。 （3）当积水面超过钢轨轨头底都时，原则上不准列车通过积水段，必须通过时限速 15 km/h
车站站长	（1）安排站台岗加强出入口积水情况巡视。 （2）发现险情时立即令值班员向相关部门或人员报告（行调、119、120）。 （3）安排车站人员积极设法断水、堵水、排水和清除积水，配合抢险人员抢险。 （4）达到封站条件时令值班员向行调报告，请求封站。 （5）特殊情况下，值班站长直接决定封站，事后再逐一上报
车站值班员	（1）出现险情时，向行调、119、120 报告。 （2）按值班站长指示向行调请求封站，得到封站命令后报告值班站长得到封站命令后，通过广播引导乘客出站。 （3）通过 CCTV 关注车站情况，保持与行调、值班站长的联系
站务员	（1）做好站台区域乘客的引导工作，做好乘客的解释、退票工作。观察站台对应轨行区积水水位并及时报告。 （2）接到封站命令后，关停站厅至站台扶梯、直梯，疏散站台乘客，收好票款，停止售票。 （3）协助防汛处置工作。 （4）水位逐渐下降后，协助清理车站卫生，确认轨行区和站台设备情况，做好恢复运营准备工作
抢修人员	（1）进入轨行区进行抢险时，应做好自身安全防护。如现场人员认为进行抢险将危及抢险人员人身安全时，应立即向行车调度员提出封锁区间的请求。 （2）检查所有排水沟渠畅通情况，及时清理堵塞。 （3）及时向环控调度员报告水情。 （4）接到线路积水的抢修命令后，立即赶赴现场，并携带抽排水等工具设备。 （5）检查水管破裂地点，及时采取切断水源措施。立即检查排水系统，及时排水。 （6）做好进水区域的照明，对给水、消防水管破裂地点及时采取断水措施；开启水泵排水；立即检查抽排水系统，及时排除故障，及时向环控调度员报告水情
备注	险情排除后，车站工作人员清理现场，车站值班员向行调报告车站险情排除。现场清理好，具备恢复运营条件，请求恢复运营。工建部、机电部抢险救援人员检查线路、设备，确认具备恢复运营条件后报告行调。行调确认具备恢复运营条件后，下令恢复运营各岗位人员回到岗位中，恢复正常工作

延伸阅读

封站的必要条件

（1）因暴雨天气、水灾，车站多个出入口因地势或其他原因导致水流倒灌入车站内部，而车站排水能力不足，在采取堵封措施后仍不能缓解。

（2）因暴雨天气、水灾，车站部分出入口通道内部结构发生多处漏水且滴水成线，直接威胁到设备正常使用，严重影响车站的正常运营。

（3）因暴雨天气、水灾，导致车站内部有大量乘客，经引导后仍不能有效减少站内滞留乘客数量。

（4）因暴雨极有可能伴有强风，导致高架站雨棚严重破坏，站台吊顶及广告灯箱松脱浸水，严重威胁行车及乘客安全。

（5）暴雨水灾导致的滑坡明显威胁到车站安全。

（六）事故调查分析

洪灾对于人民生命财产的损害往往是巨大的，调查发生洪灾事故的原因也是处理洪灾过后的最后也是最重要一环。是工作人员的失职或是设备老化待修带来的意外，这些都需要一一调查清楚并彻底追究责任，应当反思在该次事故的处理过程中是否将人员和损失程度降到最低。

四、洪灾的预防

城市轨道交通系统在设计和运营过程中面临着多种自然灾害的威胁，其中洪水灾害尤为突出。地下隧道、高架轨道、车站、车辆段等基础设施的建设和维护成本极高。一旦遭受洪水侵袭，可能导致严重的财产损失和运营中断。同时，城市轨道交通的建设和发展是一个长期过程，预防洪水灾害需要在规划和设计阶段就予以考虑，确保系统的可持续性和适应性。

地铁运营后也应加强预防，提前巡查防汛设备及汛期风险隐患点，起到“未雨绸缪”的作用。在汛期，应提前组织开展汛期隐患专项排查整治，梳理线网防汛重点部位，全面梳理排查车站出入口、与商业接口及在建线路接口的洪涝风险点，增加挡板、沙袋等防汛物资，并在站点开展排水管网、收水井雨水箅子清淤疏浚工作。

根据地铁各场段及高架段露天段设备特点，对易塌方、易冲刷、低洼等地段重点设备加强巡查力度，并对各站台门设备电气接线端子、主所、地铁站内排水设施等进行专项检查，查看是否有设备因雨季潮湿出现破损、变形、腐蚀、氧化、锈蚀等现象，以及是否有雨水倒灌等汛期风险隐患点。

延伸阅读

强降雨突袭　某地铁三道防线　阻断水淹

在某地铁各站点，黄色关口线与红色关站线（图5-2-10）清晰可见，它们是防汛工作的“前哨”。对于出入口有三级以上台阶的车站，黄色关口线位于离地面第二级台阶底部边缘；若台阶不足三级，则直接在出入口平台底部边缘设置红色关站线。这些线条不仅是一个简单的标志，更是防汛应急响应的“指挥棒”。

图 5-2-10　关口线与关站线

某地铁工作人员介绍，当站外积水接近黄色警戒线时，车站立即加强巡视力度，密切关注雨情和水位变化。一旦积水达到黄色警戒线，车站将迅速关闭受影响出入口及电梯，引导乘客安全转移至其他出入口。此时，对其他出入口及疏散通道的巡查也同步加强，确保防汛安全无“死角”。

如果站外积水达到红色警戒线，车站将立即申请关站，并组织乘客有序疏散。与此同时，工作人员使用防淹挡板、沙袋等物资进行站外堵截，这是防汛工作的第一道防线。

工作人员介绍，如果积水漫过防淹挡板倒灌至车站内部，地铁工作人员将迅速打开楼梯下方横截沟和集水井盖板进行排水，并在电梯集水井处摆放沙袋加固防线。此外，在其他出入口、疏散通道等关键位置也安装上防淹挡板，形成第二道防线。

值得一提的是，在地铁过江过河隧道中还隐藏着一道重要的防线——防淹门。工作人员说，这些“镇守”在隧道两端的设施能在关键时刻阻断洪水入侵，为地下设备和人身安全提供坚实保障。

据介绍，除了上述物理防线外，某地铁还通过制定“五级熔断机制”、优化应急预案、强化应急演练、配齐应急物资装备，当车站出入口、站场入洞口等风险源达到熔断条件，将果断采取出入口关闭、单站关闭、停运等措施，全力确保地铁运行安全。

（根据网络资料整理）

技能训练

根据上述洪灾应急处置流程，结合相关具体步骤演示，以某一地铁站洪灾三级响应为例，完成洪灾应急处置的情景模拟演练。

一、人员分工

按照本任务涉及的岗位，设置行车调度员、值班站长、行车值班员、客运值班员、站务员、其他人员等岗位。每 6 人分成一个小组，按照洪灾应急处置流程完成模拟演练。

小组分工表

班　级		车站名称	
组　别		日　期	
岗　位	姓　名	任务分工	
行车调度员			
值班站长			
行车值班员			
客运值班员			
站务员			
其他人员			

二、设施及备品

城市轨道交通车站实训室、多媒体教学设备等设施及防汛挡板、防汛沙袋、吸水膨胀袋等备品。

清点备品表

清点所要使用的设备、工具、材料				
车站名称：		组别：		时间：
序号	名　称	数　量	设备状态	清　点
1	防汛挡板	6 个	□完好 □不能使用	□已清点
2	防汛沙袋	若干	□完好 □不能使用	□已清点
3	吸水膨胀袋	6 个	□完好 □不能使用	□已清点
4	L 形挡板	7 个	□完好 □不能使用	□已清点
5	荧光衣	6 个	□完好 □不能使用	□已清点
6	防水光源	6 个	□完好 □不能使用	□已清点
7	塑料水桶	3 个	□完好 □不能使用	□已清点
8	扫帚	3 个	□完好 □不能使用	□已清点
9	防滑垫	若干	□完好 □不能使用	□已清点
10	危险警示牌	4 套	□完好 □不能使用	□已清点
备注	检查备品的数量及备品状态，每完成一项且结果正常，则在□内打“√”，否则打“×”			

三、演练过程

根据任务要求，按城市轨道交通车站突发洪灾的应急处置程序完成模拟并记录演练过程。

地铁洪灾应急处置演练过程写实表

组 别		小组成员		
班 级		车站名称	演练时长	
步骤一：信息接报				
任 务	岗 位	技 能 要 求	完成情况记录	
分析和判断车站洪灾的成因、影响因素，行车值班员及时向值班站长汇报客流情况	行车值班员	描述了事件发生时间、地点	□表述准确完整 □表述含糊不清 □未完成	
		描述了形成原因，已采取的措施	□表述准确完整 □表述含糊不清 □未完成	
		描述了人员伤亡、设备损坏等情况	□表述准确完整 □表述含糊不清 □未完成	
		说明了报告人单位、姓名、岗位	□表述准确完整 □表述含糊不清 □未完成	
		汇报了认为有必要报告的其他情况	□表述准确完整 □表述含糊不清 □未完成	
步骤二：前期处置				
任 务	岗 位	技 能 要 求	完成情况	写实记录
根据要求，及时启动应急预案，人员职责明确、任务分工合理	值班站长	启动洪灾对应应急预案	□已完成 □未完成	
		安排各岗位做好准备工作	□已完成 □未完成	
	客运值班员	做好防汛物资准备（防淹挡板、沙袋、吸水膨胀袋、L形挡板、防滑垫等）	□已完成 □未完成	
	行车值班员	申请其他人员支援	□已完成 □未完成	
步骤三：现场处置				
任 务	岗 位	技 能 要 求	完成情况	写实记录
正确处理此次洪灾，按照“预防为主、常备不懈”原则，车站结合出入口水位情况，及时采取防洪措施，做好客流引导，防止其他恶性事件的发生	值班站长	通知行车值班员向OCC汇报车站汛情，必要时申请关站	□已完成 □未完成	
		担任先期抢险救援组主任，负责现场应急指挥协调，与内外各方保持联系	□已完成 □未完成	
	行车调度员	听取车站汇报，关注该站洪水走势及洪涝受灾严重区域	□已完成 □未完成	
	行车值班员	密切注意CCTV监控，做好信息传递续报工作	□已完成 □未完成	
		发现雨水倒灌至出入口、站厅、设备区、站台等信息须立即报告行调、客运生产调度水害发展情况	□已完成 □未完成	

正确处理此次洪灾，按照“预防为主、常备不懈”原则，车站结合出入口水位情况，及时采取防洪措施，做好客流引导，防止其他恶性事件的发生	客运值班员	协助值班站长组织准备防汛物资，协助防汛处置工作	□已完成 □未完成	
	站务员	加强站台巡视，做好乘客解释、疏导工作	□已完成 □未完成	
	其他	协助做好人员疏导、关闭出入口、粘贴告示	□已完成 □未完成	
步骤四：应急终止				
任　务	岗　位	技 能 要 求	完成情况	写实记录
车站恢复正常时，要及时向OCC汇报，申请恢复正常运行，并撤除应急设备	值班站长	当水位回落，组织现场人员清理站内、轨行区积水并组织清理车站卫生	□已完成 □未完成	
		与各专业抢险队确认设施设备恢复情况，当确认具备基本运营条件后，经现场抢险救援主任同意，通知行值向行调申请开站		
	行车调度员	同意恢复正常运营	□已完成 □未完成	
	行车值班员	具备开站条件后，按值班站长指令向OCC申请开站	□已完成 □未完成	
	客运值班员	水位逐渐下降后，清理车站卫生，确认车站服务设备状态确认，做好恢复运营准备工作	□已完成 □未完成	
	站务员	协助清理车站卫生，确认轨行区和站台设备情况，做好恢复运营准备工作	□已完成 □未完成	
	其他	协助清理车站卫生，车站做好恢复运营准备工作	□已完成 □未完成	
职 业 素 养				
序　号	素 质 要 求		完成情况	写实记录
1	处理程序是否得当，避免常识性错误		□是□否	
2	是否具备良好的服务意识及沟通表达能力		□是□否	
3	是否正确使用防汛物资		□是□否	
4	是否清楚认识城市轨道交通突发事件所造成的危害，重视突发事件并有预防意识		□是□否	
5	是否符合相关管理规定，整理工作区域，备品恢复原位		□是□否	
备　注	根据洪灾应急处置的程序，每完成一项且能标准作业，则在□内打“√”，否则打“×”			
未完成环节	根据模拟演练实际情况，酌情在此处查漏补缺，记录不足			

任务评价

<table>
<tr><th colspan="9">任务二　防洪应急处置</th></tr>
<tr><td colspan="9">姓名：________　　学号：________　　小组：________</td></tr>
<tr><td colspan="9">过程评价（60 分）</td></tr>
<tr><td colspan="3" rowspan="2">评 价 依 据</td><td rowspan="2">评分标准</td><td colspan="5">评 价 主 体</td></tr>
<tr><td>自评</td><td>互评</td><td>师评</td><td>1＋X
考评员</td><td>企业导师</td></tr>
<tr><td rowspan="3">知识
（A）</td><td>1</td><td>说出洪灾概念及产生原因、特点及分类</td><td>5</td><td></td><td></td><td></td><td></td><td></td></tr>
<tr><td>2</td><td>认识防洪物资并清楚使用方法</td><td>7</td><td></td><td></td><td></td><td></td><td></td></tr>
<tr><td>3</td><td>列举出洪灾发生的常见应对措施</td><td>8</td><td></td><td></td><td></td><td></td><td></td></tr>
<tr><td rowspan="3">能力
（B）</td><td>1</td><td>总结出洪灾各响应级别岗位各职责</td><td>10</td><td></td><td></td><td></td><td></td><td></td></tr>
<tr><td>2</td><td>能合理选择、正确使用各种防洪物资</td><td>5</td><td></td><td></td><td></td><td></td><td></td></tr>
<tr><td>3</td><td>配合各岗位完成车站洪灾模拟演练</td><td>15</td><td></td><td></td><td></td><td></td><td></td></tr>
<tr><td rowspan="2">素养
（C）</td><td>1</td><td>有岗位责任意识，团队协作能力强</td><td>5</td><td></td><td></td><td></td><td></td><td></td></tr>
<tr><td>2</td><td>有预防意识，应急处置过程中心理素质好</td><td>5</td><td></td><td></td><td></td><td></td><td></td></tr>
<tr><td colspan="9">过程评价＝$A+B+C$</td></tr>
<tr><td colspan="9">结果评价（30 分）</td></tr>
<tr><td colspan="9">结果评价＝本任务测试题得分</td></tr>
<tr><td colspan="9">增值评价 E（10 分）</td></tr>
<tr><td colspan="9">增量＝（过程评价＋结果评价）本任务－（过程评价＋结果评价）前任务
增值评价 E：$E=10$（增量≥20 分）；$E=8$（增量＝10～19 分）；
$E=6$（增量＝5～9 分）；$E=4$（增量＜5 分）</td></tr>
<tr><td colspan="9">本任务总评成绩</td></tr>
<tr><td colspan="9">总评＝过程评价＋结果评价＋增值评价</td></tr>
</table>

任务总结

<table>
<tr><td colspan="2">主题：</td></tr>
<tr><td>要点栏</td><td>笔记栏</td></tr>
<tr><td colspan="2">总结栏</td></tr>
</table>

拓展提升

大义之声

白衣天使：于逸飞——敬业求善，至美至德

于逸飞，一位26岁的年轻医生，在郑州地铁5号线遭遇严重洪灾的紧急情况下，展现出了非凡的勇气和专业精神。2021年7月20日，是于逸飞作为医生的入职首日。当地铁因暴雨而停运，乘客被困时，他本已安全到达地面，但听到有人呼救，便毅然决然地穿上白大褂，返回到被困乘客中去。在长达6 h的救援中，于逸飞跪在地铁站台，不顾个人安危，救治了多名受伤的乘客。他不仅亲自进行心肺复苏等急救措施，还指导其他乘客如何正确施救，有效地组织了一个临时的救援团队。尽管自己身体疲惫至极，膝盖受伤，他依然坚持救援，直到专业救援队伍到达。救援结束后，于逸飞不顾自己受伤的情况，决定游过积水，前往父亲工作的医院。途中，他不断鼓励自己，与其他行人互相帮助，最终与父亲团聚。于逸飞的英勇行为得到了社会的广泛认可，郑州人民医院决定免去他的试用期，直接录用。于逸飞在事后表示，这次经历让他对生命有了更深的理解，认识到生命的脆弱和宝贵。他表示，尽管经历了巨大的心理和身体压力，但他将朝着成为一名优秀医师的方向继续努力。这次经历更加坚定了他成为一名优秀医生的信念，他的故事激励着人们在面对困难和挑战时，勇敢地站出来，用专业知识和勇气去救助他人。于逸飞在郑州暴雨中的英勇行为，不仅体现了他作为医生的专业素养，更展现了人性中的无私和勇敢。他的故事激励着人们在面对灾难和困难时，能够挺身而出，用行动诠释责任和担当。

（根据网络资料整理）

巩固与练习

1. 不定项选择题

（1）在城市轨道交通防汛防涝工作中，运营单位应如何确保应急预案的可行性和有效性(　　)。

A. 仅在发生洪灾时才考虑修订应急预案

B. 定期对现有防汛防涝应急预案进行再评估和再论证

C. 完全依赖外部救援力量，不制定内部应急预案

D. 仅在上级主管部门要求时才更新应急预案

（2）在极端天气情况下，城市轨道交通运营单位应如何行动以保障乘客安全(　　)。

A. 继续运营，直到出现明显安全隐患

B. 根据应急预案，及时采取停运列车、疏散乘客、关闭车站等应急措施

C. 等待所有乘客安全到达目的地后再考虑停运

D. 仅在接到政府明确指令后才开始疏散乘客

（3）在城市轨道交通防汛防涝工作中，运营单位需要加强（　　）等方面的工作以提升应急响应能力。

A. 建立与消防、公安、医疗等救援力量的应急通信机制

B. 定期核查挡水板、防汛沙袋、抽水设备等应急物资的种类和状态

C. 优化应急抢险队伍和应急物资的部署

D. 加强与气象部门的沟通，实时更新天气信息并调整运营策略

2. 判断题

（1）城市轨道交通防汛防涝工作中，运营单位应确保所有应急物资如挡水板、防汛沙袋、抽水设备等都处于可用状态，并合理部署以提升应急能力。（　　）

（2）在城市轨道交通防汛防涝工作中，运营单位只需关注车站内部的防洪措施，而无须考虑车站周边的市政管网联通情况。（　　）

（3）地铁防汛防涝工作中，运营单位不需要对在建线路与既有线路连接处的封堵情况进行排查，因为这些连接处不会成为风险隐患。（　　）

3. 简答题

（1）简述洪灾发生时基本的应急处置措施。

（2）2023年8月15日，一场突如其来的特大暴雨袭击了沿海城市某市。由于连日降雨，加上台风“海燕”的影响，某市的降雨量在24 h内达到了历史极值。某市城市轨道交通系统面临着前所未有的考验。某市地铁公司紧急启动了防汛应急预案，但由于雨水倒灌和内涝，部分地铁站出现了严重的积水现象。

作为某市城市轨道交通系统中的某一地铁站的值班站长，您需要立即评估当前情况并做出决策。您将采取哪些紧急措施来应对当前的水灾情况？

任务三 地震应急处置

学习目标

知识目标

1. 了解地震的概念、特点及分类；
2. 熟悉不同等级地震的前兆和影响；
3. 掌握地震的处理原则及措施。

能力目标

1. 能总结出突发地震时的各岗位职责；
2. 能掌握基本的自救、互救方法；
3. 能配合各岗位完成地震应急处置的模拟演练。

素质目标

1. 强化岗位责任意识，培养团队协作的能力；
2. 培养预防意识，提升应急处置过程中的心理素质。

任务导入

2024年4月3日上午7时58分，某地区7.3级地震造成通往花莲的铁路、公路中断。某捷

运公司表示，7 时 59 分某市发生有感地震，高运量系统全线列车依照 SOP 立即停车慢速进站疏散旅客，并安排人员进行设备检视及轨道巡视（图 5-3-1）；受到地震影响，淡水信义线大安森林公园站 2 站台有异物悬挂，其余区段正常营运，高运量全线于 9 时 2 分恢复正常营运。

图 5-3-1　某捷运公司宣布停止运营

文湖线方面，地震发生时，行控中心下达全线列车暂停站台及停车指令，通知各维修单位前往检视设备，全线共 51 部列车，其中 21 部列车停于站间，约 6 300 名旅客均到站疏散。监视系统设施设备，确认安全后，于 9 时 58 分恢复营运。此外，儿童新乐园于地震发生后，依照 SOP 确认设备测试均正常，营运未受影响。

某捷运公司表示，受到地震影响，旅客如欲索取误点证明，可在公司网站下载使用。为维护旅客安全，当地震发生，捷运系统会依照地震级数的不同，采取列车慢速行驶或系统暂停营运等措施；应急处置期间，会通过广播、车站公告、旅客资讯显示器、“某捷运 Go” App 等渠道加强宣传引导，车站也会加派工作人员协助旅客改搭其他交通工具。

（根据网络资料整理）

请思考：

1. 如何提前预测地震到来并做好预防工作？
2. 通过之前的学习和个人了解，你知道哪些地震中的自救方法？

任务描述

本任务中，站务岗位群工作人员需要协作配合，完成所在车站的地震应急处置工作。通过了解地震的特点、识别自然灾害响应级别，分析车站各种因素对应急处置工作的影响和组织难度，根据岗位作业流程和岗位职责，选择合理的应急设备，组织此次突发事件的应急处置。地震应急处置工作需要各岗位人员不仅要有预防意识，良好的心理素质，具备较强的岗位责任意识及职业素养，更需要一定的专业素养。

知识准备

一、地震灾害概念

地震灾害是指由地震引起的强烈地面震动及伴生的地面裂缝和变形，使各类建（构）筑物倒塌和损坏，设备和设施损坏，交通、通信中断和其他生命线工程设施等被破坏，以及由此引起的火灾、爆炸、瘟疫、有毒物质泄漏、放射性污染、场地破坏等造成人畜伤亡和财产损失的灾害。地震烈度是指地震对地表及工程建筑物影响的强弱程度，是在没有仪器记录的情况下，凭地震时人们的感觉或地震发生后器物反应的程度、工程建筑物被破坏的程度、地表的变化状况而定的一种宏观尺度。其中一般分为 1 ~ 12 度，按次标志地震强度增加，1 度一般无感只有专业仪器才能记录到；6 度开始有轻微损害；7 度以上即为破坏性地震。

按照成因可以划分地震为 5 类：构造地震、火山地震、水库地震、路陷地震、人工地震。下面主要是基于构造地震展开的。

二、地震灾害应急处置

（一）地震灾害响应等级

根据各地区有关规定并结合地震对地铁行车的影响，各地铁公司对地震响应分级的界定也有差别，有的地铁公司按地震烈度进行划分，有的地铁公司按地震震级进行划分。

表 5-3-1　地震烈度表

等级	影响和破坏
Ⅰ度	无感，仅仪器能记录到
Ⅱ度	个别敏感的人在完全静止中有感
Ⅲ度	室内少数人在静止中有感，悬挂物轻微摆动
Ⅳ度	室内大多数人，室外少数人有感，悬挂物摆动，不稳器皿作响
Ⅴ度	室外大多数人有感，家畜不宁，门窗作响，墙壁表面出现裂纹
Ⅵ度	人站立不稳，家畜外逃，器皿翻落，简陋棚舍损坏，陡坎滑坡
Ⅶ度	房屋轻微损坏，牌坊，烟囱损坏，地表出现裂缝及喷沙冒水
Ⅷ度	房屋多有损坏，少数破坏路基塌方，地下管道破裂
Ⅸ度	房屋大多数破坏，少数倾倒，牌坊、烟囱等崩塌，铁轨弯曲
Ⅹ度	房屋倾倒，道路毁坏，山石大量崩塌，水面大浪扑岸
Ⅺ度	房屋大量倒塌，路基堤岸大段崩毁，地表产生很大变化
Ⅻ度	一切建筑物普遍毁坏，地形剧烈变化动植物遭毁灭

某地铁公司对地震响应等级分类如下：

（1）市区发生大于或等于 6.5 级地震，视为特别重大破坏性地震，特别严重影响行车和乘客安全，应启动一级响应。

（2）市区发生大于或等于 6.0 级、小于 6.5 级的地震，视为重大破坏性地震，严重影响行车和乘客安全，应启动二级响应。

（3）市区发生大于或等于 5.5 级、小于 6.0 级的地震，视为较大破坏性地震，较大影响行车和乘客安全，应启动三级响应。

（4）市区发生大于或等于 4.5 级，小于 5.5 级的地震，视为一般破坏性地震，一般影响行车和乘客安全，应启动四级响应。

（二）地震应急响应级别及现场处置工作内容

1. 一级响应

（1）OCC 立即扣停在站列车，并要求司机开门待令，发布列车停运、清客命令；电力调度员切断一切电源，启用紧急照明。车场调度员立即发布通知，停止场内所有作业。

（2）区间司机视情况限速25 km运行到前方车站停车开门待令，同时加强瞭望，注意确认车辆运行及设施设备状态，遇异常情况及时采取措施；若确认列车无法维持进站时，司机应组织乘客疏散至站外空旷区域。

（3）司机负责组织列车上乘客向车站疏散，车站值班站长负责组织有关人员疏散乘客，并将情况报告OCC；若通信中断应设法与外界取得联系，并做好自救工作。

（4）司机、站务员、保安等应在车站站长/值班站长的统一指挥下，有序组织乘客避险，同时循环播放应急疏散广播，及时疏散乘客至站外空旷区域，并采取一切可能措施安抚乘客，防止发生乘客踩踏、乘客恐慌等事件发生。

（5）OCC发布列车停运、急救命令，及时将灾情报告分公司及有关部门。

（6）调度部、票务部、车辆部、客运部、设施部及时成立应急工作小组，各部门及时召集各专业救援队队员，准备救援工具、物品。根据灾情尽快恢复动力照明系统供电，确定牵引供电恢复送电方案；救援队出动救援，在起复机车、车辆，以及抢修线路中，快速确定方案，并报OCC。

（7）必要时，向轨道公司、政府部门和社会组织请求援助；指挥外援人员抗震救灾，尽快复地铁运营。

（8）及时向轨道公司、抗震救灾指挥部报告震情、救援情况以及运营开通情况。

2. 二级响应

（1）电力调度员切断牵引供电系统电源，启用紧急照明。

（2）司机制动列车停车，组织列车上乘客向车站疏散，车站值班站长负责组织有关人员疏散乘客，并将情况报告OCC，若通信中断应设法与外界取得联系，并做好自救工作；OCC发布列车停运、急救命令，及时将灾情报告分公司及有关部门。

（3）各部门及时、到位履行职责，组织救援抢险，恢复牵引供电，恢复地铁运营。

（4）必要时，向轨道公司、政府部门和社会组织请求援助；指挥外援人员抗震救灾，尽快恢复地铁运营。

（5）及时向轨道公司、政府部门报告震情、救灾情况以及运营开通情况。

3. 三级响应

（1）发生较大地震灾害后，司机视灾情维持列车运行到前方车站停车，疏散车上乘客；车站站长/值班站长负责组织有关人员疏散车站乘客、保护地铁设备，并将情况报告OCC，若通信中断应设法与外界取得联系，并做好自救工作；OCC视情况发布列车停运或限速命令，组织抢险援，向上级领导报告有关情况。

（2）按市防震抗震领导小组的要求，在公司领导下，视震情、灾情组织抢险救援，具体落实抗震救援工作和措施，并及时报告有关情况。

4. 四级响应

发生一般地震灾害后，司机视灾情维持列车运行到前方站停车，疏散车上乘客；值班站长负责组织有关人员疏散车站乘客、保护地铁设备，并将情况报OCC，若通信中断应设法与外取得联系，并做好自救工作；OCC视情况发布列车停运或限速命令，组织抢险救援、迅速收集、了解震情、灾情信息，做好现场震情跟踪工作。

延伸阅读

地震中如何自救和互救

1. 自救

(1) 用湿手巾、衣服或其他布料等捂住口鼻和头部，避免灰尘呛闷发生窒息的危险，走安全通道而非乘坐电梯进行疏散，地震很可能导致电梯故障。

(2) 清除压在身上的物品，被压时，要沉着冷静，观察周围环境，思考脱险方法，利用周围可搬动的物品支撑身体上的重物，尽量清除压在身上的物品，同时避免脱落导致二次伤害。

(3) 维持生命，适时求救。无力脱险时尽量节省力气，要静卧，保持体力，寻找食品和饮用水，并计划使用，以延长时间。更重要的是要有信心，要乐观，等待时机。在周围安静时或能听到附近有人说话时，应敲击出声，向外界传递求救信息，到达安全地点后，自我检查是否受伤，并在必要时提供急救。

(4) 保证安全，救助他人。脱险后在身体力行的情况下可以救助他人，不能救助时要立即寻找安全的地方，尽快与家人或单位取得联系。

2. 互救

(1) 救助者要先救近，再救远，先救医务人员和强壮人员，以便增加帮手，挖掘时，要分清哪些是支撑物，哪些是压埋阻挡物，保护支撑物，清除阻挡物，保护被压埋者赖以生存的空间不遭覆压，在可能的情况下，与其他人一起行动，相互支持，共同应对紧急情况，在确保自身安全的情况下，尽可能帮助其他乘客，特别是老人、儿童和行动不便者。

(2) 要确定被压埋者的情况，要用最快的速度使伤者头部充分暴露，并清除口、鼻腔内的异物，保持呼吸通畅，然后再暴露胸腹部。被压埋者不能自行出来时，不要生拉硬扯，防止进一步造成损伤。对于脊椎损伤者，挖掘时，要避免再次加重脊椎损伤。

(3) 急救者要针对不同情况（如窒息，出血、骨折等）给予适当处置。救出受伤者作简单处置后，转移到更安全的地方，从废墟中救出后，在转送搬运时，应使用硬担架或门板，绝对禁止脊椎弯曲或扭转；不能一人抬肩，一人抬腿，以免造成伤者瘫痪。

(4) 对于在黑暗、窒息、饥渴状态下埋压过久的人，救出后应给予必要的护理；蒙上眼睛，使其避免强光的刺激；不可突然接受大量新鲜空气，不可一下进食过多；要避免被救人情绪过于激动；对受伤者，要就地作相应的紧急处理，注意观察周围环境，警惕余震或其他潜在危险，优先保证自己的生命安全。

（根据网络资料整理）

（三）地震灾害应急处置原则

(1) 坚持“统一领导、逐级负责、属地为主、平震结合”的工作原则。

(2) 各单位、各部门要听从统一指挥和分工，各司其职、各负其责，快速、高效地实施地震应急预案，最大限度地减少人员伤亡和经济损失，维护正常秩序。

(3) 属地管理部门是应对地震灾害的第一责任人，承担指挥实施属地区域处置抗震救灾工作职责，要坚持地震预防、应急准备与救援相结合，常抓不懈，做好地震应急处置各项工作。

（四）地震灾害应急处置措施

城市轨道交通系统在建设时按可承受7级地震考虑，但线路、轨道肯定会发生不同程度的移位与变形。地震发生时，全线列车应立即停止运营，车站应开所有通道引导乘客出站；停在区间的列车在线路条件允许的情况下，以低速人工驾驶列车进入前方车站就近清客。如线路已经严重破坏，则通过区间隧道疏散乘客。地震过后，组织对全线设备进行检查、测试、抢修，确认各系统技术状态正常后，再决定恢复正常运营。

（五）震灾应急处置要点

（1）车站立即封站，组织乘客疏散。

（2）区间列车根据行调命令限速运行到车站疏散乘客。

（3）车站提前打开站台门，列车到达后迅速疏散。

（4）震后恢复要做好设备及建筑结构的检查。

课堂思考

乘坐地铁遇到地震发生，第一时间跑到地表是安全的做法吗？

地铁，特别是在地下隧道中行驶的地铁，反而是相对最为安全的区域之一。

地铁设计是必须考虑地震的，并且有一系列相关规范进行约束。但凡经过一系列正规程序开工的项目，这方面都没问题。而且，地震时，地下受到的影响本来就比地面要小。地表和地下构造的受力情况完全不一样，地下受力更为均匀。例如，汶川地震中，山体滑坡数量极大，但是震区及附近的隧道只有变形，没有坍塌破坏。

当然遇到其他不可预见的情况，可能会对地铁产生极大危害。例如，煤气、电力等管线，供水管或泄洪管，也有风险。但是相对来说，这种情况少见。

三、地震灾害应急处置程序

（一）地震灾害发生初期

当地震发生时，所有员工应沉着冷静，同时兼顾自己和他人的生命安全，及时向上级报告地震实际情况。如情况危急，生命受到直接威胁，各岗位可立即组织疏散撤离。具体各岗位职责见表 5-3-2。

表 5-3-2　地震灾害发生初期应急处置各岗位指责

岗　位	职　　责
行车调度员	OCC 当班调度员原则上应坚守调度岗位。当 OCC 大楼有轻微震感或接报车站、车辆段有轻微震感时，通知全线列车司机进站停车待令，并立即向分公司领导汇报请示，同时组织检查分公司管辖范围内的人员、设备及设施受影响情况。当 OCC 大楼有明显或强烈震感时，应就近选择较安全的位置紧急避险；随后组织检查分公司管辖范围内人员、设备及设施损失情况；立即通知分公司领导和各抢险救援队组织救援
车站工作人员	当班人员原则上应坚守岗位。当车站有明显震感时，采取紧急避险；必要时组织疏散乘客，救护伤员及组织乘客自救、互救工作，并组织检查车站管辖范围内人员、设备及设施损失情况；情况危急时，撤离车站
司机	司机发现地震（有震感或发现土建结构、轨道异常）时，如在区间应限速 40 km/h，尽量维持进站，若线路明显受损应立即停车，及时通报行车调度员；在站列车停止动车，保持车门、站台门处于打开状态，及时通报行车调度员，进行疏散或清客

（二）地震灾害应急处置期间

地震灾害应急处置期间各岗位职责见表5-3-3。

表5-3-3 地震灾害应急处置期间各岗位职责

岗 位	职 责
行车值班员	（1）接到启动地震应急预案的信息后，通知值班站长，全站广播执行地震应急预案。 （2）报119、110、120等。 （3）按压AFC紧急按钮，将闸机设置为紧急模式。 （4）及时向行调汇报人员疏散及灾害情况（若通信中断应设法与外界取得联系）
值班站长	（1）接到启动地震应急预案的信息后，立即组织员工疏散乘客。 （2）加强与行车值班员的联系。 （3）确认乘客及车站人员疏散完毕后撤离车站
客运值班员	（1）接到启动地震应急预案的信息后，立即到站台组织乘客及车站其他工作人员疏散。 （2）与司机确认列车上乘客疏散情况，列车、站台乘客及车站其他工作人员疏散完毕后，向车控室汇报人员疏散及伤亡情况。 （3）乘客及车站其他工作人员疏散完毕后撤离车站
站务员	（1）接到启动地震应急预案的信息后，立即到站台组织乘客及车站其他工作人员疏散。 （2）乘客及车站其他工作人员疏散完毕，确认垂直电梯没有受困人员后撤离车站
售票员	（1）接到启动地震应急预案的信息后，立即打开边门、闸机，组织站厅乘客及车站其他工作人员疏散。 （2）乘客及车站其他工作人员疏散完毕后，向车控室汇报人员疏散及伤亡情况。 （3）乘客及车站其他工作人员疏散完毕后撤离车站
司机	（1）接到启动地震应急预案的信息后，制动列车停车（执行一、二级预案立即制动列车，执行三级预案时，司机视灾情维持列车运行到前方车站停车，疏散车上乘客）。 （2）采取有效措施向行调或邻站值班站长汇报相关情况。 （3）若列车在区间制动，组织乘客朝车站方向疏散，并与车站人员确认列车上乘客疏散情况

（三）震后运营组织

OCC立即与交通运输应急指挥中心联系，确认地震级别，征求其处理意见。如其未有明确意见，则按以下原则处理：

能确认级别时：发生6.0级及以上地震时，全线停运；发生6.0级以下地震时，若车站、隧道土建结构及设备没有损坏，各区间首列车（空车）以40 km/h速度运行检查后，载客限速40 km/h运行，如主任调度员不能决定，请示分公司领导；车站、隧道土建结构及设备损坏时，全线停运。

延伸阅读

乘坐地铁遭遇地震时的自救措施

（1）若列车正在区间行驶：请保持冷静，尽量躲在座位旁边，双手抱住头部，随时留意车上广播的指示，待列车运行至站台后，再有序疏散。如遇列车无法运行的情况请在车厢内等待救援。请不要擅自触动列车紧急停车装置，更不可擅自离开车厢从隧道逃生，防止触电。

（2）若地震时您正在车站内：首先，请保持冷静，就地择物躲藏，然后听从车站工作人员的指挥，有序撤离。地震时，切勿胡乱奔跑，更不可盲目跟随人流、相互拥挤。从车站撤离后，应及时前往开阔地带，防止余震带来的二次伤害。

(3) 应从安全通道及时撤离，不要使用垂直电梯、自动扶梯。

(4) 疏散过程中要注意脚下异物，防止摔倒。当确定可以安全离开时，青壮年乘客应帮助妇女和儿童撤离，搀扶或抬着行动困难的乘客离开现场，从而最大限度地减少人员伤亡。

(5) 留意地震引发的其他危险因素，如火灾或者裸露电线引发对人体的伤害。

不能确认级别时：如车站、隧道土建结构及设备没有损坏，各区间首列车（空车）以 40 km/h 速度运行检查后，载客限速 40 km/h 运行，如主任调度员不能决定，请示分公司领导；若发生车站、隧道土建结构及设备损坏，全线停运。

四、地震灾害预防

城市轨道交通系统作为城市交通的大动脉，承载着大量日常通勤者和旅客的运输任务，其安全性直接关系到数以百万计乘客的生命安全和城市运行的连续性。进行地震灾害预防对于城市轨道交通至关重要。轨道交通作为城市的重要基础设施，一旦遭到严重破坏，将是对经济的一次严重打击且后续恢复与重建工作会受到巨大阻力。表 5-3-4 列出了一些车站各岗位人员的震灾预防策略。表 5-3-4 为震灾预防处理流程示意图。

表 5-3-4　震灾预防常见策略

岗　位	职　　责
车站工作人员	(1) 加强线路、站台、站厅、楼扶梯口、出入口的巡视。 (2) 熟悉应急预案，参与定期的地震应急演练，学习基本的急救技能和心肺复苏。 (3) 确保车站内安全设施和指示标志完好，监督车站结构的定期检查和维护。 (4) 制定和完善应急处置方案，做好员工培训与演练工作，地震发生时，迅速引导乘客至安全区域
控制中心	(1) 关注气象信息，提前做好防灾准备，实时监控地震预警系统，及时响应地震信息。 (2) 做好应急预案的培训和演练工作，与外部应急机构建立协调机制
司机	(1) 上岗时要保证良好的工作状态，向乘客提供必要的急救和心理支持。 (2) 做好应急预案的培训和演练工作，熟悉车厢内的安全设施和逃生路线

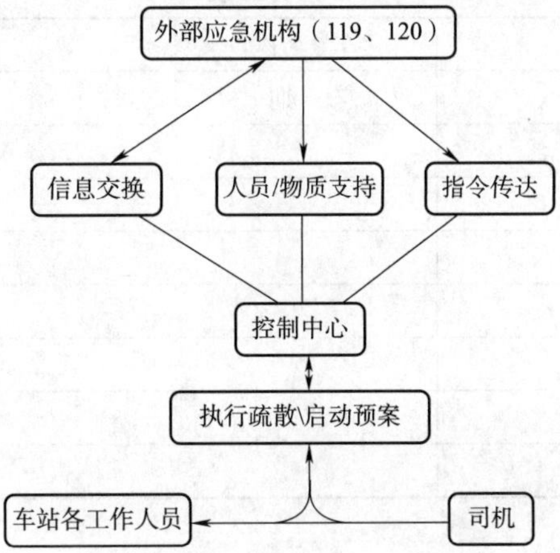

图 5-3-2　震灾预防处理流程示意图

延伸阅读

设计师如何让地铁不惧地震

众所周知，日本地理位置特殊，处在板块交界处、又是岛国，地震海啸频发，这也决定了城市轨道交通系统尤其是地铁在设计之初对其抗震性能的较高要求。下面列举几种地铁设计时常用的抗震手段。

（1）采用独特的隔震技术，如安装钢板弹簧等非线性缓冲装置，设置隔震层，有效分散并减少地震对支撑体系的冲击力，保障系统整体稳定。而地震波遮蔽技术和模块化轻钢结构也在抗震工程中崭露头角，为保护震灾下的人民生命财产安全作出了不可磨灭的贡献。

（2）以日本建立的全世界最为先进的地震预警系统之一——紧急地震速报 EEW 系统为例，它能够及时传达到用户的手机等移动设备上，乘客不仅可以提前了解地震的相关信息，控制中心也会特别关注地震波的情况，在确保基本没有风险的情况下才会正常运营。

（3）使用国际通用的震度观测法、实时掌握地震的概率分布，并对地铁在地震中的结构薄弱点（柱子与上下层板间的交接处、结构突变处、地层变化处等），有针对性地调整部分材料柔度和刚性、使用截断墙等工程手段减轻对地下设施的危害。

以上种种方法策略，即设计师对于地铁的“特别关照”，反而让地铁成为地震时比较安全的场所之一，所以我们在遇到此类自然灾害时不必惊慌，听从车站工作人员安排、有序合理撤离到安全区域，灾害对我们的伤害就会减少很多。

技能训练

根据上述震灾应急处置流程，结合已有案例和程序演示，完成震灾应急处置的情景模拟演练。

一、人员分工

按照本任务涉及的岗位，设置行车调度员、值班站长、行车值班员、客运值班员、站务员、其他人员等岗位。每6人分成一个小组，按照地震应急处置流程完成模拟演练。

小组分工表

班　级		车站名称	
组　别		日　期	
岗　位	姓　名	任务分工	
行车调度员			
值班站长			
行车值班员			
客运值班员			
站务员			
其他人员			

二、设施及备品

城市轨道交通车站实训室、多媒体教学设备等设施及安全标识及指示牌、警戒线、对讲机急救用品、应急光源等备品。

清点备品表

清点所要使用的设备、工具、材料				
车站名称：	组别：		时间：	
序号	名　称	数　量	设备状态	清　点
1	安全标志和指示牌	根据出入口数量确定	□完好 □不能使用	□已清点
2	警戒线	4 个	□完好 □不能使用	□已清点
3	对讲机	6 个	□完好 □不能使用	□已清点
4	急救用品	若干	□完好 □不能使用	□已清点
5	应急光源	6 个	□完好 □不能使用	□已清点
备注	检查备品的数量及备品状态，每完成一项且结果正常，则在□内打“√”，否则打“×”			

三、演练过程

根据任务要求，按城市轨道交通车站突发震灾的应急处置程序完成模拟并记录演练过程。

地铁震灾应急处置演练过程写实表

组　别		小组成员			
班　级		车站名称		演练时长	
步骤一：信息接报					
任　务	岗　位	技 能 要 求		完成情况记录	
分析和判断车站震灾的等级及影响，行车值班员及时向值班站长汇报灾情	行车值班员	描述了事件发生的时间、地点		□表述准确完整 □表述含糊不清 □未完成	
		描述了震情及可能危害、已采取的措施		□表述准确完整 □表述含糊不清 □未完成	
		描述了人员伤亡、设备损坏等情况		□表述准确完整 □表述含糊不清 □未完成	
		说明了报告人单位、姓名、岗位		□表述准确完整 □表述含糊不清 □未完成	
		汇报了认为有必要报告的其他情况		□表述准确完整 □表述含糊不清 □未完成	

步骤二：前期处置				
任　务	岗　位	技 能 要 求	完成情况	写实记录
根据要求，及时启动应急预案，人员职责明确、任务分工合理	值班站长	启动地震灾害响应等级对应应急预案	□已完成 □未完成	
		安排各岗位做好准备工作	□已完成 □未完成	
	客运值班员	做好备品准备	□已完成 □未完成	
	行车值班员	申请其他人员支援	□已完成 □未完成	
步骤三：现场处置				
任　务	岗　位	技 能 要 求	完成情况	写实记录
正确处理此次震灾，按照“科学处置、统一指挥”的原则，抓住主要矛盾，先全面、后局部，先救人、后救物，先抢救通信、供电等要害部位，后抢救一般设施	值班站长	根据要求，执行如封站和列车清客组织工作	□已完成 □未完成	
		按照先救人、后救物，先抢救通信、供电等要害部位，后抢救一般设施的原则进行应急处置	□已完成 □未完成	
	行车调度员	听取车站汇报，关注该站地震情况	□已完成 □未完成	
		及时发布停车停运、急救命令，及时将灾情报告分公司及有关部门	□已完成 □未完成	
	行车值班员	向 OCC 汇报车站灾害情况	□已完成 □未完成	
		根据行调要求，执行封站和列车清客工作，若列车无法运行至站台，执行区间疏散	□已完成 □未完成	
	客运值班员	做好乘客服务工作，按站长（值班站长）的指挥引导疏散乘客，防止拥挤踩踏事件发生	□已完成 □未完成	
	站务员	确认电梯无人乘坐后，立即关闭	□已完成 □未完成	
	其他	加强现场引导，协助做好人员疏散	步骤四： 应急终止	
步骤四：应急终止				
任　务	岗　位	技 能 要 求	完成情况	写实记录
在确保安全的情况下，要及时向 OCC 汇报，申请恢复正常运行	值班站长	通知行车值班员向 OCC 汇报车站情况，申请恢复正常运行	□已完成 □未完成	
	行车值班员	向 OCC 汇报车站情况，申请恢复正常运行	□已完成 □未完成	
	行车调度员	同意恢复正常运营	□已完成 □未完成	
	客运值班员	对车站范围内客服设施设备全面进行巡视检查，发现故障及时采取措施并上报，故障未排除前，做好防护工作	□已完成 □未完成	
	站务员	撤除应急设备，恢复正常运营	□已完成 □未完成	
	其他	保安人员应重点做好车站的保卫工作，加强对进出人员的检查，确保要害部位的安全	□已完成 □未完成	

职业素养			
序　号	素质要求	完成情况	写实记录
1	处理程序是否得当，避免常识性错误	□是□否	
2	是否具备良好的服务意识及沟通表达能力	□是□否	
3	是否做好乘客疏散和解释工作，安抚乘客情绪	□是□否	
4	是否清楚认识地震灾害所造成的危害，重视突发事件并有预防意识	□是□否	
5	是否符合“7S”管理规定，整理工作区域，备品恢复原位	□是□否	
备　注	根据地震灾害应急处置的程序，每完成一项且能标准作业，则在□内打“√”，否则打“×”。将未完成的流程在写实记录栏标注，方便查缺补漏		

任务评价

任务三　车站地震灾害应急处置								
姓名：________　学号：________　小组：________								
过程评价（60分）								
评价依据			评分标准	评价主体				
				自评	互评	师评	1+X考评员	企业导师
知识（*A*）	1	说出地震灾害的概念、等级	5					
	2	认识疏散设施设备并清楚使用时机	7					
	3	列举出地震灾害的应对措施	8					
能力（*B*）	1	总结出地震灾害各岗位职责	10					
	2	能合理选择、正确使用各种备品	5					
	3	配合各岗位完成车站地震灾害的模拟演练	15					
素养（*C*）	1	有岗位责任意识，团队协作能力强	5					
	2	有预防意识，应急处置过程中心理素质好	5					
过程评价 = $A+B+C$								
结果评价（30分）								
结果评价 = 本任务测试题得分								
增值评价 E（10分）								
增量 =（过程评价 + 结果评价）本任务 -（过程评价 + 结果评价）前任务 增值评价 E：$E=10$（增量≥20分）；$E=8$（增量 = 10~19分）； $E=6$（增量 = 5~9分）；$E=4$（增量 <5分）								
本任务总评成绩								
总评 = 过程评价 + 结果评价 + 增值评价								

任务总结

主题：	
要点栏	笔记栏
总结栏	

拓展提升

劳模故事

全国交通运输系统劳动楷模——侯海英

侯海英，深圳市第一批城市轨道交通列车司机，现任运营集团客运公司乘务三部经理，管辖深圳地铁3、6、7号线乘务运作，运营里程120.787 km，日均管控上线运营列车107列，运用983个值乘机班执乘运作，开行1 434个列车次，已从事城市轨道交通专业技术工作18年。全面参与过深圳地铁一期、二期、三期工程运营管理相关专业筹备工作，拥有车务部、调度票务部、车辆部、安全技术部、乘务部等5个运营重要部门8个关键岗位工作经历；具有扎实系统的多专业理论知识、丰富的生产一线实践经验和管理工作经验。侯海英具有较强的敬业精神、责任感和团队意识。工作中，他始终坚持把政治理论和业务技术知识的学习作为提高政治信念、思想素质、工作能力的重要途径；注重团队的沟通、协调、合作，能自觉养成勤于学习、勤于思考的良好习惯，全面增强事业心、责任感和个人综合素质，切实把“敬业、爱岗、奉献”的精神体现到实际工作中，工作成绩卓著，具有先进性、典型性和代表性。他曾担任深圳地铁埃塞俄比亚首都城市轨道交通运营项目运管中心总监，在此期间，承担了列车驾驶、调度指挥、站务运作及培训当地员工上岗等关键业务；带领城市轨道交通司机、调度、站务三个工种，克服困难，如期完成一期工程共31.048 km的开通；制定技术技能带徒传艺标准，以师徒带教等方式完成1 000余名埃塞俄比亚首批城市轨道交通司机、调度、站务人员的培训上岗工作，首次打破了中国企业承建的国际城市轨道交通项目采取的“投资—设计—建设—移交”模式，改变了中国企业在完成工程建设后，匆忙退出当地市场，对后期城市轨道交通运管的潜在市场的忽略或放弃。

因在本专业技术管理工作中成果显著，并在海外项目输出运营管理经验中为公司、行业赢得赞誉及社会效益，侯海英连续三次被公司评为“优秀中层管理者”，被多次评为标兵、先进个人、优秀员工；他所带领的团队安全生产成绩显著，多次被评为公司级别的先进集体、先进团队。

（根据网络资料整理）

巩固与练习

1. 不定项选择题

（1）在城市轨道交通系统中，若发生地震灾害，以下哪项措施是首先应当采取的（　　）。

A. 立即停止所有列车运行并组织乘客疏散

B. 根据应急预案，及时采取停运列车、疏散乘客、关闭车站等应急措施

C. 继续运行列车，直到收到明确停止指令

D. 仅在地震强度达到特定级别时停止列车运行

（2）根据城市轨道交通应急预案，当地震发生时，车站工作人员应立即执行哪项操作（　　）。

A. 继续售票和检票工作

B. 引导乘客迅速前往最近的安全出口

C. 通过广播系统安抚乘客情绪

D. 优先关闭车站所有入口，防止更多乘客进入

（3）为了提高城市轨道交通系统在地震中的韧性，以下措施中必要的有（　　）。

A. 加强基础设施的抗震设计和建设标准

B. 定期进行地震应急演练，提高员工和乘客的应急响应能力

C. 建立实时监测和预警系统，提前发现潜在的地震风险

D. 提供地震应对培训，确保所有工作人员了解其在地震中的职责

2. 判断题

（1）地震发生后，城市轨道交通运营单位不需要与地方政府、医疗机构和紧急服务部门进行协调，因为它们有自己的应急预案。（　　）

（2）城市轨道交通系统在地震后恢复运营时，应首先考虑对关键基础设施和主要交通干线的服务恢复。（　　）

（3）在地震发生时，城市轨道交通控制中心应立即收集所有受影响区域的实时信息，并评估地震对运营的影响。（　　）

3. 简答题

（1）简述震灾发生时的应急处置措施。

（2）简述地震灾害发生时行车值班员的岗位职责。

项目六

社会安全与公共卫生突发事件应急处置

任务一 突发治安事件应急处置

学习目标

知识目标

1. 熟悉突发治安事件的定义和特征；
2. 熟悉突发治安事件的类型；
3. 掌握突发治安事件发生后的信息汇报内容。

能力目标

1. 能正确辨识可疑人物；
2. 能准确汇报、传达突发治安事件发生后的具体信息；
3. 能明确各种突发治安事件各岗位职责，能配合各岗位完成车站突发治安事件的模拟演练，并在突发治安事件发生时能进行应急处置，保障国家和人民的生命财产安全。

素质目标

1. 培养“安全第一，救人为先”的岗位意识；
2. 强化团队协作的能力；
3. 培养预防意识，提升应急处置过程中的心理素质。

任务导入

2022 年下午 5 点 30 分，某地铁 5 号线行至雍和宫站时，车厢内进来了一名身着黑衣的男子，只见他径直走向座位，指着一名坐着的男乘客说着什么，看起来是要坐下，结果突然向对方动起了手。将乘客打倒在地后，黑衣男子仍不罢休，继续拳打脚踢；见到有人闹事，地铁工作人员迅速上前拉开了该男子，并组织车厢内的其他乘客向旁边撤离，而这名男子仍不消停，对着其他乘客破口大骂。

黑衣男子一身酒气，情绪激动，在车厢内四处行走，甚至捡起了被打乘客掉落的手机，狠狠摔在了地上。地铁到达惠新西街南口站时，这名男子晃晃悠悠地下了车。随后，属地派出所接到报警后赶到现场，将闹事男子控制。男子姓田，28 岁，无业，曾因酒后寻衅滋事被公安机关行政拘留，这次他又因酒后肆意发泄将人打伤。据了解，被打乘客孙某右眼眶骨折，鼻部损伤，经鉴定为轻伤二级。而孙某被摔坏的手机及耳机配件，经鉴定价值为 2 980 元。

2022 年 6 月 9 日，某检察院对田某以涉嫌寻衅滋事罪向东城法院提起公诉。2022 年 7 月 8 日，某法院一审判决，被告人田某犯寻衅滋事罪，判处有期徒刑一年六个月。

请思考：

1. 什么是突发治安事件，其特征有哪些?

2. 突发治安事件发生时该如何应对?

任务描述

本任务中，站务岗位群工作人员需要协作配合，完成所在车站突发治安事件的应急处置工作。通过了解突发治安事件的概念，识别治安事件的类型，分析车站客观因素对突发治安事件应急组织的影响，根据岗位作业流程和岗位职责，选择合理的应急设施，组织突发治安事件的应急处置。突发治安事件应急处置工作需要快速响应，有岗位安全意识，良好的心理素质，控制事态发展。

知识准备

一、治安事件概念及特征

治安事件是指群体或个人为了满足特殊需要或者达到特殊目的，利用或选择适宜的场所、时机和环境，通过实施违法犯罪或采取不正当手段，导致或促使事态加剧、扩大，从而扰乱、破坏社会治安秩序的群体越轨行为。

其特征包括：第一，群体的聚集。如果某人或某些人已经挑起事端，但是没有群体的聚集，则该行为不构成治安事件。第二，公开对抗性。这种对抗性一般表现为两种情形：一是治安事件主体与其行为指向目标的对抗，如冲击党政机关或要害单位，参与械斗的双方等；二是治安事件主体在各方介入后和处置时，与警察的对峙和对抗。第三，危害的多样性和多重性。治安事件发生后，不仅仅造成物质损失、破坏生产、扰乱工作秩序、交通秩序等直接的危害，而且造成非物质性的、间接的乃至潜在的、长远的危害，如损害公众安全感，破坏法制的权威，导致“信任危机”，乃至动摇政治稳定，等等。

二、突发治安事件类型

城市轨道交通车站常见的治安事件有劫持人质、抢劫票款、围堵办公场所等车站群体事件及车站发生打架斗殴等治安事件。

（1）抢劫人质是指勒索财物或为了其他目的，使用暴力、胁迫或者其他方法，绑架他人或挟持他人作为人质的行为，属于绑架罪。

（2）抢劫票款是以非法占有为目的，对财物的所有人、保管人使用暴力、胁迫或其他方法，强行将公私财物抢走的行为，属于抢劫罪。

（3）车站打架斗殴，构成犯罪的，量刑需要根据犯罪的性质手段，根据《中华人民共和国刑法》等来定。

（4）围堵办公场所等群体性事件，是指公众为了满足自身的利益需求，通过非法聚集、围堵等方式表达意愿，严重扰乱社会秩序，危害公共安全，侵犯公民人身安全和公私财产安全的集群行为。

三、可疑人物的辨识与车站防盗抢注意事项

（一）可疑人员的辨识

（1）符合警方通报特征的人物。

（2）乘客反映的可疑人物。

（3）行为诡异，遇见工作人员即躲避或离开的乘客。

（4）携带违禁物品的人员等。

（5）在车站逗留时间较长或多次到同一地点观察，且有异常表现的乘客。

（二）车站防盗抢注意事项

（1）从售票问讯处回收交易现金时，须安排保安员陪护。

（2）临时售票点须安排保安员值守。

（3）站内配送车票、零钞时，须控制数量，双人作业。

（4）利用地铁运送车票、零钞时，须装箱封闭后，方可进行。

（5）车站票务室、售票问讯处的门须保持可靠锁闭，售票问讯处内的现金不得摆放在桌面上。

延伸阅读

兰州公安搭建“地铁鹰眼”预警模型

“金城”兰州座中四联，是西北通往内地的“咽喉”要地。加之近年来兰州旅游持续“火爆出圈”，各类大型文娱活动频繁举办，轨道交通安保压力越来越大。为解决轨道安保难点痛点，交通治安分局搭建“地铁鹰眼”模型预警核查危安人员，推动勤务模式向“智慧警务、主动警务、预防警务、精准警务”转型升级。以“一切围绕不出事”为底线，以“管人控物”为抓手，以“专业＋机制＋大数据”为引领，夯实反恐“六住”措施深耕旅游警务，打造“地上地下一体，环兰卡口拱卫”的新时代“枫桥经验”兰州样板。

（根据网络资料整理）

四、岗位职责分工

（一）指挥机构职责

（1）负责突发治安事件的组织指挥和协调处理。

（2）下达有关执行预案的决定。

（3）对外发布有关信息。

（4）组织事件的调查和善后处理。

（二）现场处置机构职责

（1）进行现场处置，控制事态发展。

（2）搜集有关人证、物证。

（3）及时向指挥机构汇报现场情况，保持信息畅通。

五、信息汇报

（一）信息报告的内容

（1）事件发生的时间（时:分）。

（2）事件发生的地点（站台、站厅等）。

（3）事件状况、车站设备损坏情况及影响范围。

（4）人员伤亡情况。

（5）已采取的行动和请求救援事项。

（二）信息报告流程

得到发生突发治安事件的信息后，第一发现人第一时间报车站值班站长。车站值班站长接报后，立即赶赴现场，进行前期处置，并指令行车值班员向警务室或地铁公安分局指挥中心等部门报告。控制中心接报后，立即报告运营公司、地铁公安分局指挥中心，依据运营公司、地铁公安分局领导指令，启动应急预案，指挥机构和现场处置机构自然成立所有成员分别赶赴控制中心、地铁公安分局指挥中心和事发现场。发生治安事件时，信息报告流程如图 6-1-1 所示。

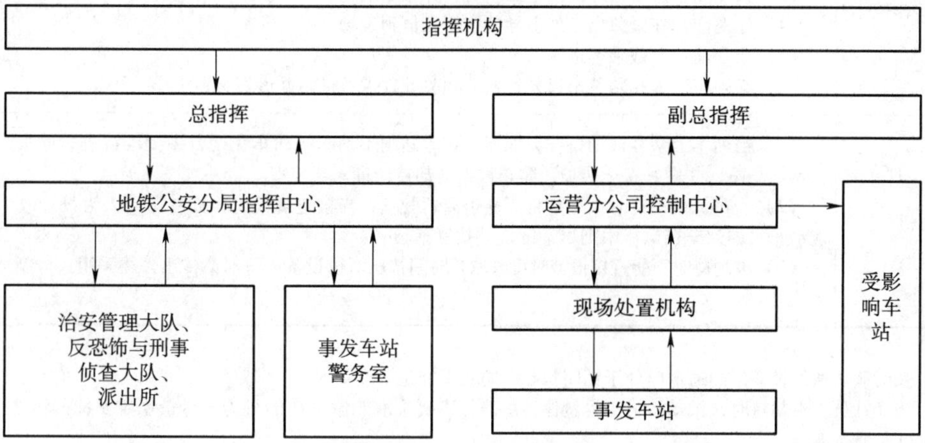

图 6-1-1　信息报告流程

六、应急处置程序

城市轨道交通可能发生的治安事件有劫持人质、抢劫票款、车站打架斗殴、群体事件、围堵办公场所等，常见车站群体事件有车站发生群体打架斗殴和车站举行群体活动时发生的治安事件等。

（一）发生劫持人质事件

车站或列车发生劫持人质应急处置各岗位职责见表 6-1-1。

表 6-1-1　车站或列车发生劫持人质应急处置岗位职责

岗位名称	岗 位 职 责
行车值班员	（1）立即报告行调、地铁公安、站长、上级部门、值班站长，简要说明歹徒和被劫持者双方的人数、性别、凶器和初步了解劫持原因等。 （2）向行调申请暂停本站的运营服务。 （3）通知各岗位，执行紧急疏散计划，拦截乘客进站，在 IBP 盘上将闸机设为紧急模式。 （4）通过 CCTV 监控现场情况；发生人员伤亡时，及时报 120。 （5）将通往车控室的房门反锁。 （6）配合公安处理

续表

岗位名称	岗位职责
值班站长	（1）马上到现场指挥处理，稳定歹徒和被劫者的情绪，避免刺激的行为。 （2）组织疏散乘客，尽量将歹徒稳定在固定位置（最好是一角落），防止其进入设备区。 （3）公安人员到场后，交公安处理，按公安的要求进行配合。 （4）处理过程中注意员工人身安全和车站财产安全
客运值班员	值班站长被劫持时，负责值班站长的应急处置工作；值班站长没有被劫持时，和值班站长到现场处理
站台岗	（1）将乘客从远离现场的通道向站外进行疏散。 （2）在站台立岗，并加强巡视，确保所有乘客疏散出站台。 （3）当发现司机被劫持时，立即报告行车值班员
厅巡、票亭岗	（1）票亭岗：停止票亭服务，收好票款，锁好票亭。 （2）打开边门、闸机，疏散乘客。 （3）关闭除紧急出口外的其他出入口，并张贴相应的告示。 （4）厅巡岗：在紧急出口外引导公安等人员到现场。 （5）票亭岗：拦截乘客进站。 （6）必须有一人在紧急出口外拦截非相关处理人员进站并做好解释工作
司机	（1）当列车上乘客被劫持时，如列车在车站则不动车或列车在运行中则维持进站停车，立即报行调、车站，并做好安全防护，防止被歹徒劫持或进入驾驶室。 （2）当司机被劫持时，尽量将歹徒引离驾驶室；当被迫驾驶时，如在站则人为设置故障导致不能动车，如列车在运行中则尽量维持进站停车。 （3）被劫持时不能直接报警时可采取长时间按压对讲设备以将对话传出，或采用人为制造故障等方式

注：

（1）及时确认通往设备区的通道门处于锁闭状态，防止歹徒进入设备区。

（2）当车站员工被劫持时，被劫持员工尽量保持冷静，不要采取刺激歹徒的行为，尽量稳定歹徒的情绪，及时把握有利时机安全逃离。

（3）车站工作人员应保持高度警觉，当发现明显的异常行车现象时，要加强对列车的观察，确认司机是否安全，是否被劫持。

1. 车站（站停列车）发生劫持人质事件

1）前期处置

（1）第一发现人应第一时间通知值班站长或其他车站工作人员。车站报110和OCC并通知驻站民警，OCC按照信息报告流程进行报告并启动相应应急预案。

（2）值班站长组织人员疏散周边围观乘客，隔离事发区域，引导乘客从未受影响的电扶梯、闸机进出车站。

（3）行车值班员加强对车控室所有设备和现场情况的监控；通过CCTV关注事态发展，记录有关事项：通过广播做好乘客解释和安抚工作；保持与OCC、事发现场值班站长的联系。

（4）服务中心加强钱、票保管，防止发生钱、票被劫等突发事件。

（5）发现事发现场有人员受伤，由车站报120急救中心。

（6）引导公安人员、120进入事发现场。

2）现场处置

（1）在公安到场前，尽可能稳定劫匪情绪，了解其需求，尽可能为其提供职责范围内的需求，呼吁被劫持人员保持镇定。

（2）尽可能了解被劫持人员身份。

（3）公安人员到场后，运营人员听从指挥，配合处理、取证。

（4）当现场事态危及列车运营时，OCC 根据指挥中心的要求组织行车。

（5）发生劫持人质事件时，车站立即停止服务、疏散乘客。

（6）车站停止服务时，OCC 组织列车不停站通过事发车站，如发生在始发站，视情况组织列车小交路运行。

（7）OCC 向全线列车司机和车站发布事件及列车调整信息，要求车站和司机做好乘客广播。

（8）轨道公安人员到场后，运营人员听从指挥，配合处理、取证。

3）应急终止

现场应急处置工作基本完成，次生、衍生灾害和事件危害基本消除，由应急指挥中心根据现场条件决定终止应急状态。

2. 列车上发生劫持乘客事件

1）前期处置

（1）车站或司机接到乘客报告后报 OCC、OCC 组织相关车站对列车和目击乘客进行确认。

（2）确认列车发生劫持事件后，OCC 按照信息报告流程报告并启动相应应急预案。

（3）前方车站关站，车站人员和民警到站台做好接车准备。

2）现场处置

（1）OCC 安排列车到前方车站进行乘客疏散。

（2）待列车进站停稳后，车站立即组织疏散列车上其他乘客。

（3）OCC 向全线列车司机和车站发布事件及列车调整信息。

（4）轨道交通公安人员到场后，运营人员听从指挥，配合处理、取证。

3）应急终止

现场应急处置工作基本完成，次生、衍生灾害和事件危害基本消除，由应急指挥中心根据现场条件决定终止应急状态。

（二）发生抢劫票款

车站发生抢劫票款应急处置各岗位职责见表 6-1-2。

表 6-1-2　车站发生抢劫票款应急处置岗位职责

岗位名称	岗位职责
值班站长	（1）接到票款被劫的通知后，立即赶到现场指挥处理。 （2）担任事故处理主任，宣布执行票款被劫应急处置程序。 （3）指挥车站员工维持车站秩序，保护案发现场，直至公安人员到站。 （4）配合公安人员和安全稽查部的调查取证工作
行车值班员	（1）收到票款被劫的信息后，第一时间打电话报警，报告歹徒逃走方向。报站长、部门安监。 （2）通知值班站长到现场处理。 （3）报 OCC，汇报事情发生时间、地点、歹徒人数、特征、逃走方向，被劫物品及有无人员受伤等。 （4）配合公安人员和安全稽查部的调查取证工作
客运值班员	（1）如果点钞室被劫，在没有危及人身安全的前提下，第一时间通知车控室，向坐台人员简要汇报被劫情况，包括案发地点、歹徒的人数、特征、逃走方向、被劫物品及有无人员受伤等。 （2）公安人员到场后，配合公安人员的调查取证工作。 （3）安全稽查部到站后，在安全稽查部的监督下，负责清点车站所有现金，计算被劫金额。 （4）清点完毕后，被劫票款的金额记入当天“车站营收日报”的差额栏，并附一份由公安出具的车站被劫证明及安全稽查部出具的对现金的清点证明，随报表上交票务分部

续表

岗位名称	岗位职责
票亭岗	（1）如果票务处被劫，在没有危及人身安全的前提下，第一时间通知车控室，向坐台人员简要汇报被劫情况，包括案发地点、歹徒的人数、特征、逃走方向、被劫物品及有无人员受伤等。 （2）停止被劫票务处的售票工作，引导乘客到另一票务处购票。 （3）公安人员到场后，配合公安人员的调查取证工作。 （4）配合安全稽查部的调查取证工作
站台岗	（1）如果票务处、TVM 被劫，在没有危及人身安全的前提下，第一时间通知车控室，向坐台人员简要汇报被劫情况，包括案发地点、歹徒的人数、特征、逃走方向、被劫物品及有无人员受伤等。 （2）在票务处、TVM 前放置“暂停使用”的告示牌，停止在被劫 TVM 上购票，同时引导乘客到其他 TVM 上购票或引导乘客到另一端票务处购票。 （3）公安人员到场后，配合公安人员的调查取证工作。 （4）配合安全稽查部的调查取证工作

注：

（1）如点钞室被劫导致无法正常进行结账工作，则由值班站长安排值班员和售票员到站长室结账（票款暂时锁在站长室，钥匙由站长负责保管，站长未赶到前由值班站长保管）。

（2）如点钞室被劫导致没有车票及备用金使用，则由站长安排进行站间借票、借备用金，其他车站应尽量予以配合。

（3）如遇到紧急情况，在时间上不允许车站人员通过电话报警时，坐台人员（或车站其他人员）须在最短的时间内按下无线电台的紧急呼叫键。

（4）被劫车站的当值员工及在场人员，在公安人员、安全稽查部等人员到达现场前，不得擅自离开以协助调查。

1. 前期处置

（1）车站报 110 和 OCC 并通知驻站民警。

（2）在保证自身安全的前提下，组织堵截作案人员。

（3）值班站长组织人员疏散周边围观乘客，隔离事发区域，引导乘客从未受影响出入口、电扶梯、闸机进出车站。

（4）行车值班员加强对车控室所有设备和现场情况的监控；通过 CCTV 关注事态发展，记录有关事项；通过广播做好乘客解释和安抚工作；保持与 OCC、事发现场值班站长的联系。

（5）发现事发现场有人员受伤，由车站报 120 急救中心。

（6）引导公安人员、120 进入事发现场。

2. 现场处置

（1）票款被劫，根据公司票务管理制度相关要求执行。

（2）如抢劫人员被抓到，等待公安人员到达现场后移交给公安人员。

（3）公安人员到场后，运营人员听从指挥，配合处理、取证。

（4）如发生劫持人质，按车站发生劫持人质事件处理。

3. 应急终止

现场应急处置工作基本完成，次生、衍生灾害和事件危害基本消除，由应急指挥中心根据现场条件决定终止应急状态。

（三）发生乘客打架、群体事件

车站发生乘客打架、群体事件应急处置各岗位职责见表 6-1-3。

表 6-1-3　车站发生乘客打架、群体事件应急处置岗位职责

岗位名称	岗 位 职 责
值班站长	（1）组织车站工作人员到现场处理，指挥安保人员使用相应的防范装备，采取必要手段将危险人员和物品进行控制隔离。待公安人员到场处置，挽留目击证人。 （2）若事件不可控时，通知行值向行调申请越站、关站，组织车站人员进行先期处置，公安人员到场后交由公安处理。 （3）安排客值及时救助受伤人员，做好客流组织及乘客的疏散。 （4）命令安检员和驻站工班人员协同处置，必要时关闭安检点。 （5）配合公安对现场进行调查取证，做好善后工作
行车值班员	（1）发现或接报站内有乘客打架、群体事件等时，立即通知值班站长及驻站公安赶赴现场处置。同时将现场情况立即报行调，视情况拨打 110、119 或 120。 （2）广播通知保洁、驻站工班人员到场。调整 CCTV 画面，做好事件监控及记录，启动最小作战单元方案。 （3）若事件不可控，或根据值班站长指令向行调申请列车越站或关站，按压闸机释放，播放疏散广播。 （4）确认站内乘客疏散完毕后报告行调。做好信息交流与沟通
客运值班员	（1）根据值班站长指令疏导客流，疏散围观乘客，维持现场秩序。 （2）救助受伤人员，协助值班站长挽留目击证人及配合取证。 （3）视情况安排人员至车控室拿取出入口遥控（钥匙）及直梯钥匙，做好关站准备。 （4）接到关站通知后，安排人员关闭部分出入口，张贴告示，留应急疏散口。 （5）安排人员至出入口接应 120 和公安人员
票亭岗	根据值班站长指令停止售票，关闭票亭，协助疏散乘客、关站、张贴告示等
站台岗	根据值班站长指令疏导客流，疏散围观乘客，维持现场秩序，负责站台区域乘客疏散。若事件不可控时，视情况按压紧停按钮避免列车进、出站
保安、安检	（1）发现站内有乘客打架、醉酒闹事或聚众闹事等事件时，及时报车控室及驻站公安。 （2）保安员对打架、醉酒闹事及聚众闹事乘客进行劝阻。请求应急小分队或邻站保安人员支援。 （3）听从值班站长指挥，协助进行事态控制；进行客流疏导和围观乘客的疏散工作，维持现场秩序。 （4）安检员根据值班站长安排，关闭安检点，打开应急疏散铁马。 （5）公安到达现场后，配合公安进行处置

1. 车站发生乘客打架斗殴

1）前期处置

（1）车站发生打架斗殴或使用管制刀具的械斗，车站按信息报告流程报告并通知驻站民警

（2）值班站长组织人员疏散周边围观乘客，隔离事发区域，引导乘客从未受影响出入电扶梯、闸机进出车站。

（3）行车值班员加强对车控室所有设备和现场情况的监控；通过 CCTV 关注事态发展，记录有关事项；通过广播做好乘客解释和安抚工作；保持与 OCC、事发现场值班站长的联系。

（4）服务中心加强钱、票保管，防止发生钱、票被劫等突发事件。

（5）发现事发现场有人员受伤，由车站报 120 急救中心。

（6）在公安到场前，尽量对打架人员进行劝解。

（7）引导公安人员、120 进入事发现场。

2）现场处置

（1）轨道公安人员到场后，运营人员听从指挥，配合处理、取证。当公安部门判断事态无法控制，需要关闭车站时，由车站报指挥机构得到同意后执行。

（2）事件涉及人数多或持有刀具、枪械、爆炸物等，立即执行车站疏散程序，列车不停站通过。

（3）OCC 向全线列车司机和车站发布事件及列车调整信息。

（4）OCC 根据指挥机构要求进行行车组织调整。

（5）如发生人员被劫持，按劫持人质事件处理。

（6）设备管理部门对可能受到损坏的设备进行检查，对受损设备评估损失，以备后期的索赔。

3）应急终止

现场应急处置工作基本完成，次生、衍生灾害和事件危害基本消除，由应急指挥中心根据现场条件决定终止应急状态。

2. 车站发生群体事件出现治安事件

（1）群体活动中出现打架斗殴按车站发生乘客打架斗殴处理。

（2）群体活动中出现围堵车站。

①前期处置。

a. 车站按信息报告流程报告并通知驻站民警。

b. 安保部相关人员赶往现场并就近调配保安。

c. 值班站长组织人员疏散周边围观乘客，隔离事发区域，引导乘客从未受影响出入电扶梯、闸机进出车站。

d. 行车值班员加强对车控室所有设备和现场情况的监控；通过 CCTV 关注事态发展记录有关事项；通过广播做好乘客解释和安抚工作；保持与 OCC、事发现场值班站长的联系。

e. 服务中心加强钱、票保管，防止发生钱、票被劫等突发事件。

f. 发现事发现场有人员受伤，由车站报 120 急救中心。

g. 引导公安人员、120 进入事发现场。

②现场处置。

a. 车站立即封站，OCC 组织列车不停站通过。

b. OCC 向全线列车司机和车站发布事件及列车调整信息。

c. 保安人员到达现场后，根据现场情况开展警戒行动。

d. 现场指挥与围堵人员对话，了解情况采取安抚措施，防止发生冲突。

e. 尽量劝离围堵人员，可选择与组织者进行协调，让其余人员离开，以便恢复运营。

f. 公安人员到场后，运营人员听从指挥，配合处理、取证。

g. 配合公安人员处理善后工作。

③应急终止。

现场应急处置工作基本完成，次生、衍生灾害和事件危害基本消除，由应急指挥中心根据现场条件决定终止应急状态。

（四）发生围堵办公场所

1. 前期处置

（1）发现围堵办公场所时，发现人员立即报公司安保部。

（2）安保部接报后根据事件的情况，按信息报告流程报告并报 110，视情况报 120。

（3）安保部相关人员赶往现场。

（4）引导公安人员进入事发现场。

2. 现场处置

（1）安保部就近调派保安赶往现场。

（2）到达现场后，根据现场情况开展警戒行动，向发现者了解情况。

（3）与围堵人员对话，了解情况，采取安抚措施，防止发生冲突。

（4）尽量劝离围堵人员，可选择与组织者进行协调，让其余人员离开，以免影响正常的办公。

（5）维护现场，等待公安部门调查。

（6）积极配合公安部门调查取证工作，详细记录事件发生时间、地点、发现者、事件调查结果情况等，妥善处理善后工作。

技能训练

根据上述突发治安事件应急处置流程，结合信息报告内容及流程，以车站站厅发生劫持乘客为人质为例，完成突发治安事件的应急处置的情景模拟演练。

一、人员分工

按照本任务涉及的岗位，设置值班站长、行车值班员、客运值班员、厅巡岗、票亭岗、站台岗和其他人员（扮演行车调度员和公安）各1名。每7人分成一个小组，按照车站发生劫持人质应急处置流程完成模拟演练。

小组分工表

班　级		车站名称	
组　别		日　期	
岗　位	姓　名	任务分工	
值班站长			
行车值班员			
客运值班员			
厅巡岗			
票亭岗			
站台岗			
其他人员			

二、设施及备品

城市轨道交通车站实训室、多媒体教学设备等设施及临时导向标志、警戒线、隔离栏杆（铁马）、手持广播、对讲机、防暴装备等备品。

清点备品表

清点所要使用的设备、工具、材料				
车站名称：		组别：		时间：
序号	名　称	数　量	设备状态	清　点
1	临时导向标志	根据出入口数量确定	□完好 □不能使用	□已清点

2	警戒线	4个	□完好 □不能使用	□已清点
3	隔离栏杆（铁马）	若干	□完好 □不能使用	□已清点
4	手持广播	3个	□完好 □不能使用	□已清点
5	对讲机	6个	□完好 □不能使用	□已清点
6	防暴装备	1套	□完好 □不能使用	□已清点
备注	检查备品的数量及备品状态，每完成一项且结果正常，则在□内打“√”，否则打“×”			

三、演练过程

根据任务要求，按城市轨道交通车站发生劫持人质的应急处置程序完成模拟并记录演练过程。

车站发生劫持人质应急处置演练过程写实表

组　别		小组成员			
班　级		车站名称		演练时长	
步骤一：信息接报					
任　务	岗　位	技能要求		完成情况记录	
根据第一发现人的通知信息，分析、汇总歹徒和被劫持者双方的人数、性别、凶器和初步了解劫持原因，并及时上报	行车值班员	描述了劫持事件发生时间、具体地点		□表述准确完整 □表述含糊不清 □未完成	
		描述了歹徒和被劫持者双方的人数、劫持原因、性别和凶器		□表述准确完整 □表述含糊不清 □未完成	
		描述了乘客围观情况		□表述准确完整 □表述含糊不清 □未完成	
		说明了第一发现人单位、姓名、岗位		□表述准确完整 □表述含糊不清 □未完成	
		汇报了认为有必要报告的其他情况		□表述准确完整 □表述含糊不清 □未完成	
步骤二：前期处置					
任　务	岗　位	技能要求		完成情况	写实记录
根据要求，及时启动应急预案，人员职责明确、任务分工合理	行车值班员	报告行车调度员、地铁公安、站长、上级部门、值班站长，向行调申请暂停本站的运营服务		□已完成 □未完成	
	行车调度员	按照信息报告流程进行报告并启动车站发生劫持人质应急预案		□已完成 □未完成	

根据要求，及时启动应急预案，人员职责明确、任务分工合理	值班站长	马上到现场指挥处理，稳定歹徒和被劫者的情绪	□已完成 □未完成	
		安排各岗位做好准备工作	□已完成 □未完成	
	客运值班员	做好备品准备（告示、警戒线、铁马、手提广播、防暴应急装备等）	□已完成 □未完成	
步骤三：现场处置				
任　务	岗　位	技 能 要 求	完成情况	写实记录
正确处理车站劫持人质的突发事件，按照突发事件应急处置的原则，及时采取有效措施，同时做好客流引导，避免造成恐慌	值班站长	组织疏散乘客，尽量将歹徒稳定在固定位置（最好是一角落），防止其进入设备区	□已完成 □未完成	
		安排厅巡岗在相应出入口引导乘客只出不进，做好解释安抚工作	□已完成 □未完成	
		公安人员到场后，交公安处理，按公安的要求进行配合	□已完成 □未完成	
	行车调度员	向全线列车司机和车站发布事件及列车调整信息，要求车站和司机做好乘客广播	□已完成 □未完成	
		听取车站汇报，关注该站处理情况	□已完成 □未完成	
	行车值班员	在 IBP 盘上将闸机设为紧急模式	□已完成 □未完成	
		通过 CCTV 监控现场情况；发生人员伤亡时，及时报 120	□已完成 □未完成	
		将通往车控室的房门反锁	□已完成 □未完成	
	客运值班员	协助值班站长应对歹徒，公安人员到场后，配合公安处理	□已完成 □未完成	
		疏散围观乘客	□已完成 □未完成	
	站台岗	将乘客从远离现场的通道向站外进行疏散	□已完成 □未完成	
		在站台立岗，并加强巡视，确保所有乘客疏散出站台	□已完成 □未完成	
	票亭岗	停止票亭服务，收好票款，锁好票亭	□已完成 □未完成	
		打开边门、闸机，疏散乘客	□已完成 □未完成	
		关闭除紧急出口外的其他出入口，并张贴相应的告示	□已完成 □未完成	
	厅巡岗	在紧急出口外引导公安等人员到现场	□已完成 □未完成	
		在紧急出入口引导乘客只出不进，做好解释安抚工作	□已完成 □未完成	

步骤四：应急终止				
任　务	岗　位	技 能 要 求	完成情况	写实记录
车站处置完成时，要及时向OCC汇报，申请恢复正常运行，并撤除应急设备，做好舆情控制	值班站长	通知行车值班员向OCC汇报，恢复被关闭的AFC设备，同时汇报车站情况，并做好舆情控制	□已完成 □未完成	
	行车值班员	向OCC汇报车站恢复正常运营	□已完成 □未完成	
	行车调度员	同意恢复正常运营，并通知全线列车司机和车站	□已完成 □未完成	
	行车值班员	在IBP盘上恢复闸机为正常模式	□已完成 □未完成	
	客运值班员	组织撤除铁马、警戒线、防暴应急装备等物品	□已完成 □未完成	
	站台岗	恢复正常运营	□已完成 □未完成	
	票亭岗	恢复正常运营	□已完成 □未完成	
	厅巡岗	撤除告示，恢复正常运营	□已完成 □未完成	

职业素养			
序　号	素 质 要 求	完成情况	写实记录
1	处理程序是否得当，避免常识性错误	□是　□否	
2	是否具备良好的服务意识及沟通表达能力	□是　□否	
3	是否做好乘客疏散和解释工作，安抚乘客情绪	□是　□否	
4	是否清楚认识城市轨道交通突发事件所造成的危害，重视突发事件并有预防意识	□是　□否	
5	是否符合“7S”管理规定，整理工作区域，备品恢复原位	□是　□否	
备　注	根据车站发生劫持人质应急处置的流程，每完成一项且能标准作业，则在□内打“√”，否则打“×”。将未完成的流程在写实记录栏标注，方便查缺补漏		

任务评价

任务一　突发治安事件应急处置								
姓名：________　学号：________　小组：________								
过程评价（60分）								
评价依据			评分标准	评价主体				
				自评	互评	师评	1+X考评员	企业导师
知识（A）	1	说出治安事件概念、特征及类型	5					
	2	能正确辨识可疑人物	5					
	3	说出突发治安事件信息报告内容及流程	8					

能力（*B*）	1	能总结出各种突发治安事件各岗位职责	5					
	2	能配合各岗位完成车站发生劫持人质的模拟演练	10					
	3	能配合各岗位完成其他突发治安事件的模拟演练	10					
素养（*C*）	1	有“安全第一，救人为先”的岗位意识	7					
	2	有预防意识，应急处置过程中能灵活应对，冷静处理	5					
	3	应急演练过程中团队意识强	5					
过程评价 = $A + B + C$								
结果评价（30 分）								
结果评价 = 本任务测试题得分								
增值评价 *E*（10 分）								
本任务基础值赋分为 10 分								
本任务总评成绩								
总评 = 过程评价 + 结果评价 + 增值评价								

任务总结

主题：	
要点栏	笔记栏
总结栏	

拓展提升

政策文件

《城市轨道交通治安反恐防范要求》正式实施

2021年5月20日，《城市轨道交通治安反恐防范要求》（以下简称《防范要求》）正式实施，这是某省首个以“治安和反恐”为主题的地方标准。2020年以来，某省公安厅会同省市场监管局、省反恐办和某市轨道交通集团，在深入调研、反复论证的基础上，制定了《防范要求》，于今年2月20日由省市场监管局公开发布。

据了解，《防范要求》综合考虑行业特点、目标性质和湖南实际情况，针对可能威胁城市轨道交通运营安全、公共安全和公众生命、财产安全的风险要素，区分治安反恐防范重点目标和重点部位，对应提出常态防范要求和非常态防范要求。

《防范要求》明确了“车辆”“车站”“车辆基地”“行车线路”“运营控制中心”“主变电所（站）”以及“其他经评估应列为重点目标的场所和设施”等七个治安反恐重点目标。《防范要求》还鼓励推广应用智能、快速的安检新技术、新产品，逐步建立与城市轨道交通客流特点相适应的安检新模式。

《防范要求》坚持系统化、精细化、规范化导向，为城市轨道交通企业和主管、监管部门提供了开展安全防范工作的规范和依据，对提升城市轨道交通系统治安反恐防范水平、保障人民群众生命财产安全和维护社会治安大局稳定具有重要意义。

（根据网络资料整理）

巩固与练习

1. 不定项选择题

（1）治安事件是指群体或个人为了满足特殊需要或者达到特殊目的，利用或选择适宜的场所、时机和环境，通过实施违法犯罪或采取不正当手段，导致或促使事态加剧、扩大，从而扰乱、破坏（　　）的群体越轨行为。

A. 治安秩序　　B. 社会治安秩序　　C. 地铁安全秩序　　D. 社会安全秩序

（2）突发治安事件造成的影响有（　　）。

A. 人员的伤亡影响车站正常的运营

B. 造成乘客的恐慌心理，影响乘客对城市轨道交通的安全保障的信任度

C. 群体性治安事件参与人数比较多，造成的人员伤亡和财产损失重大，社会影响范围广

D. 在地铁站相对封闭的环境中，难以在短时间内进行有效的管制和疏导

（3）列车或车站发生劫持人质时，行车值班员立即报告行调、地铁公安、站长、上级部门、值班站长，简要说明（　　）等。

A. 歹徒和被劫持者双方的人数　　B. 性别

C. 凶器　　D. 初步了解的劫持原因

2. 简答题

（1）简述突发治安事件的常见类型。

(2) 简述突发治安事件发生时的信息报告内容及报告流程。

(3) 简述车站发生围堵办公场地应急处置时各岗位职责。

任务二　恐怖袭击事件应急处置

学习目标

知识目标

1. 熟悉恐怖袭击的定义、特点和类型；
2. 熟悉恐怖袭击事件的应急处置原则；
3. 掌握恐怖袭击事件的处理程序。

能力目标

1. 能总结出恐怖袭击事件应急处置各岗位职责；
2. 在发生爆炸、毒气等恐怖袭击事件时，能及时、正确处理；
3. 能够制定恐怖袭击预防措施。

素质目标

1. 强化安全责任意识，培养团队协作的能力；
2. 培养临危不乱、敢于担当的职业素养与职业操守；
3. 培养预防意识和忧患意识，提升应急处置过程中的心理素质。

任务导入

2017 年 4 月 3 日，某市地铁接连发生两起恐怖袭击事件。据某国家反恐委员会消息，爆炸导致 11 人遇难，45 人不同程度受伤，爆炸发生后不到半小时，在排查“起义广场”地铁站时发现另一个 1 kg 重自制爆炸装置，还没有引爆，专家随后解除了装置。

截止到 2017 年 4 月 21 日，爆炸已造成 16 人死亡，50 多人受伤。某国侦查委员会就该恐怖袭击进行刑事立案。据某国侦委消息，恐袭的实施者以自杀引爆方式作案的。某国总检察院将这一爆炸事件定性为恐怖袭击事件。

同年，9 月 15 日，某市地铁西伦敦区发生一起爆炸事件，爆炸传出巨响和热浪。由于事发时为上班高峰，导致车上乘客恐慌，部分乘客在踩踏事故中受伤，也有人面部被烧伤，造成受伤人数 30 人，此次爆炸列为恐怖袭击事件处理。

（根据网络资料整理）

请思考：

1. 地铁运营过程中可能会遭遇哪些类型的恐怖袭击？
2. 地铁车站可以采取哪些措施来预防防恐袭击事件的发生？
3. 发生恐怖袭击事件后应如何应对？

任务描述

地铁作为人流量特别密集的运输载体，具有防护措施薄弱、人流量大、公众关注程度高等特点，所以日益成为恐怖分子以及对社会心怀不满人员的最佳施爆地点。本任务中，站务岗位群工作人员需要临危不乱，协同合作，完成所在车站恐怖袭击事件的应急处置工作。通过了解恐怖袭击的特点，分析车站可能发生的恐怖袭击的类型，根据岗位作业流程和岗位职责，选择合理的应急设施，组织恐怖袭击事件的应急处置。恐怖袭击事件应急处置工作需要有防恐意识和忧患意识，沉着冷静的心理素质，具备较强的岗位责任意识及职业素养。

知识准备

一、恐怖袭击的定义

恐怖袭击事件是指由极端分子或组织已经造成或可能造成严重危害，需要采取应急处置措施予以应对的，并经国家、地方政府确认发布的不符合国际道义的事件。

二、恐怖袭击的特点

（1）遭到袭击连锁反应突出，危害十分严重。地铁一旦遭到袭击，大量客流拥堵在有限空间，极易造成人员群死群伤和车站、车辆及其他设施的损坏，可能造成一条或多条地线路运营中断，甚至影响地面建筑的安全，且短时间内难以恢复正常运行，直接扰乱正常的工作生活秩序，可能带来严重的社会恐慌和十分严重的负面舆论影响。

（2）制约因素众多，处置难度很大。由于车站空间狭小，在短时间内同时完成大量乘客疏散或逃生，捕歼恐怖分子，封控勘查保护现场，地铁系统的灭火、排烟、排毒气作业及开展救援工作的难度较大，稍有不慎，可能扩大事态。相关处置单位与地铁运营部门的沟通、协调机制不够完善，处置此类事件的专业力量、器材相对较少，严重缺乏处置此类事件经验，给处置工作增加了难度。一旦发生恐怖袭击事件，大量人群四处逃生，极易发生踩踏事故，造成二次伤害；恐怖分子极易混入人群逃脱，给处置带来被动。

三、恐怖袭击的类型

地铁运营范围内可能遭受到的恐怖袭击事件主要包括：

（1）利用生物、化学毒剂对车站进行大规模袭击或攻击车站附近生化毒物运输设施的。

（2）利用纵火、爆炸、投掷毒气等手段对车站进行恐怖袭击的。

（3）大规模伤害地铁运营工作人员或袭击地铁车站运营设备设施，构成重大危害的。

（4）在地铁车站范围内袭击国内外重要知名人士、暗杀、绑架人质的。

（5）劫持地铁列车，强占地铁运营设施的。

（6）其他较大规模的恐怖袭击事件。

四、恐怖袭击事件应急处置原则

（1）统一指挥原则。在应急指挥机构领导和指挥下，各相关部门应充分发挥职能，密切配合，妥善开展各项防恐工作。

（2）减少损失原则。尽最大努力，最大限度地减少或避免人员伤亡、财产损失和降低社会影响，尽快恢复运营，保障公众生命、财产安全。

（3）快速响应原则。采取一切有效通信手段，尽快将恐怖事件信息向相关部门汇报，各部门快速反应，高效处理恐怖事件。

（4）平战结合原则。将防恐和日常的安全生产工作紧密结合起来，加强对设备设施的安全维护，同时不断完善应急预案，加强应急演练。

（5）预防为主原则。加强全员防恐意识的教育，落实日常的安全防卫工作，加强对作业场所出入人员的管理，加强对危险物品的检查，落实安全巡查制度。

五、岗位职责分工

（一）指挥机构职责

（1）负责突发恐怖袭击事件的组织指挥和协调处理。

（2）下达有关执行预案的决定。

（3）向总公司及市政府相关部门报告。

（4）对外信息的发布。

（5）组织调查与善后处理工作。

（二）现场处置机构职责

（1）负责组织现场乘客的疏散。

（2）组织抢救伤员、事故调查，检查并恢复事故现场设备。

（3）组织现场抢险工作，负责联系附近医院120，协助有关人员向医院运送伤员。

（4）向指挥机构提出运营调整建议。

（5）协助地铁公安分局警务人员做好调查、取证工作。

六、信息报告

（一）信息报告的内容

1. 向OCC报告内容

（1）呈报人的部门、姓名、工号、职位及联络电话号码。

（2）事件发生时间（日期、时、分）。

（3）事件发生地点（车站、车场等）、列车车次、车体号。

（4）概况：事件性质、人员伤亡情况及影响范围。

（5）现场情况。

（6）已采取的处置措施和请求支援的事项。

2. OCC向各部门及公司领导通报内容

（1）事件发生时间（日期、时、分）。

（2）事件发生地点（车站、车场等）、列车车次、车体号。

（3）概况：事件性质、人员伤亡情况及影响范围。

（4）现场情况。

（5）已采取的处置措施和请求支援的事项。

（二）信息报告流程

发生恐怖袭击事件时的信息报告流程如图6-2-1所示。

事件发生在区间或列车上时，由当事司机立即报告OCC；事件发生在车站时，车站现场人员报值班站长或车控室，值班站长或车控室立即报告OCC；事件发生在车场时，由车站现场人员立即报告车场调度员，车场调度员立即转报OCC。OCC接报后应立即报应急领导小组。需报轨道交通公安、110、119、120时，现场人员应在第一时间内直接报告；如无法直接报告，应以尽快报告的原则，向就近的车站、OCC、生产调度或上级报告，再报告轨道交通公安、110、119、120。

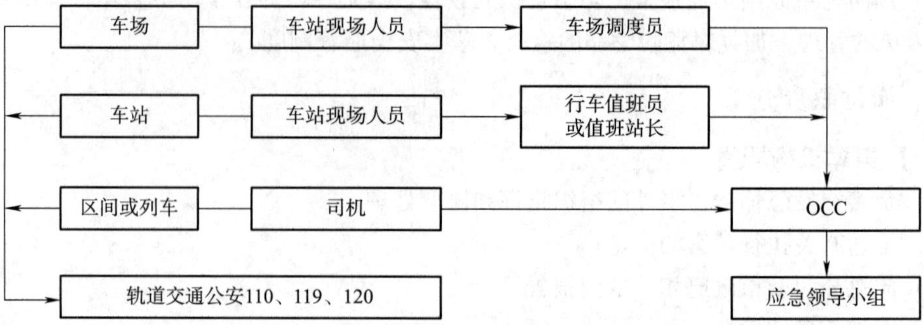

图 6-2-1　恐怖袭击事件信息报告流程

七、应急处置程序

（一）信息接报

（1）恐怖袭击事件发生后，现场人员根据信息报告流程将信息上报，并根据事件性伤亡人员状况和影响范围等，报轨道交通公安、110、119、120 支援。

（2）值班站长、列车司机、事发现场带班人员、班组长作为发生险情时现场应急处置的现场指挥，立即采取措施控制事态发展，开展应急救援工作。

（二）前期处置

（1）OCC 接报并确认后，立即向应急领导小组汇报，成立现场处置指挥部并通知相关人员立即赶往 OCC 或现场组织指挥、协调。

（2）相关单位接报后，立即组织人员赶赴现场，按预案要求迅速开展抢险工作，尽快恢复运营。当事件引发其他次生灾害事故时，启动其他相对应的预案进行处理。

（三）现场处置

1. 爆炸事件应急处置

1）车站发生爆炸事件的应急处置

车站发生爆炸事件应急处置各岗位职责见表 6-2-1。

表 6-2-1　车站发生爆炸事件应急处置各岗位职责

岗位名称	岗 位 职 责
值班站长	（1）接报后立即组织人员及时救助受伤人员，确定疏散路径，做好客流组织及乘客的疏散。 （2）组织站务、安保等人员使用消防器材及装备进行先期灭火工作。 （3）与行值做好沟通，通知行值及时将现场情况（爆炸/起火范围、人员伤亡情况）报行调、公安地铁分局指挥中心、119、120，通知驻站公安；并通知行值向行调申请越站、关站。 （4）确认车站内乘客疏散情况，乘客疏散完毕后报车控室。 （5）现场情况出现变化时，适时通知岗位调整疏散路径。 （6）安排安检人员至出入口拦截乘客，在接到关站通知后组织关闭车站。 （7）公安到达现场后根据公安要求做好配合工作。 （8）事故处理完毕后，与公安确认具备开站条件。组织各岗位做好恢复运营前准备
行车值班员	（1）行值接报后，立即通知值班站长组织处置。 （2）将进出站闸机打到全开状态；播放疏散广播；通知车站工作人员关停电扶梯和垂直电梯。 （3）将现场情况（爆炸/起火范围、人员伤亡情况）立即报行调、公安地铁分局指挥中心、119、120 及客运一部生产调度，通知驻站公安。广播通知保洁、驻站工班人员。向邻站申请支援。 （4）按值站指令向行调申请越站、关站；调整 CCTV 画面，做好事件监控及记录。 （5）确认站内乘客疏散完毕后报告行调。做好信息交流与沟通

续表

岗位名称	岗位职责
客运值班员	（1）协助现场疏散乘客，救助受伤人员。 （2）组织工作人员撤除站内影响疏散的隔离栏杆。 （3）提前安排人员至车控室拿取出入口遥控（钥匙）及直梯钥匙，做好关站准备。 （4）接到关站命令后，安排人员关闭部分出入口（留应急出入口），张贴告示。 （5）安排人员到出入口接应 119、120、公安人员。 （6）接到恢复运营的通知后，组织撤除告示，开启出入口
票亭岗	（1）接到疏散命令后，收好钱票箱，锁闭票亭门，打开边门及应急疏散口，引导乘客出站。 （2）协助客值关闭各出入口，粘贴关站告示
站台岗	（1）协助值班站长开展灭火等现场处置工作，按照值班站长指令疏散站台乘客。 （2）接到指令后立即疏散站台乘客，检查站台卫生间等角落是否有滞留乘客。站台乘客疏散完后，报车控室，至站厅协助疏散。 （3）接到恢复运营通知后，检查站台设施设备，及时报告车控室
保安、安检	（1）车站发生爆炸、纵火恐怖事件时，保安员或安检员立即报告车控室。 （2）保安员或安检员听从值班站长指挥，使用消防器材进行先期灭火工作。 （3）保安员立即使用防爆棍、防爆叉等器械对恐怖分子进行牵制，牵制过程中注意自我保护。 （4）安检员根据值班站长指令关闭安检点，协助保安员牵制恐怖分子；协助站务人员疏散乘客，执行关站任务等。 （5）公安达到现场后，配合公安进行处置

（1）车站的处置措施。

①行车值班员立即开启闸机紧急运行模式，做好车站广播和视频监控。

②值班站长带领车站工作人员组织乘客向站外疏散，安排客运值班员和售票员、检票员看守本车站出入口，设置警戒线，禁止闲杂人员进入车站，引导公安和消防人员进入车站并听从指挥。

③如有人员受伤，行车值班员要及时报 120 急救中心，确认无危险情况时，对伤员进行必要的包扎处理。

④必要时经指挥机构同意，关闭车站出入口。

（2）控制中心的处置措施。

①环控调度员检查并确认各车站的 BAS 系统、FAS 系统、排风模式是否正常。

②电力调度员检查并确认供电系统是否正常。

③行车调度员检查并确认该车站是否具备行车条件，调整全线行车方式，通报全线司机及车站，并随时了解事故现场情况，协助处理有关事宜。

2）列车发生爆炸事件的应急处置

车站发生爆炸事件应急处置各岗位职责见表 6-2-2。

表 6-2-2　列车发生爆炸事件应急处置各岗位职责

岗位名称	岗位职责
值班站长	（1）立即组织人员提前疏散站内乘客、打开闸机与边门，安排人员至出入口拦截进站乘客。 （2）如列车到达站台后，组织人员疏导车内乘客。如列车停靠区间，根据行调命令执行区间疏散。 （3）列车到站后，指挥安保人员及其他车站员工使用防爆器械、灭火器材等工具到达指定位置，并指挥现场工作人员使用消防器材进行先期灭火工作。 （4）视情况指令行值向行调申请临站列车扣停及另一侧列车越站、关站等。 （5）用对讲机随时与司机、列车安全员保持联动。 （6）安排人员至出入口接应 119、120、公安人员等救援力量。 （7）在公安人员到达后，值班站长将现场交公安人员处理；配合公安人员做好调查取证和善后工作。 （8）事故处理完毕后，与公安确认具备开站条件。组织各岗位做好恢复运营前准备

续表

岗位名称	岗 位 职 责
行车值班员	（1）发现或接报列车上发生纵火、爆炸等暴恐事件时，立即通知值班站长、驻站公安赶赴现场，并将信息报送地铁分局指挥中心、控制中心，拨打110、119和120请求支援。广播通知保洁、驻站工班人员。向邻站申请支援。 （2）将进出站闸机打到全开状态；播放疏散广播；通知车站工作人员关停电扶梯和垂直电梯。 （3）按值站指令向行调申请临站列车扣停及另一侧列车越站、关站。 （4）确认列车及站内乘客疏散完毕后报告行调。做好信息交流与沟通
客运值班员	（1）根据值班站长指令，做好乘客疏散，对受伤乘客进行救助。 （2）提前安排人员至车控室拿取出入口遥控（钥匙）及直梯钥匙，做好关站准备。 （3）安排保洁人员到出入口接应119、120、公安人员。 （4）接到关站命令后，安排人员关闭部分出入口（留应急出入口），张贴告示。 （5）接到恢复运营的通知后，组织撤除告示，开启出入口
票亭岗	（1）接到疏散命令后，收好钱票箱，锁闭票亭门，打开边门及应急疏散口，引导乘客出站。 （2）如列车停靠区间，按照值站指令协助进行区间疏散。 （3）协助客值关闭各出入口，粘贴关站告示
站台岗	（1）协助值班站长开展灭火等现场处置工作，按照值班站长指令疏散列车内及站台乘客。 （2）接到指令后立即疏散站台乘客，检查站台卫生间等角落是否有滞留乘客。站台乘客疏散完后，报车控室，至站厅协助疏散。 （3）接到恢复运营通知后，检查站台设施设备，及时报告车控室
保安、安检	（1）接报或发现列车上发生纵火、爆炸等暴恐事件时，保安员或安检员立即报告车控室。 （2）列车安全员立即前往事发地点（车厢），组织乘客疏散、使用消防器材进行先期灭火工作等前期处置。 （3）车站安保人员听从车站指挥，提前疏散站内乘客。 （4）列车到达站台后，听从车站安排，组织车内乘客疏散，保安员立即使用防爆器械对恐怖分子进行牵制，牵制过程中与恐怖分子保持一定安全距离，注意自我保护。 （5）如列车停靠区间，按照车站人员指挥，到达指定位置进行区间疏散。 （6）安检员根据值班站长指令关闭安检点，协助保安员牵制恐怖分子；协助站务人员疏散乘客，执行关站任务等。 （7）公安达到现场后，配合公安进行处置

（1）列车能够继续行驶时：

①如列车在运行中发生爆炸，司机获悉后，应尽可能将列车运行到前方车站。

②到达车站后，司机打开所有车门，用列车广播通知所有乘客立即离开车厢。

③车站开启闸机紧急运行模式，工作人员组织乘客向站外疏散。

（2）列车无法继续行驶时：

①若列车无法继续行驶，被迫停于区间，司机按“区间乘客疏散应急预案”组织乘客疏散。

②司机根据爆炸地点决定疏散方向，通报行车调度员开启相应的通风模式，相邻车站工作人员做好接应准备，并引导公安人员进入区间进行现场处置。

③现场处置结束后，行车调度员组织救援，事故列车停止运营。

2. 毒气袭击事件应急处置

发生毒气袭击事件应急处置各岗位职责见表6-2-3。

（1）车站发生毒气袭击事件后，就近的站务员应迅速佩戴防护装备，查明事件发生的时间、地点、涉及列车的车次、人员伤亡等情况，立即向行车值班员报告。

表 6-2-3　发生毒气袭击事件应急处置各岗位职责

岗位名称	岗 位 职 责
值班站长	（1）接到报告后迅速赶到现场。 （2）担任事故处理主任，宣布执行毒气袭击应急处置程序，指挥车站做好乘客服务或疏散工作，戴上防毒面具或空气呼吸器做好防护后，到现场指挥处理。 （3）迅速组织人员用隔离带封锁现场，将目击证人移交公安调查。 （4）组织车站清客，加强与车控室、行调的联系，及时进行信息沟通。 （5）最后确认全站清客完毕，并将现场移交给公安。 （6）到紧急出入口清点员工人数，到齐后向车控室报告。 （7）接到 OCC 恢复正常运营的通知后，马上组织恢复运营
行车值班员	（1）接到现场员工的报告后，马上通知值班站长前往现场，并及时做好站台广播安抚乘客，加强 CCTV 监控，并报公安、行调，通知邻站扣车，根据车站实际情况请求人员支援。 （2）接到值班站长宣布执行毒气袭击应急处置程序后，马上利用全站广播通知车站各部门、各岗位疏散，同时反复进行全站广播指引乘客出站。 （3）报 110、119、120，并向相关上级部门、领导汇报，安排站务员到紧急出入口迎接 110、120、119 人员。 （4）接到车站清客完毕的通知后，报告行调。 （5）接到值班站长通知车站恢复正常后，检查车控室设备设施情况，向行调报告车站运营前准备工作，向行调了解行车运行恢复情况并报告值班站长。 （6）通知各岗位员工，车站恢复正常运营
客运值班员	（1）接到执行毒气袭击应急处置程序的通知后，赶到车控室，确认 SC 上已设为紧急模式；根据环调命令或现场公安的要求并经环调同意后，确认 BAS 已执行相应的模式。 （2）完成上述任务后，戴上防毒面具做好防护，拿对讲机、手提广播到站厅组织乘客疏散，并对受伤乘客进行救助。 （3）接收到站台乘客疏散完毕的信息后，确认站务员（售票员）已关闭各出入口（除紧急出入口），张贴停止服务的告示。 （4）最后确认站厅乘客全部疏散出站并报告车控室。 （5）到紧急出入口集合。 （6）接到值班站长通知车站恢复正常后，检查 AFC 设备、各种服务设备设施是否正常并报车控室。 （7）撤除停止服务的告示，打开出入口，引导乘客进站
站务员	（1）接到执行毒气袭击应急处置程序的通知后，打开边门，确认所有闸机边门处于打开状态。 （2）将自动扶梯全部关停，指引和疏散乘客出站。 （3）戴上防毒面具做好防护，到站台协助清客工作，组织乘客由站台两端楼梯、自动扶梯上站厅出站。 （4）待站台清客完毕后，到站厅协助清客。 （5）站厅清客完毕后，协助关闭各出入口（除紧急出入口），张贴停止服务的告示，并报告客运值班员。 （6）到紧急出入口集合。 （7）接到值班站长通知车站恢复正常后，检查 AFC 设备、各种服务设备设施是否正常并向车控室报告。 （8）撤除停止服务的告示，打开出入口，引导乘客进站
售票员	（1）接到执行毒气袭击应急处置程序的通知后，收好票款和车票，锁好票亭门。戴上防毒面具做好防护，用手提广播安抚乘客，并协助站厅清客工作。 （2）站厅清客完毕后，关闭各出入口（除紧急出入口），张贴停止服务的告示，并报告客运值班员。 （3）到紧急出入口集合。 （4）接到值班站长通知车站恢复正常后，回到票亭准备开窗，并报告车控室准备情况

续表

岗位名称	岗位职责
现场员工	（1）闻到有刺激性的气味并发现异常后，马上报告车控室，戴上防毒面具做好防护，疏散周围的乘客。 （2）查找根源，马上用隔离带封锁现场，同时在附近寻找2名以上的目击证人，交给值班站长。 （3）协助值班站长进行清客。 （4）乘客及员工全部疏散后，向车控室报告。 （5）站内乘客疏散完毕后到紧急出入口集合。 （6）接到值班站长通知车站恢复正常后，到站台检查站台门、扶梯等设备设施情况和线路情况并向车控室报告，准备运营服务
司机	（1）接到行调通知，车站发生毒气袭击事件，按行调指示全线各站、司机和车厂调度停止客运服务，列车扣停在车站。 （2）已经接近受袭击车站的列车，组织退回发车站，并做好乘客广播。来不及扣停的列车限速不停站通过受袭击车站，并做好乘客广播。 （3）听从行调的命令恢复行车

（2）行车值班员接到站务员报告后，应立即向行调、公安派出所报告，通知值班站长、站区长等各级领导。

（3）行车值班员应立即采取措施，防止其他列车进入车站。

（4）行车值班员应立即通知机电人员启动防灾应急模式，关闭相关车站送排风系统。

（5）值班站长应立即到达现场，并在上级领导及公安人员未到达之前担任现场负责人，组织指挥现场处理工作。

3. 其他恐怖袭击事件

（1）恐怖袭击事件现场相关人员须立即打开疏散逃生出口，组织人员向建筑物外疏散；同时向OCC、安全管理部、轨道交通公安和110报告。

（2）现场工作人员引导公安和消防队员进入建筑物进行抢险并听从指挥。如有人员受伤，现场人员及时报120；现场工作人员在公安和消防人员确认无危险的情况下将伤员抬到建筑物外。

（四）应急终止

现场应急处置工作基本完成，次生、衍生灾害和事件危害基本消除，由应急指挥中心根据现场条件决定终止应急状态。

延伸阅读

恐怖袭击事件防范措施

为减少甚至消除恐怖袭击对人民群众生命和财产造成的威胁，车站要树立安全意识，制定防范措施，来防止恐怖袭击的发生。车站可采取的防范措施如下：

（1）车站工作人员要认真履行岗位职责，注意观察进站乘客的动态，并按规定要求认真巡视站厅及各出入口，发现在车站长期逗留、形迹可疑的人要对其进行询问并及时报告车站驻站民警。

（2）车站工作人员要密切留意乘客携带物品的情况，发现乘客带有可疑物品时要立即询问并做相应检查，必要时制止其进站并及时通知车控室及驻站民警。

（3）车站工作人员要提高警惕，加强对墙角、垃圾桶等隐蔽部位的检查，发现可疑物品要及时通知车控室并引导乘客远离该区域，必要时设置安全防护。

（4）车站工作人员应每天对车站进行全面检查，发现可疑物品时，应及时报告车控室。

（5）行车值班员接到发现可疑物品的报告后，立即通知值班站长和地铁公安到现场检查确认。乘客携带物品经检查确认为非危险物品的，可允许其乘车；如检查确认为危险物品的，或不能完全确认但怀疑为危险物品的，立即封锁现场，并设置隔离带，由公安人员按专业程序处理，并做好乘客的疏散工作。

（6）车站工作人员应对进站施工人员携带物品进行检查，确认有无易燃、易爆、有毒等危险品，施工许可使用的氧气、乙炔及其他易燃易爆品应在施工完毕后及时带走，不能遗留在车站。

（7）车站出入口或票亭显著位置应悬挂严禁携带“三品”进站乘车标语或标识，并定期向乘客派发相关安全宣传材料。

反恐防范重要位置等级划分见表6-2-4。

表6-2-4　反恐防范重要位置等级划分

重要位置	重要位置等级			
	一级			二级
	车站	客流	车站出入口日客流量不小于10万人次	其他车站
		性质	换乘	
			交通枢纽站	
			与城市重要政治目标、标志性建筑等距离1 km范围内的车站	
	运营列车			—
关键区域	主变电所（站）、运营控制中心			风亭、车辆段、停车场、地面区间沿线、隧道口

注：

（1）车站包括出入口、购票区、站厅、（换乘）通道、站台等人员密集区，以及控制室和关键设备区。

（2）一级车站的客流、性质两个因素中，只要满足一个因素中的一个条件，则该车站按一级划分。

（3）车站出入口客流量以运营单位提供的上一年度统计的数据为准，新设线路没有统计数据时以设计客流量为准。

（4）在其他重点目标的非常态反恐怖防范的特殊时期，重要位置如果在防范范围内，应符合反恐怖主义工作领导机构及其办事机构、公安部门及有关行业主管部门的要求，依据相关规定进行临时调整，并做好协助防范工作。

技能训练

根据上述恐怖袭击事件应急处置流程，结合信息报告内容及流程，以车站发生毒气袭击事件为例，完成恐怖袭击事件应急处置的情景模拟演练。

一、人员分工

按照本任务涉及的岗位，设置行车调度员、值班站长、行车值班员、客运值班员、站务员、售票员、现场员工等岗位。每7人分成一个小组，按照恐怖袭击事件应急处置流程完成模拟演练。

小组分工表

班　级		车站名称	
组　别		日　期	
岗　位	姓　名	任务分工	
行车调度员			
值班站长			
行车值班员			
客运值班员			
站务员			
售票员			
现场员工			

二、设施及备品

城市轨道交通车站实训室、多媒体教学设备等设施及临时导向标志、手持广播、警戒线、对讲机、防毒面具、防暴装备等备品。

清点备品表

清点所要使用的设备、工具、材料				
车站名称：		组别：		时间：
序号	名　称	数　量	设备状态	清　点
1	临时导向标志	根据出入口数量确定	□完好 □不能使用	□已清点
2	手持广播	3 个	□完好 □不能使用	□已清点
3	警戒线	若干	□完好 □不能使用	□已清点
4	对讲机	6 个	□完好 □不能使用	□已清点
5	防毒面具	6 个	□完好 □不能使用	□已清点
6	防暴装备	1 套	□完好 □不能使用	□已清点
备注	检查备品的数量及备品状态，每完成一项且结果正常，则在□内打“√”，否则打“×”			

三、演练过程

根据任务要求，按城市轨道交通车站发生毒气袭击事件的应急处置程序完成模拟并记录演练过程。

车站发生毒气袭击事件应急处置演练过程写实表

组　别		小组成员		
班　级		车站名称	演练时长	
步骤一：信息接报				
任　务	岗　位	技 能 要 求	完成情况记录	
根据第一发现人的报告信息，分析、汇总毒气袭击的来源、影响范围，行车值班员及时向值班站长汇报车站情况	行车值班员	描述了毒气袭击事件的发生时间、具体地点	□表述准确完整 □表述含糊不清 □未完成	
		描述了毒气袭击事件的形成原因、影响范围、已采取的措施	□表述准确完整 □表述含糊不清 □未完成	
		说明了第一发现人单位、姓名、岗位	□表述准确完整 □表述含糊不清 □未完成	
		汇报了认为有必要报告的其他情况	□表述准确完整 □表述含糊不清 □未完成	
步骤二：前期处置				
任　务	岗　位	技 能 要 求	完成情况	写实记录
根据要求，及时启动应急预案，人员职责明确、任务分工合理	行车值班员	报告行车调度员、地铁公安、站长、上级部门、值班站长，向行调申请暂停本站的运营服务，通知邻站扣车	□已完成 □未完成	
	行车调度员	按照信息报告流程进行报告并启动车站发生毒气袭击事件应急预案	□已完成 □未完成	
	值班站长	担任事故处理主任，宣布执行毒气袭击应急处置程序，戴上防毒面具，马上到现场指挥处理	□已完成 □未完成	
		安排各岗位做好准备工作	□已完成 □未完成	
	客运值班员	做好备品准备（告示、警戒带、手提广播、防毒面积、防暴装备等）	□已完成 □未完成	
步骤三：现场处置				
任　务	岗　位	技 能 要 求	完成情况	写实记录
正确处理车站毒气袭击的突发事件，按照突发事件应急处置的原则，及时采取有效措施，同时做好客流引导，避免造成恐慌	值班站长	迅速组织人员用警戒线封锁现场	□已完成 □未完成	
		组织车站清客，加强与车控室、行调的联系，及时进行信息沟通	□已完成 □未完成	
		确认全站清客完毕，并将现场和目击证人移交给公安	□已完成 □未完成	
	行车调度员	向全线列车司机和车站发布事件及列车调整信息	□已完成 □未完成	
		听取车站汇报，关注该站处理情况	□已完成 □未完成	
	行车值班员	利用全站广播通知车站各部门、各岗位疏散，同时反复进行全站广播指引乘客出站	□已完成 □未完成	

正确处理车站毒气袭击的突发事件，按照突发事件应急处置的原则，及时采取有效措施，同时做好客流引导，避免造成恐慌	行车值班员	报110、119、120，并向相关上级部门、领导汇报，安排站务员到紧急出入口迎接110、120、119人员	□已完成 □未完成	
		接到车站清客完毕的通知后，报告行调	□已完成 □未完成	
	客运值班员	确认SC上已设为紧急模式；根据环调命令或现场公安的要求并经环调同意后，确认BAS已执行相应的模式	□已完成 □未完成	
		戴上防毒面具做好防护，拿对讲机、手提广播到站厅组织乘客疏散	□已完成 □未完成	
		对受伤乘客进行救助	□已完成 □未完成	
	站务员	打开边门，确认所有闸机边门处于打开状态	□已完成 □未完成	
		自动扶梯全部关停，指引和疏散乘客出站	□已完成 □未完成	
		戴上防毒面具做好防护，到站台协助清客工作，组织乘客由站台两端楼梯、自动扶梯上站厅出站。待站台清客完毕后，到站厅协助清客	□已完成 □未完成	
	售票员	收好票款和车票，锁好票亭门。戴上防毒面具做好防护，用手提广播安抚乘客，并协助站厅清客工作	□已完成 □未完成	
		站厅清客完毕后，关闭各出入口（除紧急出入口），张贴停止服务的告示，并报告客运值班员	□已完成 □未完成	
		关闭除紧急出口外的其他出入口，并张贴相应的告示	□已完成 □未完成	
	现场员工	闻到有刺激性的气味并发现异常后，马上报告车控室，戴上防毒面具做好防护，疏散周围的乘客	□已完成 □未完成	
		查找根源，马上用隔离带封锁现场，同时在附近寻找2名以上的目击证人，交给值班站长	□已完成 □未完成	
		协助值班站长进行清客	□已完成 □未完成	
步骤四：应急终止				
任　务	岗　位	技 能 要 求	完成情况	写实记录
车站处置完成时，要及时向OCC汇报，申请恢复正常运行，并撤除应急设备，做好舆情控制	值班站长	通知行车值班员向OCC汇报，恢复被关闭的AFC设备，同时汇报车站情况，并做好舆情控制	□已完成 □未完成	
	行车值班员	向OCC汇报车站恢复正常运营	□已完成 □未完成	
	行车调度员	同意恢复正常运营，并通知全线列车司机和车站	□已完成 □未完成	
	行车值班员	检查车控室设备设施情况，向行调报告车站运营前准备工作，向行调了解行车运行恢复情况并报告值班站长	□已完成 □未完成	

车站处置完成时，要及时向OCC汇报，申请恢复正常运行，并撤除应急设备，做好舆情控制	客运值班员	检查AFC设备、各种服务设备设施是否正常并报车控室	□已完成 □未完成	
		组织撤除警戒线、防暴应急装备等物品	□已完成 □未完成	
	站务员	撤除停止服务的告示，打开出入口，引导乘客进站	□已完成 □未完成	
	售票员	回到票亭准备开窗，并报告车控室准备情况	□已完成 □未完成	
	现场员工	到站台检查站台门、扶梯等设备设施情况和线路情况并向车控室报告，准备运营服务	□已完成 □未完成	
职业素养				
序　号	素质要求		完成情况	写实记录
1	处理程序是否得当，避免常识性错误		□是　□否	
2	是否具备良好的服务意识及沟通表达能力		□是　□否	
3	是否做好乘客疏散和解释工作，安抚乘客情绪		□是　□否	
4	是否清楚认识城市轨道交通突发事件所造成的危害，重视突发事件并有预防意识		□是　□否	
5	是否符合“7S”管理规定，整理工作区域，备品恢复原位		□是　□否	
备注	根据车站发生毒气袭击事件应急处置的流程，每完成一项且能标准作业，则在□内打“√”，否则打“×”。将未完成的流程在写实记录栏标注，方便查缺补漏			

任务评价

任务二　恐怖袭击事件应急处置								
姓名：________　学号：________　小组：________								
过程评价（60分）								
评价依据			评分标准	评价主体				
				自评	互评	师评	1+X考评员	企业导师
知识（A）	1	说出恐怖袭击的定义、特点及类型	5					
	2	说出恐怖袭击事件的应急处置原则	5					
	3	列举出恐怖袭击事件的预防措施	8					
能力（B）	1	总结出恐怖袭击事件应急处置各岗位职责	5					
	2	能合理选择、正确使用各种引导及疏散备品	10					
	3	能配合恐怖袭击事件模拟演练	10					
素养（C）	1	安全意识强，团队协作能力强	8					
	2	有预防意识和忧患意识，应急处置过程中能临危不乱	9					
过程评价 $=A+B+C$								
结果评价（30分）								
结果评价＝本任务测试题得分								

增值评价 E（10分）
增量 =（过程评价 + 结果评价）本任务 -（过程评价 + 结果评价）前任务 增值评价 E：$E=10$（增量≥20分）；$E=8$（增量 = 10 ~ 19分）； $E=6$（增量 = 5 ~ 9分）；$E=4$（增量 < 5分）
本任务总评成绩
总评 = 过程评价 + 结果评价 + 增值评价

任务总结

主题：	
要点栏	笔记栏
总结栏	

拓展提升

延伸阅读

地铁“自救指南”

国外地铁暴恐事件频发，我们也应居安思危，提升自护自救意识。如遇恐袭，切莫惊慌，快速求助，安全撤离。

一、如何识别恐怖嫌疑人

实施恐怖袭击的嫌疑人脸上不会贴有标记，但是会有一些不同寻常的举止行为可以引起我们的警惕：

（1）神情恐慌、言行异常者；

（2）着装、携带物品与其身份明显不符，或与季节不协调者；

（3）冒称熟人、假献殷勤者；

（4）在检查过程中，催促检查或态度蛮横、不愿接受检查者；

（5）频繁进出大型活动场所；

（6）反复在警戒区附近出现；

（7）疑似公安部门通报的嫌疑人员。

二、如何识别可疑爆炸物

在不触动可疑物的前提下，可通过以下三种方式进行分析：

（1）看。由表及里、由远及近、由上至下无一遗漏地观察，识别、判断可疑物品或可疑部位有无暗藏的爆炸装置。

（2）听。在较为安静的环境中，用耳倾听是否有异常响动。

（3）嗅。如黑火药含有硫黄，会释放出臭鸡蛋（硫化氢）味；自制硝铵炸药的硝酸铵会分解出明显的氨水味等。

三、突发袭击如何自救

（1）刀斧砍杀：迅速跑开，远离手持刀斧的人，并利用身边的围栏、柜台等物体躲避砍杀；在无法跑开或躲避时，联合其他乘客，利用随身携带物品和随手能拿到的物品进行阻挡，以减少伤害。

（2）枪击袭击：地铁车厢内遭遇枪击应该立即卧倒平躺，脸朝下，或躲入两侧座椅下方。在保持身体不动的情况下，观察周围情况，尽可能发现开枪的来源。如果可能，趁地铁到站开门时逃离地铁车厢。如若在地铁车站内发生枪击袭击，应立刻寻找密度质地不易被穿透的掩蔽物躲藏。

（3）爆炸袭击：迅速按下地铁列车门附近的报警按钮，使地铁司机在监视器上获取报警信号，并依靠地铁内的消防器材进行灭火；寻找简易防护物，如衣服、纸巾等捂鼻，采用低姿势撤离，视线不清时手摸墙壁撤离。

（4）生化恐怖袭击：这种袭击一般伴有异常的气味及烟雾，应迅速离开污染区域，寻求医疗救援，配合进行洗消、体检，必要时进行隔离观察，请勿擅自回家。

四、被恐怖分子劫持如何自救

（1）服从命令。不对视、不对话，趴在地上，动作要缓慢，不要激怒恐怖分子。

（2）隐藏求救。尽可能保留和隐藏自己的通信工具，及时把手机调为静音，适时用短信等方式向警方求救，短信主要内容：自己所在位置、人质人数、恐怖分子人数等。

（3）配合解救。在警察发起突袭的瞬间，尽可能趴在地上，在警察掩护下脱离现场。

（4）在日常乘坐地铁时应注意周围环境，留心地铁的消防设施和安全装置，遇见突发事件一定要保持冷静，并迅速与警察或站内工作人员取得联系。尤其在地铁车辆运行期间，不要进行拉门、砸窗、跳车等危险行为，待地铁列车到站后，再离开车厢。

五、报警时注意事项

（1）保持镇静，不因恐慌影响正常的判断。

（2）判明自己目前是否面临危险，如有危险，做好个人防护，迅速离开危险区域或就地掩蔽。在确保自身安全的情况下及时报警或通知站内警务人员。

（3）首先报告最重要的内容，包括地点、时间、发生什么事件等，然后是具体位置、嫌疑人人数、体貌特征、衣着打扮、伤亡人数等。

巩固与练习

1. 不定项选择题

(1) 恐怖袭击方式不包括（　　）。

A. 爆炸　　B. 纵火　　C. 毒气　　D. 恐吓

(2) 发生爆炸事件，紧急疏散乘客时，应（　　）将闸机扇门全部打开。

A. 按压 IBP 盘上的 AFC 紧急释放按钮　　B. 使用 AFC 系统车站计算机

C. 通知车站现场人员　　D. 通知车站维修人员

(3) 以下属于恐怖袭击事件应急处置时可能采用的设备有（　　）。

A. 对讲机　　B. 警戒线　　C. 防毒面具　　D. 手持广播

2. 判断题

(1) 事件发生在区间或运营列车上时，由当事司机立即报告 OCC。（　　）

(2) 车站发生毒气袭击事件时，邻站不需要扣车。（　　）

(3) 如列车在运行中发生爆炸，司机获悉后，应尽可能将列车运行到前方车站。（　　）

3. 简答题

(1) 简述恐怖袭击事件的特点。

(2) 简述车站发生爆炸时行车值班员的岗位职责。

(3) 简述列车发生毒气袭击时司机的岗位职责。

任务三　发现可疑物品应急处置

学习目标

知识目标

1. 熟悉可疑物品的辨识方法；
2. 掌握车站发现可疑物品应急处置程序和各岗位职责；
3. 掌握列车发现可疑物品应急处置程序和各岗位职责。

能力目标

1. 能辨识可疑物品；
2. 能进行车站发现可疑物品的应急处置；
3. 能进行列车发现可疑物品的应急处置。

素质目标

1. 培养发现、分析、解决问题的能力；
2. 培养临危不乱、敢于担当的职业素养与职业操守；
3. 培养预防意识和忧患意识，提升应急处置过程中的心理素质。

任务导入

某日 10:30，某地铁 10 号线某站内安检处（图 6-3-1），一名普通的乘客进站，安检员引导乘客将黑色密码箱过机安检。此时值机安检员突然紧张起来，因为她发现安检机内有两把枪状物。经过仔细确认，发现长枪状物长 90 cm，枪管和枪托是分开的，短枪状物长约 15 cm，疑似子弹状物50发。安检员立即停机。为了不引起恐慌，她用暗语告知手检员引导员此密码箱有问题。引导员立即限流，引导站内乘客从其他安检口进站。安检员同乘客详细确认箱内物品，但是乘客不愿意配合，声称不知道里边是什么。手检员征得乘客同意后对密码箱进行复查，值机安检员再次确认箱内为两把枪状物。安检员果断将密码箱隔离在安检机内，立即上报，并通知民警。民警到达后，将乘客和密码箱带走处理。

图 6-3-1　某地铁站安检处

请思考：

1. 地铁运营过程中可能会遇到的可疑物品有哪些类型？
2. 可疑物品的辨别方法有哪些？
3. 发现可疑物品应如何应对？

任务描述

长时间以来，公路、铁路、民航等运输企业，对查危工作都非常重视。地铁的查危工作也是非常重要的。本任务中，站务岗位群工作人员需要临危不乱，协同合作，完成所在车站发现可疑物品的应急处置工作。通过掌握可疑物品的辨识方法，能及时发现车站可能发生的安全隐患，根据岗位作业流程和岗位职责，选择合理的应急设施，组织发现可疑物品事件的应急处置。发现可疑物品事件应急处置工作需要有发现、分析、解决问题的逻辑能力和预防意识，临危不乱的心理素质，具备较强的岗位责任意识及职业素养。

知识准备

一、可疑物品的判定与识别

城市轨道交通人流密集，部分乘客携带过多行李，在乘车时很容易遗失在车站。遗失物大多是手机、银行卡、手拎包、钱包等贵重物品；但是，还有部分物品难以分清种类，甚至属于危险物品。发现可疑物品后如能及时准确处理，可有效防范火灾、爆炸毒气袭击、劫持等恐怖袭击事件的发生。

（一）可疑物品的判定

（1）无人认领的且无法从表面确认具体品名的物品。

（2）呈块状、粉末状、膏状的不明性质物品。

（3）有刺激性气味、特殊异味、泄漏出气体的物品。

（4）与钟表、定时器手机等电子设备有导线连接的不明物品。

（5）其他不确定的物品。

（二）可疑物品的简要识别方法

（1）观察有危险品标识或通过常识判断有危险的（如有“三品”标识的，标识如图 6-3-2 所示）。

（2）通过听觉，发现有异常响声的（如计时器响声）。

（3）通过嗅觉，发现有异常气味的（如刺激性气味）。

图 6-3-2　危险品标识

二、发现可疑物品处理的原则

合理、安全、快速是可疑物品处置的基本原则。具体来说，可疑物品处置需要基于以下原则：

（1）确认可疑物品是危险物品或非危险物品，有无伤害性和危害性。

（2）采取专业的处置措施，保护现场周边人员的生命财产安全。

（3）尽量使现场不发生二次破坏。

（4）联系专业人员来进行处置。

延伸阅读

危险品的定义与类型

危险品，是指易燃易爆物品、危险化学品、放射性物品等会危及人身安全和财产安全的物品。

第一类：爆炸或易爆物品，如雷管、手榴弹、炸药、烟花、鞭炮、导火线等。

第二类：压缩气体和液化气体，如石油液化气瓶、天然气瓶和其他各种压缩气瓶等。

第三类：易燃液体，如汽油、煤油、柴油、油漆、酒精、香蕉水等。

第四类：易燃固体、自燃物品和遇湿易燃物品，如硫黄、黄磷、白磷、过氧化钠、碳化钙（电石）、钠、钾等。

第五类：强氧化剂，如浓硝酸、浓硫酸、浓盐酸、王水等。

第六类：毒害品和感染性物品，如氯化汞、氰化钾、三氧化二砷（砒霜）、尼古丁、石棉、各类农药等。

第七类：放射性物品，如镭、钋、铀等。

第八类：腐蚀品，如醋酸、磷酸、氨水等。

第九类：其他可能影响乘客人身安全的物品。

三、可疑物品检测仪器

（1）安检门：一种检测人员有无携带金属物品的探测装置，又称金属探测门。

（2）手持式金属探测器：用于探测人身携带金属的具体位置，它可以探测出包裹、行李、织物等物品内的武器、炸药或小块金属物品，操作简便易行。

（3）X 射线机：一种通过产生 X 射线对行李物品进行检查的设备，由 X 射线系统、显示系统、控制装置等组成。

（4）危险液体检查仪：一种专门用于探测易燃易爆液体的安检仪器。该检查仪能够在不直接接触液体的情况下将液体炸药、汽油、丙酮、乙醇等易燃易爆液体与水、可乐、牛奶、果汁等安全液体区分开。

（5）防爆毯及防爆围栏：防爆毯是一种用高强度防弹纤维材料，经过特殊工艺加工制成的一种毯状的防爆器材。防爆毯一般和防爆围栏配合使用。把防爆围栏围在疑似爆炸物周围，然后把防爆毯盖在围成的圈上面，这样可以有效阻挡可疑物爆炸引起的冲击波和碎片。

（6）防爆罐：一种能有效防护如手榴弹等爆炸物爆炸时产生的冲击波和碎片的重要设备，可以减轻或避免爆炸对周围人员的伤害，以及对贵重仪器、文物档案和特殊公共场所的损坏，主要用于临时隔离爆炸物，临时储存及处置爆炸物品。

（7）爆炸物探测仪：检查旅客是否携带易爆、易燃类禁带物品。

（8）毒品探测仪：主要用于探测行李物品内是否有炸药、毒品及违禁的化学物品。

（9）鞋底探测仪：用于检测鞋子及身体较低的部位有无藏匿爆炸装置及刀、枪等武器。

四、发现乘客携带危险品的应急处置

（1）车站应对乘客进行安全检查，要求乘客解释物品的种类、性质等，必要时请其打开展示。

（2）乘客拒绝解释或打开展示其携带物品进站/乘车的，劝其出站，不听从劝阻的，不得放其进站/乘车，立即报公安处理。

（3）司机发现乘客可能携带危险品时，立即将相关信息（乘客性别、衣着、所在车厢位置危险品性质）报行车调度员（车站），密切监视该乘客动向，（到达前方车站后）等待车站人员到场处理；车站人员接通知后应立即组织驻站民警到场引导乘客下车进行后续处理。

（4）非车站的地铁工作人员发现乘客可能携带危险物品进站乘车的，应立即通知车站或报行车调度员。

（5）车站工作人员发现乘客携带高危危险品（易燃、易爆、高度腐蚀性物品、有毒气体等如汽油、柴油、煤气瓶、烟花爆竹、炸药、强酸碱性溶液、氢气、一氧化碳等）进站乘车的，应立即移交驻站民警处理，如车站无驻站民警的，车站应立即报公安，并挽留乘客等待公安人员到场，如乘客强烈要求携带危险品自行离开的，车站人员应把乘客离去的线路报公安。

（6）车站工作人员发现乘客携带其他危险品（油漆、机油、弱酸碱性溶液等）进站乘车的，应向乘客解释相关规定，劝阻乘客进站乘车，请乘客携带危险品离站，不得在站内弃置危险品。

（7）乘客携带空气压缩机进站乘车的，原则上指引乘客改乘其他交通工具，如乘客坚持要进站乘车的，则按以下原则处理：如空气压缩机体积过大（总质量超过 30 kg 或长、宽、高之和超过 1.6 m），车站工作人员应指引乘客换乘其他交通工具；如空气压缩机未超过乘客允许携带行李体积的，且乘客已将压缩机内的压缩气体释放排清，压力指针为“0”时，方允许乘客继续进站乘车。

（8）乘客不接受车站解释并强行进站乘车的，车站应立即请求驻站民警支援，阻止乘客进站乘车，同时将相关情况报公安，拖延乘客至公安到场处理。

（9）乘客不接受车站解释并强行进站乘车，且已登上列车的，车站需立即实行扣车（或通知司机不要关门动车），报告公安及行车调度员，并安排人员将当事人请下列车。待当事人携带危险品下车后，车站方可取消扣车（再通知司机关门动车），并将当事人移交公安人员处理。

五、发现无人看管可疑物品的应急处置

（一）车站发现可疑物品应急处置

车站发现可疑物品应急处置各岗位职责见表 6-3-1。

表 6-3-1 车站发现可疑物品应急处置各岗位职责

岗位名称	岗位职责
现场员工	（1）询问周围乘客，确认物品是否是附近乘客遗失物。 （2）配合值班站长用隔离带隔离现场，持对讲机、手提广播疏散附近的乘客。 （3）做好乘客安抚工作
行车值班员	（1）接到发现无人看管物品的信息后，反复播放失物广播，寻找失主，并报告行车调度员。 （2）判断为可疑物品时，报告行车调度员、公安。 （3）通知站内各岗位的员工，控制进站的客流。 （4）进行封站时，做好乘客广播，组织疏散。 （5）接到值班站长恢复正常运营的通知后，报行车调度员，通知各岗位
值班站长	（1）持对讲机赶到现场，判断为可疑物品时，组织人员隔离现场，疏散附近的乘客。 （2）与公安做好沟通，加强与行车调度员、车控室的信息反馈。 （3）做好封站清客的准备工作，需要时，按公安要求清客封站，安排人员在出入口张贴服务告示，配合公安处理。 （4）公安处理完毕，共同确认可恢复正常运营后，组织恢复运营。 （5）通知车控室，组织车站恢复运营

续表

岗位名称	岗位职责
客运值班员	（1）接到发现可疑物的信息后，马上到现场协助值班站长疏散围观乘客，负责做好车站客流组织工作。 （2）按照值班站长指令或关站命令组织车站工作人员疏散乘客出站。 （3）组织人员到出入口张贴告示，关闭剩余出入口，留存应急出入口，安排保安值守。 （4）接到恢复运营的通知后，检查AFC等设备是否正常，并报车控室。 （5）接到恢复运营的通知后，组织撤除告示，打开出入口
站务员	（1）关闭票亭，打开边门，协助客运值班员疏散乘客出站。 （2）到出入口张贴告示，做好乘客解释工作。 （3）接到恢复运营的通知后，检查AFC等设备是否正常，并报车控室。 （4）接到恢复运营的通知后，撤除告示，打开出入口
司机	按行车调度员指挥行车

注：可疑物品可能为爆炸物时，须安排人员关闭民用通信电源，下同。

（1）报告。现场人员立即报告车控室、行车值班员、车站值班站长、公安、OCC。

（2）隔离。现场人员隔离相关区域，疏散围观乘客，车站值班站长组织人员寻找其他物品。

（3）疏散准备。做好乘客疏散和员工撤离车站的准备，引导公安到现场处理，视情况执行车站疏散程序。

（4）移交公安处理。车站值班站长向现场公安汇报有关情况，协助其工作。

（5）清理现场。公安处理完毕后协助调查和清理现场，尽快恢复正常运营。

（二）列车发现可疑物品应急处置

列车发现可疑物品应急处置各岗位职责见表6-3-2。

表6-3-2　列车发现可疑物品应急处置各岗位职责

岗位名称	岗位职责
司机	（1）车厢的乘客按压报警按钮报警后，通过对讲机向现场乘客了解情况，报告行车调度员，运行到前方车站后，通知（站台）站务员到现场确认。 （2）确认列车上有可疑物品后，报行车调度员，协助车站处理。 （3）需清客时，播放清客广播，协助车站清客。 （4）确认清客完毕后，报行车调度员，配合值班站长处理
行车值班员	（1）接到行车调度员或司机通知列车上乘客报警的信息后，通知（站台）站务员到现场确认。 （2）初步确认为可疑物品后，报行车调度员、公安，通知邻站。 （3）接到值班站长对站台进行清客的通知后，播放清客广播清客。 （4）接到值班站长进行清客封站的通知后，播放清客广播，疏散站内乘客，疏散完毕后报行车调度员。 （5）接到恢复正常运营的通知时，通知各岗位，报行车调度员
值班站长	（1）持对讲机赶到现场，确认为可疑物品后，组织人员隔离现场，疏散车厢内的乘客，通知车控室和司机，组织站台清客。 （2）公安到场后，加强沟通，配合公安处理。 （3）需要时，按公安要求清客封站，安排人员在出入口张贴服务告示，配合公安处理。 （4）公安处理完毕，与司机、公安共同确认可恢复正常运营时，组织恢复运营，并报行车调度员
客运值班员	（1）接到发现可疑物品的信息后，马上到现场协助值班站长处理。 （2）将（站台）站务员挽留的证人移交公安

续表

岗位名称	岗 位 职 责
（站台）站务员	（1）接到列车上乘客报警的信息后，到现场进行确认。 （2）确认为可疑物品后，报车控室，并通知司机，疏散现场人员，并挽留现场目击乘客。 （3）接到值班站长清客的通知后，协助清客。 （4）协助值班站长处理现场

（1）疏散。值班站长接报后组织人员疏散列车和该站台的乘客，封锁列车停靠的站台。

（2）客流控制。采取车站客流控制措施，利用广播做好乘客安抚工作。

（3）疏散准备。做好乘客疏散和员工撤离车站的准备，引导公安到现场处理，视情况执行车站疏散程序。

（4）移交公安处理。值班站长向现场公安汇报有关情况，协助其工作。

（5）清理现场。公安处理完毕后协助调查和清理现场，尽快恢复正常运营。

技能训练

根据上述发现可疑物品事件应急处置流程，结合信息报告内容及流程，以车站发现可疑物品事件为例，完成发现可疑物品事件应急处置的情景模拟演练。

一、人员分工

按照本任务涉及的岗位，设置行车调度员、值班站长、行车值班员、客运值班员、站务员、现场员工等岗位。每6人分成一个小组，按照车站发现可疑物品事件应急处置流程完成模拟演练。

小组分工表

班 级		车站名称	
组 别		日 期	
岗 位	姓 名	任 务 分 工	
行车调度员			
值班站长			
行车值班员			
客运值班员			
站务员			
现场员工			

二、设施及备品

城市轨道交通车站实训室、多媒体教学设备等设施及临时导向标志、手持广播、警戒线、对讲机、防爆毯及防爆围栏等备品。

清点备品表

清点所要使用的设备、工具、材料				
车站名称：		组别：		时间：
序号	名 称	数 量	设备状态	清 点
1	临时导向标志	根据出入口数量确定	□完好 □不能使用	□已清点

2	手持广播	3 个	□完好 □不能使用	□已清点
3	警戒线	若干	□完好 □不能使用	□已清点
4	对讲机	6 个	□完好 □不能使用	□已清点
5	防爆毯及防爆围栏	1 套	□完好 □不能使用	□已清点
备注	检查备品的数量及备品状态，每完成一项且结果正常，则在□内打“√”，否则打“×”			

三、演练过程

根据任务要求，按城市轨道交通车站发现可疑物品事件的应急处置程序完成模拟并记录演练过程。

车站发现可疑物品事件应急处置演练过程写实表

<table>
<tr><td>组　别</td><td></td><td colspan="2">小组成员</td><td colspan="2"></td></tr>
<tr><td>班　级</td><td></td><td>车站名称</td><td></td><td>演练时长</td><td></td></tr>
<tr><td colspan="6">步骤一：信息接报</td></tr>
<tr><td>任　务</td><td>岗　位</td><td colspan="2">技 能 要 求</td><td colspan="2">完成情况记录</td></tr>
<tr><td rowspan="4">根据第一发现人的报告信息，分析、确定可疑物品的位置及影响，行车值班员及时向值班站长汇报车站情况</td><td rowspan="4">行车值班员</td><td colspan="2">描述了发现可疑物品事件发生的时间、具体地点</td><td colspan="2">□表述准确完整
□表述含糊不清
□未完成</td></tr>
<tr><td colspan="2">描述了可疑物品事件形成的原因、影响范围、已采取的措施</td><td colspan="2">□表述准确完整
□表述含糊不清
□未完成</td></tr>
<tr><td colspan="2">说明了第一发现人单位、姓名、岗位</td><td colspan="2">□表述准确完整
□表述含糊不清
□未完成</td></tr>
<tr><td colspan="2">汇报了认为有必要报告的其他情况</td><td colspan="2">□表述准确完整
□表述含糊不清
□未完成</td></tr>
<tr><td colspan="6">步骤二：前期处置</td></tr>
<tr><td>任　务</td><td>岗　位</td><td colspan="2">技 能 要 求</td><td>完成情况</td><td>写实记录</td></tr>
<tr><td rowspan="3">根据要求，及时启动应急预案，人员职责明确、任务分工合理</td><td rowspan="2">行车值班员</td><td colspan="2">发现无人看管物品的信息后，反复播放失物广播，寻找失主，并报告行车调度员</td><td>□已完成
□未完成</td><td></td></tr>
<tr><td colspan="2">判断为可疑物品时，报告行车调度员、公安</td><td>□已完成
□未完成</td><td></td></tr>
<tr><td>行车调度员</td><td colspan="2">判断为可疑物品时，按照信息报告流程进行报告并启动车站发现可疑物品事件应急预案</td><td>□已完成
□未完成</td><td></td></tr>
</table>

根据要求，及时启动应急预案，人员职责明确、任务分工合理	值班站长	持对讲机赶到现场，判断为可疑物品时，担任事故处理主任，宣布执行车站发现可疑物品事件应急预案	□已完成 □未完成	
		安排各岗位做好准备工作	□已完成 □未完成	
	客运值班员	做好备品准备（告示、警戒带、手提广播、防爆毯及防爆围栏等）	□已完成 □未完成	
步骤三：现场处置				
任　务	岗　位	技能要求	完成情况	写实记录
正确处理车站发现可疑物品的突发事件，按照突发事件应急处置的原则，及时采取有效措施，同时做好客流引导，避免造成恐慌	值班站长	迅速组织人员用警戒线封锁现场	□已完成 □未完成	
		组织人员用防爆围栏隔离现场，防爆毯盖住可疑物品，疏散附近的乘客，加强与车控室、行调的联系，及时进行信息沟通，需要时，按公安要求清客封站	□已完成 □未完成	
		确认全站清客完毕，并将现场和目击证人移交给公安	□已完成 □未完成	
	行车调度员	向全线列车司机和车站发布事件及列车调整信息	□已完成 □未完成	
		听取车站汇报，关注该站处理情况	□已完成 □未完成	
	行车值班员	通知站内各岗位的员工，控制进站的客流	□已完成 □未完成	
		进行封站时，做好乘客广播，组织疏散	□已完成 □未完成	
		接到车站清客完毕的通知后，报告行调	□已完成 □未完成	
	客运值班员	接到发现可疑物的信息后，马上到现场协助值班站长隔离现场，疏散围观乘客，负责做好车站客流组织工作。	□已完成 □未完成	
		组织人员到出入口张贴告示，关闭剩余出入口，留存应急出入口，安排保安值守	□已完成 □未完成	
		对受伤乘客进行救助	□已完成 □未完成	
	站务员	打开边门，确认所有闸机边门处于打开状态	□已完成 □未完成	
		自动扶梯全部向上运行，指引和疏散乘客出站	□已完成 □未完成	
		到出入口张贴告示，做好乘客解释工作	□已完成 □未完成	
	售票员	收好票款和车票，锁好票亭门。用手提广播安抚乘客，并协助站厅清客工作	□已完成 □未完成	
		站厅清客完毕后，关闭各出入口（除紧急出入口），张贴停止服务的告示，并报告客运值班员	□已完成 □未完成	

<table>
<tr><td rowspan="3">正确处理车站发现可疑物品的突发事件，按照突发事件应急处置的原则，及时采取有效措施，同时做好客流引导，避免造成恐慌</td><td rowspan="3">现场员工</td><td>询问周围乘客，确认物品是否是附近乘客遗失物</td><td>□已完成
□未完成</td><td></td></tr>
<tr><td>配合值班站长用隔离带隔离现场，持对讲机、手提广播疏散附近的乘客</td><td>□已完成
□未完成</td><td></td></tr>
<tr><td>做好乘客安抚工作</td><td>□已完成
□未完成</td><td></td></tr>
<tr><td colspan="5">步骤四：应急终止</td></tr>
<tr><td>任　务</td><td>岗　位</td><td>技 能 要 求</td><td>完成情况</td><td>写实记录</td></tr>
<tr><td rowspan="11">车站处置完成时，要及时向OCC汇报，申请恢复正常运行，并撤除应急设备，做好舆情控制</td><td>值班站长</td><td>通知行车值班员向OCC汇报，恢复被关闭的AFC设备，同时汇报车站情况，并做好舆情控制</td><td>□已完成
□未完成</td><td></td></tr>
<tr><td>行车值班员</td><td>向OCC汇报车站恢复正常运营</td><td>□已完成
□未完成</td><td></td></tr>
<tr><td>行车调度员</td><td>同意恢复正常运营，并通知全线列车司机和车站</td><td>□已完成
□未完成</td><td></td></tr>
<tr><td>行车值班员</td><td>检查车控室设备设施情况，向行调报告车站运营前准备工作，向行调了解行车运行恢复情况并报告值班站长</td><td>□已完成
□未完成</td><td></td></tr>
<tr><td rowspan="2">客运值班员</td><td>检查AFC设备、各种服务设备设施是否正常并报车控室</td><td>□已完成
□未完成</td><td></td></tr>
<tr><td>组织撤除警戒线、防爆毯及防爆围栏等物品</td><td>□已完成
□未完成</td><td></td></tr>
<tr><td>站务员</td><td>撤除停止服务的告示，打开出入口，引导乘客进站</td><td>□已完成
□未完成</td><td></td></tr>
<tr><td>售票员</td><td>回到票亭准备开窗，并报告车控室准备情况</td><td>□已完成
□未完成</td><td></td></tr>
<tr><td rowspan="3">现场员工</td><td>闻到有刺激性的气味并发现异常后，马上报告车控室，戴上防毒面具做好防护，疏散周围的乘客</td><td>□已完成
□未完成</td><td></td></tr>
<tr><td>查找根源，马上用隔离带封锁现场，同时在附近寻找2名以上的目击证人，交给值班站长</td><td>□已完成
□未完成</td><td></td></tr>
<tr><td>协助值班站长进行清客</td><td>□已完成
□未完成</td><td></td></tr>
<tr><td colspan="5">职 业 素 养</td></tr>
<tr><td>序　号</td><td colspan="2">素 质 要 求</td><td>完成情况</td><td>写实记录</td></tr>
<tr><td>1</td><td colspan="2">处理程序是否得当，避免常识性错误</td><td>□是　□否</td><td></td></tr>
<tr><td>2</td><td colspan="2">是否具备良好的服务意识及沟通表达能力</td><td>□是　□否</td><td></td></tr>
<tr><td>3</td><td colspan="2">是否做好乘客疏散和解释工作，安抚乘客情绪</td><td>□是　□否</td><td></td></tr>
<tr><td>4</td><td colspan="2">是否清楚认识城市轨道交通突发事件所造成的危害，重视突发事件并有预防意识</td><td>□是　□否</td><td></td></tr>
<tr><td>5</td><td colspan="2">是否符合“7S”管理规定，整理工作区域，备品恢复原位</td><td>□是　□否</td><td></td></tr>
<tr><td>备注</td><td colspan="4">根据车站发生劫持人质应急处置的流程，每完成一项且能标准作业，则在□内打“√”，否则打“×”。将未完成的流程在写实记录栏标注，方便查缺补漏</td></tr>
</table>

任务评价

<table>
<tr><th colspan="9">任务三　发现可疑物品应急处置</th></tr>
<tr><td colspan="9">姓名：________　　学号：________　　小组：________</td></tr>
<tr><td colspan="9">过程评价（60 分）</td></tr>
<tr><td colspan="3" rowspan="2">评 价 依 据</td><td rowspan="2">评分标准</td><td colspan="5">评 价 主 体</td></tr>
<tr><td>自评</td><td>互评</td><td>师评</td><td>1 + X 考评员</td><td>企业导师</td></tr>
<tr><td rowspan="3">知识（A）</td><td>1</td><td>说出可疑物品的辨识方法</td><td>5</td><td></td><td></td><td></td><td></td><td></td></tr>
<tr><td>2</td><td>说出可疑物品的检测仪器</td><td>5</td><td></td><td></td><td></td><td></td><td></td></tr>
<tr><td>3</td><td>说出乘客携带危险品的应急处置方法</td><td>8</td><td></td><td></td><td></td><td></td><td></td></tr>
<tr><td rowspan="3">能力（B）</td><td>1</td><td>能总结出发现可疑物品的应急处置各岗位职责</td><td>5</td><td></td><td></td><td></td><td></td><td></td></tr>
<tr><td>2</td><td>能合理选择、正确使用各种引导及疏散备品</td><td>10</td><td></td><td></td><td></td><td></td><td></td></tr>
<tr><td>3</td><td>能配合发现可疑物品事件的模拟演练</td><td>10</td><td></td><td></td><td></td><td></td><td></td></tr>
<tr><td rowspan="2">素养（C）</td><td>1</td><td>有发现、分析、解决问题的能力</td><td>8</td><td></td><td></td><td></td><td></td><td></td></tr>
<tr><td>2</td><td>有预防意识和忧患意识，应急处置过程中能临危不乱</td><td>9</td><td></td><td></td><td></td><td></td><td></td></tr>
<tr><td colspan="9">过程评价 = A + B + C</td></tr>
<tr><td colspan="9">结果评价（30 分）</td></tr>
<tr><td colspan="9">结果评价 = 本任务测试题得分</td></tr>
<tr><td colspan="9">增值评价 E（10 分）</td></tr>
<tr><td colspan="9">增量 =（过程评价 + 结果评价）本任务 -（过程评价 + 结果评价）前任务
增值评价 E：E = 10（增量≥20 分）；E = 8（增量 = 10 ~ 19 分）；
E = 6（增量 = 5 ~ 9 分）；E = 4（增量 < 5 分）</td></tr>
<tr><td colspan="9">本任务总评成绩</td></tr>
<tr><td colspan="9">总评 = 过程评价 + 结果评价 + 增值评价</td></tr>
</table>

任务总结

<table>
<tr><td colspan="2">主题：</td></tr>
<tr><td>要点栏</td><td>笔记栏</td></tr>
<tr><td colspan="2">总结栏</td></tr>
</table>

拓展提升

延伸阅读

某地铁公司禁止及限制携带物品目录

一、禁止携带类物品

（一）枪支弹药类（含主要零部件），包括：

1. 军用枪：手枪、步枪、冲锋枪、机枪、防暴枪等。

2. 民用枪：气枪、猎枪、运动枪、麻醉注射枪等。

3. 其他枪支：样品枪、道具枪、发令枪、仿真枪等。

4. 弹药：炸弹、照明弹、燃烧弹、烟雾弹、信号弹、催泪弹、毒气弹、手雷、地雷、手榴弹等弹药及各类子弹。

5. 上述物品的样品和仿制品。

（二）爆炸物品类，包括：

1. 爆破器材：炸药、雷管、导火索、导爆索、导爆管、震源弹等。

2. 烟火制品：礼花弹、烟花、鞭炮、摔炮、拉炮、砸炮等各类烟花爆竹以及发令纸、黑火药、烟火药、引火线等。

3. 上述物品的样品和仿制品。

（三）管制器具类，包括：

1. 匕首、三棱刀（包括机械加工用的三棱刮刀）、带有自锁装置的弹簧刀，其他相类似的单刃、双刃、三棱尖刀、弩等和符合《管制刀具认定标准》的其他刀具。

2. 催泪器、催泪枪、电击器、电击枪、防卫器等具有一定杀伤力的器具。

3. 军械、警械、警棍、手铐等。

4. 上述物品的样品和仿制品。

（四）易燃易爆品类，包括：

1. 氢气、一氧化碳、甲烷、乙烷、丁烷、天然气、乙烯、丙烯、乙炔（溶于介质的）、液化石油气、氧气、水煤气等易燃气体。

2. 汽油、煤油、柴油、苯、酒精、丙酮、乙醚、油漆、稀料（香蕉水、硝基漆稀释剂）、松香油等易燃液体。

3. 红磷、闪光粉、固体酒精、赛璐珞等易燃固体。

4. 黄磷（白磷）、硝化纤维片、油纸及其制品等易自燃物质。

5. 金属钾、钠、锂、碳化钙（电石）、镁铝粉等遇水放出易燃气体的物质。

6. 过氧化钠、过氧化钾、过氧化铅、过醋酸、双氧水等氧化性物质和有机过氧化物。

7. 上述物品的样品、仿制品、混合物。

（五）毒害性物品类，包括：

《危险化学品目录》中标注为剧毒的危险化学品及其混合物。如：氰化物、砒霜、沙林、毒鼠强、毒鼠硅、甘氟、氟乙酰胺、氟乙酸钠、剧毒农药等剧毒物质。

（六）腐蚀性物品类，包括：

盐酸、氢氧化钠、氢氧化钾、硫酸、硝酸、蓄电池（含氢氧化钾固体、注有酸液或碱液的）等。

（七）放射性物品类：

《放射性物品分类和名录》中规定的核材料、放射性同位素等，例如：铀、钚、钍等。

（八）传染病病原体及医疗废物类，包括：

《传染病防治法》规定的传染病病原体，《医疗废物分类目录》规定的医疗废物，《人间传染的病原微生物名录》规定的病原微生物等影响公共卫生安全的物品。例如：鼠疫耶尔森氏菌、霍乱弧菌、天花病毒、乙肝病毒、炭疽杆菌、结核杆菌、艾滋病病毒等。

（九）其他危害列车运行安全的物品

如可能干扰列车信号的强磁化物、有强烈刺激性气味的物品、不能判明性质可能具有危险性的物品等。

（十）国家法律、法规、规章等规定的其他禁止持有、携带、运输的物品，如：珍贵、濒危野生动物及相应的标本等的物品；印有宣扬恐怖活动、反动、淫秽等内容的旗帜、报刊、书籍、衣物等。

二、限制携带类物品

（一）常见器具类，包括：

1. 菜刀、剃刀、美工刀等其他生活类刀具、装修类工具及可能造成人身被刺伤、割伤、划伤等的锐器、钝器，应确保袋装或包装后不影响其他乘客，在安检处持有效身份证件登记后，方可进站、乘车。

2. 手魁、矛、剑、戟、弓、箭等开刃的兵器或冷兵器，不得携带进站、乘车。

（二）易燃易爆类，包括：

1. 原装超过 3 000 mL 的白酒和散装白酒，不得携带进站、乘车。

2. 超过 10 盒（含）以上安全火柴、5 个（含）以上打火机（充有可燃气体或燃料油）和 150 mL 以上罐装打火机气（油），不得携带进站、乘车。

3. 总量超过 700 mL 的摩丝、发胶、杀虫剂、空气清新剂、衣领净、去光剂、花露水、卸妆水等自喷压力容器或带有易燃易爆标识的物品，不得携带进站、乘车。

4. 总量超过 200 mL 的香水、洗甲水、冷烫精、染发剂和总量超过 20 mL 的指甲油等易燃或具有强烈刺激性气味的物品，不得携带进站、乘车。

5. 除供病人吸氧的袋装医用氧气外，充气气球、灭火器和盛装易燃易爆气体的专用容器，不得携带进站、乘车。

（三）交通用具类，包括：

1. 不得使用滑轮鞋、滑板、平衡车等进站、乘车。

2. 电动滑轮鞋、电动滑板车、电动平衡车等关闭电源方可携带进站、乘车，站内及乘车期间不得打开电源。

3. 除已折叠的自行车和残疾人无障碍用途轮椅及电动轮椅外（电动轮椅应当符合相关国家标准），其他交通工具不得进站、乘车。

（四）除盲人携带的导盲犬、包装后不影响其他乘客的食用品外，不得携带其他动物进站、乘车。

（五）军队、武警、公安等公务人员持枪支子弹或其他管制器械的应出具相关证明经驻站民警核实后，方可进站、乘车。

巩固与练习

1. 不定项选择题

（1）可疑物品不包括（　　）。

A. 可能危及城市轨道交通设备设施安全的物品

B. 无人看管的包裹

C. 乘客遗失的钱包

D. 可能危及人身安全的物品

（2）对于车站内无人认领的物品，运营单位应立即转移至远离乘客的区域，并进行（　　）。

A. 遗弃　　B. 安全检查

C. 自行处理　　D. 车站保管

（3）车站发现可疑物品时，以下做法有误的是（　　）。

A. 打开观察为何物　　B. 上报车控室

C. 疏散乘客　　D. 设置防护

2. 判断题

（1）行车调度员接到发现无人看管物品的信息后，反复播放失物广播，寻找失主，并报告行车调度员。（　　）

（2）列车发现可疑物品时，车厢的乘客按压报警按钮报警后，通过对讲机向现场乘客了解情况，报告行车调度员，运行到前方车站后，通知（站台）站务员到现场确认。（　　）

3. 简答题

（1）简述可疑物品的辨识方法。

（2）简述车站发现可疑物品的各岗位职责。

（3）简述列车发现可疑物品的各岗位职责。

任务四　重大传染病疫情应急处置

学习目标

知识目标

1. 了解重大传染病疫情的定义、特征和类型；
2. 掌握重大传染病疫情的应急处置原则与程序；
3. 了解重大传染病疫情的防控措施。

能力目标

1. 发生疫情后能够及时、准确汇报与传达信息；
2. 发生疫情时能按照岗位职责及时、正确处理。

素质目标

1. 培养岗位安全意识和自我保护意识；
2. 培养全局意识，提高岗位协作能力；
3. 培养艰苦奋斗、攻坚克难、敢于担当的科学精神。

任务导入

2020年，新型冠状病毒疫情暴发。在中国共产党领导下，全国上下贯彻“坚定信心、同舟共济、科学防治、精准施策”总要求，打响抗击疫情的人民战争、总体战、阻击战。经过艰苦卓绝的努力，中国付出巨大代价和牺牲，有力扭转了疫情局势，疫情防控阻击战取得重大战略成果，维护了人民生命安全和身体健康，为维护地区和世界公共卫生安全作出了重要贡献。

图6-4-1为某地铁站在疫情期间的防控措施。

图6-4-1 某地铁站在疫情期间的防控措施

请思考：

1. 地铁运营过程中如何应对公共卫生事件？
2. 传染病疫情的防控措施有哪些？
3. 疫情期间乘坐城市轨道交通时，你见到的车站所做的防控措施有哪些？

任务描述

传染病是公共卫生安全和经济社会稳定的重大威胁，特别是随着气候、人口等因素变化，新发突发传染病屡见不鲜。面对严峻挑战，需要提前做好日常准备，不断加强传染病疫情监测预警和应急处置能力建设，尽最大努力减少疫情对社会的影响。本任务中，站务岗位群工作人员要有岗位协作能力，各岗位团结配合，完成所在站突发公共卫生事件的应急处置工作。突发公共卫生事件工作需要有警惕性和防范意识，临危不乱的心理素质，具备较强的岗位责任意识及职业素养。

知识准备

一、突发公共卫生事件的概念

突发公共卫生事件是指造成或者可能造成社会公众健康严重损害的重大传染病疫情群体性不明原因疾病、重大食物和职业中毒以及其他严重影响公众健康的事件。

若定义为突发公共卫生事件，需要满足以下几个条件：范围为一个社区（城市的居委会农村的自然村）或以上；伤亡人数较多或可能危及居民生命安全和财产损失；如不采取有效控制措施，事态可能会进一步扩大。

二、突发公共卫生事件的类型

（一）重大传染病疫情

1. 概念

重大传染病疫情指某种传染病在短时间内发生，波及范围广泛，出现大量的病人或死亡病例，其发病率远远超过常年的发病率水平，如SARS、流感、霍乱、炭疽等。

2. 特点

有病原体，有传染性和流行性，感染后常有免疫性，有些传染病还有季节性或地方性。

3. 分类

根据《中华人民共和国传染病防治法》以及《突发公共卫生应急事件与传染病监测信息报告》，将法定传染病分为甲类、乙类和丙类。

甲类：包括鼠疫，霍乱。

乙类：包括传染性非典型肺炎（严重急性呼吸综合征）、艾滋病、病毒性肝炎；脊髓灰质炎、人感染高致病性禽流感、麻疹、流行性出血热、狂犬病流行性乙型脑炎、登革热、炭疽、细菌性和阿米巴痢疾、肺结核、伤寒和副伤寒、流行性脑脊髓膜炎、百日咳、白喉、新生儿破伤风、猩红热、布氏杆菌病、淋病、梅毒、钩端螺旋体病、血吸虫病、疟疾、人感染猪链球菌病，甲型H1N1流感。在乙类传染病中，传染性非典型肺炎、炭疽中的肺炭疽必须采取甲类传染病的报告、控制措施。

丙类：包括流行性感冒、流行性腮腺炎、风疹、急性出血性结膜炎、麻风病、流行性和地方性斑疹伤寒、黑热病、棘球蚴病、丝虫病、除霍乱、痢疾、伤寒和副伤寒以外的感染性腹泻病，手足口病。

（二）群体性不明原因疾病

群体性不明原因疾病指在短时间内，某个相对集中的区域内同时或者相继出现具有共同临床表现患者，且病例不断增加，范围不断扩大，又暂时不能明确诊断的疾病。群体性不明原因疾病具有临床表现相似性、发病人群聚集性、流行病学关联性、健康损害严重性的特点。这类疾病可能是传染病（包括新发传染病）、中毒或其他未知因素引起的疾病，也可能是某种群体中毒或是群体性缺乏某种元素（一般是某个区域），例如，克山病（主要缺乏硒元素）。

（三）重大食物中毒和职业中毒

重大食物中毒和职业中毒指由于食品污染和职业危害的原因而造成的人数众多或者伤亡较重的中毒事件。

（四）其他严重影响公众健康事件

其他严重影响公众健康事件主要是指自然灾害、事故灾难、突发社会安全事件引发的健康问题。其他严重影响公众健康事件主要有三恐事件（例如，生物、化学、核辐射等恐怖袭击事件）、动物疫情（例如，有潜在威胁的传染病动物宿主，媒介生物发生异常等）、其他严重影响公众健康和生命安全的事件（例如，预防接种、预防性服药后出现群体性异常反应，传染病菌种、毒种丢失等）。

延伸阅读

突发公共卫生事件分级

根据突发公共卫生事件性质、危害程度、涉及范围，突发公共卫生事件划分为特别重大（Ⅰ级）、重大（Ⅱ级）较大（Ⅲ级）和一般（Ⅰ级）四级。

1. 特别重大（Ⅰ级）突发公共卫生事件

有下列情形之一的为特别重大（Ⅰ级）突发公共卫生事件：

（1）肺鼠疫、肺炭疽在大、中城市发生并有扩散趋势，或肺鼠疫、肺炭疽疫情波及2个以上省份，并有进一步扩散趋势。

（2）发生传染性非典型肺炎、人感染高致病性禽流感病例，并有扩散趋势。

（3）涉及多个省份的群体性不明原因疾病，并有扩散趋势。

（4）发生新传染病或我国尚未发现的传染病发生或传入，并有扩散趋势，或发现我国已消灭的传染病重新流行。

（5）发生烈性病菌株、毒株、致病因子等丢失事件。

（6）周边以及与我国通航的国家和地区发生特大传染病疫情，并出现输入性病例，严重危及我国公共卫生安全的事件。

（7）国务院卫生行政部门认定的其他特别重大突发公共卫生事件。

2. 重大（Ⅱ级）突发公共卫生事件

有下列情形之一的为重大（Ⅱ级）突发公共卫生事件：

（1）在一个县（市）行政区域内，一个平均潜伏期内（6天）发生5例以上肺鼠疫、肺炭疽病例，或者相关联的疫情波及2个以上的县（市）。

（2）发生传染性非典型肺炎，人感染高致病性禽流感疑似病例。

（3）腺鼠疫发生流行，在一个市（地）行政区域内，一个平均潜伏期内多点连续发病20例以上，或流行范围波及2个以上市（地）。

（4）霍乱在一个市（地）行政区域内流行，1周内发病30例以上，或波及2个以上市（地），有扩散趋势。

（5）乙类、丙类传染病波及2个以上县（市），1周内发病水平超过前5年同期平均发病水平2倍以上。

（6）我国尚未发现的传染病发生或传人，尚未造成扩散。

（7）发生群体性不明原因疾病，扩散到县（市）以外的地区。

（8）发生重大医源性感染事件。

（9）预防接种或群体性预防性服药出现人员死亡。

（10）一次食物中毒人数超过100人并出现死亡病例，或出现10例以上死亡病例。

（11）一次发生急性职业中毒50人以上，或死亡5人以上。

（12）境内外隐匿运输、邮寄烈性生物病原体、生物毒素造成我境内人员感染或死亡的。

（13）省级以上人民政府卫生行政部门认定的其他重大突发公共卫生事件。

3. 较大（Ⅲ级）突发公共卫生事件

有下列情形之一的为较大（亚级）突发公共卫生事件：

（1）发生肺鼠疫、肺炭疽病例，一个平均潜伏期内病例数未超过5例，流行范围在一个县（市）行政区域以内。

（2）腺鼠疫发生流行，在一个县（市）行政区域内，一个平均潜伏期内连续发病10例以上，或波及2个以上县（市）。

（3）霍乱在一个县（市）行政区域内发生，1周内发病10～29例或波及2个以上县（市），或市（地）级以上城市的市区首次发生。

（4）一周内在一个县（市）行政区域内，乙、丙类传染病发病水平超过前5年同期平均发病水平1倍以上。

（5）在一个县（市）行政区域内发现群体性不明原因疾病。

（6）一次食物中毒人数超过100人，或出现死亡病例。

（7）预防接种或群体性预防性服药出现群体心因性反应或不良反应。

（8）一次发生急性职业中毒10～49人，或死亡4人以下。

（9）市（地）级以上人民政府卫生行政部门认定的其他较大突发公共卫生事件。

4. 一般（Ⅳ级）突发公共卫生事件

有下列情形之一的为一般突发公共卫生事件（Ⅳ级）：

（1）腺鼠疫在一个县（市）行政区域内发生，一个平均潜伏期内病例数未超过10例。

（2）霍乱在一个县（市）行政区域内发生，1周内发病9例以下。

（3）一次食物中毒人数30～99人，未出现死亡病例。

（4）一次发生急性职业中毒9人以下，未出现死亡病例。

（5）县级以上人民政府卫生行政部门认定的其他一般突发公共卫生事件。

三、重大传染病疫情事件特征

（一）疫情影响范围的广泛性

当传染病流行的三个要素（传染源、传播途径与易感人群）同时存在且相互作用时，就会造成传染病疫情的发生与扩散。传染源和易感人群可以通过现代交通工具（例如，城市轨道交通）跨地区传染。

（二）疫情暴发后果的复杂性与灾难性

重大传染病疫情的暴发，不仅会影响个人的日常生活与生命健康，也会影响企业组织的正常生产秩序，还会影响社会经济的发展与国家政治的稳定。

（三）疫情的预控性

重大传染病疫情的暴发具有一定的随机性和难以预测性，但在其发生初期采取科学的预控手段，可以有效控制疫情的发展。即使在疫情暴发期间，如能采取科学的应对手段，也能抑制其对人类社会的影响，减轻重大传染病疫情产生的危害。

四、重大传染病疫情应急处置原则

（1）坚持“预防为主”的工作方针，积极组织落实预防疫情暴发的应急处置各项准备工作。

（2）坚持统一领导，快速反应，密切注意疫情暴发的实时报道和国家、地区发布的预警信息，做好应对疫情暴发的各项工作。

（3）严格执行国家、省（自治区、直辖市）市关于相关疫情暴发情形的统一部署和安排。

五、岗位职责分工

（一）应急领导小组职责

（1）根据现场实际情况，启动应急预案，发布运营调整方案。

（2）协调运营公司范围内各项应急救援工作。

（3）负责对接市传染病疫情事件应急处置指挥部（简称“市应急指挥部”）、地铁公安指挥室，开展应急联动处置，同时及时联系消防、公交、医疗等社会救援力量参与地铁应急救援工作。

（二）现场指挥小组职责

（1）负责疫情暴发现场的指挥协调工作。

（2）组织现场处置人员做好乘客引导及客流组织工作。

（3）当现场无法组织或影响范围和时间扩大时，及时向应急指挥中心汇报现场情况。

（4）按照处置预案组织人员做好行车、票务工作，加强广播宣传、引导乘客。

（三）调度部职责

（1）信息收集和报送工作，与车站及相关部门保持沟通，传达相关信息，通过 CCTV 进行现场监视，及时将信息报告应急领导小组。

（2）应急处置期间行车组织调整。对受影响区域进行环境监控，做好信息通报及 PIS 信息发布。

（四）客运部职责

（1）及时报告现场情况，并做好现场情况的续报工作。

（2）做好现场乘客引导及客流组织工作。

（3）做好现场前期处置工作。

六、信息报告

（一）首报

市应急指挥部办公室收到运营单位或其他单位的突发事件信息后，应立即向市应急指挥部副总指挥报告，同时告知可能受到影响的单位和乘客。信息报送以电话报告或文字信息报送的方式进行。首报强调“快速”，主要内容包括：发生单位；发生的时间、地点、现场情况及简要经过；已经造成或者可能造成的伤亡人数（包括下落不明的人数）和初步估计的直接经济损失；已经采取的措施；对运营造成的影响；初步原因分析；下一步措施和需要协调事项等。

（二）续报

在运营突发事件处置过程中，市应急指挥部办公室应随时掌握事件发展变化情况，可分多次向市应急指挥部报告。续报强调“全面”，主要内容包括：事件发展趋势、伤员变化情况、事件原因、已经或准备采取的其他处置措施。

（三）终报

运营突发事件处置工作结束后，参与运营突发事件处置的各单位应将事件处置情况向市应急指挥部办公室报告，由市应急指挥部办公室汇总后，及时向市应急指挥部报告。终报强调“准确”，主要内容包括：发生单位概况；发生经过和处置情况；造成的人员伤亡和直接经济损失；事件发生的原因分析；事件整改与防范措施；责任追究情况；有关图文、视频、音频、数据等资料。

七、重大传染病疫情应急处置

（一）疫情预警期间乘客在车站内出现疫情症状

疫情预警期间乘客在车站内出现疫情症状情况下应急处置各岗位职责见表6-4-1。

表6-4-1　乘客在车站内出现疫情症状情况下应急处置各岗位职责

岗位名称	岗位职责
行车调度员	（1）根据集团公司疫情预防工作小组负责人的命令，通知车站清客，调整列车运行。 （2）疫情排除后，及时恢复运营
环控调度员	开启车站全部通风系统
车站人员（含安检保安、保洁等）	（1）及时疏导乘客，稳定乘客情绪，避免其他乘客围观。 （2）车站安排人员做好自我保护措施后，将出现疫情症状的乘客转移到安全地点，并对其周围3 m范围进行隔离。 （3）车站通知公安协助维持秩序，拨打120电话通知定点医院前来接收出现疫情症状的乘客，向部门、集团公司疫情预防工作小组报告，并尽可能联系乘客家属。其间若乘客苏醒，车站应尽量规劝乘客等待医生到来。 （4）定点医院接走晕倒乘客后，与出现疫情症状乘客接触的车站员工自行消毒，并联系相关人员对相关地点进行消毒。 （5）车站将乘客的情况报告集团公司疫情预防工作小组，由集团公司疫情预防工作小组跟进乘客的就诊情况，如该乘客确诊为疑似病人或疫情病人，部门、集团公司疫情预防工作小组安排与该乘客密切接触的员工隔离休息，进行医学观察14天，并跟进观察情况，做好情况记录。 （6）隔离期间，员工如出现疫情症状特征，按员工出现疫情症状预案处理；如未出现疫情症状特征，解除隔离

（二）疫情预警期间乘客在列车上出现疫情症状

疫情预警期间乘客在列车上出现疫情症状情况下应急处置各岗位职责见表6-4-2。

表6-4-2　乘客在列车上出现疫情症状情况下应急处置各岗位职责

岗位名称	岗位职责
行车调度员	（1）扣停相应列车。 （2）到达车站清客后，组织该列车退出运营，回车场消毒。 （3）调整列车交路，组织备车出段，恢复运营
环控调度员	开启车站全部通风系统
车站人员（含安检保安、保洁等）	（1）接报或发现乘客在进站列车上晕倒，马上扣车、按压紧急停车按钮，将列车扣停在车站，并报告行车调度员，安排人员做好自我保护措施后，将晕倒乘客搬移出列车，安置在安全地点，并用隔离带对乘客周围3 m范围进行隔离。 （2）搬移乘客后，对列车进行清客，并疏导乘客，对和晕倒者同处一节车厢的乘客进行登记，同时通知公安协助维持秩序。

续表

岗位名称	岗位职责
车站人员（含安检保安、保洁等）	（3）拨打120电话，通知定点医院前来接收晕倒乘客，向部门、集团公司疫情预防工作小组报告，并尽可能联系乘客家属。其间若乘客苏醒，车站应尽量规劝乘客等待医生到来。 （4）定点医院接走晕倒乘客后，与晕倒乘客接触的车站员工自行消毒，并联系相关人员对相关地点进行消毒。 （5）跟进乘客就诊情况，随时将情况向部门、集团公司疫情预防工作小组报告，如该乘客被确诊为疑似病人或疫情病人，部门、集团公司疫情预防工作小组马上将情况报告集团公司相关领导，安排与该乘客密切接触的员工隔离休息，进行医学观察14天，并跟进观察情况，做好情况记录。 （6）隔离期间，员工如出现疫情症状特征，按员工出现疫情症状预案处理；如未出现疫情症状特征，解除隔离

（三）疫情预警期间员工出现疫情症状

疫情预警期间员工出现疫情症状情况下应急处置各岗位职责见表6-4-3。

表6-4-3　员工出现疫情症状情况应急处置各岗位职责

岗位名称	岗位职责
疫情员工	出现症状的员工立即戴上符合规格的口罩并报告部门、集团公司疫情预防工作小组
部门、集团公司疫情预防工作小组	（1）疫情预防工作小组将情况通报卫生所所长，安排该员工到大医院就诊，安排与该员工密切接触的员工隔离休息，并根据隔离情况，随时向卫生所所长通报。 （2）市有关部门做好情况记录，安排对相关区域进行消毒，跟进相关情况。 （3）若该员工经诊断为非疑似病人或疫情病人，相关人员解除隔离。 （4）若该员工经诊断为疑似病人或疫情病人，马上向集团公司相关人员报告。在家隔离经医学观察14天，未出现疫情症状特征的，解除隔离。隔离期间，员工如出现疫情症状特征，按出现疫情症状预案处理
接触密切的人员	（1）员工主动向部门、集团公司疫情预防工作小组报告。 （2）部门、集团公司疫情预防工作小组将情况通报所在部门，安排该员工在家隔离休息，进行医学观察14天，并跟进观察情况，随时向市有关部门通报。 （3）部门、集团公司疫情预防工作小组做好情况记录，安排对相关区域进行消毒，跟进相关情况。 （4）隔离期间，员工如出现疫情症状特征，按出现疫情症状预案处理；如未出现疫情症状特征，解除隔离。 （5）预警期间，员工要密切关注周围同事的身体状况，发现异常情况，及时向部门、集团公司疫情预防工作小组报告，经部门、集团公司疫情预防工作小组跟踪确认，发现员工出现疫情症状特征时，按出现疫情症状预案处理

技能训练

根据上述重大传染病疫情应急处置流程，结合信息报告内容及流程，以乘客在车站内出现疫情症状情况为例，完成乘客在车站内出现疫情症状情况应急处置的情景模拟演练。

一、人员分工

按照本任务涉及的岗位，设置行车调度员、值班站长、行车值班员、客运值班员、站务员、相关工作人员等岗位。每6人分成一个小组，按照乘客在车站内出现疫情症状情况应急处置流程完成模拟演练。

小组分工表

班　级		车站名称	
组　别		日　期	
岗　位	姓　名	任 务 分 工	
行车调度员			
值班站长			
行车值班员			
客运值班员			
站务员			
相关工作人员			

二、设施及备品

城市轨道交通车站实训室、多媒体教学设备等设施及临时导向标志、隔离带、对讲机、测温计、屏风、防护手套、防护口罩等备品。

清点备品表

清点所要使用的设备、工具、材料				
车站名称：		组别：		时间：
序号	名　称	数　量	设备状态	清　点
1	临时导向标志	根据出入口数量确定	□完好 □不能使用	□已清点
2	隔离带	若干	□完好 □不能使用	□已清点
3	对讲机	6 个	□完好 □不能使用	□已清点
4	测温计	1 个	□完好 □不能使用	□已清点
5	屏风	1 个	□完好 □不能使用	□已清点
6	防护手套	若干	□完好 □不能使用	□已清点
7	防护口罩	若干	□完好 □不能使用	□已清点
备注	检查备品的数量及备品状态，每完成一项且结果正常，则在□内打“√”，否则打“×”			

三、演练过程

根据任务要求，按城市轨道交通重大传染病疫情的应急处置程序完成模拟并记录演练过程。

乘客在车站内出现疫情症状情况应急处置演练过程写实表

组　别		小组成员			
班　级		车站名称		演练时长	
步骤一：信息接报					
任　务	岗　位	技 能 要 求		完成情况记录	
根据第一发现人的报告信息，分析、确定出现疫情症状乘客在车站内的位置及影响，行车值班员及时向值班站长汇报车站情况	行车值班员	描述了出现疫情症状乘客的发现时间、具体地点		□表述准确完整 □表述含糊不清 □未完成	
		描述了出现疫情症状乘客事件的影响范围、已采取的措施		□表述准确完整 □表述含糊不清 □未完成	
		说明了第一发现人单位、姓名、岗位		□表述准确完整 □表述含糊不清 □未完成	
		汇报了认为有必要报告的其他情况		□表述准确完整 □表述含糊不清 □未完成	
步骤二：前期处置					
任　务	岗　位	技 能 要 求		完成情况	写实记录
根据要求，及时启动应急预案，人员职责明确、任务分工合理	行车值班员	立即报120，请求驻站公安支援，报告值班站站长、行车调度员，并向相关上级部门、领导汇报		□已完成 □未完成	
	行车调度员	按照信息报告流程进行报告并启动车站疫情预警期间乘客在车站内出现疫情症状情况应急预案		□已完成 □未完成	
	值班站长	宣布执行疫情预警期间乘客在车站内出现疫情症状情况应急处置程序		□已完成 □未完成	
		安排各岗位做好准备工作		□已完成 □未完成	
	客运值班员	做好备品准备（隔离带、对讲机、测温计、屏风、防护手套、防护口罩等）		□已完成 □未完成	
步骤三：现场处置					
任　务	岗　位	技 能 要 求		完成情况	写实记录
正确处理疫情预警期间乘客在车站内出现疫情症状情况事件，按照突发事件应急处置的原则，及时采取有效措施，同时做好客流引导，避免造成恐慌	值班站长	做好自身防护，请求驻站公安支援		□已完成 □未完成	
		组织人员对疑似感染者进行快速临时隔离，并做好登记		□已完成 □未完成	
		确认全站清客完毕，并将现场移交给医护人员		□已完成 □未完成	
	行车调度员	向全线列车司机和车站发布事件及列车调整信息		□已完成 □未完成	
		通知车站清客		□已完成 □未完成	
	行车值班员	通知保洁对疑似感染者滞留过的区域及接触过的设备设施进行消毒处理		□已完成 □未完成	

正确处理疫情预警期间乘客在车站内出现疫情症状情况事件，按照突发事件应急处置的原则，及时采取有效措施，同时做好客流引导，避免造成恐慌	行车值班员	报告环调，加强站厅通风	□已完成 □未完成	
		接到车站清客完毕的通知后，报告行调	□已完成 □未完成	
	客运值班员	做好自身防护，在临时隔离区域外值守，防止乘客接近造成二次感染	□已完成 □未完成	
		组织人员到出入口张贴告示，关闭剩余出入口，留存应急出入口，安排保安值守	□已完成 □未完成	
		医务人员到场后，及时配合处置	□已完成 □未完成	
	站务员	做好自身防护，将出现疫情症状的乘客转移到安全地点，并对其周围 3 m 范围进行隔离	□已完成 □未完成	
		打开边门，确认所有闸机边门处于打开状态	□已完成 □未完成	
		自动扶梯全部向上运行，指引和疏散乘客出站	□已完成 □未完成	
		到出入口张贴告示，做好乘客解释工作	□已完成 □未完成	
	售票员	做好自身防护，收好票款和车票，锁好票亭门。安抚乘客，并协助站厅清客工作	□已完成 □未完成	
		站厅清客完毕后，关闭各出入口（除紧急出入口），张贴停止服务的告示，并报告客运值班员	□已完成 □未完成	
	现场员工	对乘客测温，发现乘客体温高于 38.3°，并伴有干咳、肌肉酸痛无力等症状，立即报车控室，做好自身防护	□已完成 □未完成	
		配合值班站长用隔离带隔离现场，疏散附近的乘客，做好乘客安抚工作	□已完成 □未完成	

步骤四：应急终止

任　务	岗　位	技 能 要 求	完成情况	写实记录
车站处置完成时，要及时向 OCC 汇报，申请恢复正常运行，并撤除应急设备，做好舆情控制	值班站长	通知行车值班员向 OCC 汇报，恢复被关闭的 AFC 设备，同时汇报车站情况，并做好舆情控制	□已完成 □未完成	
		需要做好跟踪工作，若确诊，需要向相关上级部门、领导汇报，密切接触人员需按要求做好隔离	□已完成 □未完成	
	行车值班员	向 OCC 汇报车站恢复正常运营	□已完成 □未完成	
	行车调度员	同意恢复正常运营，并通知全线列车司机和车站	□已完成 □未完成	
	行车值班员	检查车控室设备设施情况，向行调报告车站运营前准备工作，向行调了解行车运行恢复情况并报告值班站长	□已完成 □未完成	

车站处置完成时，要及时向OCC汇报，申请恢复正常运行，并撤除应急设备，做好舆情控制	客运值班员	检查AFC设备、各种服务设备设施是否正常并报车控室	□已完成 □未完成	
		组织撤除警戒线、防爆毯及防爆围栏等物品	□已完成 □未完成	
	站务员	撤除停止服务的告示，打开出入口，引导乘客进站	□已完成 □未完成	
	售票员	回到票亭准备开窗，并报告车控室准备情况	□已完成 □未完成	
	现场员工	到站台检查站台门、扶梯等设备设施情况和线路情况并向车控室报告，准备运营服务	□已完成 □未完成	
职业素养				
序　号	素质要求		完成情况	写实记录
1	处理程序是否得当，避免常识性错误		□是　□否	
2	是否具备良好的服务意识及沟通表达能力		□是　□否	
3	是否做好乘客疏散和解释工作，安抚乘客情绪		□是　□否	
4	是否清楚认识城市轨道交通突发事件所造成的危害，重视突发事件并有预防意识		□是　□否	
5	是否符合“7S”管理规定，整理工作区域，备品恢复原位		□是　□否	
备　注	根据乘客在车站内出现疫情症状情况应急处置的流程，每完成一项且能标准作业，则在□内打“√”，否则打“×”。将未完成的流程在写实记录栏标注，方便查缺补漏			

任务评价

任务四　重大传染病疫情应急处置								
姓名：________　学号：________　小组：________								
过程评价（60分）								
评价依据			评分标准	评价主体				
				自评	互评	师评	1+X考评员	企业导师
知识（A）	1	说出重大传染病疫情的定义、特点和类型	5					
	2	说出重大传染病疫情的应急处置原则和程序	5					
	3	说出重大传染病疫情的应急处置防控措施	8					
能力（B）	1	能总结出重大传染病疫情的应急处置各岗位职责	5					
	2	能合理选择、正确使用各种引导及疏散备品	10					
	3	能配合重大传染病疫情的应急处置的模拟演练	10					
素养（C）	1	有自我防护意识和安全意识	8					
	2	有全局意识和敢于担当的精神	9					
过程评价 $=A+B+C$								

结果评价（30 分）
结果评价 = 本任务测试题得分
增值评价 E（10 分）
增量 =（过程评价 + 结果评价）本任务 -（过程评价 + 结果评价）前任务 增值评价 E：$E = 10$（增量 ≥ 20 分）；$E = 8$（增量 = 10 ~ 19 分）； $E = 6$（增量 = 5 ~ 9 分）；$E = 4$（增量 < 5 分）
本任务总评成绩
总评 = 过程评价 + 结果评价 + 增值评价

任务总结

主题：	
要点栏	笔记栏
总结栏	

拓展提升

榜样故事

张定宇——向险而行　勇挑重担

张定宇，男，1963 年 12 月出生，中共党员，湖北省卫健委党组成员、副主任、公共卫生总师。张定宇作为湖北省武汉市金银潭医院的院长，在新冠疫情期间，始终坚守在抗疫一线。他带领全院医护人员，奋战 30 多天，成功收治超过 800 例病人，为抗击疫情做出了巨大贡献。张定宇自己身患渐冻症，双腿已开始萎缩，但他从未放弃，反而以更加坚定的意志，与时间赛跑，与病毒抗争，用自己的行动诠释了“人可以被毁灭，但不可以被打败”的精神。

在疫情肆虐期间，张定宇的妻子也因感染新冠病毒接受隔离治疗，但他分身乏术，无法顾及家庭，毅然选择坚守岗位，舍小家为大家，体现了共产党人的初心和使命。

2020年8月11日，国家主席习近平签署主席令，授予在抗击新冠肺炎疫情斗争中作出杰出贡献的人士国家勋章和国家荣誉称号，张定宇被授予“人民英雄”国家荣誉称号；8月19日，获得第十二届“中国医师奖”；9月17日，中央文明办发布2～7月“中国好人榜”，张定宇被评为“敬业奉献好人”。2021年2月17日，张定宇被评为“感动中国2020年度人物”，2021年11月5日，张定宇被评为第八届全国道德模范。

（根据网络资料整理）

巩固与练习

1. 不定项选择题

（1）下列不属于公共卫生事件的是（　　）。

A. 传染病疫情　　B. 群体性不明原因疾病

C. 毒气袭击　　D. 动物疫情

（2）突发公共卫生事件一般包括（　　）。

A. 重大传染病疫情事件　　B. 群体性不明疾病事件

C. 重大食物中毒和职业中毒事件　　D. 其他严重影响公众健康事件

（3）根据突发公共卫生事件性质、危害程度、涉及范围，突发公共卫生事件划分为（　　）。

A. 特别重大（Ⅰ级）　　B. 重大（Ⅱ级）

C. 较大（Ⅲ级）　　D. 一般（Ⅳ级）

E. 普通（Ⅴ级）

（4）以下属于重大传染病疫情的是（　　）。

A. 鼠疫　　B. 艾滋病　　C. 食物中毒　　D. 杀虫剂中毒

E. 狂犬病

（5）下列属于车站传染病疫情防控措施的有（　　）。

A. 设备设施及公共区域及时清洁和消毒

B. 列车及时清洁及消毒

C. 对所有进站乘客测量体温并要求其佩戴口罩

D. 工作人员做好防护措施

E. 持续做好防疫宣传

2. 简答题

（1）简述突发公共卫生事件的定义和类型。

（2）简述城市轨道交通重大传染病疫情应急处置的基本原则。

（3）简述进行城市轨道交通重大传染病疫情应急处置程序。

项目七

智慧地铁应急处置

任务一 智慧车站应急处置

文本

智慧车站
应急处置

任务二 全自动运行系统应急处置

文本

全自动运行
系统应急处置

参 考 文 献

[1] 孟祥虎，孙巧玲. 城市轨道交通应急处置 [M]. 北京：人民交通出版社，2021.

[2] 谭恒，刘利莉. 城市轨道交通突发事件应急处置 [M]. 北京：机械工业出版社，2019.

[3] 蔡昱，马艳丽. 城市轨道交通应急处置 [M]. 北京：北京理工大学出版社，2023.

[4] 王博，申碧涛. 城市轨道交通应急处置 [M]. 北京：人民交通出版社，2024.

[5] 刘乙橙，杨韬. 城市轨道交通智慧运维 [M]. 北京：人民交通出版社，2023.

[6] 张新宇. 城市轨道交通车站机电设备 [M]. 北京：人民交通出版社，2022.